网络心理与行为译丛

周宗奎 雷 雳 主编

青少年在线社会沟通与行为

网络关系的形成

ADOLESCENT ONLINE SOCIAL COMMUNICATION AND BEHAVIOR
RELATIONSHIP FORMATION ON THE INTERNET

（美）罗伯特·郑 (Robert Zheng)
（美）杰森·伯罗-桑切斯 (Jason J. Burrow-Sanchez)
（美）克利福德·德鲁 (Clifford J. Drew) ◎ 著
刘勤学 黄 飞 熊俊梅 ◎ 译

中 国 出 版 集 团

世界图书出版公司

广州·上海·西安·北京

图书在版编目（ＣＩＰ）数据

青少年在线社会沟通与行为：网络关系的形成 /(美）郑 (Zheng,R.)，（美）伯罗 - 桑切斯 (Burrow-Sanchez,J.)，（美）德鲁 (Drew,C.) 著；刘勤学，黄飞，熊俊梅译 . -- 广州：世界图书出版广东有限公司，2014.9
（网络心理与行为译丛 / 周宗奎，雷雳主编）
书 名 原 文：Adolescent online socialcommunication and behavior: relationship formation on the Internet
ISBN 978-7-5100-8025-8

Ⅰ . ①青… Ⅱ . ①郑… ②伯… ③德… ④刘… ⑤黄… ⑥熊… Ⅲ . ①计算机网络 – 应用 – 青少年 – 心理交往 – 研究Ⅳ . ① C912.1-39

中国版本图书馆 CIP 数据核字 (2014) 第 202539 号

版权登记号图字：19-2012-092

First published in the English language under the title

Adolescent Online Communication and Behavior : Relationship

Formation on the Internet.

青少年在线社会沟通与行为：网络关系的形成

责任编辑	汪再祥
出版发行	世界图书出版广东有限公司
地　　址	广州市新港西路大江冲 25 号
电　　话	020-84459702
印　　刷	虎彩印艺股份有限公司
规　　格	787mm×1092mm　1/16
印　　张	20.75
字　　数	315 千
版　　次	2014 年 9 月第 1 版　2014 年 9 月第 1 次印刷
ISBN	978-7-5100-8025-8/B·0086
定　　价	72.00 元

《网络心理与行为译丛》

组织翻译

青少年网络心理与行为教育部重点实验室（华中师范大学）

协作单位

国家数字化学习工程技术研究中心

中国基础教育质量监测协同创新中心

华中师范大学心理学院

社交网络及其信息服务协同创新中心

教育信息化协同创新中心

编委会

总序

一

工具的使用对于人类进化的作用从来都是哲学家和进化研究者们在探讨人类文明进步的动力时最重要的主题。互联网可以说是人类历史上影响最复杂前景最广阔的工具，互联网的普及已经深深地影响了人类的生活方式。它对人类文明进化的影响已经让每个网民都有了亲身感受，但是这种影响还在不断地深化和蔓延中，就像我们认识石器、青铜器、印刷术的作用一样，我们需要巨大的想象力和以世纪计的时距，才有可能全面地认识人类发明的高度技术化的工具——互联网对人类发展的影响。

互联网全面超越了人类传统的工具，表现在其共享性、智能性和渗透性。互联网的本质作用体现在个人思想和群体智慧的交流与共享；互联网对人类行为效能影响的根本基础在于其智能属性，它能部分地替代人类完成甚为复杂的信息加工功能；互联网对人类行为之所以产生如此广泛的影响，在于其发挥作用的方式能够在人类活动的各个领域无所不在地渗透。

法国当代哲学家贝尔纳·斯蒂格勒在其名著《技术与时间》中，从技术进化论的角度提出了一个假说："在物理学的无机物和生物学的有机物之间有第三类存在者，即属于技术物体一类的有机化的无机物。这些有机化的无机物贯穿着特有的动力，它既和物理动力相关又和生物动力相关，但不能被归结为二者的'总和'或'产物'。"在我看来，互联网正是这样一种"第三类存在者"。互联网当然首先依存于计算机和网络硬件，但是其支撑控制软件与信息内容的生成和运作又构成自成一体的系统，有其自身的动力演化机制。我们所谓的"网络空间"，也可以被看作是介于物理空间和精神空间之间的"第三空间"。

与物理空间相映射，人类可以在自己的大脑里创造一个充满意义的精神空间，并且还可以根据物理世界来塑造这个精神空间。而网络是一个独特的虚拟空间，网络中的很多元素，包括个体存在与社会关系，都与个体在自己大脑内创造的精神空间相似。但是这个虚拟空间不是存在于人的大脑，而是寄存于一个庞大而复杂的物理系统。唯其如此，网络空间才成为独特的第三空间。

二

网络心理学正是要探索这个第三空间中人的心理与行为规律。随着互联网技术和应用的迅猛发展，网络心理学正处在迅速的孕育和形成过程中，并且必将成为心理科学发展的一个创意无限的重要领域。

技术的发展已经使得网络空间从文本环境转变为多媒体环境，从人机互动转变为社会互动，使它成为一个更加丰富多彩的虚拟世界。这个世界对个人和社会都洋溢着意义，并将人们不同的思想与意图交织在一起，充满了创造的机会，使网络空间成为了一个社会空间。在网络这个新的社会环境和心理环境中，一定会衍生出反映人类行为方式和内心经验的新的规律，包括相关的生理反应、行为表现、认知过程和情感体验。

进入移动互联网时代之后，手机、平板电脑等个人终端和网络覆盖的普及带来了时间和空间上的便利性，人们在深层的心理层面上很容易将网络空间看作是自己的思想与人格的延伸。伴随着网络互动产生的放大效应，人们甚至会感到自己的思想与他人的思想可以轻易相通，甚至可以混合重构为一体。个人思想之间的界线模糊了，融合智慧正在成为人类思想史上新的存在和表现形式，也正在改写人类的思想史。

伴随着作为人类智慧结晶的网络本身的进化，在人类众多生产生活领域中发生的人的行为模式的改变将会是持续不断的，这种改变会将人类引向何处？从人类行为规律的层面探索这种改变及其效果，这样的问题就像网络本身一样令人兴奋和充满挑战。

网络心理学是关于人在网络环境中的行为和体验的一般规律的科学研究。作为心理学的一个新兴研究领域，网络心理学大致发端于上个世纪九十年代中期。随着互联网的发展，网络心理学也吸引了越来越多的学者开始研究，越来越多的文章发表在心理学和相关学科期刊上，越来越多的相关著作在出版。近两三年来，一些主要的英文学术期刊数据库（如 Elsevier Science Direct Online）中社会科学和心理学门类下的热点论文排行中甚至有一半以上是研究网络心理与网络行为的。同时，越来越多的网民也开始寻求对人类行为中这一相对未知、充满挑战的领域获得专业可信的心理学解释。

在网络空间中，基于物理环境的面对面的活动逐渐被越来越逼真的数字化表征所取代，这个过程影响着人的心理，也同时影响着心理学。一方面，已有的心理科学知识运用于网络环境时需要经过检验和改造，传统的心理学知识和技术可以得到加强和改进；另一方面，人们的网络行为表现出一些不同于现实行为的新的现象，需要提出全新的心理学概念与原理来解释，形成新的理论和技术体系。这两方面的需要就使得当前的网络心理学研究充满了活力。

在心理学范畴内，网络心理研究涉及传统心理学的各个分支学科，认知、实验、发展、社会、教育、组织、人格、临床心理学等都在与网络行为的结合中发现了或者正在发现新的富有潜力的研究主题。传统心理学的所有主题都可以在网络空间得到拓展和更新，如感知觉、注意、记忆、学习、动机、人格理论、人际关系、年龄特征、心理健康、群体行为、文化与跨文化比较等等。甚至可以说，网络心理学可以对等地建构一套与传统心理学体系相互映射的研究主题和内容体系，将所有重要的心理学问题在网络背景下重演。实际上当前一部分的研究工作正是如此努力的。

但是，随着网络心理学研究的深入，一些学科基础性的问题突显出来：传统的心理学概念和理论体系能够满足复杂的网络心理与行为研究的需要吗？心理学的经典理论能够在网络背景下得到适当的修改吗？有足够的网络行为研究能帮助我们提出新的网络心理学理论吗？

在过去的 20 年中，网络空间的日益发展，关于网络心理的研究也在不断扩展。早期的网络心理学研究大多集中于网络成瘾，这反映了心理学对社会问题产生关注的方式，也折射出人类对网络技术改变行为的焦虑。当然，网络心理学不仅要关注网络带来的消极影响，更要探究网络带来的积极方面。近期的网络心理学研究开始更多地关注网络与健康、学习、个人发展、人际关系、团队组织、亲社会行为、自我实现等更加积极和普遍的主题。

网络心理学不仅仅只是简单地诠释和理解网络空间，作为一门应用性很强的学科，网络心理学在实际生活中的应用也有着广阔的前景。例如，如何有效地预测和引导网络舆论？如何提高网络广告的效益？如何高效地进行网络学习？如何利用网络资源促进教育？如何使团体和组织更有效地发挥作用？如何利用网络服务改进与提高心理健康和社会福利？如何有效地开展网络心理咨询与治疗？如何避免网络游戏对儿童青少年的消极影响？网络心理学的研究还需要对在线行为与线下生活之间的相互渗透关系进行深入的探索。在线行为与线下行为是如何相互影响的？个人和社会如何平衡和整合线上线下的生活方式？网络涵盖了大量的心理学主题资源，如心理自助、心理测验、互动游戏、儿童教育、网络营销等，网络心理学的应用可以在帮助个人行为和社会活动中发挥非常重要的作用。对这些问题的探讨不仅会加深我们对网络的理解，也会提升我们对人类心理与行为的完整的理解。

三

网络心理与行为研究是涉及多个学科，不仅需要社会科学领域的研究者参与，也需要信息科学、网络技术、人机交互领域的研究者的参与。在过去的起步阶段，心理学、传播学、计算机科学、管理学、社会学、教育学、医学等学科的研究者，从不同的角度对网络心理与行为进行了探索。网络心理学的未来更需要依靠不同学科的协同创新。心理学家应该看到不同学科领域的视角和方法对网络心理研究的不可替代的价值。要理解和调控人的网络心理与行为，并有效地应用于网络生活实际，如网络教育、网络购物、网络治疗、在线学习等，仅仅依靠传统心理学的知识远远不够，甚至容易误导。为了探索网络心理与行为领域新的概念和理论，来自心理学和相关领域的学者密切合作、共同开展网络心理学的研究，更有利于理论创新、技术创新和产品创新，更有利于建立一门科学的网络心理学。

根据研究者看待网络的不同视角，网络心理学的研究可以分为三种类型：基于网络的研究、源于网络的研究和融于网络的研究。"基于网络的研究"是指将网络作为研究人心理和行为的工具和方法，作为收集数据和测试模型的平台，如网上调查、网络测评等；"源于网络的研究"是指将网络看作是影响人的心理和行为的因素，是依据传统心理学的视角考察网络使用对人的心理和行为产生了什么影响，如网络成瘾领域的研究、网络使用的认知与情感效应之类的研究，"记忆的谷歌效应"这样的研究是其典型代表；"融于网络的研究"是指将网络看作是一个能够寄存和展示人的心理活动和行为表现的独立的空间，来探讨网络空间中个人和群体的独特的心理与行为规律，以及网络内外心理与行为的相互作用，这类研究内容包括社交网站中的人际关系、体现网络自我表露风格的"网络人格"等等。这三类研究对网络的理解有着不同的出发点，但也可以是有交叉的。

更富意味的是，互联网恰恰是人类当代最有活力的技术领域。社交网站、云计算、大数据方法、物联网、可视化、虚拟现实、增强现实、大规模在线课程、可穿戴设备、智慧家居、智能家教等等，新的技术形态和应用每天都在改变着人的网络行为方式。这就使得网络心理学必须面对一种动态的研究对象，计算机与网络技术的快速发展使得人们的网络行为更加难以预测。网络心理学不同于心理学的其他分支学科，它必须与计算机网络的应用技术相同步，必须跟上技术形态变革的步伐。基于某种技术形态的发现与应用是有时间限制与技术条件支撑的。很可能在一个时期内发现的结论，过一个时期就完全不同了。这种由技术决定的研究对象的不断演进增加了网络心理研究的难度，但同时也增加了网络心理学的发展机会，提升了网络心理学对人类活动的重要性。

我们不妨大胆预测一下网络心理与行为研究领域未来的发展走向。在网络与人的关系方面，两者的联系将全面深入、泛化，网络逐渐成为人类生活的核心要素，相关的研究数量和质量都会大幅度提升。在学科发展方面，多学科的交叉和渗透成为必然，越来越多的研究者采用系统科学的方法对网络与人的关系开展心理领域、教育领域、社会领域和信息工程领域等多视角的整合研究。在应用研究方面，伴随新的技术、新的虚拟环境的产生，将不断导致新的问题的产生，如何保持人与网络的和谐关系与共同发展，将成为现实、迫切的重大问题。在网络发展方向上，人类共有的核心价值观将进一步引领网络技术的发展，技术的应用（包括技术、产品、服务等）方向将更多地体现人文价值。这就需要在网络世界提倡人文关怀先行，摒弃盲目的先乱后治，网络技术、虚拟世界的组织规则将更好地反映、联结人类社会的伦理要求。

四

青少年是网络生活的主体，是最活跃的网络群体，也是最容易受网络影响、最具有网络创造活力的群体。互联网的发展全面地改变了当代人的生活，也改变了青少年的成长环境和行为方式。传统的青少年心理学研究主要探讨青少年心理发展的年龄阶段、特点和规律，在互联网高速发展的时代，与青少年相关的心理学等学科必须深入探索网络时代青少年新的成长规律和特点，探索网络和信息技术对青少年个体和群体的社会行为、生活方式和文化传承的影响。

对于青少年网民来说，网络行为具备的平等、互动、隐蔽、便利和趣味都更加令人着迷。探索外界和排解压力的需要能够部分地在诙谐幽默的网络语言中得到满足。而网络环境所具有的匿名性、继时性、超越时空性（可存档性和可弥补性）等技术优势，提供了一个相对安全的人际交往环境，使其对自我展示和表达拥有了最大限度的掌控权。

不断进化的技术形式本身就迎合了青少年对新颖的追求，如电子邮件（E-mail）、文件传送（FTP）、电子公告牌（BBS）、即时通信（IM，如QQ、MSN）、博客（Blog）、社交网站（SNS）、多人交谈系统（IRC）、多人游戏（MUD）、网络群组（online-group）、微信传播等都在不断地维持和增加对青少年的吸引力。

网络交往能够为资源有限的青少年个体提供必要的社会互动链接，促进个体的心理和社会适应。有研究表明，网络友谊质量也可以像现实友谊质量一样亲密和有意义；网络交往能促进个体的社会适应和幸福水平；即时通信对青少年既有的现实友谊质量也有长期的正向效应；网络交往在扩展远距离的社会交往圈子的同时，也维持、强化了近距离的社会交往，社交网站等交往平台的使用能增加个体的社会资本，从而提升个体的社会适应和幸福感水平。

同时，网络也给青少年提供了一个进行自我探索的崭新空间，在网络中青少年可以进行社会性比较，可以呈现他们心目中的理想自我，并对自我进行探索和尝试，这对于正在建立自我同一性的青少年来说是极为重要的。如个人在社交网站发表日志、心情等表达，都可以长期保留和轻易回顾，给个体反思自我提供了机会。社交网站中的自我呈现让个人能够以多种形式塑造和扮演自我，并通过与他人的互动反馈来进行反思和重塑，从而探索自我同一性的实现。

处于成长中的青少年是网络生活的积极参与者和推动者，能够迅速接受和利用网络的便利和优势，同时，也更容易受到网络的消极影响。互联网的迅猛发展正加速向低龄人群渗透。与网络相伴随的欺骗、攻击、暴力、犯罪、群体事件等也屡见不鲜。青少年的网络心理问题已成为一个引发社会各界高度重视的焦点问题，它不仅影响青少年的成长，也直接影响到家庭、学校和社会的稳定。

同时，网络环境下的学习方式和教学方式的变革、教育活动方式的变化、学生行为的变化和应对，真正将网络与教育实践中的突出问题结合，发挥网络在高等教育、中小学教育、社会教育和家庭教育中的作用，是网络时代教育发展的内在要求。更好地满足教育实践的需求是研究青少年网络心理与行为的现实意义所在。

五

开展青少年网络心理与行为研究是青少年教育和培养的长远需求。互联网为青少年教育和整个社会的人才培养工作提供了新的资源和途径，也提出了新的挑战。顺应时代发展对与青少年成长相关学科提出的客观要求，探讨青少年的网络心理和行为规律，研究网络对青少年健康成长的作用机制，探索对青少年积极和消极网络行为的促进和干预方法，探讨优化网络环境的行为原理、治理措施和管理建议，引导全面健康使用和适应网络，为促进青少年健康成长、推动网络环境和网络内容的优化提供科学研究依据。这些正是"青少年网络心理与行为教育部重点实验室"的努力方向。

青少年网络环境建设与管理包括消极防御和积极建设两方面的内容。目前的网络管理主要停留在防御性管理的层面，在预防和清除网络消极内容对青少年的负面影响的同时，应着力于健康积极的网络内容的建设和积极的网络活动方式的引导。如何全面正确发挥网络在青少年教育中的积极作用，在避免不良网络内容和不良使用方式对青少年危害的同时，使网络科技更好地服务于青少年的健康成长，是当前教育实践中面临的突出问题，也是对网络科技工作和青少年教育工作的迫切要求。基于对青少年网络活动和行为的基本规律的研究，探索青少年网络活动的基本需要，才能更好地提供积极导向和丰富有趣的内容和活动方式。

为了全面探索网络与青少年发展的关系，推动国内网络心理与行为研究的进步，青少年网络心理与行为教育部重点实验室组织出版了两套丛书，一是研究性的成果集，一是翻译介绍国外研究成果的译丛。

《青少年网络心理研究丛书》是实验室研究人员和所培养博士生的原创性研究成果，这一批研究的内容涉及青少年网络行为一般特点、网络道德心理、网络成瘾机制、网络社会交往、网络使用与学习、网络社会支持、网络文化安全等不同的专题，是实验室研究工作的一个侧面，也是部分领域研究工作的一个阶段性小结。

《网络心理与行为译丛》是我们组织引进的近年来国外同行的研究成果，内容涉及互联网与心理学的基本原理、网络空间的心理学分析、数字化对青少年的影响、媒体与青少年发展的关系、青少年的网络社交行为、网络行为的心理观和教育观的进展等。

丛书和译丛是青少年网络心理与行为教育部重点实验室组织完成研究的成果，整个工作得到了国家数字化学习工程技术研究中心、中国基础教育质量监测协同创新中心、华中师范大学心理学院、社交网络及其信息服务协同创新中心、教育信息化协同创新中心的指导与支持，特此致谢！

丛书和译丛是作者和译者们辛勤耕耘的学术结晶。各位作者和译者以严谨的学术态度付出了大量辛劳，唯望能对网络与行为领域的研究有所贡献。

周宗奎

2014 年 5 月

译者序

 作为继报刊、广播和电视之后以计算机技术、多媒体技术和现代通讯技术相结合出现的第四大媒体，互联网以其交互性、及时性、广泛性、开放性等特点，得以迅速普及，并以前所未有的强劲势头向前拓展，以不可思议的速度闯进人类生活，迅速渗透到人类生活的方方面面，对人们的生活方式、心理行为产生深刻的影响。上网已经成为目前我国乃至全世界青少年最受欢迎的休闲活动，其网络社会中的交往行为和心理机制，不仅表现出了青少年群体独特的特点，同时也反映了网络时代青少年的行为模式，更影响了其发展阶段和发展模式。

 Robert Z. Zheng，Jason J. Burrow-Sanchez 和 Clifford J. Drew 是网络心理学，尤其是青少年网络交往领域的知名学者，其多年来一直关注网络行为对青少年发展所带来的影响，并从不同视角探讨青少年网络行为的特点、影响因素和理论机制。此书，正是 Zheng 等人基于目前青少年网络交往行为领域研究众多但无理论框架指引的这一研究现状，力邀不同取向的研究学者共同搭建理论模型的学术集作。本书以整体的理论框架作为开篇，延伸到不同的青少年网络使用行为，并关注了不同性质、不同地区和不同文化的青少年的特点，力图为读者呈现出当前最前沿的青少年网络交往和在线关系形成过程的全貌，是该领域难得的学术集作。

 我在学生期间，就一直关注青少年网络行为和心理，工作后也一直从事该领域的研究，在和同事翻译此书的过程中，该书的全面视角、实证数据和理论指导均让我受益匪浅。我亦十分希望，对该领域感兴趣的学者、学生，或者相关行业的从业者，均能从此书中有所受益。此书在翻译过程中，得到了青少年网络心理与行为教育部重点实验室、华中师范大学心理学院与世界图书出版广东公司的倾力支持，同时周宗奎教授对于丛书的整体意见和精益求精的学术态度，均让本书益趋完善。

 本书的翻译工作，我翻译了前三章和序言，黄飞翻译第八章、十一章和第十三章，熊俊梅翻译第九、十、十四章，申传刚翻译了第四、五章，吴鹏翻译第六、七章，唐汉瑛翻译了第十二章。全书由我统稿。虽然在翻译过程中，我们力求做到内容表达的信、达、雅，但是由于能力和时间有限，定有许多疏漏和不及之处，恳请读者批评指正。

刘勤学

2013 年 7 月于武汉桂子山

英文版前言

在过去十年中，青少年对网络社交媒体，如博客、聊天室和短信的使用显著增加，这主要基于这种科技的易获得性。举例来说，皮尤基金会（Pewinternet.org，2007）最新的一项报告显示，12—17岁的青少年中使用过至少一种社交网站的比例从2004年的57%上升至约64%，然而，其中约47%的青少年报告他们上传照片到其他人都可看见的地方，他们中89%的人说人们至少"有些时候"会来评论这些照片。上传可识别个人身份的信息至网络是一个公众普遍关注的问题，而且新闻媒体认为网络社交可能对青少年形成的危害要多于益处（Isakson，2007；NBC Dateline，2006；PBS Frontline，2008）。为了回应媒体越来越多的担心，学术界已开始探索与该社会现象有关的议题。至今为止，关于网络青少年社交的研究已分散到各个方向，从识别青少年认知发展特点（Greenfield，2004；Greenfield & Subrahmanyan，2003），到人格和个体的差异（Amichai-Hamburger，Wainapel & Fox，2002；Anolli，Villani & Riva，2005；McKenna & Bargh，2000），再到社交（Dietz-Uhler & Bishop-Clark，2005；Eastin，2005）和媒体的特点（Hrastinski& Keller，2007）。但直到现在，仍然没有一致明确、条理清晰的关于青少年网络社交研究的纲要。

我们相信为了更好地了解青少年网络社交行为，其关键在于，首先要发展出一个关于该主题统一的理论框架（Zheng，Burrow-Sanchez，Donnelly，Call & Drew，2010）。一个统一的理论框架，将为公众了解青少年网络社交行为提供更多的引导，同时引发更多新的研究。本书的重大意义即在于，首次以一个统一理论框架做支持，呈现出研究青少年网络社交的系统的方法。

一、本书的贡献

这本书是针对建立一个统一理论框架的迫切需要而编撰。具体来说，本书用以：（1）确认网络在青少年社交行为中的角色和功能；（2）集中该领域中最卓越的研究者，他们探讨了如青少年社会心理需要、人格以及网络交往的社会形式等

的动态关系 ;（3）通过向公众提供实践性指导，为该议题理论和实践之间架构桥梁。为了实现该目标，我们收纳全球各学科的教育者，他们拥有关于青少年网络交往不同方面的知识和研究经验，如社会和认知发展、交流特点和交流模式等等。因此本书超越了传统学科和地理的界限，并为研究者、教育工作者和实际在此方面工作的人提供了重要且有用的信息。

二、本书的组织

本书的焦点在于 :（1）了解青少年网络社交的理论基础 ;（2）确认支持和控制青少年网络社交的机制 ;（3）最终为青少年网络社交环境的成功发展和实现提供重要证明。本书共有 14 个贡献卓越的章节和 3 个不同的主题，它们包括新兴的概念和理论视角、当前法律视角和未来法律需求以及最新研究发现、教育视角和实践应用。关于每个部分的相关章节详细见下。

第一部分主要包括五个章节，呈现了一个青少年网络社交的理论视角。对不同议题，从青少年网络社交研究的理论框架到青少年网络社会关系、从网络成瘾等网络行为到青少年发展需要，以及青少年网络自我认同的发展进行了探讨。

第一章，犹他大学的 Robert Z. Zheng, Jason J. Burrow-Sanchez, Megan E. Call, Clifford J. Drew 和迈阿密大学的 Stephanie Donnelly 为研究提供了一个理论框架，其关注集中于相关因素的影响，如青少年需求和网络沟通的社会和个人因素。作者提出，青少年网络行为是与他们的发展、社会心理和认知需求的需要相关。青少年的需求会受到个人和社会因素的影响，这些影响又会间接地对其网络行为产生影响。这个框架将各个因素考虑在内并提供了一个综合性的理论框架。

第二章，由以色列海法大学的 Gustavo S. Mesch 执笔，讨论了每个社交应用的使用动机以及产生和保持的社会关系的类型、规模和质量的影响，从多种视角来看待青少年网络社交现象，包括社会关系、年轻一代的世界观、以及不同的社会交流场所的行为，如电子邮件、开放式论坛、聊天室、即时通讯和社交网络等，作者对网络环境中这些新媒体对青少年社会活动的影响进行了系统的探索，得出结论，交流环境已经变得越来越复杂，更深入的研究应着眼于理解不同社交应用的使用，社交的内容和结构，以及这些应用和内容的行为和心理的联系。

第三章，来自英国诺丁汉特伦特大学的 Laura Widyanto 和 Mark Griffiths 则更为拓展地讨论了网络的病理学与成瘾本质。作者回顾了网络成瘾的概念、历史和相关研究，得出了一些关于青少年网络成瘾研究的重要结论。最后，作者通过明确青少年网络成瘾的关键领域为未来研究指出了方向。

第四章提出在青少年认知和心理社会发展以及网络通讯技术特点的双向背景中的关于网络关系形式的一个重要主题。肯特州立大学的 Susan M. Miller、扬斯敦州立大学的 Kenneth L. Miller 和肯特州立大学的 Christine Allison，综述了关于青少年如何使用网络来维持线下关系的相关研究和成果。他们进一步将讨论拓展到网络交流，并以心理和个人特质对青少年网络行为进行区分。作者得出结论，认为网络关系的形成可能取决于在特殊的、线索不受约束的网络环境下，青少年如何展现其自我意识。

在第五章中，印第安纳大学的 Bryant Paul 和 Lelia Samson，通过思考网络在青少年性别认同过程中的潜在作用，展现了一个关于青少年网络社交和关系形成的全新视角。作者称，在这个黄金时代中，网络可能在个体性别认同的发展中扮演着重要的角色。作者进一步回顾了在青少年性别社会化过程中网络通讯技术扮演的重要角色，并认为未来针对网络角色的研究必须同时考虑青少年大脑的特定结构，以及网络作为信息来源和社交机遇的独特本质。

第二部分包括两个章节，展现了青少年网络社交研究中的一个重要方面，即与目前和将来的实践及研究有关的法律视角和法律需要。这部分由两个章节组成，作者有丰富的实践经验并曾组织关于该议题的实质研究。

第六章，提供了关于法律方面与青少年和社交网站有关的讨论，比如"第二人生"中田纳西州立大学的 Larry L. Burriss，确认了关于在不断扩展的网络空间中被保护部分的范畴，包括演讲、表达以及其他网络相关行为。考虑到目前的法律氛围，作者提出，学校制定信息政策是十分重要的，包括学校礼仪教育中的角色、言论自由、破坏、危害和正确网络使用，以及计算机在这些领域中如何使用。

第七章，纽约州立大学奥本尼校区的 Zheng Yan，回顾了儿童网络保护行动（CIPA，2000）和其他在网络世界中保护儿童的规章，并以一个实证的研究呈现了如下证据：CIPA 与高中生在校网络使用减少有关，但对他们接受网络安全知识和网络安全教育机会未表现出有利影响。作者建议评估 CIPA 以及其他网络安全制度对年轻网络使用者的实际影响。

第三部分由七个章节组成，涵盖了网络使用动机、青少年网络环境恐惧，以及影响青少年网络社交的高危因素等大范围的主题。作者视角独特，深入广泛地讨论了各种关于青少年网络社交因果和相关关系的议题。

第八章，中国香港大学的 Louis Leung 关注出于社交和支持目的而使用网络的个体，尤其是与其相关的人格特质，如孤独的感知和自我认同满足，它们与网络使用动机一起影响了网络习惯和行为。作者研究这些差异如何影响青少年和儿童的网络社交行为，如即时通讯、网络游戏和论坛参与。

在第九章中，加州州立大学的 Myron Orleans 研究社交网络与青少年网龄的交互影响，尤其关注重度网络使用障碍是否有孤立青少年使用者的倾向，其结果挑战了年轻的重度电脑使用者将经历社会隔离这一威胁的已有归因。作者得出结论，人际交往和青少年早期的网络活动会互相影响，这种模式会比直接的家长介入在更大程度上降低高危行为。

第十章，从不同的视角出发，犹他大学的 Megan E. Call 和 Jason J. Burrow-Sanchez 明确了青少年网络社交所包含的高危因素。作者认为，尽管网络是一个有利的工具，但一些青少年和儿童却处在被欺负的风险中。他们更指出，媒体所描绘的网络欺负者和他们的受害者可能不准确或被误解，因此，心理健康专业人士和家长接受关于网络欺负的正确信息来保护青少年免受伤害十分重要。该章节提出了基于研究的信息，建议增加保护因素来作为保护青少年网络使用安全的方法之一。

第十一章，主要调查了千禧时代（Millenials）中公益事业的参与者，研究他们是否因为社会责任而使用社交网络。威廉帕特森大学的 Sharmila Pixy Ferris，将社交网络描述为新媒体，是千禧时代奇特的、相互关联的生活方式的一部分，有"改变公民"的潜能。利用研究网络用户头像的方法，作者讨论了千禧时代的社交网络和社会责任，其结果与世俗观点相反。作者发现，千禧时代个体使用社交网络来进行社会和政治行为，从事社会创业以及管理慈善募捐。

在第十二章中，贝勒大学的 Ikuko Aoyama 和 Tony L. Talbert 研究了网络欺负行为在那些使用电子邮件、网络社区和社交网站、聊天室以及手机来实施或者受欺负骚扰与威胁行为的青少年中的比例。本章提供了实证依据，并考虑了网络欺负的理论框架和特征，包括国际上的普遍发生率和相关统计、实施者的背景和档案，以及成年人的角色，同时向教育者和家长提供了针对网络欺负的保护和干预策略。

在第十三章中，奥地利应用科技大学的 MajaPivec 和澳大利亚迪肯大学的 Paul Pivec，以不同视角研究了电子游戏与青少年网络社交的关系，并讨论了媒体和学生在其中的角色。作者认为，尽管我们一致认同开发电子游戏等技术为数字时代的学习者提供了许多机会，但并没有足够证据表明数字时代学习者与之前几代人或者没接触过任何网络的人有任何不同。最后，作者得出结论，创造性思维在传统或者数字教育环境下都能够产生。

最后，第十四章描述了信息和通信技术（ICT）如何塑造一个未来青少年将要生活的社会。威斯康星大学的 Muhammet Demirbilek 和佛罗里达大学的 Berna Mutlu，详细阐述了聊天室对于社交和社会关系形成的作用。该章节对青少年频繁使用的双向实时交流工具——聊天室进行了详细讨论，且着重于研究聊天室对于青少年第二语言发展的影响。

【参考文献】

Amichai-Hamburger,Y.,Wainapel,G., & Fox,S.(2002). "On the Internet no one knows I'm an introvert":Extroversion, neuroticism,and Internet interaction. CyberPsychology & Behavior,5(2),125–128.

Anolli,L. ,Villani,D., & Riva,G.(2005).Personality of people using chat:An online research. CyberPsychology & Behavior,8(1)89–95.

Isakson,C.(2007). Caught on the Web. Retrieved February 5,2008,http://www.eddigest. com.

Dietz-Uhler,B., & Bishop-Clark,C.(2005). Formation of and adherence to a self-disclosure norm in an online chat. CyberPsychology & Behavior,8(2),114–120.

Eastin,M. S.(2005). Teen Internet use:Relating social perceptions and cognitive models to behavior. CyberPsychology & Behavior,8(1),62–75.

Greenfield,P.(2004). Developmental considerations for determining appropriate Internet use guidelines for children and adolescents. Applied Developmental Psychology,25,751–762.

Greenfield,P., & Subrahmanyan,K.(2003). Online discourse in a teen chatroom:New codes and new modes of coherence in a visual medium. Developmental Psychology,24,713–738.

Hrastinski,S., & Keller,C.(2007). Computer-mediated communication in education:A review of recent research. Educational Media International,44,61–77.

McKenna,K., & Bargh,J.(2000). Plan 9 from cyberspace:The implications of the Internet for personality and social psychology. Personality and Social Psychology Review,4(1),57–75.

NBC Dateline.(2006,April). Most teens say they've met strangers online. Retrieved February 5,2008,http://www.msnbc.msn.com/id/12502825.

PBS Frontline(2008,January). Growing up online. Retrieved February 5,2008,http://www.washingtonpost.com/wp-dyn/content/discussion/2008/01/17/DI2008011702141.html.

Pewinternet.org.(2007). Reports:Family,friends and community. Retrieved February 5,2008,http://www.pewinternet.org/ppf/r/230/report_display.asp.

Zheng,R.,Burrow-Sanchez,J. ,Donnelly,S. ,Call,M., & Drew,C.(2010). Toward an integrated conceptual framework of research in teen online communication. In R.Zheng,J.Burrow-Sanchez & C.Drew(Eds.),Adolescent online social communication and behavior:Relationship formation on the Internet. Hershey,PA:Information Science Reference.

致 谢

我们希望能向那些为本书章节做出贡献的同事表达我们的感谢。任何书籍的成功都凝聚了每一个作者的才能和心血。本书体现了集体的智慧，他们贡献了数百个小时将一系列章节合成一体，提供了一个出色的青少年网络社交的理论与实践的概览。

我们也要感谢各位评审人的专业协助，他们为本书提供了富有洞察力的意见和建议。我也要感谢以下评审人对本书所付出的辛勤工作和对细节的关注：

Deanna Blackwell，犹他大学

Megan Call，犹他大学

Richard Hoffman，犹他大学

Melda N. Yildiz，威廉帕特森大学

要特别感谢 Kristin M. Klinger 和 Julia Mosemann，IGI 全球的编辑，他们的专业知识和慷慨支持使这个项目得以实施。我们也要感谢 IGI 全球的出版团队，他们证明了职业精神和正直的最高水准。

最后，我们要感谢犹他州立犯罪和少年司法委员会以及犹他大学教育技术推进中心（CATE）。

罗伯特·郑（Robert Z. Zheng）

杰森·伯罗 - 桑切斯（Jason J. Burrow-Sanchez）

克利福德·德鲁（Clifford J. Drew）

2009 年 4 月

目录

第八章 网络使用动机、独处和年龄认同满足对青少年的网络交往行为和社会支持的影响

第九章 对青少年上网的担忧：社会疏离、同伴间负面影响、性邀约

第十章 识别风险因素和加强保护性因素来防止青少年成为网络受害者

第一章 青少年网络交往研究的整合理论框架

罗伯特·郑（Robert Z. Zheng） 美国犹他大学

杰森·伯罗－桑切斯（Jason J. Burrow-Sanchez） 美国犹他大学

斯蒂芬妮·唐纳利（Stephanie Donnelly） 美国迈阿密大学

梅根·考尔（Megan E. Call） 美国犹他大学

克利福德·德鲁（Clifford J. Drew） 美国犹他大学

本章关注包括社会和个体因素在内的影响青少年网络交往需求和行为的相关因素，为青少年网络交往研究呈现一个完整的理论框架。该框架认为，青少年的网络行为和他们的发展需求、社会心理需求以及认知需求相关，而当社会和个体因素影响青少年的需求时，也同时间接影响着他们的网络行为。因此，将这些相关因素均考虑进入理论框架，从而为青少年网络交往行为提供了一个整合的视角。基于对该理论框架的理解和评估，我们也对未来的研究方向提出了建议。

一、前言

在过去的十年间，关于青少年网络交往的研究数量在迅速增长，研究范围从发展同一性到个体差异，从聊天室行为到沟通模式均有涉及（Anolli，Villani & Riva，2005；Greenfield，2004；Gross，2004；Livingstone，2002；Valkenburg & Pater，2007）。其中，多位研究者提供了理论和实践上的思考，使我们能够更好地去理解这些认知、心理、社会和生物因素如何影响青少年网络交往行为（Eastin，2005；Sheeks & Birchmeier，2007；Whitlock，Powers & Eckenrode，2006）。而深化我们对于青少年网络交往行为理解的关键是，整合现有的概念框架，去构建能够反映青少年网络交往行为动力机制的新的整合模型。这些新模型必须能够很好地整合已有的理论构建，并同时体现出当代背景下青少年网络交往行为的多领域交互的特点。目前的理论主要是基于发展模型（Greenfield，2004；Subrahmanyan，Smahel & Greenfield，2006），或是社会关系（Peter，Valkenburg & Schouten，2006；Sheeks & Birchmeier，2007；Valkenburg & Peter，2007）来解释青少年在线行为。但是，阐明青少年发展与网络行为之间的关系需要一个综合性的模型来阐述。如果希望对青少年网络交往行为有一个更加深入和准确的理解，研究者则还需考虑青少年的发展需要、个体差异以及社会环境等因素。

本研究从青少年的发展需要、相关的社会和个体因素等多方面探讨了青少年网络交往行为，提出了一个涵盖青少年认知需求、发展需求和社会需求，以及个体和环境因素在内的整合模型。

二、青少年网络交往行为的研究综述

以往研究主要关注媒体效应和青少年行为之间的关系（Bushman & Anderson，2001；Hrastinski & Keller，2007；Rubin，2002）。Suoninen（2001）探讨了媒体对于青少年社交交往的作用之后，得出结论认为媒体在青少年"构建他们自己的私人生活领域的身份认同"时起了重要的作用（P218）。Groebel（2001）通过关注青少年网络交往行为中的媒体作用来探讨青少年网络使用行为中的攻击性。Greenfield和Yan（2006）提出，目前的研究应该走出媒体效应的研究范围去探讨青少年的发展需求与网络交往行为间的关系。Buckingham（2004）也同样认为，包括网络在内的媒体研究"应该超越媒体效应的决定论观念……在儿童文化正发生更大改变的背景下去考虑这些新的媒体和通信技术"（P108）。Lloyd（2002）指出，对青少年心理功能的一个更广阔的理解必须将大众媒体的成分整合进来。

针对青少年网络交往的调查发现，青少年的网络交往行为呈现出明显的多样化（Anolli et al.，2005；Gross，2004；McKenna，Green & Gleason，2002）。一些青少年积极主动地和同伴沟通，而有些青少年则相对来说较少参与。一些青少年通过在线合作会试图发展出积极的关系，而另外的青少年则在在线聊天室里表现出攻击性而使自己与同伴疏离。研究者提出了数个理论模型来解释青少年的网络交往行为，其中包括发展需求（Greenfield，2004；Subrahmanyan et al.，

2006）、自我效能感（Eastin，2005；Lin，2006；Living-stone，Bober & Helsper，2005；Valkenburg，Peter & Schouten，2006）和社会交往变量（Peter et al.，2006；McKenna et al.，2002）。

（一）发展同一性形成和网络交往

一些发展学理论家（如 Greenfield，2004；Lloyd，2002；Subrahmanyan et al.，2006）一致认为，类似网络成瘾这样的青少年网络行为是和发展需求相关的。Greenfield（2004）认为，青少年面临的主要任务是建构和发展出个体同一性，这有可能会有两个结果，一个是适应的，是成功的；而另一个可能则是非适应的，是失败的。Erikson（1968）将这个过程形容为同一性危机，可能会影响将来个体去面对生活中的挑战的方式。有证据显示，没有成功解决同一性危机可能会导致青少年在面临挫折时的言语或者行为攻击以及在建构同一性时的迷茫困扰。Subrahmanyan 等人（2006）发现，在青少年的网络交往中存在着较高水平的攻击性，如在聊天室里使用种族侮辱和露骨的性语言。他们认为，这样的攻击性是由于青少年在发展同一性危机中的失败带来了高水平的焦虑，从而在一个限制性相对较低的环境（如网络）中产生了一些不受欢迎的行为。发展同一性形成理论在某种程度上也能解释青少年的网络交往行为，但是它主要关注个体在同一性建构过程中对于环境的适应。不少研究建议个体同一性的研究应该在一个更大的背景之下考虑社会和个体因素的影响（Baker，Victor & Chambers，2004；Van Aken，Van Lieshout & Scholte，1998）。

（二）社会认同

仅仅从生物需求角度解读青少年的发展需要限制了我们对社会给青少年发展所带来影响的理解。根据 Tajfel 和 Turner（1986）的研究，社会认同关注个体在何时以及为什么会认同社会群体，表现为群体的一部分，并对群体外成员采用相同的态度。社会认同在操作过程上可定义为社会认可、表达、自我澄清、社会控制和关系发展（Tajfel，1978；Tajfel & Turner，1986）。社会认同和两个重要的概念相关：互惠和去个性化行为。Dietz-Uhler 和 Bishop-Clark（2005）指出了互惠在社会群体内的社会认同的形成过程中起到了重要的作用。举例来说，社会认可和关系发展建立在彼此信任的基础之上，这种信任无论是在线上还是线下的环境中，大多数都是以自我表露的形式展现出来。最初的自我表露由于参与者意识到了互惠性，就可能诱发其他同伴的自我表露。

相比之下，去个性化则强调在社会认同形成中的团体突显性。Spears 和 Lea（1992）坚持认为，当社会认同适度突显时，社会群体中的成员被要求服从群体规则。举例来说，如果一个群体中的规则之一是自我表露时，那么群体成员对其他成员进行自我表露的可能性就会大大增加。在个体层面来看，青少年发展是以增加社会意识、努力适应社会规范这一过程为特点的，因此在理解青少年网络交往行为的社会认同和关系发展时，互惠和去个性化是两个重要的概念（Waterman & Archer，1990）。

（三）网络社会交往

社会交往理论，如社会抑制理论（McKenna et al.，2002；Peter et al.，2006；Sheeks & Birchmeier，2007）和社会渗透理论（Dietz-Uhler & Bishop-Clark，2005；Valkenburg & Peter，2007）都对青少年网络交往行为的研究产生了极大的影响。社会抑制理论认为社会交往能够被外貌、交往技能、口吃和害羞抑制等"门控特征"所抑制（McKenna et al.，2002），这些特征往往会给人留下深刻的第一印象，影响友谊的后续发展，从而妨碍人们和他人建立良好的社会关系。McKenna 等人指出，在网络环境下这些门控特征在初期并不明显，因此也不会阻碍潜在关系的发展（P11），这些特征带来的影响也会减弱。基于网络的独特特征，McKenna 等人提出了一个促进假说（stimulation hypothesis）来解释人们如何建立在线关系。根据他们的假说，减少暗示以及能增加亲密感的自我表露均能促进陌生人之间的关系建立（Peter et al.，2006；Sheeks & Birchmeier，2007）。而关于网络交往的研究发现，减少暗示和自我表露不仅能促进陌生人之间关系的建立，也能促进已有友谊的维持（Peter，Valkenburg & Schouten，2005；Valkenburg & Peter，2007）。该促进假说已经被用来解释减少暗示和自我表露作为促进因素能使人们在网络团体中变得更加亲近。

和社会抑制理论相反，社会渗透理论认为广度（交往的内容领域）和深度（交往的亲密程度）是关系维持的决定因素。Valkenburg 和 Peter（2007）认为，在网络交往的环境中，青少年所感知到的交往广度和深度能够影响朋友间的亲密程度。他们更进一步指出，由于青少年所感知到的交往广度有助于形成轻松的网络交往，因此青少年在线讨论的主题和领域都要比线下广泛，从而也能形成更为亲密的关系。

（四）个体差异

大量的研究工作试图去探讨个体差异与青少年网络交往间的关系（Anolli et al.，2005；Chak & Leung，2004；Madell & Muncer，2006；Sheeks & Birchmeier，2007）。研究者尤其对人格特质，如内向性／外向性、神经质和精神质如何影响青少年网络交往行为感兴趣（Anolli et al.，2005；Chak & Leung，2004；Madell & Muncer，2006）。关于内向性和外向性的研究结果出现了分化，一些研究者认为外向的人是"社会的、需要有人交谈、不喜欢自己独自阅读或者学习"（Bianchi & Phillips，2005，P41），而互联网没有时间和地域限制，因此对于他们是构建社交网络的理想场所。该学派的研究者（如 Amichai-Hamburger，2002；Bianchi & Phillip，2005；Valkenburg & Peter，2007）支持富者更富理论，认为外向的人更受益于网络社会环境，在网络交往中有更多的社交参与。他们也注意到，由于网络交往的灵活性、易控性和参与者的同步多向联结性，使得外向的人有可能沉迷上瘾。然而，其他研究者（Anolli et al.，2005）并没有发现外向性和青少年网络行为之间的关系。在 Anolli 等人（2005）的研究中，外向性的被试实际使用的网络聊天显著少于内向被试，这和 Bianchi 和 Phillips 的研究结果恰恰相反。

与外向性会使人们对网络交往上瘾的假设相反，研究者（e.g., Madell & Muncer，2006；Mesch，2001；Widyanto & McMurran，2004）对在线行为与内向性的关系进行了探讨，研究结果发现，网络交往对内向的人具有吸引力，这也许可以部分解释人们为什么会对网络聊天上瘾。研究者认为，内向的个体通常羞于社交，在面对面的情境中很难和他人发展关系，特别是被像口吃这样的门控特征所限制的个体。Mesch（2001）对 927 个以色列年轻人的网络社交行为进行的调查发现，个体对好友的依恋水平越低、所表达出的亲社会态度越少，就越有可能成为一个经常性的网络使用者。对此，Chak 和 Leung（2004）解释称，内向者所感知到的对于网络交往的控制感，使其更有可能去网络上满足他们的社交与亲密感的需求。由于网络所具有的匿名性、灵活性以及多元互动等特点，社交焦虑或者孤独的人们能够通过网络与他人进行交往，而不会过分关注他们是谁、说了什么，因此他们也会觉得保护了自我形象（Peter et al.，2005；Valkenburg et al.，2006）。该研究团队（Peter et al.，2005；Valkenburg et al.，2006）支持了促进假说（stimulation hypothesis），该假说认为，减少了视觉与听觉线索的网络途径能够减轻内向者的社交焦虑，因此能够促进他们发展出更积极的线上关系。

与内向和外向间的争论一样，对神经质与精神质的研究结果同样较为混乱。根据艾森克的理论（Eysenck & Eysenck, 1964），精神质个体是指那些冲动的、敌对的、有创造性的人，而神经质个体是指那些害羞、焦虑、抑郁的人。Anolli等人（2005）研究了神经质对个体的在线行为的影响，结果发现在网络聊天行为中，神经质和年龄存在着显著相关，这一结果与精神质的相关研究结果相类似。Phillips（2005）和Madell、Muncer（2006）的研究发现，神经质与在线聊天等网络使用负相关，因为神经质的人常常会过度敏感，不喜欢匿名讨论敏感话题（也见McKenna & Bargh, 2000）。这些研究均排除了神经质是影响个体网络社会交往的影响因子。

（五）自我效能感

关于青少年网络社会交往的研究均赞成将自我效能包含在对青少年在线行为的研究中。班杜拉（Bandura, 1993）认为，自我效能感是最核心或者说最普遍的影响学习者行为表现的变量。不少模型均解释了自我效能感在青少年在线交往中的作用。本文中，我们考察了在线学习涉及自我效能感的几个模型，包括Lin（2006）的行为意图模型（behavioral intention model）、Eastin（2005）的期望模型（expectation model）、Livingstone（2005）的自我效能与在线互动模型（model on self-efficacy and online interaction）。Lin的行为意图模型以计划行为理论（theory of planned behavior）为基础，阐述了自我效能感、感知到的行为控制以及网络交往行为的意图之间的关系。在该模型中，自我效能感被视为影响感知到的行为控制的因素，并且会进一步影响行为意图。模型的重要性在于其确定了意图背后的动机因素，并将自我效能感作为青少年网络交往行为的主要动机之一。

与Lin的行为意图模型不同，Eastin（2005）认为积极的自我效能感影响着积极的期望。Eastin的模型将社交团体、先前经验以及父母的成功作为影响青少年网络交往自我效能感的因素。在这些因素中，社会团体的成功以及个体的经验被认为尤其重要，因为在自我效能感中的两个重要概念——自信和自尊会受到两个因素的影响，一个是青少年将社交团体作为成功的一部分的这种观念，另一个是之前的网络交往的经验。另外一个影响自我效能感的重要因素是控制点（Sheeks & Birchmeier, 2007；Widyanto & McMurran, 2004）。网络的特点能给青少年，尤其是给具有内向人格特质的青少年提供在线社交的内在控制感，这是他们在线下交往当中所没有的。而这样一种内在的控制感能够增强青少年的自我效能感，并带来对网络社交的积极期待。

第三个模型由 Livingstone（2005）提出，描述了个体 / 社会因素、自我效能感以及在线互动的关系。该模型使用路径分析方法，用一个复杂的图形阐述了个体 / 社会变量如何影响自我效能感和自我效能感又如何决定网络环境中的互动水平。根据 Livingstone 的模型，像年龄、性别、社会经济地位、网龄等因素都能显著影响个体的自我效能感，自然也能影响其与他人的在线交往。

总体来说，青少年的认同需求和他们的生理需求、环境因素如门控特征、个体差异以及自我效能感组成了显著影响青少年在线行为的核心变量。然而，已有研究一直关注个体因素，这限制了我们对于这些变量间的相互作用对青少年网络行为的理解。接下来的章节将介绍一个关于青少年在线行为研究的整合性的理论框架，以求填补已有研究中存在的这一空白。

三、一个整合的理论框架

该模型基于已有研究，由已经被确定为青少年在线行为的关键变量组成。但是它和已有研究不同的是，本模型对于变量的探讨是基于一个整合的理论框架，并且考察了在影响所有青少年网络行为中这些变量之间的相互关系和个体因素的动态作用。在评述了青少年在线行为相关研究出现进程之后，Livingstone（2003）着重强调了在研究中需要考虑的三个方面：（1）网络交往对于社交网络和同伴文化变化的影响；（2）身份认同的作用；（3）网络交往对于本地人际圈（local networks）和儿童人际关系的影响。有两个因素和儿童青少年网络行为是明显相关，即社会因素（如社交网络、同伴文化、本地网络和儿童青少年间的人际关系）和个体因素（如身份认同）。但是，我们仍然相信有第三个因素影响青少年的在线行为，即环境因素（如同步 / 非同步沟通、匿名性等）。

（一）社会因素

多个社会因素均能影响个体行为，但其中三个最确定的因素是社会规则（Social Norms，Dietz-Uhler & Bishop-Clark，2005；McKenna et al.，2002；Spears & Lea，1992；Waterman & Archer，1990），由政府、地区或者学校制定的，规定在网上哪些行为是允许的，哪些行为是不允许的政策（Jordan，2008）、社区支持（community support，包括父母的态度和觉察，Livingstone，2002）。在涉及到青少年彼此间的网络交往行为时，这些因素能成为关键的变量。

（二）个体因素

如前所述，个体因素能显著影响青少年在网络中的行为。这些因素包括认同意识（Greenfield，2004；Subrahmanyan et al.，2006）、自我效能感（Eastin，2005；Lin，2006；Livingstone et al.，2005）、人格特质（Anolli et al.，2005；Bianchi & Phillip，2005；Madell & Muncer，2006）、社交焦虑（Valkenburg & Peter，2007）和年龄、性别、网龄等人口学变量（Livingstone et al.，2005）。研究者认为这些因素对青少年行为具有重要的影响，受到了广泛的关注。

（三）环境因素

由于媒体效应研究面临被质疑，研究者在探讨环境因素对青少年网络交往行为的影响时对于结论的表达也十分谨慎。而网络环境中的环境因素涉及到了网络的独特特征，如匿名性、任何时间和任何途径的易得性、交往模式（如同步/非同步）等，这些因素能够间接影响青少年的自我暴露和公民参与等网络交往行为。

（四）青少年在线行为

青少年的在线行为包括在网络环境中个体如何表现他们自己或者在一个群体内部的行为表现。通常存在两种行为：积极和消极行为。消极行为会给自己或他人带来不良后果，包括攻击、欺负和自我贬低。积极行为是指那些能给自己和在线社区带来积极影响的行为，包括积极合作、公民参与和促进在线交往中的易相处氛围的角色示范。表1呈现了上述因素和在线行为。

（五）因素中的相互关系

文献中的证据表明，在网络交往中，社会因素可能会影响个体因素。如网络交往中，社区支持（community support）能显著影响个体的自我效能感（Eastin，2005）。除此以外，特定类别中的因素也能互相影响。如年龄、性别能够影响自我效能感，而二者都属于个体因素（表1）。最后，环境因素和个体因素间存在着较强的相关，网络的匿名性和人格类型相关（内向/外向，Anolli et al.，2005；Madell & Muncer，2006）。

（六）因素和在线行为的关系

至今为止，研究已经证明社会、个体和环境因素均能在不同水平上影响青少年的网络交往行为（Anolli et al. , 2005；Livingstone et al. , 2005；Madell & Muncer, 2006；Valkenburg & Peter，2007）。

表1　与在线交往相关的因素与行为

社会因素	个体因素	环境因素	在线行为
社区支持 政策 社会规则等	年龄 性别 认同意识 人格特质（内向性VS外向性、神经质、精神质） 自我效能感 社交焦虑	匿名性 易得性（任何地点，任何时候的网络连接） 沟通模式（同时性VS延时性） 非线性的信息获得	攻击 欺负 网络成瘾 自我毁谤 自我表露 自我披露 积极合作 公民参与 角色示范 助人行为

然而，在整个模型中仍有一个联系是缺失的，那就是上述的因素影响可能并不会直接导致行为的发生。也就是说，社区支持（community support）也许不是导致青少年的公民参与的必要条件，除非他/她有这样的渴望或者需求去做。同样的，自我效能感也不能自动地触发积极行为，除非自我效能感能被想要在网络交往中表现良好的需求所点燃。根据同样的逻辑，像匿名性这样的环境因素不会导致青少年进行自我暴露，除非他们有这样需求或者渴望存在。显然，行为包括在线行为，是由要在生活中做有意义的行为的这一人类需求所引发。

研究认为人类需求（如生理、社会和认知需求）能够引起行为性动作（behavioral action）的发生（Deci & Ryan，2000；Greenfield，2004；Staub & Pearlman，2002）。基于人类需求—行动范式，我们提出了一个青少年在线行为研究的理论框架（图1）。

根据 Greenfiel（2004）的研究，青少年的发展/生理需求是理解青少年网络交往行为的关键。发展理论（The developmental theory）认为，青少年阶段的发展主要是以增长的性别意识和个体认同需求为标志，这些需求满足的缺失会导致青少年在与他人的社会交往中出现问题，产生一些不太适宜的行为。Subrahmanyan et al.（2006）认为,关于网络的研究应该与青少年的发展结构相联系。与 Greenfiel 以及她的同事（Greenfield,2004 ;Subrahmanyan et al. , 2006）不同的是, Deci 和 Ryan（2000）探讨了社会需求和行为之间的关系。Deci 和 Ryan 理论的核心概念是在团体内部的社会联结,其认为人类需要人与人之间的联系,可以对人与人之间的关系以及小组成员产生影响,比如社交欲望。最后,认知需求被认为与行为存在着因果联系（Staub & Pearlman, 2002）。Staub 和 Pearlman（2002）认为,认知需求如理解现实和世界的需求,反映了人类求生的基本需求。这些需求没有得到满足会导致个体在生活中不能达到最佳状态。简而言之,上述讨论再次肯定了青少年网络行为研究中的需求—行动范式。尽管每种需求都有其独特的组成,但我们仍可以在青少年需求这样一个大的框架之下进行探讨,使研究者能够观察到其独特而又相互联系的个体需求。

如果青少年需求是导致行为产生的原因变量,那么我们假定社会、个体和环境因素在我们的框架模型中是扮演支持的角色。

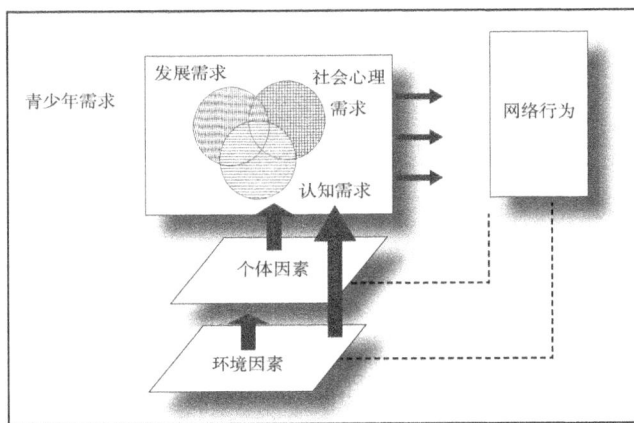

图1 青少年网络行为研究的理论框架

该假定是根据我们之前的讨论做出的,即是人类需求直接影响人类行为的发生,而不是社会或者个体因素。在这个框架之下,社会因素、个体因素和环境因素被视为人类需求的支持因素,且同时对青少年的在线行为发挥间接的影响作用。举例来说,社会和个体因素,如社区支持（community support）、认同意识和自我效能感,在个体寻求自我认同和社会联结方面,能够影响青少年的社会和发展需求。当社区支持（community support）增加时,可能会为积极活跃的在线合作创造一个支持的环境,因此这些因素在间接地影响着青少年的在线行为。

（七）应用与挑战

该理论框架通过对青少年需求和社会、个体和环境因素的分析，能够帮助研究者和临床实践人员认识青少年在线行为的复杂性。同时在研究和实践的多个领域均能有所应用。例如，学校的教师能将理论框架运用到课堂教学当中。尤其是随着社会工具（如博客）在教学中应用的增加（Boling, Castek & Zawilinski, 2008; Glass & Spiegelman, 2007—2008），理解青少年需求和不同的社会、个体、环境因素在他们的在线行为中的作用，将在把博客成功地整合进教学与学习过程中起到关键的作用。该理论框架也对那些尝试去解释青少年的网络欺负行为、自我表露、自我贬低和网络成瘾等行为的研究者和学校咨询师有一定的帮助。通过对青少年需求和个体人格、社会规则等影响因素的分析，研究者能够确定每个变量在青少年网络交往中的作用，从而能够为教师和其他专业实践人员提供建议。

尽管本理论框架对研究和实践领域来说具有一定的优势和益处，但是在应用上仍然存在一些挑战。第一，对于那些在一个研究中要考察多个变量还不太熟练的人来说这算是一个让人畏缩的工作。第二，对研究者来说，在一个在线学习环境中开展一个包括如此多的研究变量且变量同时起不同的作用的研究设计，是一个非常大的挑战。第三，和第二个挑战相关，就是测量带来的挑战，因为变量处于不同的框架中，具有不同的水平，会得出不同的数据结果，在这样的情况下得出结论就变得有些困难。

四、结论

目前关于青少年网络交往的研究在主题、结构和理论上均呈现出显著的不同。本研究提出的概念模型将目前的研究带入一个整合的理论框架之下，使研究者和临床人员能够理解影响青少年在线行为的各因素间的动态作用。基于需求—行动范式，本框架强调了包括认知、发展和社会需求在内的青少年需求是网络行为发生的原因。同时，它指出了社会、个体和环境因素与青少年需求的直接关系，以及这些因素和青少年在线行为的间接关系。本理论框架的重要性在于它理清了青少年在线行为中的各因素间的关系，将关注引向这些因素对青少年在线行为的直接作用。

未来的研究应该将质性和量化方法均引入到青少年在线行为的相关研究中，以探讨其广度和深度。同时，未来研究也应探讨青少年需求和个体、社会因素间的联系，以评估本理论框架中的不同因素间的关系及其功能。

【参考文献】

Amichai-Hamburger,Y.,Wainapel,Y.G., & Fox,S.(2002).On the Internet no one knows I'm an introvert:Extroversion, neuroticism, and Internet interaction.Cyberpsychology & Behavior,5(2),125–128.doi:10.1089/109493102753770507.

Anolli,L.,Villani,D., & Riva,G.(2005).Per-sonality of people using chat:An online research.Cyberpsychology & Behavior,8(1),89–95.doi:10.1089/cpb.2005.8.89.

Baker,S.T.,Victor,J.B., & Chambers,A.L.(2004).Adolescent personality:A five-factor model construct validation. Assessment,11(4),303–315. doi:10.1177/1073191104269871.

Bandura,A.(1993).Perceived self-efficacy in cognitive development and functioning. Educational Psychologist,28,117–148.doi:10.1207/s15326985ep2802_3.

Bianchi,A., & Phillips,J.G.(2005).Psychological predictors of problem mobile phone use.Cyberpsychology & Behavior,8(1),39–51.doi:10.1089/cpb.2005.8.39.

Boling,E.,Castek,J., & Zawilinski,L.(2008).Collaborative literacy:Blogs and Internet projects.The Reading Teacher,61(6),504–506.doi:10.1598/RT.61.6.10.

Buckingham,D.(2004).New media,new childhoods?Children's changing cultural environment in the age of digital technology.In M.J.Kehily(Ed.),An introduction to childhood studies (pp.108–122).Maidenhead,UK:Open University Press.

Bushman,B.J., & Anderson,C.A.(2001).Media violence and the American public:Scientific fact versus media misinformation.The American Psychologist,56,477–489. doi:10.1037/ 0003-066X.56.6-7.477.

Chak,K., & Leung,L.(2004).Shyness and locus of control as predictors of Internet addiction and Internet use.Cyberpsychology & Behavior,7(5),559–570.

Deci,E.L., & Ryan,R.M.(2000).The "what" and "why" of goal pursuits:Human needs and the self-determination of behavior.Psychological Inquiry,11,227–268. doi:10.1207/ S15327965P-LI1104_01.

Dietz-Uhler,B., & Bishop-Clark,C.(2005).Formation of and adherence to a self-disclosure norm in an online chat.Cyberpsychology & Behavior,8(2),114–120. doi:10.1089/cpb.2005.8.114.

Eastin,M.S.(2005).Teen Internet use:Relating social perceptions and cognitive models to behavior.Cyberpsychology & Behavior,8(1),62–75.doi:10.1089/cpb.2005.8.62.

Erikson,E.H.(1968).Identity:Youth and crisis.New York:Norton.

Eysenck,H.Y., & Eysenck,S.B.G.(1964).Manual of the Eysenck personality inventory. San Diego,CA:Educational and Industrial Testing Service.

Glass,R., & Spiegelman,M.(2007—2008).Incorporating blogs into the syllabus:-Making their space a learning space.Journal of Educational Technology Systems,36(2),145–155.doi:10.2190/ET.36.2.c.

Greenfield,P.(2004).Developmental considerations for determining appropriate Internet use guidelines for children and adolescents.Applied Developmental Psychology,25,751–762.doi:10.1016/j.appdev.2004.09.008.

Greenfield,P., & Yan,Z.(2006).Children,adolescents,and the Internet:A new field of inquiry in developmental psychology.Developmental Psychology,42,391–394. doi:10.1037/0012-1649.42.3.391.

Groebel,J.(2001).Media violence in cross-cultural perspective:A global study on children's media behavior and some educational implications.In D.G.Singer & J.L.Singer(Eds.),Handbook of children and the media(pp.255 –268).Thousand Oaks,CA:Sage.

Gross,E.F.(2004).Adolescent Internet use:What we expect, what teens report.Applied Developmental Psychology,25,633–649.doi:10.1016/j.appdev. 2004.09.005.

Hrastinski,S., & Keller,C.(2007).Computermediated communication in education:A review of recent research.Educational Media International,44,61–77. doi:10.1080/095239 80600922746.

Jordan,A.B.(2008).Childrens media policy.The Future of Children,18(1),235–253. doi:10.1353/foc.0.0003.

Lin,H.F.(2006).Understanding behavioral intention to participate in virtual communities.Cyberpsychology & Behavior,9(5),540–547.doi:10.1089/ cpb.2006.9.540.

Livingstone,S.(2002).Young people and new media.Thousand Oaks,CA:Sage.

Livingstone,S.(2003).Children's use of the Internet:Reflections on the emerging research agenda.New Media & Society,5(2),147–166.doi:10.1177/ 1461444803005002001.

Livingstone,S.,Bober,M., & Helsper,E.J.(2005).Active participation or just more information?Young peoples take up of opportunities to act and interact on the Internet.Information Communication and Society,8(3),287–314.doi:10.1080/

13691180500259103.

Lloyd,B.T.(2002).A conceptual framework for examining adolescent identity,media influence,and social development.Review of General Psychology,6,73–91. doi:10.1037/10 89-2680.6.1.73.

Madell,D., & Muncer,S.J.(2006).Internet communication:An activity that appeals to shy and socially phobic people?Cyberpsychology & Behavior,9(5),618–622. doi:10.1089/ cpb.2006.9.618.

Madell,D., & Muncer,S.J.(2007).Control over social interactions:An important reason for young peoples use of the Internet and mobile phones for communication?Cyberpsychology & Behavior,10(1),137–140.doi:10.1089/ cpb.2006.9980.

McKenna,K., & Bargh,J.(2000).Plan 9 from cyberspace:The implications of the Internet for personality and social psychology.Personality and Social Psychology Review,4(1),57–75.doi:10.1207/S15327957PSPR0401_6.

McKenna,K.,Green,A.S., & Gleason,M.E.(2002).Relationship formation on the Internet:Whats the big attraction?The Journal of Social Issues,58(1),9–31.doi:10.1111/ 1540-4560.00246.

Mesch,G.S.(2001).Social relationships and Internet use among adolescents in Israel. Social Science Quarterly,82(2),329–339.doi:10.1111/0038-4941.00026.

Peter,J.,Valkenburg,P. & Schouten,A.P.(2005).Developing a model of adolescent friendship formation on the Internet.Cyberpsychology & Behavior,8(5),423–430. doi:10.1089/ cpb.2005.8.423.

Peter,J.,Valkenburg,P., & Schouten,A.P.(2006).Characteristics and motives of adolescents talking with strangers on the Internet.Cyberpsychology & Behavior,9(5),526–530.doi:10.1089/cpb.2006.9.526.

Rubin,A.M.(2002).The uses-and-gratifications perspectives of media effects,In J.Bryant & D.Zillmann(Eds.),Media effects:Advances in theory and research(pp.525–548).Mahwah,NJ:Laurence Erlbaum.

Sheeks,M.S., & Birchmeier,Z.P.(2007).Shyness,sociability,and the use of computer-mediated communication in relationship development.Cyberpsy-chology & Behavior,10(1),64–70.doi:10.1089/cpb.2006.9991.

Spears,R., & Lea,M.(1992).Social influences and the influence of the "social" in computer-mediated communication.In M.Lee(Ed.),Contexts in computer-mediated communication(pp.30–65).London:Harvester Wheatsheaf.

Staub,E., & Pearlman,L.(2002).Understanding basic psychological needs.Retrieved August 20,2008,http://www.heal-reconcile-rwanda.org/lec_needs.htm.

Subrahmanyan,K.,Smahel,D., & Greenfield,P.(2006).Connecting developmental constructions to the Internet:Identity presentation and sexual exploration on on-line teen chatrooms.Developmental Psychology,42,395–406.doi:10.1037/ 0012-1649.42.3.395.

Suoninen,A.(2001).The role of media in peer group relations,In S.Livingstone & M.Bovill (Eds.),Children and their changing media environment(pp.201–219).Mahwah,NJ:Laurence Erlbaum.

Tajfel,H.(1978).Social categorization,social identity,and social comparison.In H.Tajfel (Ed.), Differentiation between social groups:Studies in the social psychology of inter-group relations(pp.6–76).London:Academic Press.

Tajfel,H., & Turner,J.C.(1986).The social identity theory of intergroup behavior.In S.Worschel & W.C.Austin(Eds.),Psychology of intergroup relations(pp.7–24).Chicago:Nelson-Hall.

Valkenburg,P.,Peter,J., & Schouten,A.P.(2006).Friend networking sites and their relationship to adolescents well-being and social self-esteem.Cyberpsychology & Behavior,9(5),584–590.doi:10.1089/cpb.2006.9.584.

Valkenburg,P.M., & Peter,J.(2007).Preadolescents and adolescents online communication and their closeness to friends.Developmental Psychology,43,267–277.doi:10.1037/ 0012-1649.43.2.267.

van Aken,M.A.G.,van Lieshout,C.F.M., & Scholte,R.H.J.(1998).The social relationships and adjustment of the various personality types and subtypes.Paper presented at the 7th Biennial Meeting of the Society for Research on Adolescence,San Diego,-CA.

Waterman,A.S., & Archer,S.L.(1990).A lifespan perspective on identity formation:Developments in form,function,and process.In P.B.Baltes,D.L.Featherman & R.M.Lerner(Eds.),Life-span development and behavior(pp.29–57).Hillsdale,NJ:Laurence Erlbaum.

Whitlock,J.L.,Powers,J.L., & Eckenrode,J.(2006).The virtual cutting edge:The Internet and adolescent self-injury.Developmental Psychology,42,407–417.doi:10.1037 /0012-1649.42.3.407.

Widyanto,L., & McMurran,M.(2004).The psychological properties of the Internet addiction test.Cyberpsychology & Behavior,7(4),443–450.doi:10.1089 / cpb.2004.7.443.

第二章 互联网功能和青少年社会交往：从多样化到整合

古斯塔沃·S. 梅施（Gustavo S. Mesch） 以色列海法大学

随着互联网在西方国家逐渐被越来越多的青少年所接受，并融入其日常生活，许多学者和评论家就这种新的媒介对年轻一代的活动、社会关系还有世界观造成的影响进行了讨论和猜想。由于青少年对电子信箱、公共论坛、聊天室、即时通讯和社交网站等多种交流手段的结合使用，使交流的环境变得越来越复杂。本章作者将着重讨论不同社交手段的应用，它们在一定程度上决定着社会交往和联系的结构以及内容。作者还对各种社交手段的使用动机及其对社会关系种类、规模和质量的保持以及创造的影响进行了文献综述。

一、前言

社交软件融入日常生活中，重新定义了青少年的社交网络。快速互动的在线交流支持着社交网络的形成、保持和扩展。信息和通讯技术不断推动了科技革新。不管是在过去、现在还是将来，青少年的联系和交往与各种可用的科学技术密不可分。从电子邮件到新闻讨论组，从开放论坛到开放聊天室，从即时通讯工具到社交网络，当前的科学技术部分决定了社会交往和联系的结构和内容。同时，随着上面列出的各种科技手段的广泛应用，青少年的社交环境变得越来越复杂。

本章的目的是为了调查各种科学技术手段的使用动机，以及它们的使用对青少年的社交圈造成的影响。尤其要通过分析来解决以下一系列问题：第一，不同的动机是否决定了不同的聊天工具的使用，如邮件、聊天室、即时通讯工具和社交网络的使用；第二，每种科学技术的使用对社会关系的规模和质量的保持和创造所带来的影响；第三，媒介的选择对青少年所获得社会支持、青少年的社交能力和社交成本的影响。

我们对青少年社交媒介使用的理解主要基于目前存在的几个担忧因素，本章将会讨论到这些令人担忧的因素。第一种担忧是关于社交媒介对青少年社交圈的影响，以及社交媒介使青少年与他们的朋友之间的疏离程度，或者使他们从地域和社会相似性制约中的解放程度。第二种担忧是社交媒介对社交网络多元化或拓展与知名人士进行社交联结的影响程度。第三种担忧是社交媒介以弱的社交联结取代强的社交联结的程度。我们对每个社交软件的特性和其使用动机的把握，将有利于对社交媒介影响的理解，这也是本章讨论的重点。所以说，社交媒介的影响既取决于青少年使用的动机，也取决于他们所使用的工具。

二、青少年的交往环境

在过去的十年中，随着越来越多的青少年使用以计算机为中心的多媒体和无线电话，他们的交往环境也发生了改变。美国最近的一个调查研究发现，63% 的青少年使用手机，而几乎全部的青少年都在使用网络。绝大部分的使用具有社交目的，93% 的青少年收发邮件，68% 的青少年收发即时信息，55% 的青少年在社交网站中有个人简介，28% 的青少年建立了博客或者经常在线写博客，18% 的青少年访问聊天室（Lenhart & Madden，2007）。加拿大的一个调查研究表明，77% 的青少年发送和接收即时信息，74% 的青少年收发电子邮件，24% 的青少年访问聊天室，还有 19% 的青少年创建和在线写博客（Media Awareness Group，2005）。在欧洲，国家和国家之间的数据存在着差异，但是社交工具的使用倾向是相同的。例如，在英国，81% 的青少年收发邮件，78% 的青少年收发即时信息，20% 的青少年参与聊天室聊天。在意大利，比例要低一些，只有 59% 的青少年收发邮件，49% 的青少年收发即时信息，33% 的青少年参与聊天室聊天（Medi Appro，2005）。这些数据的显著特征是，因为不同的社交软件应用存在着差异，同时交流对象也会随着所使用社交媒介的不同而改变，那么可想而知，产生的结果也会不同。

在西方国家，青少年的在线交流十分频繁。但是与早些年的在线交流不同，由于不同的社交软件应用的存在，我们需要去重新评估每一种独特的网络功能，重新整合与理解在线交流、青春期关系形成和保持有关的理论框架。在我们讨论这个话题之前，我们会首先论述后者的重要性。

三、青少年友谊的形成和发展

青春期是一个非常重要的发展期，在这个阶段，家庭以外的社会关系得以拓展，而社会关系的质量与各种各样的行为结果密切相关（Giordano，2003）。与同龄人的社交互动为他们提供了一个场所，去学习和完善维持关系所需要的社交情感技巧。通过与同龄人的互动，青少年可以学会如何合作、如何从不同角度思考问题，以及如何来满足不断增长的对亲密关系的需求（Rubin，Bukowski & Parker，1998；Crosnoe，2000）。那些称自己有朋友的人会更加自信，更加无私，具有更少的攻击性，并且会表现出对学校活动和工作更加积极的参与态度。对青少年来说，自身的人际关系就是一种社会支持，那些拥有很多支持自己的朋友的青少年与那些拥有支持自己的朋友数量相对较少的青少年相比，会表现出更高的自尊，较少患抑郁症或者其他的情绪障碍，而且能更好的适应学校（Hartup，1996；Collins & Larsen，1999；Beraman & Moody，2003）。

关于人际关系方面的文献一直以来就关注联结个体的社会关系质量。一种来测量关系质量的方法就是测量社会联结的强度（Marsden & Campbell，1984）。联结的强度通常是由可以察觉到的亲近、亲密和信任等几个因素共同决定的。比较弱的社会联结会表现出更加非正式的关系和较少的交流，他们也就代表了那些拥有较少支持者的友谊关系。强社会联结存在于那些亲密程度高的友谊中，会涉及更多的自我表露、共同的活动、情绪、有效的交流以及长期的互动（Marsden & Campbell，1984；Haythornthwaite，2002）。

四、网络关系的形成和保持

考虑到通过网络产生和维持的社会联结的类型和质量，对网络关系质量的研究会在结果方面划分为不同的几个方面（Cummings，Buttler & Kraut，2002；Mesch

& Talmud，2006）。我会使用可供性（affordance）这个术语来表述行为的潜在性、所感知到的个体建立和保持不同关系的能力。互联网支持的社交软件有些使用的较少，有些则使用的较多，有一部分基于共同的兴趣和动机的社交软件则能够提供建立新的社会联结，其他的则是用来保持、支持和拓展已经存在的社会关系。

早期的概念，假定了互联网的技术决定作用，描述了电子邮件在维持社会关系方面的弱点（McKenna，et al.，2002）。技术决定论这一术语常用来描述一个共同假设，即新的科学技术和新的沟通媒介塑造和制约着信息交换的内容和类型。社交线索减少观（The reduced social cues perspective）注意到以计算机为媒介的交流（CMC）与面对面的交流相比交换的信息更少，因此认为以计算机为媒介的交流并不太适合于情感交流、复杂信息传递和社交存在（social presence）的感知。早期的这种认为科技是唯一决定社会关系性质的因素的观点，对计算机为媒介的交流来维持紧密关系的能力持怀疑态度。并且，恰好是因为通过互联网交流能接触到更多的有共同兴趣和爱好的人，这种基于计算机的交流传递社交信息少的环境，降低了与不认识的人接触所带来的风险，因而被认为是更适合于维持弱的社会关系（Sproull & Kiesler，1986）。

但与之相反，社会建构主义认为，由于在线网络交往的匿名性、隔离性、没有门禁制度等特征，以及更容易找到志趣相投的朋友，使得个体之间更容易形成牢固的社会联结（McKenna et al.，2002）。形成亲密的人际关系需要建立信任，即在人际交往中所透露的亲密信息不会被广泛传播，也不会被用来嘲笑朋友。网络交流的相对匿名性减少了表露这种信息的危险，特别是一些私密的信息，因为一般来说私密信息只有在一种情况下才会被分享，即无需担心你那些面对面交流、亲密而临时的社交圈朋友知道后会带来尴尬。

有些研究结果与这个观点一致，研究发现，人们经常在网络上公开自己比较私密的信息（McKenna et al.，2002；Joinson，2001）。在以计算机为媒介的沟通过程中，较高的信息公开度与网络的匿名性有关（Joinson，2001），那些在网络上公开自己个人和私密信息的人与他们网友的关系也更加紧密（McKenna et al.，2002）。

但相关的实证研究结果是较为混乱的。一些研究发现，网络上的社交互动和社交关系的质量不如面对面的互动质量。换句话说，线下结交的朋友被认为关系会更加紧密，因为与面对面交流的朋友互动频率比与网络上的朋友更加频繁（Mesch & Talmud，2006）。

这种结果的不同可能是因为没有对不同种类的通信技术及使用通信技术的动

机进行明确划分。社交线索减少观和社会建构主义观就是在这个时期发展起来的，即网络交流主要是通过电子邮件、论坛还有聊天室进行。也有一小部分青少年接触互联网最主要的目的是和陌生人发展社会关系。

在现有的年轻人沟通系统中，青少年通过聊天室、即时通讯工具、邮件、社交网站进行沟通交流。在这样的环境中，我们需要对每一种科学技术的可供性和不同应用动机进行区分。不同的动机可能就会导致不同的使用途径，产生不同的社交结果。因此，相关实证研究结论的不一致可能是由不同的动机、不同的社交结果以及使用不同的通信手段等因素共同导致的。在下面的篇幅中，我们会详细论述一些通信技术的可供性，同时对使用动机和社会性的结果进行回顾。

五、论坛和聊天室

在论坛和聊天室中，用户用他们的昵称来保持其匿名性与陌生人进行互动，这些人可能位于不同的城市、地区和国家。个体加入这些论坛并围绕平台上所设定的话题进行讨论。仍在不断发展的社会互动的特点就是这些共同的话题和社会地位（年龄、婚姻状况）或地区（城市或者地区）相似性的存在。由于互动是在基于情感或者理性方面的共同兴趣，所以大部分的互动是与那些有共同关注、爱好或者兴趣的陌生人进行的。在本章开头提及到的各国的调查结果就发现，参与到聊天室和论坛的青少年比例低于通过邮件、即时通讯和社交网站进行互动的比例，因此青少年使用不同平台的动机可能也会不同。有研究者认为，那些内向和害羞的青少年会更可能采用这种沟通方式进行互动（Amichai-Hamburger & Ben Artzi，2003）。从社会建构的角度来说，在线交流的一些特征可能会促进人际关系的形成。通过促进假说，相对的匿名性，缺乏门控功能的关系形式，某些共同的兴趣，都有利于亲近、亲密关系的发展，而且向他人表露内心世界的速度会比面对面的关系更快（Valkenburg & Jochen，2007）。这种效应通常在那些性格内向、害羞和在同伴中缺乏社会支持的人中更容易发现。根据促进假说，通过论坛和聊天室进行在线交流可能会增大青少年社交网络的规模。

从社会学的角度来看，Mesch认为参与网络交流（论坛和聊天室）的一个重要的动机就是社会多元化（social diversification）。社会的特点是存在不同层次的社会阶层。在社会中会根据个体的收入、声望、种族和权力来对个体进行奖赏，分层系统导致个体在获得工作和住所的能力存在差异。因此，个体会倾向于与那些有相似社会特点，例如年龄、性别、婚姻状况、种族、宗教和国籍的人进行社会联结。对亲密的社会关系的形成、发展、保持和消逝的研究强调网络相似性（network homophily）的重要性（McPherson，Smith-Lovin & Cook，2002）。社交网络中的社会相似性是由社会活动的结构化过程中所带来的互动机会结构所造成的。Feld（1981）使用活动中心这个概念，把他们定义为围绕着社会的、心理的、法律的和物理的目标进行的有组织的共同活动。无论他们是正式的（学校）还是非正式的（经常去玩的地方）、大的（居民区）小的（家庭）活动中心，都会有组织地限制朋友的选择。从这个角度来说，与他人建立联系是一个两步过程的结果：活动中心使个体处于近距离的范围内（例如给他们提供经常见面的机会），这使个体能向对方展示自己，特别是人们倾向于从活动中心提供的这些人中选择他们的朋友。

以互联网作为中心的活动成为一种常见的安排设置。个体围绕核心活动持续进行互动，从这种意义上来说，因为很多社会被种族和民族分割，而聊天室和论坛为相互的交往提供了互动空间，青少年接触到不同的人种，讨论不同的家庭活动和关于历史的不同观点，能基于共同兴趣和话题与他人进行互动，而没有日常生活中会出现的种族和民族障碍（Tynes，2007）。一项研究把两个青少年在聊天室发表的与种族和民族有关的评论和形式进行了比较，发现他们的讨论中存在着原始类别的相关性，但是这种与种族有关的在线评论数量看起来比日常生活中少。此外，研究也发现在聊天室中对其他种族群体有更加积极和开放的态度，并且讨论也相对温和有节制（Subrahmanyan & Greenfield，2008）。这些研究支持了多元化观点，并且也支持这样一种观点：围绕特定话题和兴趣而形成的聊天室和论坛的讨论倾向于支持跨民族和种族的友谊形成。这对于现在这样一个不同民族和种族（居住）隔离严重的社会是一个重要的发展。

多元化的观点认为，与其他群体成员的接触会降低社交网络的相似性。一项关于聊天室中不同种族群体之外的群组取向问题的研究表明，欧裔美国人获得的与其他种族群体的交流机会越多，对不同的群体成员就越开放。此外，不同层次的交流量的增加被证明是与在线跨种族友谊的建立有关。这些发现表明，聊天室里的社交互动可以增加不同层次群体之间的互动，同时降低社交网络的相似性（Tynes Giang & Thompson，2005）。另一项在以色列的调查，对参与网上聊天室和论坛的青少年与没有上网的青少年进行了比较，结果表明，上网的青少年报告的社交网络在性别、年龄方面与那些没有上网的青少年相比更加混杂。

因此，个体形成在线关系的一个重要的动机就是使他们的社交网络多元化，并确定哪些人和他们有共同的兴趣、关注点或者问题，而哪些不是他们社交圈的一部分。因此，因为不是所有的个体都参与其中，形成在线社交关系并不是一个普遍的需要，也并不是与家庭成员或朋友的关系不好的结果。由于社交网络本身所决定的相似性，因此也不是想去寻找有共同兴趣但不在社交网络中的其他个体。最终，不是需要陪伴或者缺少社交技能，而是社会关系多样化促使网络人际关系的形成。

另一个参与网上交流（如论坛和聊天室）的重要动机就是认同探索（identity exploration）。虚拟空间的相对匿名性使年轻人愿意进行展示自我的尝试，即个体尝试传达关于自我形象和身份的信息给他人。研究显示,近 1/4 的青少年网络使用者报告说他们在使用聊天室或邮件时,展示的是一个与真实生活中不一样的自己。最近的一项研究发现，50% 的青少年网络使用者都表示他们曾经参与过基于网络的认同探索，这些尝试最重要的动机就是考察他人会如何反应、努力克服害羞以及促进关系形成。年龄、性别和内向性都是认同探索频率的重要预测因子。年纪较小的青少年通常有更多的探索尝试。女孩进行自我认同的探索时更多关注别人如何反应，而男孩则更多地关心克服害羞。内向的人比外向的人更有可能进行认同探索尝试（Valkenburg，Shouteen & Peter，2005）。

有时参与到聊天室和论坛是由特定的需要和持续的社会支持所驱动的。不同的在线支持团体存在着专业人士参与程度上的差异。有些有专业的主持人，有些没有任何主持人。但共同的特点是，成员都是由具有同样状况的年轻人组成，如听力障碍、糖尿病、癌症康复、性虐待或怀孕等，他们通过分享知识和提供相互支持来帮助自己应对问题（Mesch，2006）。

这种类型的社区能引起人们的兴趣，主要是因为社会支持需要言语和非言语的信息交流来传递情感、信息以及与问题相关的如何减少不确定性或压力的建议。社会支持主要通过以计算机为媒介的交流进行交换，在一个相对较大的网络中发生，该网络中的个体几乎都不认识对方，也没有面对面的沟通。此外，非地缘性的以计算机为媒介的社会支持团体也主要是在有着某种共同关注点，比如说由于某个共同原因而导致个体不适的陌生人之间发展起来的社会支持团体。由于互联网是一个全球性的通信技术，且在线的社会支持在白天和晚上均能获得。因此，在任何一天的任何时间，当你需要的时候，在网上得到社会支持的可能性都很高。网络社会支持社区的一个重要特征，是限定了一个特定而相对狭窄的主题，这就能够吸引一些具有相关特定问题或关注的人加入。

网络社会支持一个明显的优势就是，它可以避免那些人们在面对面关系中表达个人和亲密问题时通常会感觉到的尴尬。网络社会支持也促进了互动管理（interaction management），即花时间在网上整理和书写想法（Walther & Boyd，2002）。相似的认同、匿名性和互动管理这三个特点，为社会支持提供了一个理想的环境（Turner，Grube & Myers，2001；Walther & Boyd，2002）。

一个年轻人加入在线社会支持小组的动机可能是因为他或她曾遭遇过尴尬或社会污名的情况。出于焦虑和不确定感，他们会被社会力量推动去寻求具有相似状况的人，而由于互联网的匿名性，使得他们更倾向于在网上做这些事情（Bargh & McKenna，2004）。至于参与在线社会支持社区的优点，McKay，Glasgow，Feil 等人（2002）发现，在一个糖尿病人小组里，通过这样一种社会支持来改善饮食控制的体验，与传统的社会支持小组有类似之处。

有研究者认为，参与虚拟社会支持社区的动机是缺乏真实世界的社会支持。根据这种观点，在面对面的社区中，个体通常很难获得社会支持，尤其是当个体的问题并不普遍或者由于文化差异而被低估时（Cummings，Sproull & Kiessler，2002）。而且，人们往往从那些有同样问题和同样经历了因日常生活变化而带来困难的人那里寻求社会支持（Loader，Muncer，Burrows，Pleace & Nettleton，2002；Preece & Ghozati，2001）。对于一些青少年来说，在线社会支持之所以很重要，是因为他们可以讨论一些私密问题。同伴的建议和支持可以帮助青少年处理恋爱关系和性健康方面的问题，这些都是在青少年聊天室和论坛里最常见的主题（Tynes，2007；Suzuki & Calzo，2004）。

总之，针对本章开头提到的担忧问题，本研究综述了关于论坛和聊天室的研究，提出了对青少年社交生活的启示，这些沟通途径的使用似乎会影响社会联结的规模和构成。一方面，参与论坛和聊天室扩大了社交网络，提供了一个获得有意义、大量的潜在社会联结的途径，这些社会联结能够给青少年提供从情感支持到信息获取的多样化资源，也可以使其接触到不同背景的人。参与这些在线社交团体为社会技能和认同探索提供了实践机会，长远来看也为社交网络多元化提供了可能。另一方面，至少在短期内，参与在线社交也会付出一些代价，主要会降低面对面的同伴群体中的交往强度和亲密度。建立网络关系的时间投入是以牺牲与现有朋友和同伴群体的交往为代价的，所以最终的结果，对于这种类型的交往是以弱联结换强联结。但是这似乎是一个短期效应，即随着时间的流逝，在线联结有可能成为亲密联结，提供社会支持和陪伴，从在线交往变成面对面的交往（Mesch & Talmud，2006）。

六、从多样化到整合：即时通信和社交网络

即时通讯和社交网站在各个特点上均不同于其他在线沟通渠道。由于同伴群体的取向决定着是即时通讯还是社会网络系统的使用，比如说个体由于同辈压力会在社会群体中创建一个关键的用户群，所以决定技术采用的是现实社会。如果想成为同伴群体中的一员，今天的青少年就必须在放学后还参与不间断的线上交往，那些做不到的青少年就无法参与到同伴群体。不上网或者没有即时通讯用户名就意味着会被大多数的日常社交互动所排除。使用即时通讯需要有一个活跃的好友名单以及成为同伴群体的好友。从这个意义上讲，由于青少年使用即时通讯主要是联系现有的朋友，所以使用其与陌生人联系是较为少见的。

聊天室和论坛是将有着共同兴趣和关注主题的人们联系起来的技术，而即时通讯、文本消息和社交网站是青少年连接彼此认识、属于同一个社交圈子或是同一个社交圈子人的朋友的技术。与电子邮件、论坛和聊天室等沟通途径相比，即时通讯有其独特之处，它是同步通信，大部分是一对一或是一对多。即时通讯的聊天者很享受这种实时对话和回答之前可以有的短暂思考，用户可以知道其他用户的在线状态，可以选择与其他人沟通和交流他们的状态（在线，离线，离开或是忙碌）。这个应用软件支持多任务模式，即可以在同一时间执行其他任务和聊天。一个模块化系统允许用户将自己从另一个用户的列表中移除，或是从自己的列表中删除朋友。用户也不能与没有注册同一软件的人交流。

年轻用户使用即时信息和文本信息可能是出于加入、维持和发展现有的社交圈，近年来的许多研究证实了这个观点。一项基于使用与满足理论的研究调查了后期青少年即时通讯用户的使用动机。被试提出了四个主要动机：第一个是社交娱乐，用户使用即时通信来打发闲暇时光，并与朋友保持联络；第二个被提及的动机是任务完善，也就是向他人学习如何做事情、形成创意与做决定；第三个动

机就是社交关注，尤其是缓解孤独和从同伴那里获得支持和情感；被试提及最少的动机是第四个动机，即结识新人（Flanagin，2006）。

一项研究调查了处于青少年前期的被试使用聊天室和即时通讯软件的动机和影响。研究关注在线交往是否会降低青少年感知到的与朋友的亲密程度，以及是否会减少主动与现有朋友的亲近度。研究发现，使用即时通讯进行在线交往对感知到的朋友亲密度具有正向作用。该效应主要是由于即时通讯主要用来与已经认识的朋友进行交流，是一个额外的交流方式，从而能强化已有的联结和关系（Valkenburg & Peter，2007）。另一个研究探讨了即时通讯在青少年早期（7年级学生）社交生活中的作用。被试报告使用该程序进行了更多的与朋友的社交互动，比如说聊八卦和谈情说爱。92%的受访者提及的最常见的动机是能在放学后与朋友闲逛。被试描述他们的即时通讯伙伴都是在学校里认识的老朋友和同龄人。该研究探讨了使用即时通讯与心理健康的关系。报告发现，在学校感觉孤独的青少年被发现更喜欢去聊天室与在网上结识而现实生活中却不认识的人聊天，而那些与学校朋友有良好联结的青少年，倾向于使用即时通讯工具寻找与学校朋友进行额外社会互动的机会，主要是把其作为继续学校话题的途径（Gross，Juvonen & Gable，2002）。

一个纵向研究探讨了不同的在线活动对青少年亲密关系（最好朋友关系和恋爱关系）质量的影响。研究发现，青少年使用互联网来娱乐与使用社交软件对社交联结的影响有所不同。网络活动的类型对一年后的友谊会产生影响。使用即时通讯与亲密关系（包括最好朋友关系和恋爱关系）质量正相关。相反，访问聊天室与最好的友谊质量成负相关。而使用网络进行网络游戏和一般性的娱乐则会使与好朋友以及恋人的交往质量下降。由于大多数青少年是通过即时通讯与已有朋友进行交往的，因此这些结果表明，这种类型的交往能够维持和改善友谊和恋爱关系中的信任和沟通的联结，而不会增加疏离和冲突等负面影响。与此相反，参与聊天室活动会增加疏离感和冲突，降低与最好朋友之间的友谊与亲密感。这是因为在聊天室中多数是与陌生人交流，牺牲了与亲密朋友的交往时间，这会制造情感上的距离，很可能会与现在的朋友发生矛盾冲突（Blais，Craig，Pepler & Connolly，2008）。

短信服务（Short Message Servive，SMS）是一种新的但发展迅速的交流渠道，这项服务可以使短信从一个手机发送到另一手机，或从网上发送到手机。年轻人最初使用短信业务与他们原有的社交网络保持联系。个体社交网络的手机号码保存在手机存储器中。年轻人常常发短信给朋友交流思想感情。短信服务使青少年因家长或其他人在场而无法进行电话通话时仍可以和朋友交流。

研究表明，短信服务被用来进行"微调"，这一概念是指手机的工具化使用，即在允许的范围内对聚会时间和地点进行实时的反复调整（Ling & Yitri，2002）。青少年可以使用短讯服务在一个地方临时集合而无需提前确定具体时间地点。有研究调查了使用短信服务来进行沟通的年轻人。这些研究发现，短信服务通常用来与父母和同伴交流，而很少用来与陌生人交流（Grinter & Eldrige，2001；Ling，2004）。

有趣的是，短信服务和即时通讯软件都被用来支持青少年的一个重要的发展任务，即形成自主性。短信服务允许青少年在一定的限制中使用，比如他们还不能开车，只能依赖公共交通工具或父母的交通工具一样，他们也必须平衡学校父母的需求与自身的社交需求。短信服务可以让青少年即使在做家庭作业、和家人在一起或者在进行课外活动时仍能与朋友保持联系（Ito，2001）。对于那些没有成人监控就不能与异性交往的传统群体中的年轻人来说，短信服务可以使他们在父母和兄弟姐妹不知情的情况下与异性交流（Mesch & Talmud，2007）。在一个阿拉伯裔和犹太裔的以色列人的研究中，Mesch 和 Talmud（2007）发现，阿拉伯的年轻人将即时通讯和其他电脑的工作结合起来。如果父母或者其他兄弟姐妹来了，即时通讯软件可以通过视窗管理暂时消失，即最小化或隐藏聊天窗口。然而研究仍发现了一些使用短讯服务和即时通讯的一些区别。通常情况下，青少年会一直关注手机，甚至与他人见面时都会回复短信。

即时通讯使用者的类型有两种：持续使用和分散使用。持续使用是指长时间运行即时通讯软件，不管是用来聊天还是在后台运行，软件被最小化但未被关闭。在数天或数小时的时间内，文本信息会不断地增加。每个按照这种方式使用即时通讯软件的青少年一般都有一台在房间里可以随时上网的电脑。分散使用者倾向于集中进行交流，他们一般约定一天中的某一个时间和好朋友进行交流，这类使用者通常不能马上上网，如果能上网时就会约定时间进行集中交流。而即时通讯和短信服务在使用目的上与其存在相似性，它们都是被用来策划活动、讨论家庭作业和交流经验。用短信服务来策划活动是指发送信息来修订和更新现有的计划，例如通知车晚点了。用即时通讯软件来策划活动一般涉及通知原先商定好的时间地点保持不变（Ling & Yttri，2002）。

在研究即时通讯软件、短信服务和社交网站的使用时有几点是需要注意的。朋友列表中通常包含大量的联系人，包括家人、好友和一般朋友，这些应用软件

青少年在线社会沟通与行为：网络关系的形成

会被用作电话簿，包含所有可能的联系人。实际上，多数青少年通常只联系几个亲密朋友，但朋友列表的长度通常显示了受欢迎程度，且能向同伴群体炫耀（Taylor & Harper，2003）。他们通常故意把手机放在桌子上，让朋友们都可以看到这个列表。

对网络交往可能结果的另一种担忧则需要在社交多元化和社会联结间进行确定。多元化的中心是 ICT（信息和通信技术），这是社会交往和活动的主要空间。互联网不仅仅是关于已有关系的交往。尽管的确有很多青少年将网络作为和已有朋友联系的另一种渠道，但是网络的创新方面却在于促进社交互动，为社会关系的扩展和多元分化提供空间。互动游戏不仅仅是几个在线网友在一起玩游戏，而是在任何一个游戏中，都会形成小团体，会有周期性的互动，互相交换名字和电话号码。在青少年中间，亲近对于友谊的形成来说是非常重要的，因为它界定了一个范围，在这个范围之内人们选择朋友。每个个体拥有着独立并相互重叠的社会空间，每个空间都为联系提供了一种潜在的范围。遇见和结交朋友的一个重要的场所是学校，青少年在那里度过了大部分的时光，但其他地方也可能同样重要。青少年放学后的大部分时光都是在邻里街坊中度过的。在居住处的购物街上、电子游戏室和电影院里，和住在同一街区而上着不同学校的青少年相互认识（Cotterell，1996）。与那些地理位置上较为分散且有着更多元化的活动兴趣的团体不同，这些青少年不存在地理上的流动性，所涉及的社交关系也都是和自己相似的朋友。因此，某些技术可能会促进社会关系的扩张，包括会获得那些由于地域分割而无法得到的信息、知识和技能。

然而，多元化仍非常有可能和社会联结一起发生。技术的运用需要从前的知识，甚至同一个社交圈的归属，都可以用来协调小组活动，继续在学校开始的话题，传递对他人的关心，提供社会支持。从这个意义上来说，这些技术可以促进同伴团体凝聚力的增强，为成员提供归属感。同时，他们也可能会排除那些无法接触高科技和小组不接纳的个体。

用涉及到的社交圈类型来确定不同技术使用的动机，对于理解信息和交流技术对社会关系的规模、组成和本质的影响非常重要。恰恰是这些社会关系的规模、组成和本质体现了信息时代中青少年的特点。我们现在试图通过回顾和整合已有的实证研究来阐明这一重要问题。

有许多研究支持我们的立场，认为在线交往和它对社交网络的规模、构成和力量的影响应该是不同的。不同渠道的使用会导致不同的结果。例如，一项以

884名青少年为被试的纵向研究，探讨了以社交为目的网络使用（聊天室和即时信息）和以娱乐为目的的网络使用的影响，结果发现这些网络行为影响了之后与挚友和恋人关系的质量（Blais et al.，2008）。即时通讯的使用与伴侣和好友关系的质量在大多数方面呈正相关，与此相反，访问聊天室与好友关系的质量负相关。玩网络游戏一般来说会影响友谊质量（Blais et al.，2008）。一个在加拿大和以色列的研究发现，两国青少年使用即时通讯主要是为了与他们的恋人和好友保持联系，而很少用于与网上认识的人联系（Mesch，Quas-Han & Talmud，2008）。这些研究表明，当即时通讯是用于和同伴团体联系时，其作用是促进而不是阻碍其关系的巩固，频繁的即时通讯会激发个体与朋友见面的热情（Hu，Yifeng & Smith，2004）。即时通讯最主要的用途是社交、策划活动、完成任务和认识新人（Grinter & Pallen，2002；Flanagin，2006），因此，当即时通讯用来认识朋友时会产生积极的影响。相反的，访问聊天室扩大了年轻人的社交网络且提供了社会支持，但这显然是以牺牲与已有朋友的联络时间为代价的，会导致疏离感和冲突增加，陪伴和亲密感降低。因此，这两种不同的活动显然具有不同的功能。

社交网站允许用户呈现自己的信息（包括年龄、性别、地址、教育和兴趣等），鼓励用户与网站中自己认识的、志趣相投的个体进行链接，或者邀请那些认识的、志趣相投的朋友加入网站，建立并保持与其他用户的联系、在网上发布信息、创建个人博客和参与在线团体（Boyd & Ellison，2007）。社交网站对年轻人很有吸引力。最近一个研究比较了欧洲和北美的社交网络使用，研究发现了年龄和社交网络使用存在相关。54%的16—24岁的人有个人简介，而这个比例在25—34岁的群体中下降到26%，在35—44岁的群体中比例是12%，45—54岁的群体中是7%（Ofcom，2008）。

事实上，社交网络吸引了大量的用户。由于之前网站的单一性能使得用户需要从一个网站移动到另一个网站，这些性能包括显示个人资料、网站成员间的收发信息、参与社区互动和发布帖子以及交换多媒体内容（如音乐、短片、美图和照片）。

大多数网站鼓励用户建构准确的个人信息资料，但是很难知道用户到底能贡献到什么样的程度。一些人公开有限的个人信息，而有些人则倾向于公开自己的私人信息。用户可以用这些个人信息、电子邮件联系人和熟人的联系人名单，建立起一个联络人的社交网络。这些联络人可能是现实中的朋友或熟人，或是那些只认识、或是只在网上见过却没有其他联结的人。

至于用户动机,在最近的一个"皮尤网和美国生活项目"(the Pew and American Life Project)的研究中指出,91% 社交网络中的年轻人报告其使用网站与常见的朋友保持联系,82% 的青少年使用网站与很少见面的朋友保持联系,72% 的人通过网站和朋友制定计划,只有 49% 的人用来认识新朋友(Lenhart & Meiden,2007)。英国的研究也有类似的结果,虽然用户报告有大量的"朋友",但实际上联系密切的朋友人数与面对面进行交往朋友数大致一样(Smith,2007)。该研究发现,虽然这个网站可以让你接触数以百计的熟人,但人们往往只有五个左右的亲密朋友。90% 的联系人是曾面对面接触过的,只有 10% 的联系人是完全陌生的(Smith,2007)。通过比较通信办(Ofcom)的研究发现,平均只有 17% 的被试是使用社交网站与陌生人进行联系(Ofcom,2008)。

至于使用社交网站的后果,一些研究评估了社交网站对增加用户与本群体成员或其他群体成员的联系的促进程度。研究指出,青少年使用社交网站促进了他们的社会联结,既与那些住在不同城市或国家的家人和朋友保持了联系,同时也联系了那些生活中的朋友。社交网站促进了用户及时更新自己的状态和活动,也促进了用户与同伴群体安排和组织一些娱乐和社交活动。联系人的数量常常用来说明社会地位以及与他人的社交参与程度。更少的人报告是基于共同兴趣和爱好与他人联络(Ellison,Steinfeld & Lampe,2006)。

七、结论

本章综述了目前关于年青人使用不同社交媒体的研究。网络交往对青少年社会联结的影响的研究结果存在着互相矛盾的现象,深入考察导致这些矛盾结果的可能原因就是我们研究的主要目的。通过对文献的综述,我们得出了许多重要结论,这将对未来的研究起引导作用,而最重要的结论是新的社交媒体对于理解青少年有重要的意义。青少年面对着一个媒体环境,使用多种沟通渠道进行社会互动。那些不使用网络的青少年很快就会发现自己处于劣势,有被排除在对他们有重要社交意义的同伴活动和信息获得之外的危险。在理论层面,关于青少年友谊形成和青春期的理论都需要将这一基于新兴数字鸿沟和同伴群体排斥的影响进行整合。

另外,对于那些使用网络的青少年来说,不同的动机导致了不同的技术选择,而不同的选择就会有不同的结果。如果个体有扩大社交网络、能更好的多元化地使用论坛和聊天室的需求，那么结果自然会是社交网络的多元化和规模的扩大，但这至少在短期内是以牺牲与面对面朋友的交往为代价的。如果个体想要增加与面对面的同伴群体的参与程度，增加使用IM（即时通讯）、SMS（短信息服务）和社交网站的归属感，其就会感知到与同伴更高的亲密度以及更好的协调集体活动的能力。开始关注陌生人之间网络交往的计算机媒介沟通理论已经需要考虑到线上与线下间的快速切换了。

有关青少年的研究应该整合更多的社交媒体的不同使用和他们对青少年的社交网络的不同影响，尤其需要扩展和加深我们的理解，包括对使用不同组合的社交媒体的青少年特点的理解，以及使用这些不同组合的动机与随之发展出来的结果的理解。

八、未来的研究方向

对于青少年来说，建立社会联结是一个重要的发展任务。本章综述了社交媒体与社会关系的形成、发展和维持之间的联系，认为有必要对这个过程中相关因素的影响进行研究。大多数的社交媒体是在与已有社交圈的互动过程中获得的，而同伴群体的互动模式则会影响个体对于不同的社交应用软件的选择。未来研究应该探索同伴采用某种技术的过程和使用即时通讯或社会网站中偏好的形成。

青少年社会关系的扩展是在归属于一个家庭和学校的背景中进行的。一直以来，家庭和学校对其朋友的选择有着重要的影响。学校限制了学生每天接触的人，父母也试图控制孩子的朋友，这些机构会如何接纳青少年社交网络的扩张，它又会给机构带来哪些结构变化，这些都需要未来的研究做进一步的探讨。

最后，我们的讨论主要集中在社交网络的积极特征，即获得信息、社交能力、友谊和社会支持的途径。未来研究应该将关注转到社交网络潜在的消极影响上，如网络上的恃强凌弱和骚扰现象，特别是不同应用程序的使用是如何和这些负面行为相关联的。

【参考文献】

Amichai-Hamburger,Y., & Ben Artzi,E.(2003).Loneliness and Internet use.Computers in Human Behavior,19,71–80.doi:10.1016/S0747-5632(02)00014-6.

Bargh,J.A., & McKenna,K.Y.A.(2004).The Internet and social life.Annual Review of Psychology,55,573–590.doi:10.1146/annurev.psych.55.090902.141922.

Bargh,J.A.,McKenna,K.Y.A., & Fitzsimons,G.M.(2002)."Can you see the real me?"Activation and expression of the "true self" on the Internet.The Journal of Social Issues,58,33–48.doi:10.1111/1540-4560.00247.

Beraman,P.S., & Moody,J.(2004).Adolescents' suicidability.American Journal of Public Health,94,89–95.doi:10.2105/AJPH.94.1.89.

Blais,J.J.,Craig,W.M.,Pepler,D., & Connolly,J.(2008).Adolescents online:The importance of Internet activity choices to salient relationships.Journal of Youth and Adolescence,37,522–536.doi:10.1007/s10964-007-9262-7.

Boyd,D.M., & Ellison,N.B.(2007).Social network sites:Definition,history,and scholarship.Journal of Computer-Mediated Communication,13(1),article 11.http://jcmc.indiana.edu/vol13/issue1/boyd.ellison.html.

Collins,W.A., & Laursen,B.(1999).Relationships as developmental contexts.Mahwah,NJ:Lawrence Erlbaum Associates,Inc.

Crosnoe,R.(2000).Friendships in childhood and adolescence:The life course and new directions.Social Psychology Quarterly,63,377–391.doi:10.2307/2695847.

Cummings,J.N.,Butler,B., & Kraut,R.(2002).The quality of online social relationships.Communications of the ACM,45,103–108.doi:10.1145/ 514236.514242.

Cummings,J.N.,Sproull,L., & Kiesler,S.B.(2002).Beyond hearing,where real world and online support meets.Group Dynamics,5,78–88.doi:10.1037/ 1089-2699.6.1.78.

Ellison,N.B.,Steinfield,C., & Lampe,C.(2007).The benefits of Face "friends" :Social capital and college students' use of online social network sites.Journal of Computer Mediated Communication,12(4),article1.http://jcmc.indiana.edu/vol12/issue4/ellison.html.

European Commision.(2006).The appropriation of New Media.Brussels,Belgium:Mediappro

Feld,S.(1981).The focused organization of social ties.American Journal of Sociology,86,1015–1035.doi:10.1086/227352.

Flanagin,A.(2006).IM online:Instant messaging use among college students.Communication Research Reports,22(3),175–187.doi:10.1080/00036810500 206966.

Giordano,P.C.(2003).Relationships in adolescence.Annual Review of Sociology,29,257–281.doi:10.1146/annurev.soc.29.010202.100047.

Grinter,R.E., & Palen,L.(2002).Instant messaging in teen life.Paper presented at the CSCW' 02,New Orleans,Louisiana.

Grinter,R.E.,Palen,L., & Eldridge,M.(2006).Chatting with teenagers:Considering the place of chat technologies in teen life.ACM Transactions on Computer-Human Interaction,13(4),423–447.doi:10.1145/1188816.1188817.

Gross,E.F.,Juvonen,J., & Gable,S.L.(2002) .Internet use and well being in adolescence. The Journal of Social Issues,58,75–90.doi:10.1111/ 1540-45 60.00249.

Hartup,W.W.(1997).The company they keep:Friendships and their developmental significance.Annual Progress in Child Psychiatry and Child Development,63–78.

Haythornthwaite,C.(2002).Strong,weak,and latent ties and the impact of new me-dia. The Information Society,18,385–402.doi:10.1080/01972240290 108195.

Hu,Y.,Wood,J.F.,Smith,V., & Westbrook,N.(2004).Friendship through IM:Examining the relationship between instant messaging and intimacy.Journal of Computer Mediated Communication,10(6).http://jcmc.in diana.edu/vol10/hu.html.

Lenhart,A., & Madden,M.(2007).Social net-working sites and teens:An overview. Washington,DC:Pew Internet and American Life Project.

Ling,R.(2004).The mobile connection:The cell phone' s impact on society.San Francisco:Elsevier.

Ling,R., & Ytri,B.(2002).Hyper-coordination via mobile phone in Norway.In J.E.Katz & M.Aakhus(Eds.),Perpetual contact:Mobile com-munication,private talk,public performance(pp.139–169).Cambridge,UK:Cambridge University Press.

Loader,B.D.,Muncer,S.,Burrows,R.,Pleace,N., & Nettleton,S.(2002).Medicine on line?Computer mediated social support and advice for people with diabetes.International Journal of Social Welfare,11,53–65.doi:10.1111/1468-23 97.00196.

Mardsen,P., & Campbell,K.E.(1984).Measuring tie strength.Social Forces,63,482–494. doi:10.2307/2579058.

McKay,H.G.,Glasgow,R.E.,Feil,E.G.,Boles,S.M., & Barreta,M.(2002).Internet-based diabetes self-management and support:Initial outcomes from the diabetes network project.Rehabilitation Psychology,47,31–48.doi:10.1037/0090-5550.47.1.31.

McPherson,M.,Smith-Lovin,L., & Cook,J.M.(2002).Birds of a feather:Homophily in social networks.Annual Review of Sociology,27,415–444.doi:10.1146/annurev. soc.27.1.415.

Media Awareness Group.(2005).Young Canadians in a wired world.Canada:Erin Research Inc.

Mesch,G.(2006).Online communities.In R.Cnaan & C.Milofsky(Eds.),Handbook of com-munity and community organization.New York:Springer.

Mesch,G.S.(2007).Social diversification:A perspective for the study of social networks of adolescents offline and online.In N.Kutscher & H.U.Otto(Eds.),Grenzenlose cyberwelt (pp.105–121).Heidelberg,Germany:Verlag für So-zialwiseenschaften.

Mesch,G.S., & Talmud,I.(2006).The quality of online and offline relationships,the role of multiplexity and duration.The Information Society,22(3),137–149.doi:10.1080/ 01972240600677805.

Mesch,G.S., & Talmud,I.(2007).Similarity and the quality of online and offline social relationships among adolescents in Israel.Journal of Research on Adolescence,17(2),455–466.doi:10.1111/j.1532-7795.2007.00529.x.

Preece,J.J., & Ghozati,K.(2001).Observations and explorations in empathy online.In R.Rice & J.E.Katz(Eds.),The Internet and health communication:Experience and expectations (pp.237–260).Thousand Oaks,CA:Sage.

Rubin,K.H.,Bukowski,W.M., & Parker,J.G.(1998).Peer interactions,relationships and-groups.In N.Eisenberg(Ed.),Handbook of childpsychology:Social,emotional and personality development(pp.619–700).New York:Wiley.

Smith,L.(2007).Online networkers who click to1000 friends.The Times.Retrieved September 20,http://www.thetimes.co.uk/tol/news/science/article2416229.

Sproull,L., & Kiesler,S.(1986).Reducing socialcontext cues:Electronic email in organizational communications.Management Science,32,1492–1512.doi:10.12 87/ mnsc.32.11.1492.

Subrahmanyam,K., & Greenfield,P.(2008).Online communication and adolescent relationships.The Future of Children,18(1),119–146.doi:10.1353/foc.0.0006.

Suzuki,L., & Calzo,J.(2004).The search for peer advice in cyberspace:An examination of online teen bulletin boards about health and sexuality.Journal of Applied Developmental Psychology,25,685–698.doi:10.1016/j.appd ev.2004.09.002.

Taylor,A.S., & Harper,R.(2003).The gift of the gab?A design oriented sociology of young people's use of mobiles.Computer Supported Cooperative Work.International Journal (Toronto,Ont.),12(4),267–296.

Turner,J.W.,Grube,J.A., & Meyers,J.(2001).Developing an optimal match within online communities:An exploration of CMC support communities and traditional support.The Journal of Communication,231–251.doi:10.1111/ j.1460-2466.2001. tb02879.x.

Tynes,B.M.(2007).Internet safety gone wild?Sacrifing the educational and psycho-social benefits of online social environments.Journal of Adolescent Research,22,575–584.doi:10.1177/0743558407303979.

Tynes,B.M.,Giang,M.T., & Thompson,G.N.(2005).Ethnic identity,intergroup contact and outgroup orientation among diverse groups of adolescents on the Internet. Cyberpsychology & Behavior,11(4),459–465.doi:10.1089/ cpb.2007.0085.

Valkenburg,P., & Jochen,P.(2007).Preadolescents' and adolescents' online communication and their closeness to friends.Child Development,43,267–277.

Valkenburg,P.,Schoutten,A., & Peter,J.(2005).Adolescents' identity experiments on the Internet.New Media & Society,7(3),383–401.doi:10.1177/ 1461444805052282.

Walther,J.B., & Boyd,S.(2002).Attraction to computer-mediated social support.In C.A. Lin & D.Atkin(Eds.),Communication technology and society:Audience adoption and uses (pp.153–188).Cresskill,NJ:Hampton Press.

第三章 解开网络之谜：青少年与网络成瘾

劳拉·维兰托（Laura Widyanto） 英国诺丁汉特伦特大学

马克·格里菲思 (Mark Griffiths) 英国诺丁汉特伦特大学

　　一些学者认为过度网络使用可以被认为是病理性和成瘾性的行为。本文综述了关于"网络成瘾"及其相关概念（如网络成瘾症、病理性互联网使用等）的实证文献，并评估了这种行为存在的程度。本章简要概述了（1）网络成瘾的概念及其发展历史；（2）对青少年和成年人的网络成瘾的研究；（3）网络世界对青少年的吸引；（4）网络语言；（5）网络认同与现实认同的比较。尽管研究发现网络对成年人的多数影响也同样发生在青少年身上，但是对青少年网络成瘾的研究相对较少。总之，如果网络成瘾确实存在，那它影响的也只是比例相对较小的上网群体，并且很少有证据表明青少年的网络使用存在问题。

一、网络成瘾概念和发展历史

　　"网络成瘾"的概念并不完全是独创的。更通用的术语"电脑成瘾"甚至在计算机发展的早期阶段就已经出现了。接受这一概念的例子是两个诉讼案件，在这两个案件中辩方发现"因计算机成瘾导致的行为是无罪的"(Surratt, 1999)。这其中之一的案件发生在 1993 年的伦敦，Paul Bedworth 被指控触犯了与黑客相关的罪行。他拒绝认罪，因为他自称有电脑成瘾，正因为如此，而无法构成充分的犯罪意图。对他的心理评估表明，他花了异常多的时间在电脑机房。而且，在他的所有活动中，涉及计算机的活动要优先于其他一切活动。一位成瘾行为的专家认为"他完全沉迷于计算机…这个孩子最好的朋友是计算机而不是人,从而使其社会功能受损。我们需要预测他将来的行为以及评估什么样的治疗会使他回复正常"(Gold, 1993)。

在 Bedworth 案结案后不久,精神病学家 Ivan Goldberg 试图推动精神病学界重新考虑创建和命名新的"障碍"(disorders)的有用性,并提出了一套网络成瘾(IAD)的诊断标准。该标准基于诊断与统计手册中(DSM)对物质滥用的标准而建立(American PsychiatricAssociation, 1994)。还为正在遭受这种新困扰的人开办了一个网上支持团体,称为网络成瘾支持小组(IASG)。但是大众媒体记者将 Goldberg 的标准解读为一种的新的疾病类型而不是一种解决策略,并报告了互联网导致一些人开始出现问题的严重程度。1995 年 3 月纽约时报上的一篇题为"线上生活的诱惑和成瘾"(Neill, 1995)的文章是关于 IAD 第一个重要的出版物,虽然它还没有引用任何科学研究或使用 IAD 的标签。该文章称,越来越多的人开始在互联网上花费过多的时间以至于影响到了生活的各个方面。

而类似的文章开始源源不断地出现,这些文章引起了许多学者和心理健康专业人士的兴趣,其中一人就是 Kimberley Young。由于她的工作和媒体的帮助,IAD 的标签已传播至整个网络。例如,Hamilton 和 Kalb(1995)关注到《新闻周报》上一篇关于 Young 的工作和她的估计的文章,Kimberley Young 估计已经有2% 到 3% 的网络用户沉迷于网络。尽管他们指出 Goldberg 的 IASG 更像是一个玩笑,但他们还是引用了很多专门为网络成瘾者提供的网站,比如"Webaholics"和"Interneters Anonymous"。他们也引述了把自己界定为成瘾者的各种受访者。但他们没有意识到的是,他们引用的很多作为 IAD 证据的 www 的网页只不过是网民对这一概念的讽刺而进行的恶搞。

一些学者认为过度网络使用可以被认为是病理性和成瘾性的行为,它来源于一个更为通用的"科技成瘾"概念(如 Griffiths, 1996a; 1998)。而科技成瘾的操作性定义是指涉及人机交互作用的非化学(行为)成瘾。科技成瘾既可以是被动的(如电视)也可以是主动的(例如,电脑游戏),他们通常含有诱导和强化的功能,这就可能会导致成瘾倾向的增强(Griffiths, 1995)。而科技成瘾可以看作是行为成瘾的一个子集和网瘾的核心特征(如,显著性、情绪改变、耐受性、戒断、冲突和复发)(Griffiths, 2005)。

• 显著性——是指这种具体活动成为一个人生命中最重要的事情,支配着他们的思想、情感和行为。

• 情绪改变——人们报告的主观感受是特定活动的结果(如他们体验到短暂的兴奋或者较长时间的快乐)。

• 耐受性——是指之前同样水平的唤起需要越来越多的活动。

• 戒断症状——是指在停止或者削减活动的情况下观察到的不愉快的情绪(例如，喜怒无常、烦躁不安等)。

• 冲突——这里指的是成瘾者与其周围的人之间，以及成瘾者自身内在的冲突。

• 复发和恢复——指即使经过长时间的戒断，行为仍会重复。

在过度使用互联网方面，一些研究表明，有些人已经表现出与上述描述相类似的症状 (Young, 1996; Griffiths, 2000a)。Young(1998) 指出，在行为导向的成瘾中，如果卷入其中，个体就会沉迷于他们所做的事情以及他们所体验到的情绪。但是界定成瘾存在着一个问题，那就是区分正常行为和成瘾行为的临界点较为主观和随意。因此，成瘾行为在生活中所引起的问题就成了一个"量尺"。 换句话说，个体生活的受损程度就反映了个体卷入活动的水平。

Young（1998）在互联网使用上，报告了一些较为严重的事件，这些事件的主体在网上活动严重干扰了他们的现实生活，他们甚至到了放弃现实生活而参与网上生活的程度。例如，有报告说一个父亲因为他忙于参加一个网络论坛而忘记接他的女儿；还有一个雇员因为过度使用办公室电脑上网被公司解雇；一个频繁使用网络处于戒酒中的人发现，自己在欺骗他的妻子；还有一个大学生由于与新网友的过度交往而使他的成绩受到极大影响。还应该值得注意的是，尽管有研究认为成人和青少年的网络成瘾具有相似的特点 (Griffiths, 2000)，但这一领域的绝大多数研究仍然集中于成年人而非青少年样本 (Griffiths, 2008)。

Young 和 Rodgers (1996) 进一步指出网络成瘾可能与学业和工作成绩的下降、婚姻的不和谐以及社交活动的减少有着相关关系。现在，心理学家越来越谨慎地对待可能由于过度使用网络而造成的问题的严重程度。同时，也想运用许多方法可以有效的帮助那些网络成瘾者个体或者成瘾者的朋友和家庭。但某种程度上具有讽刺意味的是，这些方法大多数都是在线的（ 如 Centre for Online Addiction, Cyberwidow, Computer Addiction Services at McLean Hospital 等 ）。此外，DSM-V 的初稿中对"网络障碍"（ Cyber Disorder ）的形式进行了界定（ Zenhausen, 1995 ），这标志着人们已经越来越多的觉察和认识到这一问题。在回顾了网络成瘾的起源和历史之后，下一节我们将讨论网络成瘾是否真的存在。如果它确实存在，青少年是否更容易受到影响？

二、青少年和网络成瘾

Yellowlees 和 Marks (2007) 指出，越来越多的证据表明有些人病理性的使用网络只是与网上的某些活动有关。同样，Griffiths（1999）认为，大部分过度使用网络的个体并不是沉迷于互联网本身，而是把它作为一种媒介来激发其他成瘾（即是上网成瘾，而不是互联网成瘾）。他举了一个例子，一个赌博成瘾者选择在线赌博，或者一个游戏成瘾者选择在线玩游戏，这都强调了互联网只是它们进行行为选择的地方。相反，他也承认有一些个案研究似乎报告了对互联网本身的成瘾行为 (Young, 1996b; Griffiths, 2000b)。而这些人中，大多数所使用的互联网功能，是其他任何媒体如聊天室或各种角色扮演类游戏所不具备的。然而，可以说即便是在这种情况下将它称之为"网络成瘾"也可能是一种误导。如果存在某种具体的网络功能，用户使用这种功能大大超过其他功能，那这也许会为调查提供更翔实的信息。

可以说，与成人相比，生活在具有不同影响因素、限制性以及可能性的环境中的青少年，尤其值得人们的关注。许多著作强调了网络成瘾障碍对青少年和成年学生群体可能造成的危害 (Griffiths, 2008)。考虑到互联网的易得性以及他们时间安排的灵活性，研究者认为年轻的成年学生这个群体是一个危险群体 (Moore, 1995;Neimz, Griffiths & Banyard, 2005)。而这种逻辑也适用于青少年。Scherer(1997) 在奥斯汀的得克萨斯大学对 531 名学生进行了研究，并对其中 381 名每周至少使用一次互联网的学生作了进一步的调查研究，基于类似化学依赖的诊断标准，这些学生中的 49 位（13%）被列为"网络依赖"。 在这个网络依赖组中，71% 是男性，29% 是女性。有网络依赖的用户每周平均有 11 小时在线，而"非网络依赖者"每周平均 8 小时在线。此外，网络依赖者在使用交互式同步应用程序方面的可能性是非依赖者的 3 倍。但同时，这个研究的不足似乎源于男性和女性被试之间的不平衡。而且，网络依赖者每周平均在线 11 小时，即平均到每天是一个小时多一点，虽然与"非依赖者"有显著的差异，但这个时间也很难被称为过度使用 (Griffiths, 1998)。

Morahan-Martin 和 Schumacher(1997) 进行了一个相似的在线研究。他们对病理性网络使用行为的测量是用一个包含了 13 个项目的评估问卷，该问卷测量了由于互联网的使用所带来的各种问题，如学业、工作和感情问题、耐受性症状以及使用互联网带来的情绪改变等。在 13 个项目中，4 个或 4 个以上项目回答为

"是"则被界定为病理性网络使用者，而 1 到 3 个项目回答为"是"则被认为是有一定问题的用户。这个研究招募了 277 名大学生网民，其中 27.2% 的人报告没有症状，64.7% 属于有一定问题的类别，8.1% 被归类为病理性网络使用者。这一研究的结果显示病理性网络使用者更多的是男性，并且使用技术复杂的网站。但在网络相关使用（IRC use）上没有发现性别差异。平均而言，他们每周有 8.5 小时在线。同时还发现，病理性网络使用者的 UCLA 孤独量表得分较高，他们通过互联网结识新朋友，获得情感支持、玩互动游戏以及在网上表现出更多的社会去抑制性。尽管作者认为，该研究也显示出一些在线时间相对较短的个体所引发的问题，但相比 Scherer 的研究来说，平均每周上网 8.5 小时似乎相对偏低。此外，研究中用来测量网络依赖的项目与 Brenner（1997）的网络成瘾研究中使用的项目类似，而这些项目由于不能真正地测量上瘾行为而受到了 Griffiths(1998) 的批评。

Anderson（1999）的一个研究，报告了一个略低的网络依赖比例（9.8％），而这一研究的被试大部分是主修自然科学专业的学生。研究用 DSM-IV 物质依赖的标准把被试分成"依赖者"和"非依赖者"，七个标准中超过三个以上的被列为"依赖者"。在 106 名依赖者中，有 93 名是男性，比起非依赖者的平均每天 73 分钟的上网时间，依赖者平均每天上网时间为 229 分钟。Anderson 的数据来源于美国和欧洲的不同类型的大学，采用纸笔问卷的形式回收问卷 1302 份 (649 名男性，647 名女性，6 个没有性别信息)。平均而言，被试每天使用互联网 100 分钟，大约 6% 的被试被认为是网络使用时间的高用户 (每天在 400 分钟以上)。与低使用者相比，高使用者报告了更多的负面影响。

对这个特定群体的进一步关注引起了公众的注意。2000 年 5 月威廉伍兹大学（William Woods University）宣布了一项计划，即，本科生如果通过参加各种校园文化活动取得了足够多的学分点，那么他们将可以赚取高达与学费相当的 5000 美元。据报道，这个项目的目的在于减少学生对互联网的使用，尽管正式的说明并没有强调这点 (Kubey, Lavin, & Barrows, 2001)。随后他们开展了相关研究，在研究中他们对罗格斯大学（Rutgers University）的 576 名学生进行了纸笔问卷调查。调查包括关于互联网使用、学习习惯、学业成绩和人格在内的 43 个选择题。研究使用李克特（Likert）五点评分来测量网络依赖，要求参与者回答在多大程度上同意或不同意以下语句，如"我想我可能有点心理上依赖互联网。"为了测试测量的效度，他们考查了参与者的自我报告是否反映了与网络依赖和更严重的网络使用相一致的其它行为的特征 (如内疚、失去控制、朋友越多使用网络就越少、学习问题等等)。如果参与者选择"同意"或"非常同意"来陈述，他们则被归类为网络依赖。

在 572 份有效问卷中，有 381 位（66%）为女性，年龄介于 18 岁至 45 岁之间，平均年龄为 20.25 岁。有 53 人（9.3%）被列为网络依赖，而男性相对来说更多。没有发现年龄因素对依赖行为的影响，但大学一年级学生（平均年龄未报道）占了网络依赖组的 37.7%。网络依赖者比非依赖者更倾向于报告由于网络使用造成的学业问题，这是非依赖者的 4 倍；同时依赖者比其他学生也更加明显地感到孤独。在互联网使用方面，那些学业受挫的依赖者在使用网络同步功能（MUD 和 IRC / 聊天程序）的可能性上是非依赖者的 9 倍。作者认为，这些应用程序对孤独的人，特别是刚离家进大学的学生而言是一个很重要的出口，因为他们可以与家人和朋友保持联系，在任何时候找人聊天，且没有其它媒介可以提供这样的机会。最近，Nalwa 和 Anand (2003) 发现有网络依赖的学生在孤独量表上得分较高，同时他们的网络使用已经影响了他们在学校的学业和工作表现。

Niemz, Griffiths 和 Banyard(2005) 调查了 371 名英国学生。调查问卷中包括了病理性网络使用（PIU）量表 (Morahan-Martin & Schumacher, 2000)，一般健康问卷(GHQ-12)，自尊量表和两个去抑制测量项目。结果显示 18.3% 的被试被认为是病理性网络使用者，其过度使用互联网已导致了学业、社会和人际关系问题。同时，病理性网络使用者存在低自尊和更多的社会化去抑制。在一般健康问卷的分数上却没有显著性差异。但是，由于在研究中使用 PIU 量表基于的是自我选择的样本，所以还存在方法论的问题。

其他的研究如 Kennedy-Souza(1998), Chou (2001), Tsai 和 Lin (2003), Chin-Chung 和 Sunny (2003), Nalwa 和 Anand(2003). Kaltiala-Heino, Lintonen 和 Rimpela (2004), and Wan 和 Chiou (2006)，他们调查了数量非常少的学生和青少年，这些研究规模太小，或存在方法论上的局限，因而不能得出任何有效的结论。从迄今为止所讨论的研究看来，很显然，绝大多数流行病学型的研究有着一些共同的不足。即，大多数使用的是方便且自主选择的参加者，他们是一些自愿参与调查的人，因此，很难设计任何类型的对照组。大多数研究没有使用任何经过验证的成瘾类型（如戒断症状、显著性、耐受性、复发等），那些使用了的研究则认为，过度使用网络类似于赌博等其他成瘾行为，或使用非常低的临界分数，这都能增加那些界定为成瘾者的比例。正如 Grifiths（2000）所观察到的，研究使用的工具既没有施测的严谨性，也没有考虑时间维度，他们就会倾向于高估问题的发生率，同时也没有考虑个体使用互联网的背景，即可能有些人过度使用互联网，但这是因为使用互联网是他们工作的一部分，或是他们正与一些距离较远的人处在网络亲密关系中。

Grifiths(2000a，2000b) 指出了在网络成瘾研究中个案研究的重要性。Grifiths 自己关于网络成瘾的研究试图解决三个主要问题:(1) 什么是成瘾?(2) 网瘾存在吗?(3) 如果网瘾的确存在，人们对什么上瘾？他采用了一个成瘾行为的操作定义，其中包括成瘾行为的六个核心成分，即显著性、情绪改变、耐受性、戒断症状、冲突和复发。通过使用这些标准，Grifiths 认为网络成瘾只存在于一个比例非常小的用户中，而大部分过度使用网络的个体只是把网络作为一个媒介，通过网络他们可以进行其所选择的行为。

Grifiths 还认为，Young(1999)的网络成瘾分类不是真正意义上的网络成瘾类型，因为多数行为涉及使用互联网这一媒介来促发其他非网络成瘾行为。总之，Grifiths 认为迄今为止，大多数研究并不能证明网瘾存在于这一小部分用户之外。因此他建议个案研究可能有助于揭示网瘾是否存在，即使这些个案可能不具有代表性。

Grifiths(2000b) 对五个过度使用网络的个案(他们聚集在一起超过了六个月的时间) 研究进行了概述。第一个个案是"加里"，一个 15 岁的英国学生。他是独生子，在周末要花六个小时在线。他的母亲报告说他对网络的使用已经影响了他的学业表现。他患有神经纤维瘤，这种情况可能会导致不同程度的行为问题。他经常有一些社交问题，结交朋友较为困难，并且遭受嘲笑和欺凌，有自卑情结，这些反过来又使他变得沮丧。他的父母表示，他把他的电脑视为了一个"朋友"，这使他花很多时间在电脑上，且不惜以与家人和朋友在一起的时间为代价。Grifiths 认为，这种情况与计算机"上瘾"的刻板印象相符合，一个十几岁的男孩子，几乎没有社交生活，低自尊，并以通过使用网络来逃避问题和抑郁。

第二个个案是"杰米"，一个 16 岁的英国大学生。尽管他非常胖，但他几乎没有遗传问题和身体问题。他说自己每周要花大约 70 小时在电脑上，其中包括每周 40 小时在线。他把自己描述为"科幻狂"，并且参加了《星际迷航》论坛，这也导致了他昂贵的电话账单。他报告说使用互联网是他生活中最重要的事情，可以改变自己的情绪。他似乎显示出了网瘾的一些核心成分，使用网络时他感到控制感的丧失，当他离线时便会想着互联网，他也存在着不规律的睡眠模式，以及表现出烦躁不安和颤抖等戒断症状。但他并不认为自己是一位网络成瘾者，在离线时也没有结交朋友的愿望。Grifiths 指出，杰米使用互联网似乎主要是社交原因，可能是由于肥胖问题，与面对面互动相比他更喜欢在线的互动。

第三个个案是"帕诺斯"，一个 20 岁的希腊男大学生。当他还是个孩子时他就玩过电脑游戏。他也认为他曾经玩游戏"上瘾"，而忽略了其它事情。他认为他可以通过玩网络游戏重现他是一个年轻孩子的感觉。他说上网能帮助他适应大学生活。他每周有高达50个小时的时间在线，上网已经影响到了他的学业成绩。Grifiths指出，帕诺斯似乎仅仅是显示出网络成瘾的一些核心成分，而且与加里和杰米相反，他不否认他在使用电脑上存在问题。他的网络使用行为可以被视为是对他居住在国外的一种应对方式，而且意料之中的是，考虑到他儿时曾沉迷于玩游戏，他使用网络几乎只是为了玩游戏。

第四个案例是关于"朱迪"的，一位35岁处于失业中的加拿大女性，她每周至少要花40个小时在网络上，仅仅是为了IRC（在线聊天）。她把自己描述成"无能、超重而且毫无吸引力"的人。她把使用网络视为一种生活方式而不是一种成瘾，因为她所有的人际关系全都基于网络。她嫁给了一个在网上认识的人，尽管他们分居两地但她说这不是个问题，因为他俩每晚要在线聊天4个小时。她觉得一旦下线她就变得情绪不稳定而且抑郁，因为没有IRC她会觉得孤独。Grifiths认为她使用网络纯粹是为了社交，由于这符合她目前的处境以至于她自己认为这种过度使用并不是一个问题。

最后一个个案是关于"戴夫"，一位32岁的英国男性，他在发现互联网之前有着幸福的婚姻生活。当他由于工作的变化不得不待在家里时，他就会变得情绪低落、沉默寡言。妻子说他在家里的两个月期间，为了上网他的睡眠方式都变了，一旦下线就变得愤怒和烦躁。在家待了三个月后，戴夫离开妻子去了美国和一个他在IRC认识的女士在一起，他曾一天呼叫她六次，他在见到这位女士前就向她求婚了。他妻子称互联网是他们婚姻破裂的罪魁祸首。尽管他之后回家并短暂停留了一段时间，且承认他意识到失去家庭和工作的危害，可他还是回到了美国。他妻子称他现在再也没有上网了。Grifiths认为，尽管戴夫表现出一些成瘾的成分，但是他使用网络是有特征的，由他和新伴侣聊天的需要所驱动。一旦他和在线出轨的女人在一起后，他的这种网络使用似乎就减少了。

总结说在讨论的五个案例中，根据成分标准只有两个（加里和杰米）是属于"成瘾"。简而言之，这两个个案（"加里"和"杰米"都是未成年人）表明互联网是他们生活中最重要的东西，他们沉湎于此，忽视了生活中其他一切的事物，并且这对他们生活的许多方面均造成了损害。他们的耐受性随着时间在增加，当他们不能使用网络时便会出现戒断症状，而且在短时间停止这种行为后会显示出复发的迹象。

在其他过度网络使用的例子中，Grifiths指出这些参与者把使用网络作为一种应对、抵抗其他不足（例如：在现实生活中社会支持的缺乏，低自尊，生理缺陷等）的方式。还观察到一个有趣的部分，就是所有这些参与者使用网络似乎主要是为了社交联系，他推测这可能是因为互联网是一个我们可以选择的基于文本的真实存在，在这里用户通过选择另一个社会角色和身份让自己沉迷其中，从而自我感觉良好，这会带来很高的心理奖赏（Grifiths，2000b）。在下一节，我们将会特别关注网络对人们（包括青少年这一群体）所产生的吸引力。

三、网络世界对青少年的吸引力

对处于任何年龄段的人来说，互联网的主要吸引力之一在于和其他网络用户建立关系的能力。个体同他人进行深入的联系和交流能够形成其所必需的社会支持。比如，定期访问一个特定的团体（如一个特定的聊天室，玩个特别的 MUD，或者泡同一个论坛），这会在团体成员之间产生一种亲密和亲近感，并且建立团体感。和其他的团体一样，网络文化同样有其特定的道德、价值、规范、语言和标志，这些都要由全体成员去适应。Kiesler，Siegal 和 McGuire（1984）指出，通过时间和空间、工作和娱乐、隐私界限的迁移，这为在线交往后逐渐忽略传统交往中的习惯创造了条件。

网络用户之间的亲密性发展得会更快。在虚拟空间里，社会习惯和礼貌准则是不存在的，它允许个体（例如青少年）在初次的虚拟会面中就泄露和寻问一些个人信息。而直接和毫无保留地分享个人的生活细节会促进亲密性的增加。当一个用户在某个虚拟社区卷入越深，他可能会发表越多具有争论性的意见，而这在他们的真实生活中可能都不会有。网络所提供的匿名性，对青少年和成人来说是一样的，这消除了冲突、拒绝以及其他行为影响的威胁。在如此短的时间能够形成那么亲密的关系，就会吸引那些低自尊和社交能力差的人们转向网络来寻找新的关系。如此高回报的网络行为对青少年可能特别具有吸引力。Joinson（2004）的一个研究就发现，与高自尊的使用者相比，低自尊个体对使用电子邮件进行交流表现出显著的偏好。这与优先考虑面对面交流的选择是相反的。

另一项非青少年的研究结果表明，自尊能解释在线与离线态度间正向和负向的差异（Widyanto，Griffiths，Brunsden & McMurran, 2008）。换句话说，似乎是个体的自尊越低，在线和离线间的态度差异就越大。这种在线与离线的态度差异带来了另一个问题的思考，即当被试在线和离线时，他们的自尊是否也存在着这样一种差异。这种差异很可能是存在的，尤其对那些在网络问题测查得分高的个体来说。如果上网提升了他们的自信，他们会花更多时间在网上，这反过来可能会引起他们在网络使用上出现问题。

研究表明，自尊的变化与个体社会环境的重大变化是紧密相关的，例如迁移到一个新城市、工作变化，还有（对青少年来说）进入大学（Hater, 1993；Ruble 1994）。McKenna 和 Bargh（2000）指出当个体加入一个网络团体中（如聊天室、MUD 游戏、论坛等），他们将认识一群新的人，这些人与他们线下的团体没有任何联系。因此，进行网络交往会提供给他们一个改变自己呈现自我的机会，而且这会增加自我价值感（McKenna & Bargh，1998）。

报告称，创造网络角色的能力可能是互联网如此具有吸引力的一个主要原因。这也会对青少年产生格外大的吸引力。正如 Suler（2002）所说："网络有趣的地方之一在于它提供给人们用各种不同方式展示自己的一个机会。你可以通过更改你的年龄、过去、个性、外貌，甚至你的性别，就可以改变你的风格，进行自由的自我认同的探索实验"（P455）。互联网上人人匿名，他们有想成为谁就成为谁的自由。用户对选择在多大程度上泄露或隐瞒个人信息上控制自如。在某些案例中，这或许会导致去抑制化，由于受到匿名保护，他们表达自己的观点和感觉就更加诚实和开放，这也是他们感到更加自信的原因所在。互联网可以便利地组成新的人际网络，这就给了个体充分表达自己各方面的机会，这些在他们的线下关系网中是通常不会表达的。因此，可以这么认为，通过互联网交流将会鼓励个体去展露更多真实的自我（McKenna 和 Bargh，2000）。在下一节，我们进一步解释过度使用网络是如何产生的。

四、为什么会出现网络过度使用？

网络成瘾领域的相关研究不少，但大多数讨论过的相关研究似乎都缺乏理论依据，而且令人惊讶的是，很少有研究人员尝试从理论上提供网络成瘾的原因，甚至到目前为止大多数的研究人员都未将成年人和青少年进行区分，也未作发展病理学的研究。Davis（2001）提出了一个病理性网络使用（以下简称 PIU）的认知行为模型，该模型的主要观点认为，持续或加剧的非适应性行为和有问题的认知导致了 PIU 的产生。它强调个体的想法或认知是异常行为产生的主要原因。Davis 相信 PIU 中认知方面的症状也许先于情绪和行为上的症状出现。和抑郁的认知理论的基础假设相似，PIU 也聚焦于非适应性认知。

Davis 阐述了 Abramson、Abramson 和 Alloy 的（Abramson, Abramson, & Alloy, 1989）关于必要因素、充分因素和促进因素的概念（necessary, sufficient and contributory）。必要因素是指症状出现时必须呈现或已经出现的病因性因素；充分因素是指该因素的出现或者发生就能够确定出现症状；而促进因素指的是能够促进症状发生的可能性的病因性因素，但是该因素既非必要也非充分。Abramson 也区分了近因和远因。在病因学链条上导致一系列症状的原因中，有些在链条的终端（近因），有些在链条的始端（远因）。Davis 认为，在 PIU 模型中，远因是潜在的心理病理因素（如抑郁、社交焦虑和其他依赖等），近因是非适应性认知（如对自我和世界的负面评估）。本章节主要目的就是介绍非适应性认知——被认为是导致 PIU 一系列症状的最近端的充分因素。

PIU 模型中远端的促进因素在素质—压力理论（diathesis-stress）框架中讨论过。该理论认为，个体的易感体质/易感性或是生活事件（压力）会导致异常行为。在 PIU 的认知—行为模型中，个体潜在的心理病理学因素被视为是素质，因为许多研究已经发现抑郁、社交焦虑等心理障碍和物质依赖存在相关（Kraut et al, 1998）。认知行为模型认为心理病理因素是 PIU 的远端必要因素，例如，心理病理学因素必须出现或已经发生，PIU 的症状才会出现。然而，潜在的心理病理学本身并不会导致 PIU 症状而只是作为其病因学的必要因素。

该模型假设如果一个基础性的心理病理学因素可能导致个体的 PIU 倾向，那么一系列的相关症状也仅限于 PIU，因此它们应被独立地研究和治疗。在此模型中的压力源是网络的引入，或发现网络中某个特定功能。虽然很难追溯到个体接触网络之前，但我们可以将个体发现某个网络功能的经历作为一个可测事件，例如个体第一次使用网上拍卖或发现网络色情资源等。

与这些网络功能的接触被视为 PIU 症状的一个远端必要原因，但接触本身并不会导致这些 PIU 症状。然而，作为一个促进因素，在 PIU 的发展进程中，与网络功能的接触是一个催化剂。而受到某件事的强化（如操作性条件作用，积极反馈会强化行为的持续）也是一个关键因素。该模型认为某些刺激，例如调制解调器连接的声音或打字的感觉，会引起条件反射。因此，这些轻微的强化会作为情境线索促进 PIU 的发展及其症状的持续。

认知—行为模型的核心是被视为 PIU 最近端充分因素的非适应性认知因素。

我们将非适应性认知分为两个子类型：对个体本身的知觉和对世界的知觉。对个体本身的思考是由沉思型的认知方式引导。那些倾向于沉思的个体会体验到程度更严重、时间持续更长的 PIU 过程，因为研究证明，沉思会通过干扰工具性行为（如采取行动）和干扰问题解决来使问题维持或加剧。还有些认知扭曲，包括自我怀疑、低自我效能感和负面自我评价会支配个体的行为方式，其中某些认知就会导致特定的或一般的病理性网络使用。特定的 PIU 是指特定网络功能的过分使用和滥用。我们假设这是与网络行为相关的心理病理因素导致的结果（例如赌徒也许认识到他们可以在网络上赌博，最终，由于需要和即时强化的联系越来越强，他们就呈现出特定 PIU 的症状）。然而，需要注意的是并不是每个赌徒都会呈现出特定 PIU 的症状。

另一方面，一般的病理性网络使用包括无目的地花过多时间在网络上，或仅仅是在网络上浪费时间。个体的社交背景，尤其是缺乏社交支持或受到社交孤立，是导致一般 PIU 现象的一个关键因素。一般 PIU 的个体都被认为是更有问题的，因为如果网络消失，他们甚至就不会有这样的行为。

基于 Davis 的模型，Caplan（2003）进一步提出了有问题的心理社会倾向会导致过度和强迫的计算机媒介社交互动，二者的交互作用会影响并增加个体的问题。该理论由 Caplan 提出并已获得经验验证，其主要观点有三个：。

（1）有心理社会问题（例如抑郁和孤独）的个体和其他人相比，对其社交能力有更多的负面认知。

（2）相比面对面的沟通，他们更倾向于计算机媒介的社交互动。因为他们相信在网络情境中能感到更少的威胁感和更多的自我效能感。

（3）这种倾向和偏好会反过来导致了过度和强迫性的使用计算机媒介进行社交互动，更加恶化了他们已有的问题，并且还在其学习、工作和家庭中产生了新的问题。

在 Caplan（2003）的研究中，被试者是 386 名 18 岁到 57 岁不等的大学生（其中 279 名女性和 116 名男性，平均年龄是 20 岁）。该研究使用了一般病理性网络使用量表（GPIUS），这是一种自我报告式量表，用以测查 PIU 中认知和行为症状的普遍性以及对个体负面影响的程度。GPIUS 包括 7 个维度：情绪改变、感知到的社交获益、感知到的社会控制、戒断症状、强迫性、网络过度使用和负面后果。该研究同时也使用了抑郁和孤独量表。

研究发现，抑郁和孤独作为社交互动偏好的重要预测因子，能够解释 19% 的变异。反过来，个体的社交互动偏好又是互联网病理性使用和负面结果的重要预测因子。数据还表明，过度使用是负面结果的最弱的预测因子之一，而在线社交互动偏好、强迫性使用和戒断症状则属于强的预测因子。总体上，孤独感和抑郁对负面结果没有较大的独立作用。这项研究的结果似乎支持这种主张，即社交互动偏好是问题性互联网使用发展的一个关键因素。

Caplan 指出了数据中两个意料之外的结果。首先，与抑郁相比，孤独感在问题性互联网使用的发展中发挥着更为重要的作用。他对于这一结果，解释为孤独感在理论上预测作用较为突出，孤独的人对其社交能力和沟通技巧的负面评价是更为显著的。另一方面，各种环境因素，甚至可能和个体的社交生活不相关的因素（如创伤经历），也可能会导致抑郁。其次，使用互联网来改变情绪对负面结果的影响不大。Caplan 认为，个体通过互联网使用来改变情绪是基于不同的情况，而不同的互联网使用也会带来不同的情绪改变。例如，玩在线游戏是好玩和令人兴奋的，而阅读新闻可以使人放松。因此，就其本身而言，使用互联网改变情绪可能并不一定会导致与社交互动偏好、过度和强迫性使用和心理阶段经历均相关的消极后果。

具体的电脑媒介交往特征可能会导致不同的网络社交互动偏好，而缺乏对这一因果关系的解释，是本研究的局限性之一。此外，该研究的样本数据没有显示出较高的问题性互联网使用程度（1 到 5 级评分，中数为 1.28，即大多数被试对网络的社交偏好并没有超过面对面的交往）。最后，尽管理论强调感知到的社交能力，但这项研究并没有考虑到个体的实际社交技能和沟通偏好在问题性互联网使用发展中的作用。在下一节中，我们将采取更加定性的方法，看看那些使用互联网的人，他们自己怎么说。

五、互联网用户的自我陈述

Widyanto（2007）试图探讨个体在他们在线或离线时，是否会有不同的感觉。成人参与者被要求填写一份简短的问卷调查，对被试在两个开放式问题上的简短回答逐一进行分析，并确定了一些共同的主题。第一个问题是"请描述你在线时的状态"，第二个问题是"记住你前面的回答，当你处于离线状态时，你是否有感觉到不同？如果有,你可否描述一下这种不同？"应该指出的是,不是所有的参与者的回答都可以用来分析。比如说,许多参与者对第一个问题的回答是,"我感觉自己完全一样"或者"正常,和离线时一样",而对第二个问题的回答是"一样"或"没有差别"。然而,其他人 - 主要是青少年和年轻成年人 - 对这些问题的答案给出了更多的描述和信息。在这些回答中,一些主题反复出现。这些常见的主题包括去抑制,匿名,孤独,控制,逃避现实,信息获取等。

（一）去抑制

最常见的主题之一,出现于由于去抑制作用,人们在线上和线下时其自信的增加是否存在感觉差异的分析。去抑制效应常常使人们在线时更加自信、开放和坦诚。下面是一些被试的回答。

"【当我在线时,我觉得】有值得与之交谈的人,如果话题不错,我会很感兴趣与之交谈。和很多人（多于十个）在聊天室里,我很乐意加入话题,说说自己的想法。【离线时】我很勉强才能进行一个我愿意聊的话题,但在一个大群体中却很难提出自己的见解"（女,20岁）。

"我更善于网络交往！因为不用压抑,我觉得更加自信,也变得更坦率。如果惹恼了他们我也不用担心看这些人的脸色。当我离线的时候,我会内向一些,常常保留自己的想法。一部分原因是不愿冒犯他人,更多的是因为我不喜欢和人交谈"（男,20岁）。

"当我在线时,我会变得更自信,能鼓起勇气面对那些平时不能处理的情况,也就是那些我在面对面和人交往时我无法处理的一些情况。"（女,19岁）。

"【在线时】有些不像自己…我更加自信,个性也发生了改变。当我不在网上的时候,我不是很自信,在网上跟异性交谈比面对面交流更加轻松自如。"（女,19岁）

"当我在网上,我常常加入留言板讨论,开放地表达,就好像我感觉应该将想法和大家一同分享。当我不在网上,表达自己的观点时会很犹豫,会顾虑到当时的环境和当时的话题。而在网上,我知道我和我的同伴有共同的兴趣爱好"（女,21岁）。

"【在线时】我感觉很好,我通过论坛、聊天室和那些与我有相似经历的人交流。我觉得我不适宜社交,但是在网上,和别人交谈则毫无问题,我有更多的时间去考虑措词，并且以匿名的方式，不必压抑我的想法。我有很多奇思妙想，在网上我可以随意的表达。通过网络，我能够成为我想成为的那个人。比与人相处时更加自信；当别人尊重我的意见时，我感觉很棒。我知道有些事情只要我去做，都能做得很好，但是我却经常觉得完成的还不够好。我也感觉我不能很好地和他人交流，我常常因为顾虑别人对我的看法而变得很焦虑。当我不在网上的时候，我常常保留自己的想法，我会因此觉得自己不能进行一段对话或者辩论，也因此觉得自己不受重视，没人能懂"（女，17岁）。

（二）匿名性

有些被试觉得在网上他们可以成为任何一个人，没有物理上的出席，也没有其他任何身份证明，这在面对面交往中是不可能实现的。

"互联网给了人们很大的自由，你能够成为任何你想成为的人，没人能看见你、评价你。在网上，我能成为我想成为的样子。【当我离线时，我觉得】很难，人们常常在物理层面评价一个人，我有时很难适应"（女，29岁）。

"【在线时】我觉得我是我喜欢的样子，我是一个著名网站的管理员，所以我有一种你们可能会称之为权力和力量的感觉。【离线时】我是谁取决于别人的感觉。我觉得我在生活中没有我在网上那么重要"（女，19岁）。

在这个主题中，一些被试表示匿名能够让他们有平等感。例如，生活中那些有身体缺陷的人，认为互联网为他们提供了一个平台，让他们感觉和其他人没有不同。

"当我在网上我感觉我很好，当我在做作业、搜索研究、做项目时，感觉其他所有的问题似乎都离我远去。离线时，我会感到有少许的不同，因为膝盖受伤，使我没有办法去做那些正常人认为理所当然的事情。而当我在网上，我只是专注于在网上能做的事儿，而我不再担心那些我做不到的"（女，20岁）。

"【当我在线时，我觉得】上网将我变成一个近视的人，其余的和现实生活没什么差别"（男，19岁）。

"【在线时】在网上不用考虑移动问题【在现实生活中】我的身体缺陷很显眼（女，34岁）。

还有很多人也提到了这种平等的感受，是由于只通过网络互动而不需身体参与所带来的。

"【在线时】我觉得这里没有因口音、相貌引起的偏见，每一个人都能被平等的对待。【现实中】有时候我能意识到别人对我的第一印象"（女，20岁）。

"【当我在线时，我觉得】我是有文化的、可以掌控自己的、成熟、尊重他人的，也能够得到他人尊重（不仅仅是网络，很多文字媒介也可以）。唯一不同的是，生活中人们因我的外貌而轻视我。我常常因为长相原因在人多的时候想逃离。因为我的文字，我就必须有一个懒鬼的外表—因为这就是人们对待我的方式 --- 他们总是惊讶于我怎么能把两个以上单词串联在一起。对于一些人，口语并不总是最容易的交流方式"（男，25岁）。

"【在线时】自信，有些猖狂，友好。【现实中】我并不是很自信，有些害羞，讨厌自己。我看东西的方式影响着我的行动，在网上就不会有这个困扰"（男，19岁）。

（三）孤独

一些被试表示他们有时觉得很孤独。然而，也是视情况而定。有些人说互联网让他们和其他世界隔离了。

"【在线时】我觉得孤独，我需要外出进行锻炼，比方说运动。【现实中】当我不开电脑的时候我感觉很好"（男，22岁）。

"【在线时】我觉得没有动力，很懒惰。生活中有许多事情让我保持活力。在网上，我和屏幕连接，阻隔了我周围一切的其他信息"（男，22岁）。

"【当我在线时，我觉得】疲倦，没有足够的时间从网络上一堆纷繁的信息中找到你想要的。我感到自己是不称职的家长，当我女儿和我撒娇时，我还在浏览网页。【现实中】当我7岁的孩子问我问题的时候，我总能够很好应对"（女，36岁）。

"【在线时】我显得很木讷，我不能专注于别人跟我说了什么，因为我的注意力在电脑上面"（男，18岁）。

另一方面，有些人表达了相反的观点——他们在现实生活中觉得很孤单，网络能让他们感觉到联系。

"没上网的时候，我还是我自己。区别是，当我不上网时，我感觉我和世界隔绝"（男，33岁）。

"当我在线时，常感觉和外界的联系更多，…当我不上网时，我感觉不到我与世界的联系，我不关注我身边发生的事情，我觉得我被现实生活保护得远离了现实"（女，21岁）。

"在线时，我觉得我是其中的一员，尤其当聊天室中正进行话题讨论时，我会特别急切地想得到第一手信息，就好像发生的事情和自己有关一样"（女，19 岁）。

"如果我没有上网，我觉得自己好像与世界脱节。就好像把和孩子一同长大的手机拿走一样"（男，20 岁）。

（四）控制

另一个从分析中得出的较为普遍的主题和控制有关。一些被试表示，上网时，对于相关信息的获取，能够让他们更有掌控感。

"敲击键盘便可从网上获得信息真的很不错，我喜欢这种能掌管我自己知识的感觉。【离线时】找不到我想要的信息时，不知道该怎么办"（女，41 岁）。

"【在线时】我觉得我能掌控我在做的事情。当我觉得有大量的信息和数据对我和我的研究有用时，我会长时间地使用电脑"（女，21 岁）。

"【在线】我觉得自己有点儿无能，因为我对电脑不是很擅长。但我仍然觉得我可以掌控我在做的事请，并且确信能够完成某些任务。【离线】我的控制感会较低一些，但是我感觉我更有能力去应对，因为我了解我周围的现实世界，而我对电脑却一无所知"（女，18 岁）。

另一些被试也谈到关于控制的问题，但涉及的是个体在网上公开自己信息的程度。有些被试提到怎样在网上掩饰自己的缺点。

"【在线】我在线时和我不在线时差不多，但我可以掩饰我的一些不好的地方。【离线】我觉得没那么好"（女，18 岁）。

"【在线】我可以展现优点，隐藏缺点。我被认为是可以提供建议和帮助的人，地位不低"（男，27 岁）。

"【在线】我觉得自己更加完美一些，那些小错误都能被掩盖"（女，24 岁）

逃避现实：一些被试提到网络可以让他们逃避现实。

"【在线】我感觉自己好像在另外一个世界里，这里很棒，因为每个人都愿意和我交谈，我能做许多我想做的事。我讨厌不在线的感觉。就像嗑药后的失落，有点像戒断症状。我使用网络来躲避生活中的压力和琐碎事情"（女，24 岁）。

"在网上我想扮演谁都可以，没人知道，除非我告诉他们！生活中我只能是我自己，因为身边的人都认识我。所以网络和现实有很明显的不同。只能做我自己，是多么无聊！在聊天室里能随意的改变自我是多么有趣"（男，19 岁）。

"【在线】你能是任何人。我在聊天室里扮演一个 18 岁的邦女郎博大家一笑，而在生活中，每个人都知道我是个 38 岁的男人"（男，38 岁）。

"在线时我更能达到目标，更容易兴奋。我是一个古怪的人，但是当我在聊天室中，我无所不能…在网上的时候，我介意的事情比现实生活中少很多。在过去，我试着向上网时的那种性格靠拢…我成功过一段时间，然后混乱中又变回平常的自己。我该死的发现了真实的我和理想的我之间有着很大的差距"（女，26 岁）。

"我觉得网络可以让我逃避现实一段时间，但无法持续到永远"（女，年龄不详）。

"【在线】我觉得自己无所不能。【现实中】我觉得我是过着平凡生活的普通人"（女，26 岁）。

"【网络中】我觉得不可触及。【现实中】我知道你的身份，因而没那么遥不可及"（男，21 岁）

信息获取：一些被试也提到了互联网让他们便捷地获取信息。

"【在线】我才觉得正常。可能源于动动手指就能获得信息"（女，19 岁）。

"【我】上网时感觉自己很能干，并享受着快速获取信息以及我从其它途径不能发现的知识"（女，22 岁）。

"【离线时我觉得】会被限制于书籍——总是会想到最近的上网点，因为书籍通常是我获取信息的第二个选择"（男，27 岁）。

然而，对于一些被试而言，互联网所提供的丰富信息可能会导致一些挫折。

"【在线时我觉得】对于信息的筛选有点不知所措。有时我觉得自己脱离了现实而漂浮在虚幻的世界中，因为信息太多了。事实是，信息的大部分是我真正需要以及我正在寻找的研究资料，但我却感到被淹没了，因此我想我可能做得还不够好。我认为，以前那些使用大量书籍的人会做得更好，因为书本有界限而网络却没有。信息高速公路在许多时候变得太宽泛"（女，年龄不详）。

"当我在网上搜索我需要的信息时，我会为不能找到正确的信息而变得沮丧，或者我会对很难搜到网络感到恼火。在没有网络或不在线时我可以很愉快地生活"（女，31 岁）。

考查了个案的自我描述后，在最后一节中，我们探讨了在线和离线的身份认同及其心理学启示。

六、在线和离线身份认同

互联网正迅速成为最常用的通信手段之一。它也成为了青少年这样的使用者通过论坛、聊天室等多种功能来碰面和交谈的场所。因此，在线社区和青少年亚文化已经建立。而这种在线社区显然不同于现实生活中的社区。因为涉及到的个体只存在于网络空间，这种存在，是通过一个化身或者用户名的形式存在的，其实也只是他们真实自我的一个体现而已。本质上，用户在网络空间中缺乏实体的存在。正因为如此，在线社区都有自己的一套文化和礼仪，称之为"网络礼仪"。Shea(1994) 认为，个体在与他人在线交流时会忘记一件事：在电脑屏幕之后存在着一个人。她认为，虽然互联网辐射全球，但其缺乏实体的呈现，仍然是一个非个人的媒介。

网络自我的变移性（fluidity）是在线社区常被提及的一个相关话题 (Reid, 1998)。当在线时，由于不受其身体物理特性的限制，能够允许用户探索其人格的不同方面。网络也能允许用户在几乎所有方面设计自己的身份，如性别、年龄、种族和阶级 (McCrae, 1996; Stone, 1991)。在某种程度上，在线社区为用户提供了逃避社会制约的机会。一些研究的参与者表示，网络吸引人的一个主要方面在于逃避现实的可能性。这与网络的匿名性是密切相关的。对于一些参与者而言，在线意味着他们可以成为他们想要成为的任何人。换句话说，他们能够控制其想要其他用户了解自己的信息。对于一些参与者，这可能会带来一种平等感，因为他们认为，他们被认识了解是基于他们的个性，而不是外表。

这尤其适用于那些在现实生活中有缺陷的人。在网上，他们看起来和其他人是一样的。对很多人来说，互联网给他们提供了一个探索身份认同的场所，对于青少年来说尤其如此。在某些极端情况下，在线的身份探索可以达到改变性别和年龄的程度 (Hussain & Griffiths, 2008)。一些参与者提到了在网上他们可以隐藏更多的负面特质、美化更积极的品质。McKenna 和 Bargh(2000) 指出，在网络互动中，用户呈现的是自己的理想化版本。在早期的研究中，他们比较了面对面沟通的参与者和网上交流的参与者。研究发现那些在线互动交流的参与者更能展示他们的理想品质。因此，在线时人们似乎是以一种希望被别人看到的方式来展现自己。

缺乏实体存在和匿名性导致了一个在线交往的独有现象，称之为抑制效应。该效应被用来描述从不礼貌行为(Kiesler, Zubrow,Moses, & Geller, 1985)到大写字母的使用，这种行为被认为与大喊大叫具有相同作用(Sproull & Kiesler,1986)。根据Zimbardos(1977)的研究,抑制可以被定义为受约束的行为,它由自我意识、对社会影响的觉察以及对公众看法的担心所控制。根据这个定义,去抑制可以被描述为这些因素的缺乏或对立。去抑制可以被视为公共意识的减弱,降低对他人看法的关注(Prentice-Dunn & Rogers, 1982)。

在在线行为中,去抑制可以总结为相对于现实生活中没那么拘谨的行为,因此,在线去抑制并没有被定义为一种敌对或粗鲁的行为,但却是一种由于更少的自我意识和顾及他人的判断而造成的行为。网络用户在线时更诚实、开放以及富有表现力。由于受自身匿名性的保护,他们可以更自由地表达他们的想法。

Gergen,Gergen和Barton(1973)的一项研究表明,匿名性有其积极的作用。他们发现,与在光亮房间中的个体相比,在黑暗房间(在这一房间中他们无法看到彼此)中遇见和互动的个体,更倾向于分享更多的生活细节。在黑暗房间中交流互动的人也给他人留下了更好的印象。因此,从在线研究来看,这种去抑制效应可能是有利的,因为比起其他方式来说,参与者更有可能做出诚实的回答。

值得注意的是,许多的在线交往并不是匿名的。在许多社交网站,如MySpace和Friendster,匿名不是不可能,但是也很困难。这些网站的目的是通过已有的朋友圈来扩大一个人的朋友网络。因此,尽管这些人际关系始于网络,但主要源自于离线的朋友。同样地,匿名性也受电子邮件通信的限制,因为大多数我们通过这种方法联系的人是我们已经认识的。当然,用户仍然可以在一定程度上控制他们的匿名性,尤其是在那些能完全删除现实联系的网络功能上。换句话说,个人仍可以在聊天室、论坛和网络游戏等地方保持匿名性。

七、总结

本章发现,尽管在成人用户中发现的大多数效应也在青少年身上发现了,但是对青少年网络成瘾的研究还相对较少。显然,在给临床上是否存在网络成瘾这一争论下结论前,还需要进行更多的研究。从零散的研究看来,很明显,互联网的使用至少有成瘾的潜在性。这也有一个发展的问题,排除年龄因素网瘾是否还具有相同的效应？很有可能是互联网在年轻人中的成瘾影响更显著，而一旦他们到了成年，这种影响就会降低。

诸如"网络成瘾"、"网络成瘾障碍"、"病理性网络使用"，"问题性网络使用"、"过度使用网络"和"强迫性网络使用"的标签或多或少地都被用来描述相同的概念，比如，个人沉迷于网络中而忽视了生活的其他方面。然而，在这个阶段使用一个标签似乎过早，因为到目前为止在这个领域所做的大多数研究已经显示了不同程度的分歧和矛盾结果。

到目前为止该领域的大多数研究结果呈现出了不同程度的差异，甚至有一些是相互矛盾的。此外，在上面所有的标签中，互联网似乎是被用来指代一个普遍的事物。事实上，互联网是由许多不同功能和类型组成的，每一个都有其独特的特征。互联网的某些功能，比如文档和搜索引擎，是设计用来收集信息的。其他功能，如电子邮件、聊天室和论坛是用来与其他用户交流的。即使在这些互动功能中，还有一个同步和非同步功能的区别。同步功能允许用户同时进行相互沟通。举一个例子，便是在在线聊天室，一个用户可以输入一个消息，其他人能够马上看到这个消息并回复。另一方面，非同步功能涉及到回复的延迟，例如电子邮件。互联网也能让用户在线时做不同的事情，如购物、赌博、玩游戏、写博客、办理银行业务、制定旅行安排以及更多的事情。

考虑到互联网提供的功能多样性，在很大程度上"网瘾"的存在似乎是不太可能的。"网瘾"意味着个体沉迷于在线时的感受，而不管他们在使用何种功能。把个体的成瘾与在线时使用的功能进行联系，才似乎更有可能。对把互联网作为一个通用的应用程序和把它分成可利用的一些特定功能进行区分，这可能在未来的研究中有着重要意义。互联网由如此多种多样的功能组成，并有着不同的用途，因此，不同类型的用户对使用特定的功能会有一些不同的原因。正如 Morahan-Martin(2005) 指出的："对网络滥用进行概念化以及根据特定的网络活动分别研究各种失常模式可能会更有益，而不是集中研究网络滥用的一个统一概念。"

正如前面章节所提到的，很显然有必要区分互联网成瘾和上网成瘾，选择从事在线赌博的赌博成瘾者和在线玩游戏的游戏成瘾者都不是网络成瘾者——互联网只是他们进行他们所选择的成瘾行为的地方。这些人表现的是上网成瘾。然而，也有研究观察到，由于网络所具有匿名性、非面对面以及去抑制性，某些行为（如，网络性爱、网络跟踪等）的实施者也只会在互联网上进行 (Griffiths, 2000c, 2001)。

相反，我们也必须承认，一些个案研究似乎报告了对互联网本身的成瘾 (e.g.,

Young, 1996b;Griffiths, 2000b)。这些人中的大多数使用了在其他任何媒介中无法获得的网络功能，如聊天室或各种角色扮演游戏，这些人是互联网成瘾。然而，尽管存在这些差异，但研究一致发现过度使用网络存在着负面后果，如对工作和社交生活的忽视、亲密关系破裂、控制感的丧失等，这些负面影响和那些的已确定的成瘾经历相类似。总结来看，网络成瘾确实存在，但却只影响了一个相对较小的群体，同时也没有足够证据表明这对于青少年来说是一个问题。然而，个体到底是对网络的哪个部分成瘾，仍然需要更多的研究。

【参考文献】

Abramson,L.Y.,Metalsky,G.I. & Alloy,L.B.(1989).Hopelessness depression:A theory-based subtype of depression.Psychological Review,96,358–372. doi:10.1037/0033-295X.96.2.358.

Anderson,K.J.(1999,August).Internet use among college students:Should we be concerned?Paper presented at the annual meeting of the American Psychological Association,Boston.

Brenner,V.(1997).Psychology of computer use:XLVII. Parameters of Internet use,abuse,and addiction:The first 90 days of the Internet Usage Survey.Psychological Reports,80,879–882.

Caplan,S.E.(2002).Problematic Internet use and psychosocial well-being:Development of a theory-based cognitive-behavioral measurement instrument.Computers in Human Behavior,18,553–575.doi:10.1016/S0747-5632(02)0 0004-3.

Caplan,S.E.(2003).Preference for online social interaction:A theory of problematic Internet use and psychosocial well-being.Communication Research,30,625–648. doi:10.1177/ 0093650203257842.

Chin-Chung,T., & Sunny,L.(2003).Internet addiction of adolescents in Taiwan:An interview study.Cyberpsychology & Behavior,6,649–652.doi:10.1089/ 109493103322725432.

Chou,C.(2001).Internet heavy use and addiction among Taiwanese college students:An online interactive study.Cyberpsychology & Behavior,4,573–585. doi:10.1089/10949310 1753235160.

Davis,R.(2001).A cognitive-behavioral model of pathological Internet use.Computers in Human Behavior,17,187–195.doi:10.1016/S0747-5632(00)00 041-8.

Gergen,K.J.,Gergen,M.M., & Barton,W.H.(1973).Deviance in the dark.Psychology Today,7,129–130.

Gold,S.(1993).Court acquits teenage hacker.Retrieved March 27,2002,http:// www.eff. org/pub/Net_culture/Hackers/uk_court_ac-quits_teenage_hacker.article.

Griffiths,M.(1998).Internet addiction:Does it really exist?In J.Gackenbach(Ed.),Psychology and the Internet:Intrapersonal, interpersonal and transpersonal applications(pp.61–75).NewYork:Academic Press.

Griffiths,M.D.(1995).Technological addictions.Clinical Psychology Forum,76,14–19.

Griffiths,M.D.(1996a).Internet addiction:An issue for clinical psychology?Clinical PsychologyForum,97,32–36.

Griffiths,M.D.(1999).Internet addiction:Internet fuels other addictions.Student British Medical Journal,7,428–429.

Griffiths,M.D.(2000a).Internet addiction–time to be taken seriously?Addiction Research,8(5),413–418.doi:10.3109/16066350009005587.

Griffiths,M.D.(2000b),Does Internet and computer "addiction" exist?Some case study evidence.Cyberpsychology & Behavior,3,211–218.doi:10.1089/ 109493100316067.

Griffiths,M.D.(2001).Sex on the Internet:Observations and implications for sex addiction.Journal of Sex Research,38,333–342.

Griffiths,M.D.(2005).A "components" model of addiction within a biopsychosocial framework.Journal of Substance Use,10,191–197.doi:10.1080/14659890 500114359.

Griffiths,M.D.(2008).Internet and video-game addiction.In C.Essau(Ed.),Adolescent addiction:Epidemiology,assessment and treatment(pp.231–267).San Diego,CA:Elselvier.

Hamilton,K., & Kalb,C.(1995,December 18).They log on, but they can't log off.Newsweek .

Harter,S.(1993).Causes and consequences of low selfesteem in children and adolescents.In R.Baumeister(Ed.),Self-esteem:The puzzle of low self-regard(pp.87–116). New York:Plenum.

Hussain,Z., & Griffiths,M.D.(2008).Gender swapping and socialising in cyberspace:An exploratory study.Cyberpsychology & Behavior,11,47–53.doi:10.1089/ cpb.2007.0020.

Joinson,A.(2004).Self-esteem,interpersonal risk,and preference for e-mail to face-to-face communication.Cyberpsychology & Behavior,7(4),472–478.doi:10.1089/ cpb.2004.7.472.

Kaltiala-Heino,R.,Lintonen,T., & Rimpela,A.(2004).Internet addiction?Potentially problematic use of the Internet in a population of 12-18 year-old adolescents.Addiction Research and Theory,12,89–96.doi:10.1080/1606635031000098796.

Kennedy-Souza,B.(1998).Internet addiction disorder.Interpersonal Computing and Technology:An Electronic Journal for the 21st Century,6(1–2).Retrieved December10,2003,http://www.emoderators.com/ipct-j/1998/n 1- 2/ kennedy-souza.html.

Kiesler,S.,Siegal,J., & McGuire,T.(1984).Social psychological aspects of computermediated communication.The American Psychologist,39(10),1123–1134. doi:10.1037/0003- 066X.39.10.1123.

Kiesler,S.,Zubrow,D.,Moses,A., & Geller,V.(1985).Affect in computer-mediated communication:An experiment in synchronous terminal-to-terminal discussion.Human-Computer Interaction,1,77–104.doi:10.1207/s15327051hci0101_3.

Kraut,R.,Patterson,M.,Lundmark,V.,Kiesler,S.,Mukophadhyay,T., & Scherlis,W.(1998). Internet paradox:A social technology that reduces social involvement and psychological well being?The American Psychologist,53,1017–1031.doi: 10.1037/0003-066X.53.9.1017.

Kubey,R.W.,Lavin,M.J., & Barrows,J.R.(2001).Internet use and collegiate academic performance decrements:Early findings.The Journa lof comm-unication,51,366–382.doi:10.1111/j.1460-2466.2001.tb02885.x.

Marks,I.(1990).Non-chemical(behaviourial)addictions.British Journal of Addiction,85,1389–1394.doi:10.1111/j.1360-0443.1990.tb01618.x.

McCrae,S.(1996).Coming apart at the seams:Sex,text and the virtual body.In L.Cherry & E.Reba Weise(Eds.),Wired women:Gender and new realities in cyberspace.Seattle,WA:Seal Press.

McKenna,K.Y., & Bargh,J.A.(1998).Coming out in the age of the Internet:Identity "de-marginalization" through virtual group participation.Journal of Personality andSocial Psychology,75,681–694.doi:10.1037/0022-3514.75.3.681.

McKenna,K.Y., & Bargh,J.A.(2000).Plan 9 from cyberspace:The implications of the Internet for personality and social psychology.Personality and Social Psychology Review,4(1),57–75.doi:10.1207/S15327957PSPR0401_6.

Moore,D.(1995).The emperor's virtual clothes:The naked truth about the Internet culture.Chapel Hill,NC:Alogonquin.

Morahan-Martin,J.(2005).Internet abuse:Addiction?Disorder?Symptom?Alternative explanations?Social Science Computer Review,23(1),39–48. doi:10.1177/089443930 4271533.

Morahan-Martin,J., & Schumaker,P.(1997).Incidence and correlates of pathological Internet use.Paper presented at the 105th Annual Convention of the American Psychological Association,Chicago,IL.

Nalwa,K., & Anand,A.P.(2003).Internet addiction in students:A cause of concern.Cyberpsychology & Behavior,6(6),653–656.doi:10.1089/109493103322725441.

Niemz,K.,Griffiths,M.D., & Banyard,P.(2005).Prevalence of pathological Internet use among university students and correlations with self-esteem,GHQ and disinhibition.Cyberpsy-chology & Behavior,8,562–570.doi:10.1089/ cpb.2005.8.562.

O' Neill,M.(1995,March 8).The lure and addiction of life on-line.The New York Times.

Prentice-Dunn,S., & Rogers,R.(1982).Effects of public and private self-awareness on deindividuation and aggression.Journal of Personality andSocial Psychology,43,503–513.doi:10.1037/0022-3514.43.3.503.

Reid,E.(1998).The self and the Internet:Variations on the illusion of one self.In J.Gackenbach (Ed.),Psychology and the Internet:Intrapersonal,interpersonal and transpersonal applications.New York:Academic Press.

Ruble,D.N.(1994).A phase model of transitions:Cognitive and motivational consequences.In M.P.Zanna(Ed.),Advances in experimental social psychology-(Vol.26,pp.163–214).New York:Academic.

Scherer,K.(1997).College life on-line:Healthy and unhealthy Internet use.Journal of College Student Development,38,655–665.

Shea,V.(1994).Netiquette.San Francisco,CA:Albion.

Sproull,L., & Kiesler,S.(1986).Reducing social context cues:Electronic mail in organizational communication.Management Science,32,1492–1512.doi:10.1287/ mnsc.32.11.1492.

Stone,S.(1991).Will the real body please stand up?Boundary stories about virtual culture.In M.Benedikt(Ed.),Cyberspace:First steps.Cam-bridge,MA:MIT Press.

Suler,J.R.(2002).Identity management in cyberspace.Journal of Applied Psychoanalytic Studies,4,455–460.doi:10.1023/A:1020392231924.

Surratt,C.G.(1999).Netaholics:The creation of a pathology.New York:Nova Science Publishers.Tsai,C.-C. & Lin,S.S.J.(2003).Internet addiction of adolescents in Taiwan:An interview study.Cyberpsychology & Behavior,6,649–652. doi:10.1089/1094931033 22725432.

Wan,C. & Chiou,B.(2006).Why are adolescents addicted to online gaming?An interview study in Taiwan.Cyberpsychology & Behavior,9,762–766.doi:10.1089/

cpb.2006.9.762.

Widyanto,L.(2007).Internet addiction:Assessment and the online and offline selves. Unpublished doctoral dissertation,Nottingham Trent University,UK.

Widyanto,L.,Griffiths,M.D.,Brunsden,V., & McMurran,M.(2008).The psychometric properties of the Internet related problem scale:A pilot study.International Journal of Mental Health and Addiction,6,205–213.doi:10.1007/ s11469-007-9120-6.

Yellowlees,P.M., & Marks,S.(2007).Problematic Internet use or Internet addiction?Computers in Human Behavior,23(3),1447–1453.doi:10.1016/j.chb.2 005.05.004.

Young,K.(1996).Internet addiction:The emergence of a new clinical disorder.Cyberpsychology & Behavior,3(1),237–244.

Young,K.(1998).Caught in the Net.New York:John Wiley & Sons.

Young,K.(1999).Internet addiction:Evaluation and treatment.Student British Medical Journal,7,351–352.

Young,K., & Rodgers,R.(1998).Internet addiction:Personality traits associated with its development.Paper presented at the 69th annual meeting of the Eastern Psychological Association.

Zenhausen,B.(1995,February 26).Preliminary draft of the DSM-V committee in cyber-disorders.

Zimbardo,P.(1977).Shyness:What is it and what to do about it.London:Pan Books.

第四章 不惜任何代价的联结：
青少年发展的需要和网络关系的形成

苏珊·米勒（Susan M. Miller） 美国肯特州立大学

肯尼斯·米勒（Kenneth L. Miller） 美国扬斯敦州立大学

克丽丝汀·阿里逊（Christine Allison） 美国肯特州立大学

本章的目标是在青少年认知和心理社会发展与网络通信技术特征的双重背景下探索青少年网络关系的形成。研究显示，青少年通过网络来维持现有的线下关系，并且进一步形成更亲密的关系。对那些建立网络关系的人而言，网络关系是亲近的，甚至具有浪漫的性质。然而，从不同维度的比较来看，其实网络关系比线下关系的联结更弱。一般而言，外向的青少年更有可能形成网络关系，不过如果内向的青少年想要建立网络关系，他们同样也能做到。网络关系的形成可能取决于青少年能否意识到在匿名和无线索的网络环境下该如何展现他或她自己。

一、简介

本章（实际上整本书）旨在探索青少年发展和网络技术使用之间的关系，这种关系会影响青少年网络关系的形成。关注青少年是为了阐明这个群体独特的成长的性格以及那些在互联网环境下建立起来的人际关系需求。

青少年阶段的发展特点包括逐步显示出的各种能力——抽象思维、考虑多种观点、反事实推理和演绎推理能力。Jean Piaget（1967）将该认知发展阶段的特点命名为形式运算推理。Piaget认为，在认知发展的每个阶段，都可能出现特定形式的自我中心或思维局限性。青少年阶段最根本的局限就在于，新发展的能力意味着他们在批判现实世界状态的同时能构想某种理想化的情境。元认知能力的发展（例如能够思考他们的想法）转变成高度的自我意识，这一特点与新发展的自我中心相映成趣，此时的青少年认为她或他是特别的、无懈可击的，并且无所不能。

在讨论自我中心的这些特点时，通常会涉及青少年典型的心理社会行为和情感反应。大多数青少年感觉到两股对立的力量，Erikson（1950/1993）的心理社会理论对这一现象给出启发式的描述，认为这是一种压力，使得青少年克服对自己将来要成为什么样的人的困惑。当青少年用新方法看待世界时，他们也获得扩展人际与社会关系网络的机会。青少年在与他人共存的环境中发展，其他青少年则是重要的社会参照对象。

同伴关系对青少年非常重要，这能从他们为社会交往而使用网络的频率中窥见端倪。美国国家教育统计中心 2003 年的一项调查（ N = 56000 户家庭）数据显示，大约 70% 的 6—8 年级的学生和 79% 的高中学生使用网络（ DeBell & Chapman，2006 ）。稍大一些的青少年更有可能会使用网络进行社会交往：64% 的高中生和 45% 的 6—8 年级学生在网上收发电子邮件和即时消息。

想要充分的哪怕不那么全面的理解青少年网络关系的形成也并非易事，其中一个困难就在于网络通信技术的发展十分迅速。参加早期研究（就在十来年前）的青少年，他们的沟通目标受到当时他们所能获得的应用程序类型（例如邮件列表服务和聊天室之类的公共领域，或电子邮件之类的私人空间）的限制。1997/1998 年之后，即时通讯成为一种通信工具。在这段时间前后，社交网站开始可以帮助那些已经建立联系的个体之间进行沟通，但青少年一直没有机会使用这些渠道，直到聚友网（Myspace）的出现。脸谱网（Facebook）最初是为大学生设计的，2005 年才开始对高中生开放（ Boyd & Ellison，2007 ）。早期的有关新手网络用户的研究发现，青少年通过多用户虚拟空间（MUDs）认识新朋友（ Subrahmanyam，Greenfield，Kraut & Gross，2001 ）。Yee（2006）的报告指出，当前的大型多人网络角色扮演游戏（即大型战略类网游或大型多人网络角色扮演游戏）中，20% 的男性用户和 4.4% 的女性用户的年龄在 12—17 岁之间。随着通信技术变得越来越普及（如多媒体手机，或者整体应用和个人用品），青少年使用和整合通信技术的方式很可能将会得到极大的发展。

二、章节目标

本章的目标是阐明青少年发展、网络通信工具特点和网络关系形成这三者之间的关系。阅读本章后，目标读者（即研究人员、教师、学生和父母）应该能理解如下几点：

（1）青少年阶段开始出现的主要的认知和心理社会发展特征；

（2）对于主要发生在匿名和无线索的网络沟通情景中的网络关系的形成和维持，网络所能提供的林林总总；

（3）各种网络关系类型、网络所能提供的（affordances）和人际关系质量之间的联系；

（4）心理社会的、动机的和环境的变量可能会影响青少年网络关系的共同建构；

（5）青少年网络关系的脆弱性在于他们对发展友情的需求和对同一性的追寻；

（6）网络环境下保障青少年安全与幸福的资源。

三、发展中的青少年

青少年是从童年到成年的过渡期，在这一时期，约 11—12 岁的个体开始了一个新的认知和心理社会发展阶段。Piaget 的认知发展理论为理解青少年的思维提供了一个有用的框架（Elkind，1967，1984；Rosser，1994）。6、7 岁的孩子开始对物质世界进行逻辑推理：他们理解数字的概念以及一对一关系对数学逻辑的必要性，他们可以将物体分类到不同类别和子类别，并表现出思维的可逆性。Piaget 称之为具体运算思维，虽然儿童对具体的现实世界的推理能力得到发展，但不能对抽象的或反事实的观点进行逻辑思考（Rosser，1994）。

大约 11、12 岁大的儿童，当在那些正式教育场合以及非正式学习环境中给予适当的环境压力，他们的认知结构就能进行抽象级别的推理，这是 Piaget 的形式运算阶段。较小的孩子只能考虑实际发生的事件或定义可见的特征和行为，而青少年脱离了基于事实的思考的局限，可以对抽象的命题或概念进行思考和推理。

发展到抽象思维意味着青少年开始理解和使用明喻、隐喻、模仿（Elkind，1984），并且这些新的思维方式正吸引着青少年。

每个认知发展阶段都有其局限性，这与看待世界的特殊方式有关——Piaget将之称为自我中心主义。抽象推理和假设演绎推理中同样的推理技能让青少年能思考自己的思维（即元认知），以及思考其他人可能在思考什么。最初，这个新视角可能会导致自我意识的不适应。青少年确实相信他或她是在舞台中心，David Elkind（Elkind，1984；Elkind & Bowen，1979）将青少年这种形式的自我中心主义称为假想的观众。因为在抽象领域的经验思维有限，许多青少年尤其是那些尚处形式运算阶段早期的青少年认为所有的关注（崇拜的或批评的）都在他们身上。很多父母或教育家都知道，无论人们怎么劝说，青少年还是相信他们的外观或行为都是别人所关注的焦点。

青少年的自我意识体现在很多方面的自我中心感上，Elkind称之为个人神话：青少年相信他们是独一无二的、特别的、不会受伤害的、无所不能的（Alberts，Elkind & Ginsberg，2007；Eklind，1967）。在许多青少年的思维中，他们的个人神话感可以保护他们免受自己行为的负面影响，他们相信不会有任何坏事发生在故事中的英雄或女英雄身上。不会受伤害和独一无二感与某些青少年的精神健康问题相关联（Aalsma，Lapsley & Flannery，2006）。

虽然作为青少年自我中心主义的一种类型，个人神话这一概念是基于Piaget的认知发展理论的，但个人神话将其背后的认知结构与大多数青少年典型的情感和行为特征联系起来。由于大多数的青少年认为自己是独一无二的、特别的，他们都肯定"没有人经历过我那种感觉"或"没有人能理解我"（Elkind，1967）。这些观念导致青少年感觉自己和其他人不同，并将自己与他人隔离开来。青少年不会受伤害感（"这不会发生在我身上"）与青少年喜欢冒险相关，他们的无所不能感使他们相信自己可以处理任何情况。

随着青少年用新方式看待世界，他们同时得到更多的人际交往和社会探索的机会。身体和性的快速成长使得青少年想要根据成人世界的需求和机会来重新思考她／他学过的东西以及认识自己（Erikson，1950/1993）。同一性形成是青少年阶段主要关注的问题，青少年不只是理解她／他现在是谁（"我是谁？"），抽象推理能力让青少年还能考虑未来的可能性。因此，青少年会考虑这样的问题，比如"我将会变成什么样的人？""我将从事什么类型的职业？""我将会成功吗？"同一性的基本问题包括未来职业、意识形态、世界观、性取向，以及宗教、政治、人际关系、文化、性格和身体意象（Santrock，2009）。正如 Erikson 所指出的，青少年所想象的多种可能性会导致他们在这个阶段出现角色混淆感，这种混乱可能涉及对未来的不确定，此时："我将在社会中处于什么样的位置？"

青少年避免混乱感的一个策略是"恋爱"，这肯定会影响青少年建立新关系的动机。避免混乱感的另一个策略就是形成派系和社会团体，成为某个内群体的成员能给青少年提供临时的安全感，这不同于（而且通常优于）外群体相关的感觉。这些内群体和外群体的划分通常根据暂时的、琐碎的、人为划分的社会特征，并且每年都不同（Erikson，1950/1993）。遵循内群体习俗突显出青少年在这个发展阶段中的第二大特点：意识形态对于正在努力发展成人道德和价值观的青少年来说非常重要（Erikson，1950/1993）。青少年发觉有了新的认知能力后，他们能够构建精致的抽象理论去改变基于利他价值观所建构的世界（Piaget，1967），与此同时，青少年的独特感用 Piaget 的话说就是"令人不安的狂妄自大、自我中心式的意识"（P66），这让她/他确信能实现这个愿景。

青少年的成长包括拓展新的认知技能和个人意识，在此阶段的任何时刻这些方面都可能被牵强的掌握和执行。青少年是敢于冒险的人（Lightfoot，1997），他们特别脆弱，一方面要努力应付将他们作为孩子来保护的政策和惯例，但另一方面他们还没有准备好承担成年人的角色和职责。作为一个社会群体，我们感兴趣但担心的一个原因是：网络通信工具所能提供的各种功能对使用这些技术的脆弱的青少年而言都是潜在的威胁。

四、在联结中成长——青少年为了关系形成的网络使用

青少年的认知和心理社会需求为关系形成创造动力，但很多的动力却用在有相当风险的地方，而且建立的联结比期望的要少。关系要成功发展，需要有同伴能够向其进行自我表露并且建立亲密关系，需要有与自我意识和自信有关的技能。对许多青少年而言，广泛可用的公共和私人网络环境可能促进健康和有意义的关系发展。然而，对于那些已经有问题的青少年而言，相同的沟通选择可能创造机会让他们以一种不健康的方式建立关系，在这个过程中的沟通没有现实世界所强加的责任，以致建立无意义的、病态的，甚至是危险的关系。

大多数青少年想要尽可能经常多的彼此沟通，这样就好像他们是被迫和那些

处于相同认知觉醒阶段的人去分享他们的新思维方式。因此，青少年利用最新技术来建立或扩展这些关系也并不足为奇。与成年用户相比，青少年更频繁地使用网络通信技术，比如即时消息、聊天室（Kraut，et al.，1998；Lenhart，Rainie & Lewis，2001）和多用户虚拟空间（Subrahmanyam，Greenfield，Kraut & Gross，2001）。在大多数情况下，现有的朋友之间的网络谈话内容与青少年的发展水平一致：（1）"朋友和八卦"（Gross，2004，P642）；（2）"与他们日常生活有关的寻常事、情绪困扰和重要的事"（Lenhart，et al.，2001，P10）；（3）"带有此时此地特点的闲聊闲话和当日的新闻"（Subrahmanyam，et al.，2001，P14）。

从这些沟通的类型来看，即时消息和电子邮件似乎是首选的通信工具。Gross在 2000/2001 对 261 名青少年的调查中（7 年级和 10 年级学生）发现，即时消息是使用最频繁的网络通信工具（每天大约使用 40 分钟），其次是电子邮件（每天大约使用 22 分钟），而花在闲聊或留言板上的时间相对较少（约 7 分钟）。82% 的即时消息是与现有的朋友沟通产生的。在同一时间，皮尤互联网美国人生活（the Pew Internet American Life）项目对 754 名 12—17 岁的青少年的调查得到类似的结果（Lenhart，et al.，2001）。作为卡内基梅隆大学（Carnegie Mellon University）发起的家庭网络项目这一早期网络研究的一部分，来自 110 名青少年被试（10—19 岁）的数据也显示，除了用于完成家庭作业，网络最常用于与当地和远方的朋友沟通（Subrahmanyam，et al.，2001）。

从研究认为，青少年不只是用网络和朋友沟通。在之前引用的研究中，有小比例的青少年被试报告他们使用网络会见陌生人，有时就是为了结交新朋友。在这些实例中，沟通的内容是典型的与青少年相关的主题。对聊天室谈话内容的分析发现，性相关主题和同一性是重点（Subrahmanyam，Greenfield & Tynes，2004）；经过对社交网站的分析同样发现性相关主题很突出，还有各种冒险行为（Williams & Merten，2008）。

也有研究发现，大量的青少年有意使用网络来和陌生人联系。Gross（2004）的报告虽然没有提供精确的数据，但指出一些青少年确实花时间在网上去接触陌生人，他们会利用论坛和聊天室之类的通信工具。皮尤网的调查显示，32% 的青少年被试报告他们使用网络是为了结交新朋友（Lenhart，et al.，2001）。在家庭网络项目中，尽管大量的青少年被试报告使用多用户虚拟空间和聊天室结识新朋友，但是实施这个研究时，还没有即时通讯和社交网络这些通讯工具（Subrahmanyam，et al.，2001）。最近一项以 156 名青少年（年龄在 15—18 岁）为被试的研究发现，在聊天室中有超过 1/4 被试是和他们之前不认识的人交流，尽管超过半数的人在网上通常是与现有的朋友进行沟通（Subrahmanyam & Lin，2007）。

社交网络和关系的形成同样也会出现在网络游戏环境中。Parks 和 Roberts（1998）调查了 235 名面向对象的多用户虚拟空间（MOOs）的用户。这个研究的被试年龄在 13—74 岁之间，其中有一半的被试年龄在 17—26 岁之间。与之前的研究发现有所不同，几乎所有的调查对象（93.6%）都报告他们建立了个人网络关系，并且 86.6% 的关系是与异性建立的：40.6% 是亲密的友谊（每周沟通 3—4 次），26.3% 的是一般友谊（每周沟通 1—2 次），26.3% 是恋爱关系（每天都进行沟通）。

青少年在线交往的一个优势在于，他们可以同时参与其他活动，例如，完成家庭作业、下载音乐、玩游戏和打电话（Gross，2004；Lenhart，et al.，2001）。皮尤研究中心的《青少年的网络生活》（Teenage Life Online）的作者指出，对于青少年而言，"多任务处理是一种生活方式"（Lenhart，et al.，P10）。网络交往正在成为一个群体性的社会活动：超过 80% 的青少年报告曾在某个群里面发送即时信息给另一个同样在群里面的朋友。大多数青少年利用网络交往的另一种沟通功能，即和那些亲密或不那么亲密的朋友圈保持联系。即时消息并没有取代电话，但这种社交网络已经无处不在（Gross，2004；Lenhart，et al.）。

五、网络关系的质量

我们可用强联结和弱联结（strong ties versus weak ties）来描述关系所具有的意义的程度（Granovetter，1973；Kraut，et al.，1998；Mesch & Talmud，2006）。有几个特性能定义这种从强到弱的连续体：亲近度、情感亲密、相互信任、自我表露、共同历史经验、能对很多主题进行沟通的能力，这些都被认为和强联结有关。研究人员假设越来越多的网络交往会影响关系质量，并为此提出两个假设：削弱假设，假定在网络上建立的友谊是低品质的，并且阻碍了线下的、现实世界的亲密朋友关系的建立；促进假设则认为，网络交往会增加线上和/或线下关系的深度和广度。虽然越来越多的证据证实网络能扩展和支持关系，但是考虑到网络交往所能提供的东西在不断变化以及相互矛盾的研究结果，所以很难得出明确支持哪个假设的定论（Blais，et al.，2008）。

人们普遍认识到网络交往能提升现有的关系，而且也被皮尤研究中心的研究所证明（Lenhart，et al.，2001）：大多数青少年用即时通信与朋友和同学进行沟通。几乎一半的人报告说，这样的沟通改善了他们与现有朋友的关系。更频繁的沟通与感知到的关系改善相关。对于大多数的青少年（61%）来说，在网络和亲近的朋友上所花的时间并没有导致面对面互动时间的减少。一项以 665 名 10—16 岁荷兰青少年为对象的研究给刺激假设提供了跨文化证据（Valkenburg & Peter，2007）。几乎所有的青少年（88%）都使用网络来进行沟通，并且网络交往的频率越高，个体知觉与这样的朋友的关系越亲近。

有两个经常被提及的研究支持削弱假设（Kraut，et al.，1998；Nie & Ebring，2000 in Bargh & McKenna，2004），但是这两项研究在方法和解释上的缺陷却经常遭人诟病（e.g.，McKenna & Bargh，2000）。这是卡内基梅隆大学家庭网络项目中的一部分，Kraut 及其同事追踪了 93 个家庭（包括 110 个 10—19 岁的孩子），为他们提供电脑和网络，1995 年的第一批样本取自于那些有青少年就读于宾夕法尼亚州匹兹堡市的四个高中之一的家庭；1996 年的第二批样本也并非随机抽取。初步调查结果（来自于第一年或第二年取决于家庭调查的开始日期）显示，网络交往的频率对被试的社交网络和与家人之间的沟通有负面影响。网络交往也与孤独感的增加有一定关联（Kraut，et al.，1998）。在对这一研究批评性的评论中，McKenna 和 Bargh（2000）指出，尽管报告的结果具有统计学上的显著性，但实际的影响效果是细微的。事实上，当被试在研究中使用网络的时间更长一些，就会发现相反的效果（Kraut，et al.，2002）。Subrahmanyam 等人（2001）对家庭网络项目中 110 名青少年的数据进行解释，他们推断青少年的网络关系比线下关系更弱。被试报告他们觉得和网络交往频繁的个体的关系不如线下沟通频繁的个体的关系亲近。网络建立的关系一般很少发展到面对面的会面。Subrahmanyam 和 Lin（2007）的报告提出同样的模式，在他们研究的 156 名青少年中，大多数都报告那些在网络中建立的关系并没有发展到面对面的会面。

两项以年长的网络用户为被试的研究得出了矛盾的结果。在由 568 个新闻组用户构成的样本中，McKenna，Green 和 Gleason（2003）发现，大部分网络关系都迁移到其他交流模式：电话（63%）、卡片／信件（54%）和照片（56%），最终有 54% 的人发展到面对面会面。几乎所有的被试都报告网络关系和线下关系一样是"真实的、重要的、亲密的"（P22），并且这些关系很大比例都持续到两年以上。在该研究中，被试的平均年龄是 32 岁（在 13—70 岁之间），这体现出成年人在形成和维持关系方面和青少年有着不同的认知和心理社会能力。

在一个 MOOs 用户较为年长的样本中，235 名用户中有一半的年龄在 17—26 岁之间（Parks & Roberts，1998），大多数被试报告他们会建立 4—15 个新的网络关系，并且几乎所有的关系都会迁移到其他的沟通方式：电子邮件（80%）、电话（66.8%）、卡片 / 信件（54.5%）、照片（40.5%），最终实质性面对面会面的比例是 40%。这些被试认为，他们的网络亲密关系除了关系质量中的某个方面之外的各个方面都是中到高的程度。那些同时提供线下关系信息的 155 名被试报告称，在关系的广度、深度和使用独特语言方面，网络关系和线下关系之间不存在差异。然而，其他指标上更支持线下关系：（1）线下关系持续时间更长，互动更频繁；（2）相比于网络关系，线下关系在相互依存性、可预测 / 可理解性、承诺和趋同性上更高，具有统计学显著意义。

对 884 名平均年龄为 15 岁的青少年展开的为期一年的纵向研究也得到相似的结果，即支持线下关系（Blais，et al.，2008）。通过即时消息建立的最好的友谊和恋爱关系（很可能是与现有的朋友）对关系质量的三个方面的积极影响具有统计学的显著性：（1）承诺；（2）亲密 / 陪伴；（3）信任 / 交流。在聊天室中，与最好的友谊和恋爱关系（很可能是与以前不认识的人）中亲密和陪伴的减少，在恋爱关系中更多的疏远和冲突存在统计学上的显著相关。关于这个话题，考虑到研究发现的模棱两可，尽管在这两项研究中的结果都具有统计学上的显著性，但是线下关系和网络关系的关系质量上的差异很小，使得我们很难因此而忽略网络关系的潜在价值。

一项以 987 名平均年龄为 15.5 岁的以色列青少年（Mesch & Talmud，2006）为被试的研究得到更加有说服力的证据，线下关系比网络关系更加紧密。在亲密、强度和持续时间等各个维度方面，网络友谊都比线下友谊更弱。网络关系在内容和活动方面展现出较低的复杂性。该观点认为关系的亲密度与两方面有关，包括：（1）许多共同的经历；（2）可以讨论广泛的话题。考虑到青少年同一性的探索，关系的复杂性与青少年关系尤为相关。青少年报告他们更有可能跟线下的朋友谈私人问题和感情问题（在中性的话题上没有发现差异，比如学校、父母、朋友、爱好等话题）。他们还报告会与线下的朋友分享更多的活动，诸如在学校或朋友家会面或电话交谈之类的活动，青少年也会拿来与网络朋友分享，但这种情况相对要少。

总之，青少年认为网络交往能改善与现有朋友的关系。虽然有些青少年报告他们和某些在网上认识的个体有亲近的网络关系，但有证据表明这些关系并没有迁移到线下。即使当青少年报告他们和网络伙伴感觉很亲近，但让他们根据关系质量的各个测量指标来比较网上和线下关系，他们会报告说网上开始的关系逊于那些线下建立的关系。如果 Mesch 和 Talmud（2006）提出的复杂性概念能区别开有意义的关系和那些不那么有意义的关系，那么似乎就不太可能建立真正有意义的网络关系。复杂性的一个定义性特征是个体能创建一段包括复杂经验在内的共享历史。仅仅依靠网络交往并不能为青少年提供机会在多种活动和多个时间情况下发展共同经历。另一方面，和线下的朋友对现实的共同经历进行网络沟通，这可能会加强共享历史感。

六、网络上的问题青少年

当青少年致力于同一性探索过程时，自我觉察和建立其他关系所需的技能普遍没有发展完全。虽然大多数青少年在同一性探索过程中都能成功的找到前进的方向，但对于有些青少年来说，大量内在因素和环境因素可能与发展需求相互作用，给他们的同一性形成和关系发展带来严重的问题。在想要与他人建立联结这种压倒性的需求背景中，对父母和权威人物的疏远、迅速发展的性冲动、孤独、社交焦虑、自我中心性思维、糟糕的判断力和有限的自我意识等，导致很多青少年难以建立理想的人际关系。受限于青少年的自我中心主义，一旦他人从假想的观众所扮演的角色中独立出来，青少年往往就无法评估他人意图的本质。这个问题是青少年对他／她自己的思维、情感和对他人的思维、情感之间未达到分化的体现（Elkind，1984）。

家长和其他人担心的是，最脆弱的青少年在和陌生人进行网络交往时做出良好判断的可能性最小。通过深入分析那些和网上认识的人建立亲密或恋爱关系的青少年，结果证实了这种担心。一项以 1501 名青少年（10—17 岁）为被试的研究显示，25% 的被试报告与网上认识的人建立一般关系，14% 的被试报告与网上认识的人形成亲密或浪漫关系（Wolak, Mitchell & Finkelhor, 2002）。对那些报告建立亲密或浪漫网络关系青少年（N = 210）的数据进行进一步分析，发现两个重要变量。表现出较高水平的抑郁、被伤害（通常由同龄人施予）或其他问题生活事件的男性和女性的青少年，他们比其他青少年更有可能建立亲近的网络关系。那些报告与他们父母之间存在某种冲突的青少年也是如此。对于女孩子来说，这个冲突是亲子冲突，包括如大叫、唠叨、权限减少之类的行为；对于男孩来说，这个困难是与父母低水平的沟通。那些属于高水平困难的女孩或报告高亲子冲突的女孩，她们发展亲密网络关系的几率是其他女孩的两倍。对于所有女孩和男孩，在家能使用网络和频繁使用网络在统计学上能显著地预测亲密网络关系的形成。其他能预测建立亲密网络关系的变量包括：白人、非西班牙裔男孩和年龄稍长一些（14—17 岁相比 10—13 岁）的女孩。

对那些有问题的青少年建立网络关系的担心不是无缘无故的，因为有大量实证表明，有困扰的或被害的青少年再次遭受侵害或虐待的风险更大（Finkelhor, Omrod & Turner, 2007；Finkelhor, Omrod, Turner & Hamby, 2005）。有证据表明，这种现象延伸到了网上（Mitchell, Finkelhor & Wolak, 2007）。Wolak, Finkelhor 和 Mitchell（2008）的报告称，那些被划分为高危的、在网络交往中毫无限制的个体更有可能是青少年，他们会更频繁的使用网络和各种各样的网络沟通工具。有报告称，这样的高危个体在违规行为、抑郁和社会问题等方面更容易得到具有临床显著意义的分数，并且更容易在现实世界中受到伤害。在 Wolak 等人 2003 年的研究中发现，形成亲密网络关系的青少年中，有问题的青少年与没问题的青少年相比，更可能形成网络恋爱关系（19% 对 6%），更可能发展成面对面的会面（22% 对 11%），更可能与亲密或恋爱对象面对面的会面（30% 对 18%）。在最终走向面对面会面的 48 名青少年中，有问题的青少年会让自己面临更大的风险，因为他们不太可能将会面的情况提前告诉父母（44% 对 26%）。研究人员指出，如果青少年没有将自己的网络关系情况告知父母或朋友，那么这些有问题的青少年就会缺少来自父母或同龄人的防护性指导。由于这些青少年可能抱有不切实际的期望，他们更有可能报告说那些面对面会面的人与他们的预期并不符合（28% 对 11%）。

七、网络中的自我呈现

关于青少年使用网络来形成关系这一主题，最常引用的假设是，那些在线下形成友谊有一定困难的青少年会使用网络来弥补必要的社交技巧的缺失。网络交往的匿名性被认为可以提供一个保护盾，保护他们免受那些在面对面沟通中可能出现的负面结果或反应（例如拒绝）。在这个无线索环境中，青少年更可能自我表露出个人信息。考虑到青少年的主要目标是发展个人同一性，青少年是否会利用网络的匿名性所带来的自在舒适感来表达他们真实的自我，或许正如我们所认为的他们表达的是理想化版本的自己？

在一项新颖的实验室实验中，被试是一些以前不熟悉的男性和女性本科大学生。实验结果表明，被试的自我表露与感知到的网络亲密感和亲近度有关。在这项研究中（McKenna，Green & Gleason，2002，研究 3），相互不熟悉的每对学生在网络聊天室中会面，同时也有实际的面对面会面。被试不知道的是，他们在网上遇见的陌生人和他们面对面互动的人是同一个人。相比于面对面互动的人，学生报告他们更喜欢网上会面的人，这种喜欢与评定的网络会谈的亲密感和亲近度有关，与对面对面会谈的评定无关。为什么网络陌生人更令人喜欢？以大学本科生为被试的系列研究也许能揭晓答案。Bargh，McKenna 和 Fitzsimons（2002）发现，本科生在网上与陌生人聊天时比面对面相见时能更好地展示他们（很可能是）真实的自我。这个结论是通过比较学生描述的真实自我与网上的陌生人对他们的描述（不是那些经历过面对面会面的陌生人）这两者得出的。研究人员对这个结论提出一个重要的评论——这种研究方法只能确定青少年在网上能成功的与一个陌生人交流自我。但是在网络的匿名性和网络中理想自我呈现这两者的作用下，仅仅这项研究并不能确定他们所呈现的是不是真实的自我。研究人员还发现，当学生在网上和陌生人互动时，他们会将理想的亲密朋友的特征投射到网络互动对象身上，但是和面对面的陌生人互动时却不会这样做。目前还无法确定青少年在网络交往中所呈现的是真实自我还是理想自我。

在以计算机为媒介的沟通领域中，有着较长历史的研究表明，个体在网络环境中沟通时，缺乏明显的个人线索使得他们之间的互动平等化（例如 Sproull & Kiesler，1991）。缺乏年龄、性别、吸引力、残疾、地位以及其他特征的线索，这为个体自由的自我表露或选择性地表现理想自我创造条件（见综述 Walther，1996）。一个看似无风险的诱人的环境对社交焦虑或内向的青少年是极具吸引力的，这种情况在一个以年龄较大的（平均年龄 32 岁）新闻组这一网络工具的用户为样本的研究中（McKenna，Green & Gleason，2002，研究 1 和 2）被证实。社交焦虑和孤独的被试更愿意在网络关系中表露其真实自我。青少年也可能一样吗？社交焦虑或内向的青少年在网上能更舒适的表达自己，并且更有可能去寻找新的网络关系吗？与这一观点不同的是富者更富假设，即在现实中交朋友觉得更加舒适的外向的青少年，同时也能更加舒适地在网上交朋友。一个以 493 名荷兰青少年（平均年龄 13.4 岁）为样本的调查报告显示，外向可以间接预测网络关系的形成（Peter，Valkenburg & Schouten，2005）。在这项研究中，网络关系的形成、网络交往的频率与交往中的自我表露程度是直接相关的（这个发现与之前的实验室研究结果一致）。尽管人们经常假设内向的青少年会利用匿名的和无线索的网络环境来交朋友，但在本研究中，内向的青少年使用网络的频率更低，自我表露也比外向的青少年更少。虽然外向的青少年更容易在网上结交朋友，但一部分内向的青少年也确实能形成网络关系，这些青少年声称他们使用网络的一个动机就是有意结交网络朋友。后来对 412 名荷兰青少年（平均年龄 14.1 岁）的调查发现类似的结果（Peter，Valkenburg & Schouten，2006），内向性与网上会见陌生人之间并没有关联，11% 的青少年只与陌生人或主要与陌生人在网上交谈，他们表示这么做是为了娱乐或结交新朋友。研究人员得出结论，在网络关系的形成方面，结交网络朋友的动机可能会取代个性特征的影响。他们得出这一结论后，紧接着对 1340 名青少年进行了调查（Schouten，Valkenburg & Peter，2007）。研究者根据这一研究的发现提出，不是网络的匿名性或虚拟环境中的线索的减少本身导致青少年自我表露，而是青少年意识到他们可以利用这些网络特征来控制在网上的自我呈现。在网络中，这些青少年感到不那么拘谨害羞，继而增加自我表露。对社交焦虑者和正常的青少年来说都是如此。

八、探索其他的可能自我

青少年的主要目标是发展个人同一性。十来岁这个年龄阶段给孩子提供多方面的机会去探索和尝试在试验过程中的同一性，从而检验不同自我与青少年发展中的心理、信念、价值观和目标之间的拟合程度。尽管试验对个人同一性的成功整合至关重要，但这个过程通常充满弯路、死胡同以及不适应。随着时间和经验的积累，自我逐渐成形，这些会逐渐消失或得到改善。结果对同一性有一个更加全面的认识，青少年就能够在通过人际关系来寻找和创造意义中，与别人沟通他对此的理解。如果没有这种理解，形成有意义的人际关系的过程将会受到严重影响。

基于网络的沟通和社交游戏工具，这为青少年提供了各式各样的机会去检验发展中的同一性与关系。在发展的压力下，许多青少年会使用这些网络交往机会秘密地呈现试验性的、接近真实的自我，这样既能满足即时需求，又能决定对不确定的没有经验的自我意识的反应。依据网络朋友或游戏玩家的反馈，青少年可能会不断地修正他们的网络自我呈现，直到得到的回应与形成的统一性达成有效的匹配。其他拥有更完善的同一性的人可能会使用这些工具来测试创建和维护有意义的人际关系过程中存在的不确定因素。

在前面提到的 Gross 的研究（2004）中，261 青少年中有一半都报告说他们在网络交往时会假装成其他人，而且这通常是在朋友或家人的陪伴情况下发生的（而不是在单独的情况下）。几乎所有人都会假装成更年长一些的人，大约 20% 的假装成相反的性别或性取向。只有少数人（11%）说他们有意检验其他角色或者同一性；一半的人为"开玩笑"而假装（P643），或为了保护他们的身份（16%）。

网络游戏的历史很长，从早期的基于文本的空间（多用户虚拟空间）到目前的大型多人在线角色扮演游戏（大型战略类网络游戏或大型多人网络角色扮演游戏），这为青少年实践各种假设的形成和检验、用组合的分析技能进行反事实推理提供丰富的机会。这些环境之所以受欢迎，可能是因为青少年的认知和心理能力的出现和发展与网络游戏的奇幻又有逻辑的特点相对应。网络游戏的超现实性可能让青少年体验个人神话的不同方面（即特别、刀枪不入、无所不能），或相对安全地探索自我的不同方面（Calvert, Mahler, Zehnder, Jenkins & Lee, 2003）。在大多数大型多人网络角色扮演游戏的环境中，玩家选择一个角色或化身来追求或竞争奖励，在这个过程中，他们会与虚拟的非玩家角色互动，指挥玩家与其他虚拟的非玩家角色互动，或者提供关于如何继续游戏的建议。通过这几种方式，青少年的特别、刀枪不入和无所不能的感觉可能会因为丰富的梦幻似的描述而长期存在。例如，在目前流行的"魔兽世界"中，一个虚拟非玩家角色说："你已经向我证明了你的勇气，但如果你确实希望面对巫师，那么你现在必须证明你有对付他的召唤物的技能。"这样的互动经常传达道德和伦理世界观，青少年玩家则能根据这样的价值观来检验行为，同时也拓展了他们的个人神话（Wolf, 2007）。

化身可以在虚拟环境中与其他玩家和非玩家角色进行实时互动。通过一定标准或玩家创建的指令，化身能执行各种各样的行为，包括提供的口头感谢、欢迎其他玩家或者展示情绪，比如飞吻或欢欣鼓舞，这种实时沟通的感觉增进个人神话的现实感。这个游戏环境可以让个人在虚构游戏里面创建和操作多个身份（Gee, 2007）。Turkle（2001）提出，游戏本身允许玩家采取多重视角或采用不同身份来对非玩家角色的行动或陈述做出反应。例如，在一个场景中，一个玩家完成了探寻鸟巢并杀死怪物鸟的任务，然后玩家被告知有只雏鸟成为孤儿，玩家的网络化身就会从勇敢的征服者变成富有同情心的守护者。

这些网络游戏世界的发展性价值可能在于：虚幻的故事允许青少年使用他们的情感去指导新的认知能力。Egan（2001）认为，故事不像真实的生活，它们的一个重要价值在于有开头、中间和结尾这样一个完整的结构。在如何去感受学到的东西这一方面，这种闭合性带给孩子"一种罕见的安全和满足"（Egan，2001，P23）。考虑到大多数青少年感到混乱，他们也可能会在游戏的终点经历"一种罕见的安全和满足"。伊根关于儿童的幻想故事的评论可能也适用于青少年的幻想："幻想营造出一种感觉，某些东西超越现实世界或在表面之下。这种神秘感觉能激发起青少年的好奇心和探索欲"（P55），从而可能成为"灵活的科学理解的必要前提"（P54）。幻想的环境也不是没有缺陷，对于无法理解其中的角色具有"超越性特征"的青少年来说（Egan & Gajdamaschko，P13），他们会过于仿效一个特殊的角色以致深陷其中。

身处奇幻游戏环境的另一个危害是它会影响线下关系。一个持续近两年的研究得到的结果显示，高中期间花在网络游戏的时间提高了线下友谊的质量，但与父母的关系质量会下降（Willoughby，2008）。一年的纵向研究发现，玩网络游戏和参与其他娱乐活动的青少年的关系中的承诺、信任和沟通表现出下降的趋势（Blais，et al.，2008）。不过，这些作者并没有明确游戏的类型，并且假定玩游戏是一项单人活动。与这一观点相反，游戏的多玩家形式与我的空间和脸谱网的相似之处在于，个体可以与他们的朋友联系，而不是一个陌生世界里单独的玩家。即使在和陌生人玩游戏的背景中，94%的基于文本的网络游戏的玩家与其他玩家已经建立了亲密或恋爱关系（Parks & Roberts，1998）。

九、促进青少年网络安全的策略

本章中呈现的研究发现表明，大多数青少年在网上与朋友和陌生人交往并无不良后果。然而，这些研究结果还显示，对于有问题的青少年使用这样的工具会产生深远的消极后果。为了给儿童和青少年创造更安全的网络通信环境，很多组织已经采取实际行动，为青少年网络安全提供指导方针（例如联邦调查局，2008；Literacy Matters，未注明出版日期）。在圣路易斯儿童医院的网站上发布了一些有代表性能为父母所用的网络安全指南，包括："建立明确的网络使用规定，与青少年商定一份网络安全合同"、"将计算机放在房间的公共场所"、"使用网络过滤装置来限制访问不适当的网站"、"教导青少年绝不要与网上认识的陌生人安排面对面的会面"、"建立一个开放的沟通渠道与青少年讨论他们喜欢的网络活动以及他们与在网上碰到并与之交谈的人"（Hallman，2008，P2）。然而，因为是在冒险，有问题的青少年与父母之间的坦诚沟通通常是不存在的。

研究需要更多与针对儿童的犯罪研究中心相关的研究（例如 Mitchell，Wolak，Finkelhor，2008），以鉴别出最脆弱的青少年群体，以及会增加他们脆弱性的条件。这类研究的重要性在于，它们让我们有机会去鉴定和分离那些最有问题的变量。例如，青少年在他们的个人网页上呈现父母和重要他人的个人信息的数量和类型，这是父母和其他人所担心的（例如 Williams & Merten，2008）。教育年轻人该自我表露什么，以及如何自我表露是否是我们应该关注的焦点。近期一项研究表明，导致不适当的网络联系原因不在于内容本身，而在于对网上不认识的人的行为反应（Mitchell，Wolak & Finkelhor，2008）。如果这一发现能在将来的研究中得到利用，那么给青少年正确的建议（即不去回应）或许可以为脆弱的青少年提供更好的保护。

本章的目的并不是要对青少年个人的网站或在其他网络场所中呈现的内容的本质及类型进行深入讨论，不过，这些数据在本章依然有所体现（例如 Greenfield，2004；Tynes，Reynolds & Greenfield，2004；Subrahmanyam，Greenfield & Tynes，2004）。青少年在网上谈论性时（通常是不成熟的）表现出言语攻击和明显的偏见，并且会冒险与陌生人接触，这些与发展相关的行为并不局限于网络（见 Greenfield，2004）。一些证据（Tynes，Reynolds & Greenfield，2004）表明，在受监控的聊天室中，青少年表现出明显不合时宜的沟通行为更少，但是这就好比说青少年在父母面前的行为举止会更为得当一样。在受监控的聊天室中，青少年会使用其他的沟通策略来沟通他们的观点，比如使用暗语。安全使用网络的最好策略可能就是通过成人的指导、智慧和干预措施，帮助青少年安全度过青少年发展过程中的雷区（例如 Greenfield，2004；Tynes，2007）。

十、未来研究方向

鉴于本章所涉及的主题很广泛，许多未解决的问题还有待将来进一步研究，出于我们的个人兴趣，我们提出了以下一些想法。

首先，探讨青少年的同一性建构是很重要的。尽管出发点稍微不同，Schouten，Valkenberg 和 Peter 开展的追踪研究，以及由 Bargh，McKenna 及其同事开展的研究，聚焦在网上呈现的自我上。在网上与不认识的人进行交往可能给青少年提供机会去展示（1）他 / 她被隐藏起来的真实自我，（2）他 / 她的理想自我的无意识投射，或（3）有意的、有控制地利用匿名的和无线索的网络环境，选择性的呈现其他版本的自我。要检验这些问题，研究方法的选择有一定的挑战性，尤其是考虑到 Greenfield 和 Yan（2006）提出的观点：要考虑网络环境的共同构建的性质。

其次，建立自我认同感的相伴结果是通过成为一个团队中的一员而减少困惑和焦虑。成为某个团体的一员能为个体提供社会安全感，但同时也要求成员采纳并遵守团体的习俗规范（Erikson，1950/1993）。若团体是基于种族刻板印象、犯罪行为，或者其他负面特征，就会出现问题。网络和游戏环境可能被用来帮助青少年超越团体边界看待问题（例如 Amichai-Hamburger & McKenna，2006）。例如，许多大型多人在线角色扮演游戏都包括会让玩家产生认同感的派系，然而随着游戏的推进，玩家可以加入到初始群体之外的有其他的派系。

最后，大多数网络游戏结构提供的多重视角或者与更成熟玩家的接触，能否促进青少年脱离自我中心的限制？网络游戏给青少年提供机会，让他们与稍大一些的青少年或成人交流。当游戏场景帮助青少年在自己理解的世界和表现得更成熟自信、认知更复杂的另一个玩家之间架起一座桥梁时，青少年的视角会发生变化吗？当连续玩同一游戏和相关的设计时，玩家会知觉到其他人会体验到相同的情感和类似的信念吗？在其他网络场所也有可能发生这种现象吗？

十一、结论

针对青少年发展需求、网络通信工具的使用和关系发展之间的关系的研究发现，得到虽不完整但很有趣的结果。在本节中，将从青少年不规则展开的认知和心理社会能力方面对这些研究发现提供可能的解释。

青少年认知发展的特点包括抽象思维能力的发展、考虑多种观点、反事实推理和演绎推理，这些能力是元认知能力的特点并与之相关（例如执行加工或思考思维的能力）。元认知能力为青少年的自我意识和经常可见的自我中心这一特点创造机会，典型的表现是相信自己特别、刀枪不入、无所不能。认为自己很特别这一信念也许会导致一些青少年形成一个相关但不理性的想法：没有人可以理解他们的独特性。这种信念会导致与他人的无联结感和心理疏离感的产生。同样，相信个人刀枪不入，也许会导致一些青少年形成可以理解但不理性的信念：他们从事冒险行为是不会受到伤害的。在这些方面，发展中的认知能力会对青少年的情感和心理社会的发展造成显著影响。

与认知发展的路径一致，青少年的心理社会成长是独特和不规则的。青少年的身体和性的快速成熟为新发现的能力提供机会，让他们在要求不断增加的世界中尝试使用这些新能力。为了理解一个人在这个新的世界秩序中的位置，自然发生的在不断探索中的同一性是必要条件。同一性给新获得的认知能力提出要求，让他们将自己想象成未来可能出现的世界的主人。自我意识与不断发展的认知和心理社会能力相结合得到一种理解：生命的本质就在于社会经验。迅速发展的力比多和越来越多的社会联系的选择，为成功建立有意义的关系以及失败地度过关系形成中的困境创造前所未有的机会。依据个人成熟度、心理健康和家庭／同龄人的支持等因素，一些青少年将创建和维护健康的关系，而另一些青少年则不惜代价地建立联结。

网络技术为青少年提供了一个庞大的通信工具组合来建立社会关系。电子邮件、邮件列表服务、聊天室、即时通讯工具、社交网站、多用户虚拟空间和大型的多人网络角色扮演游戏（大型战略类游戏或大型多人网络角色扮演游戏）只是青少年所使用的工具的示例而已，它们只是工具，因而不能决定青少年沟通的效率和是否能形成有意义的关系。然而，这些工具无处不在，并且使得匿名建立联结成为可能。这些技术特点同时也吸引了研究人员、教师和父母的注意，他们关心青少年在网络上建立的联结的本质和类型。一大堆的问题仍有待解答（例如网络提供的匿名性真的能让个体表露他／她的真实自我或呈现理想自我？），我们需要进一步的研究来确定特定技术特征和关系质量之间的关系。

青少年使用网络通信工具可以支持现有的线下关系，这方面的证据很多。网络交往为朋友之间的频繁接触提供机会，同时也不会减少线下联系，这有助于促进更坚固的关系。网络交往能扩展现有好友之间的接触范围，并且被认为可以增加亲密感和亲近度。青少年朋友们彼此之间沟通的频率与以自我为中心的青少年的自我意识是一致的。更重要的是，这种联结可能减轻自我感觉的特别所带来的消极效应，可以取代心理疏离感和被喜欢的同伴的误解感。

形成网络关系的青少年认为这种关系是亲近的，甚至是浪漫的，虽然事实上这些关系很少迁移到线下的互动中。与线下关系相比，这些发现也能得到解释。当让青少年比较网络关系与面对面关系的质量时，他们报告说联结更为脆弱是网络关系的特征。然而，那些不怎么亲密的网络联结的价值可能在于，它们为青少年世界原本是假想的观众赋予实质意义。

研究结果不支持流行的观点，该观点认为内向的青少年会使用具有匿名性特点的网络在网上结交朋友。事实上，除了小部分青少年有意想要结交网络朋友，内向的青少年比外向的青少年更少使用网络，前者在网络上的自我表露也少一些。外向的青年人能够更好地面对面地结交朋友，也更善于建立网络联结。

对于那些建立有网络关系但却没有相应的亲密线下友谊的青少年，我们发现形成亲密网络关系的青少年更有可能报告高水平的抑郁、被伤害（通常被同龄人），或其他有问题的生活事件。这些发现让我们更加担心这类群体，这些青少年也更有可能报告与父母的关系问题。这样的青少年在面对认知和心理社会要求的挑战方面，会表现出一定困难，仅仅进行网络交友也不太可能为克服这些挑战提供足够的积极支持。为了确定是什么条件导致更多的积极而不是消极的结果，我们也需要保持警惕。

青少年成功地建立有意义关系的程度取决于成功达成认知和心理社会发展阶段的程度，这种说法是合理的。这种作用包含了某种程度的相互作用，因为有意义的关系可以中介认知自我中心主义和心理社会实验的效应。网络联结可以加强现有好友之间的关系，不太确定的是网络关系在多大程度上为发展中的青少年提供心理保障。

【参考文献】

Aalsma,M.C.,Lapsley,D.K., & Flannery,D.L.(2006).Personal fables,narcissism,and adolescent adjustment.Psychology in the Schools,43,481–491.doi:10.1002/pits.20162.

Alberts,A.,Elkind,D., & Ginsberg,S.(2007).The personal fable and risk-taking in early adolescence.Journal of Youth and Adolescence,36,71–76.doi:10.1007/s10964-006-9144-4.

Amichai-Hamburger,Y., & McKenna,K.Y.A.(2006).The contact hypothesis revisited:Interacting via the Internet.Journal of Computer-Mediated Communication,11,825–843.doi:10.1111/ j.1083-6101.2006.00037.x.

Bargh,J.A., & McKenna,K.Y.A.(2004).The Internet and social life.Annual Review of

Psychology,55,573–590.doi:10.1146/annurev.psych.55.090902.141922.

Bargh,J.A.,McKenna,K.Y.A., & Fitzsimons,G.M.(2002).Can you see the real me?Activation and expression of the "true self" on the Internet.The Journal of Social Issues,58,33–48.doi:10.1111/1540-4560.00247.

Blais,J.J.,Craig,W.M.,Pepler,D., & Connolly,J.(2008).Adolescents online:The importance of Internet activity choices to salient relationships.Journal of Youth and Adolescence,37,522–536.doi:10.1007/s10964-007-9262-7.

Boyd,D.M., & Ellison,N.B.(2007).Social network sites:Definition,history,and scholarship.Journal of Computer-Mediated Communication,13,article 11.Retrieved from http://jcmc.indiana.edu/vol13/issue1/boyd.ellison.html.

Calvert,S.L.,Mahler,B.A.,Zehnder,S.M.,Jenkins,A., & Lee,M.S.(2003).Gender differences in preadolescent children's online interactions:Symbolic modes of self-presentation and self-expressions.Applied Developmental Psychology,24,627–644. doi:10.1016/j.appd ev.2003.09.001.

DeBell,M., & Chapman,C.(2006).Computer and Internet use by students in 2003(NCES 2006-065).U.S.Department of Education.Washington,DC:National Center for Educational Statistics.

Egan,K.(2001).The cognitive tools of children's imagination.Paper presented at EECREA.Retrieved March 3,2009, http://www.educ.sfu.ca/kegan/Cognitive_ tools_and_ima gin.html.

Egan,K.(n.d.).Fantasy and reality in children's stories.Retrieved March 3,2009,http:// www.educ.sfu.ca/kegan/FantasyReality.html.

Egan,K., & Gajdamaschko,N.(n.d.).Some cognitive tools of literacy.Retrieved March 3,2009,http://www.educ.sfu.ca/kegan/Vygotskycogandlit.pdf.

Elkind,D.(1967).Egocentrism in adolescence.Child Development,38,1025–1034. doi:10.230 7/1127100.

Elkind,D.(1984).All grown up & no place to go:Teenagers in crisis.Reading,MA:Addison-Wesley.

Elkind,D., & Bowen,R.(1979).Imaginary audience behavior in children and adolescents.Developmental Psychology,15,38–44.doi:10.1037/0012-1649.15.1.38.

Erikson,E.(1950/1993).Childhood and society.New York:W.W.Norton.

Federal Bureau of Investigation.(n.d.).A parent's guide to Internet safety.U.S.Department of Justice,FBI,Cyber Division.Retrieved January 4,2008,http://www.fbi.

gov/publica tions/pguide/pguidee.htm.

Finkelhor,D.,Omrod,R.K., & Turner,H.A.(2007).Re-victimization patterns in a national longitudinal sample of children and youth.Child Abuse & Neglect,31,479–502. doi:10.1016/j.chiabu.2006.03.012.

Finkelhor,D.,Omrod,R.K.,Turner,H.A., & Hamby,S.L.(2005).The victimization of children and youth:A comprehensive,national survey.Child Maltreatment,10,5–25. doi:10.1177/ 1077559504271287.

Gee,J.P.(2007).Learning by design.In P.Messaris & L.Humphreys(Eds.),Digital media:Transformation in human communication(pp.173–186).New York:Peter Lang.

Granovetter,M.(1973).The strength of weak ties.American Journal of Sociology,73,1361–1380.

Greenfield,P.M.(2004).Developmental considerations for determining appropriate Internet use guidelines for children and adolescents.Applied Developmental Psychology,25,751–762.doi:10.1016/j.appdev.2004.09.008.

Greenfield,P.M., & Yan,Z.(2006).Children,adolescents,and the Internet:A new field of inquiry in developmental psychology.Developmental Psychology,42,391–394. doi:10.1037/ 0012-1649.42.3.391.

Gross,E.F.(2004).Adolescent Internet use:What we expect,what teens report.Applied Developmental Psychology,25,633–649.doi:10.1016/j.appdev.2004.09.005.

Hallman,J.(2008).Adolescent update:Keeping adolescents safe online.St.Louis Children's Hospital.Retrieved December 30,2008,http://www.stlouischildrens.org/ content/A dolescentUpdateKeepingAdolescentsSafeOnline.htm.

Kraut,R.,Kiesler,S.,Boneva,B.,Cummings,J.,Helgeson,V., & Crawford,A.(2002).Internet paradox revisited.The Journal of Social Issues,58,49–74.doi:10.1111/1540-4560.00248.

Kraut,R.,Patterson,M.,Lunmark,V.,Kiesler,S.,Mukopadyay,T., & Scherlis,W.(1998).A social technology that reduces social involvement and psychological well-being. The American Psychologist,53,1017–1031.doi:10.1037/0003-066X.53.9.1017.

Lenhart,A.,Rainie,L., & Lewis,O.(2001).Teenage life online.The rise of the instant-message generation and the Internet's impact on friendship and family relationships.PEW Internet and American Life Project,Washington,DC.Retrieved September 9,2008,http://www.pewinternet.org/pdfs/PIP_Teens_Report.pdf.

Lightfoot,C.(1997).The culture of adolescent risk-taking.New York:Guilford Press.

Matters,L.(n .d.).Ensuring safety.Retrieved January 4,2008,http://www.literacyma
tters.org/content/research/ensure.htm.

McKenna,K.Y.A., & Bargh,J.A.(2000).Plan 9 from cyberspace:The implications of the
Internet for personality and social psychology.Personality and Social Psychology
Review,4,57–75.doi:10.1207/S15327957PSPR0401_6.

McKenna,K.Y.A.,Green,A.S., & Gleason,M.E.J.(2002).Relationship formation on
the Internet:What's the big attraction?The Journal of Social Issues,58,9–31.
doi:10.1111/ 1540-4560.00246.

Mesch,G., & Talmud,I.(2006).The quality of online and offline relationships:The
role of multiplexity and duration of social relationships.The Information Socie-
ty,22,137–148.doi:10.1080/01972240600677805.

Mitchell,K.J.,Finkelhor,D., & Wolak,J.(2007).Youth Internet users at risk for the
most serious online sexual solicitations.American Journal of Preventive Medi-
cine,32,532–537.doi:10.1016/j.amepre.2007.02.001.

Parks,M.R., & Roberts,L.D.(1998). "Making MOOsic" :The development of personal
relationships on line and a comparison to their off-line counterparts.Journal of
Social and Personal Relationships,15,517–537.doi:10.1177/0265407598154005.

Peter,J.,Valkenburg,P.M., & Schouten,A.P.(2005).Development a model of adolescent
friendship formation on the Internet.Cyberpsychology & Behavior,8,423–430.
doi:10.1089/cpb.2005.8.423.

Peter,J.,Valkenburg,P.M., & Schouten,A.P.(2006).Characteristics and motives of
adolescents talking with strangers on the Internet.Cyberpsychology & Behav-
ior,9,526–530.doi:10.1089/cpb.2006.9.526.

Piaget,J.(1967).Six psychological studies.New York:Random House.

Rosser,R.(1994).Cognitive development:Psychological and biological perspectives.
Boston:Allyn and Bacon.

Santrock,J.W.(2009).Child development(12thSubrahmanyam,K.,Greenfield,P. &
Tynes,B.,2007).Constructing sexuality and identity in an online teen chat
room.Applied Developmental Psychology,25,651–666.doi:10.1016/j.app-
dev.2004.09.007.

Schouten,A.P.,Valenburg,P.M., & Peter,J.(2007).Precursors and underlying pro-
cesses of adolescents' online self-disclosure:Developing and testing an
"Internet-attribute-perception" model.Media Psychology,10,292–315.
doi:10.1080/15213260701375686.

Sproull,L., & Kiesler,S.(1991).Connections:New ways of working in the networked or-
ganization.Cambridge,MA:MIT Press.

Subrahmanyam,K.,Greenfield,P.,Kraut,R., & Gross,E.(2001).The impact of computer
use on children's and adolescents' development.Applied Developmental Psychol-
ogy,22,7–30.doi:10.1016/S0193-3973(00)00063-0.

Subrahmanyam,K.,Greenfield,P., & Tynes,B.(2007).Constructing sexuality and iden-
tity in an online teen chat room.Applied Developmental Psychology,25,651–666.
doi:10.1016/ j.app-dev.2004.09.007.

Subrahmanyam,K., & Lin,G.(2007).Adolescents on the Net:Internet use and well-be-
ing.Adolescence,42,659–677.

Turkle,S.(2001).Who am we?In D.Trend(Ed.),Reading digital culture(pp.236–250).
Malden,MA:Blackwell Publishers.

Tynes,B.,Reynolds,L., & Greenfield,P.M.(2004).Adolescence,race,and ethnicity on the
Internet:A comparison of discourse in monitored vs.unmonitored chat rooms.Ap-
plied Developmental Psychology,25,667–684.doi:10.1016/j.appdev.2004.09.003.

Tynes,B.M.(2007).Internet safety gone wild?Sacrificing the educational and psy-
chosocial benefits of online social environments.Journal of Adolescent Re-
search,22,575–584.doi:10.1177/0743558407303979.

Valkenburg,P.M., & Peter,J.(2007).Preadolescents' and adolescents' online com-
munication and their closeness to friends.Developmental Psychology,43,267–277.
doi:10.1037/0012-1 649.43.2.267.

Walther,J.B.(1996).Computer-mediated communication:Impersonal,interpersonal,and
hyper personal interactions,Communication Research,23(1),3–43.Retrieved from
http://cr x.sagep ub.com/cgi/content/abstract/23/1/3.

Williams,A.L., & Merten,M.J.(2008).A review of online social networking pro-
files by adolescents:Implications for future research and intervention.Adoles-
cence,43,253–273.

Willoughby,T.(2008).A short-term longitudinal study of Internet and computer games
use by boys and girls:Prevalence,frequency of use and psychosocial predictors.
Developmental Psychology,44,195–204.doi:10.1037/0012-1649.44.1.195.

Wolak,J.,Finkelhor,D., & Mitchell,K.(2008).Is talking online to unknown people
always risky?Distinguishing online interaction styles in a national sample of
youth Internet users.Cyberpsychology & Behavior,11,340–343.doi:. doi:10.1089/
cpb.2007.0044.

Wolak,J.,Mitchell,K.J., & Finkelhor,D.(2002).Close online relationships in a national sample of adolescence.Adolescence,37,441–455.

Wolak,J.,Mitchell,K.J., & Finkelhor,D.(2003).Escaping or connecting?Characteristics of youth who form close online relationships.Journal of Adolescence,26,105–119. doi:10.1016 /S0140-1971(02)00114-8.

Wolf,M.J.P.(2007).On the future of video games.In P.Messaris & L. Humphreys(Eds.), Digital media:Transformation in human communication(pp.187–195).New York:- Peter Lang.

Yee,N.(2006).The demographics,motivations and derived experiences of users of massively multiuser online graphical environments.Presence(Cambridge,Mass.),15,309–329.doi:10.1162/pres.15.3.309.

第五章 网络和青少年性别认同

布莱恩特·保罗（Bryant Paul） 美国印第安那大学
莱利亚·萨姆森（Lelia Samson） 美国印第安那大学

本章主要探讨网络在青少年性别认同建构过程中的潜在作用。开篇呈现的证据显示网络在青少年生活中的地位日益突出；进而思考网络这种科技形式对于成长转变中的青少年大脑的潜在影响；然后采用不同的理论取向对网络在青少年性别认同发展中可能扮演的角色进行探讨；随后对网络通信技术在青少年性别社会化过程中扮演的特殊角色进行综述。在此基础上，作者提出未来想要探索网络在青少年性别社会化和认同发展过程中的作用的研究，必须同时考虑两个方面，即青少年大脑的特殊结构，以及作为信息来源和提供社交机会的网络的特征。

一、简介

青少年时期是个体心理和社会性转型的重要时期。青春期是青少年发展的重要里程碑。在青春期发生的变化，标志着个体从儿童向青少年的过渡。这些变化均始于各种类固醇激素的合成和释放，继而导致第二性征的出现，以及个体心境、积极情感、感觉寻求和行为方面的显著变化（Petersen, Silbereisen & Sorenson, 1996, P5）。随着大脑在某个时间段发生剧烈的转型变化，青少年们不得不重新建构其自我认同，以适应这个在生物、社会、心理等方面会发生突然变化的世界。鉴于青少年时期个体在化学、生物、以及心理等方面发生各种各样的变化，作为儿童到成人转折阶段中的标志性经历，个体性别认同发展毫无疑问是最复杂的过程之一。

研究者很早就认识到，青少年时期的首要任务之一就是发展自我意识或自我认同（Erikson，1968）。这个任务涉及个体在两个方面的发展：个体对自身如何适应他们的社会世界和心理世界的意识，以及对自己在他人社会世界和心理世界是如何被知觉的意识。性别认同发展是每个未成年人自我定义中的基本环节（Buzwell & Rosenthal，1996；Chilman，1983；Gagnon & Simon，1987）。 在 Buzwell 与 Rosenthal（1996）看来，性别认同除了包括性别偏好、对女性气质和男性气质的知觉、对正当或者不正当性行为的判断，还包括"……个体对他或她在性领域的'特质'的知觉"或"……他们对性别自我的知觉"（P490）。有人认为，这些偏好和知觉与其他东西一样，很大程度上都是由个体的心理结构和社会经验的相互作用产生的（DeLamater & Friedrich，2002；Sisk，2006）。因此，理解青少年性别认同发展的关键就是，综合考虑青少年的心智结构特点以及青少年在建构这一维度的自我概念时所依赖的信息和经验的性质和类型。

虽然媒体早就被认为在性别社会化过程中具有重要作用（综述见 Escobar-Chaves et al.，2005；Ward，2003；也参见 Brown，2000），而近年来的研究显示，网络是青少年群体获取性别认同主题相关信息的重要来源（Bremer & Rauch，1998；Kraus & Russell，2008；Peter & Valkenburg，2008；Suzuki & Calzo，2004）。研究发现，青少年经常使用网络来交流和探索各种与性相关的主题，这些主题涉及范围很广，从讨论各种性话题到虚拟约会和参与"虚拟性交"（Subrahmanyam，Greenfield & Tynes，2004；Subrahmanyam，Smahel & Greenfield，2006）。

在本章中，我们认为作为信息交换、娱乐和潜在社交联结（包括本质上是性意味的或非性意味的）的网络，青少年对其依赖程度越来越高，这意味着它在未成年人性别认同发展中扮演的角色越来越重要。因此，对同时期青少年的性别认同发展的理解，都必须考虑网络在此过程中的作用。与网络所特有的科技属性有关的各种特征，是如何被独特的青少年大脑加工的，又是如何影响青少年的大脑的？我们认为，研究者必须特别关注这一问题，对这个相互作用的理解有利于研究者、临床医生和教育工作者更好地帮助青少年，使他们在当今世界背景下能更有效地准备和应对性别认同建构过程。

二、背景

（一）青少年的网络使用

来自美国和英国的数据显示，自 20 世纪 90 年代初期起，网络使用开始大众化，青少年的网络使用时间也逐年增加（Jackson，2008；Livingston et al.，2005）。从 2000—2004 年，使用网络的青少年人数增加了 24%（PEW，2005）。皮尤研究中心（PEW）的"网络与美国人生活项目"（PEW，Internet and American Life Project，2007）近期的调查结果显示，总体上，93% 的青少年使用过网络，特别是将网络作为社交互动的媒介来使用。在皮尤研究中心访问的青少年被试中，61%的人表示在 2006 年里，上网这项活动是他们的日常活动，34% 的人表示他们每天都多次使用网络。另外有研究发现，年龄在 15—17 岁之间的青少年比年幼的青少年上网频率更高（Jackson，2008）。

虽然每个人上网的理由各不相同，总体而言，男性青少年和女性青少年的上网频率相当（PEW，2007）。例如，女性青少年比男性青少年登陆和浏览博客的频率明显更高，而男性青少年在类似 YouTube 等视频分享网站上发布内容等活动的频率则是女性青少年的两倍。然而，大多数的青少年都会在视频分享网站上观看视频。

青少年在很多的网络活动上都有很高的参与频率，某些特定的网络活动在这个群体中比在其他群体中更受欢迎。大多数青少年网络使用者报告参与过包括发送电子邮件、浏览娱乐新闻网站、玩游戏、即时通讯、创建或访问空间博客、获得教育信息、参加聊天室、访问社交网站、收集政治信息以及音乐下载等网络活动（PEW，2005）。调查显示，大多数青少年在线活动一般是以下五个综合类别中的一种，即交流、信息、娱乐、自我表达和逃避（Gross，2004；Roberts et al.，2005；Seiter，2005）。不过更重要的是，青少年一致报告说，他们使用网络的最普遍的原因是和同伴沟通交流（Bargh & McKenna，2004；Boneva et al.，2006；Gross，2004；Jackson，2008；PEW，2007；Roberts et al.，2005）。

一份针对全美青少年的调查数据显示，近 55% 的青少年都在社交网站上填写了个人信息，如聚友网（Myspace）和脸谱网（Facebook，PEW，2007）。此外，青少年对社交网络显示出一种：一旦开始，就要坚持到底的态度。在报告自己使用社交网络的人中，大部分同时表示他们会浏览其他人的博客（70%），并且在这些网站上对朋友们的博客进行评论（76%）。暂且不论他们是否因特定目的参加社交网络，调查一致显示，维持和拓展个人的社交网络是青少年的主要目标和活动（综述见 Jackson，2008）。

网络在青少年生活中的影响显然在持续不断地扩大。虽然已经有研究发现，青少年网络使用是对传统交流方式的补充而非替代（Subrahmanyam et al.，2000），青少年心理具有如此特点，使得有着独特属性的网络成为青少年复杂内隐的性别认同建构过程中一个特别重要的工具。接下来，我们将从理论上探讨青少年的心理在建构性别自我认同中是如何运行，以及如何受到网络信息影响的。

（二）青少年性别认同发展理论介绍

以性发展为主题的研究有两大理论视角：实质理论和社会建构理论（DeLamater & Hyde，1998；Moore & Rosenthal，2006）。简要说来，实质论着重性的生物发展，而社会建构论则更关注文化的作用。具体来说，实质论的基本观点是，特定现象很大程度上是天性或生物发展的结果；实质论的理论视角包括进化心理学和 Erikson 的人类发展 8 阶段理论（1968），该视角主要关注基因和生物因素在塑造性别认同和性活动中的作用（综述见 Moore & Rosenthal，2006）。另一方面，社会建构论则强调个体对自身经历的解释对性态度和性活动的预测作用。社会建构论的理论观点，如性别脚本理论（Gagnon & Simon，1973；Simon & Gagnon，1986）和各种对话分析取向，倾向于认为性是一种流动的、复杂的、很大程度上是习得的社会建构，并在很大程度上受到性的和非性的社会文化经验解释的影响。虽然大部分学者，不论是实质主义者还是社会建构主义者，都承认存在社会和生物因素，并对性别认同发展都发挥着潜在作用，但他们在这些维度上的关注点却有明显不同（Moore & Rosenthal，2006）。

有人认为，在实质论和社会建构论背后的本体论和认识论的差异使得两者难以融合（DeLamater & Hyde，1998；Moore & Rosenthal，2006）。两种理论都有支持者和批评者。然而，正如 Moore 与 Rosenthal 在 2006 年所指出的那样，在当前情景中一个好理论的目标是：

"……看待和理解（性）行为的新视角和新方法。他们帮助我们在青少年性行为、性态度、性知识和性信念的许多已有信息中建立起概念联结……重要的是我们不应该静止地看待这些理论取向，而应该将理论视为最终能够更好地整合研究数据、案例材料、大众常识和个人经验的可发展的框架"。

正是抱着这样的想法，我们尝试采用生物社会取向来更好地、综合地理解青少年的性发展，以及网络和社交网络技术在青少年性别社会化和性别认同建构中的特定作用。

（三）青少年心理和性别自我认同

发展心理学家推测，人类心理社会的发展是按照一系列有序阶段发生的。例如，Erikson（1968）提出，人的发展是由从出生到死亡的八个不同的发展阶段组成的。依据 Erikson 的说法，个体只有成功完成上一阶段必须达到的发展工作或任务后，才能顺利地从上一阶段过渡到下一阶段。这个观点认为，如果上一阶段相关的发展任务没能成功完成，将导致下一阶段其他任务完成起来会有困难。因此，作为一个蹒跚学步的幼儿（阶段二），当他正尝试掌握某些简单但又重要的运动技能时，如果受到大人或年长的兄弟姐妹的频繁打击以致没能成功发展自尊，那么当他进入学龄前儿童阶段时（阶段三），要成功地与其他孩子玩耍所必备的健全的自主能力也很有可能不能成功发展。

在青春期和成人早期，个体的大脑结构发生显著变化，这些结构上的变化已被证实会对青少年的各种认知能力产生影响。例如，前额叶发展的加快、白质的减少、轴突髓鞘形成的增多、多巴胺产生和边缘系统的变化都发生在青春期。

Sisk 在 2006 年强调"类固醇性腺激素在青春期变得更加重要，它在塑造青少年大脑和管理成人性行为中起到组织作用"（P10）。位于下丘脑神经元内的（Sisk et al., 2006）促性腺激素释放激素（GNRH）与促黄体激素释放激素（LHRH）的最初合成与释放，激活垂体促性腺激素、黄体促进激素（LH）和卵泡促进激素（FSH）的分泌。它们共同作用调节人体的发展、生长、青春期发育成熟和繁殖过程，它们是通过激发性腺激素睾酮、孕酮、雌激素的释放来完成这一过程的。同样重要的是，这些类固醇激素会促进与青春期性有关的神经元回路的结构重组（Sisk et al., 2006）。青春期分泌的激素除了"塑造"青少年大脑，还会激活相关神经系统的反应，以便性行为在特定社会情境中表达。基于这个观点，Sisk（2006）反对有关成年期性行为的个体差异的简单因果模型，支持以青春期激素、青少年大脑和社会经验三因素复杂交互作用为中心的模型（P11）。

性和情绪反应两方面在青春期阶段会发生复杂的、混乱的变化。心境、积极情感、感觉寻求和行为均会发生明显的变化（Petersen et al., 1996），但这些变化都有可能被中脑边缘系统（与情绪反应有关的脑区）内的神经生物转变所解释。一部分哺乳脑或情绪脑、杏仁核、海马及尾状核的容量、联结和活动会在青春期期间发生显著变化（Benes, 1989；1998；Giedd et al., 1997），这些结构上的变化可以解释青少年基于"感觉"对情绪刺激的评估是直觉性的，而不是经过复杂的认知思考的，与此伴随的是冲动控制的难度增加。

这些重要的变化还伴随着高级皮层中神经认知的明显转变。青少年大脑经历了结构和功能上显著的变化，特别是与高级认知有关的区域（Casey et al., 2005），一些研究者已经证实这一发展阶段中前额叶皮层的灰质密度会显著降低（Gogtay et al., 2004；Sowell et al., 2004；Toga et al., 2006）。有人曾提出灰质体积的快速扩张紧接着会导致密度的降低，一种可能的解释是青少年神经系统正处于发展中，以便通过认知改变而成为一个具有灵活精简的大脑（Toga et al., 2006），这也使得青少年时期和成人时期在抽象认知观念间形成高效的功能联结。根据 Toga 及其同事的研究（2006），脑联结在儿童期快速增加，"……之后发生树突减少和突触消失的神秘过程，继而导致终生都在不断调整更高效的联结系统"（P148）。白质数的大量减少象征着青少年突触的形成，从而变成一个更具可塑性的大脑。

青少年这种固定联结的减少使得开放性联结增多，这是抽象思维和道德自律推理（后习俗阶段）的必要条件。以上过程为 Erikson 心理社会发展理论中第五阶段的内容提供了可能的神经基础，这些内容包括挑战传统权威、既有的道德规范及社会结构三者（Erikson, 1968）。自主与反抗权威或树立的成人模范是这个心理社会发展阶段的典型特点，这与 Erikson 理论所确定的其他特点相关联（Erikson, 1968）。

还有研究发现，腹侧前额叶皮层内的皮层活动特点从儿童时期的弥散性变化为青少年晚期的集中性（Casey et al., 2005；Durston et al., 2002），即任务相关的活动会变得更加精确和高效，而任务无关的联结则会消失。研究发现，这个过程与年龄和学习任务上的表现两者均呈正相关（Casey et al., 2005；Durston et al., 2002）。通过增加相关联结并消除多余联结，青少年大脑的灵活性得以加强，从而有足够的能力来"灵活思考"。

与童年期的个体相比，青年期早期的个体，其个体内部和周围迅速发生了生理、心理和社会方面的极端变化（Brooks-Gunn，1988；Brooks-Gunn & Paikoff，1977）。青少年期是这样一个时期，在此期间年轻人被迫形成他们是谁的意识，以面对巨大的外部和内部影响。当他们走进一个快速变化的世界时，会试图用心智去弄懂它，在这个过程中个体形成自我意识。正如上面所讨论的，这个意识本身也在经历一场严肃的、根本性的转变。

Erikson（1968）认为，与青少年这一发展阶段（第五阶段）相关联的最主要的任务是将自己定义为一个更大的社群中的一员，并建立相应的认同。鉴于各种因素的共同影响，个体在青少年阶段经常体验到被 Erikson 称为的第一次重大认同危机，这种情况不足为奇。这个危机导致在青少年身上出现看似矛盾的反应，其中，个体对特定的团体或派系建立强烈认同，同时也借此来寻求个性化。对这个年龄段的成员而言，他们的发展趋势是对他们所认为的传统、成年模范、权威人物形成质疑。关于世界如何运作的信息以及他们期望在这个世界中扮演什么角色，在对这些问题的解答上，他们变得比以前更依靠他们的同龄人。

毫不奇怪的是，个体的性别自我认同的大发展往往出现在青少年期。青春期发生的身体变化"……包括身体成长，生殖器和女孩的胸部的发育，面部和阴毛的发展。这些变化对青少年和其他人显示着他或她的性成熟"（DeLamater & Friedrich，2002，P11）。快速变化的身体和突然增加的性兴趣，一起提升了青少年性别自我意识各个部分之间的关联性，因此青少年期是心理发展的关键时期，在此期间，关于性本质的信息潜在的心理和社会影响将显著增加。研究表明，这种信息对青少年性别自我认同的构建有很大的影响（Buzwell & Rosenthal，1996；Farrar，2006），这应该也可能被注意到，尽管许多青少年基于青少年之前经历过的性信息和性行为，可能已经存储了一个关于性本质的信息集，但是新接受的性信息可能取代先前未注意到的信息，并快速改变青少年的心智。

性别认同的发展是青少年自我概念建构的一个核心成分。青春期的到来造成的生理转变和社会力量造成的转变相互作用，迫使青少年去应对这些改变。青春期突然出现的认知的、生理的和社会压力的变化，使得这一时期与性规范行为相关的信息从根本上是很有影响力的。青少年的信息和经验必然会成为建立他们的性别图式的最主要的基础（Gagnon & Simon，1973）。什么是性？性意味着什么？人应该怎样表达性别认同、恰当的性关系管理？什么是正当的和不正当的性态度和性行为？所有这些规范信念都受到信息和这些经历的性质的影响。伴随着更大量的信息、更多的经验，以及对两者的综合考虑，青少年也将发展出更加复杂的性别图式。这些图式在寻找信息的动机和经历各种性场景的动机方面存在一致性和个体差异，都将会影响一个人如何处理这种信息和这些经历。因此，持续的性别认同发展中将可能出现周期过程，通过这个过程处理最新遇到的信息，并以那些被经验现象不断地塑造和重塑的心智来做出反应。当一个人的性别图式变得越来越复杂，我们可以推测特定信息和事件在他们的整体性别认同方面的影响的降低。因此，在青少年期，尤其是青少年早期，尽管性别图式是相对不成熟的和可塑造的，但该时期是性别认同发展的一个关键时期。

（四）网络和青少年性别自我认同的发展

像上面所呈现的那样，网络已经成为青少年获取社会信息的主要来源和进行社会互动的主要方式，因此它在青少年性别社会化中发挥的作用只会增加。只有不断地研究青少年在网络中的互动方式，以及他们使用和处理网络和其他社交网络技术提供的信息，研究者和临床医生才有希望更好的理解青少年的性别认同发展，并对其施予积极的干预。

作为社会探索和联结的机会，网络有潜力在青少年性别认同发展中发挥巨大作用。研究一贯表明，同龄人和媒体两者在青少年的性态度的形成、性信念和性行为上都起到举足轻重的作用（Berndt & Savin-Williams，1993；Brown，2000；Brown et al.，2006；Connolly，Furman & Konarski，2000；Kallen，Stephenson & Doughty，1983；Kraus & Russell，2008；Lefkowitz，Boone & Shearer，2004；L'Engle，et al.，2006；Martino et al.，2005；Taylor，2005）。网络的多媒体性和互联性的特点意味着，相比以往的任何媒介，网络为同龄人之间提供了更多的联结，并让他们从更传统的媒介获取内容。此外，网络提供的匿名性和便捷性，使其成为寻求和共享关于性与性相关活动等敏感信息的理想地方（Huffaker & Calvert，2005）。换句话说，它提供了一个前所未有的性别社会化方法。

（五）规范的性态度和行为的发展

或许在当今的青少年生活中，网络的无处不在彰显了其巨大的影响。Livingtone（2008）提出，"……对青少年而言，他们很乐意进入网络领域，因为网络代表着他们空间，在这个空间中，同龄人围观多于成人监督，给青少年提供令人兴奋但相对安全的机会去完成社会心理任务……"（P397）。对青少年而言，网络世界是一个小而重要的现实世界的一部分，青少年可以通过网络与他人的互动得到社会和行为规范的信息，这些获得的信息会深深的影响他们的世界观和可能的行为，网络互动对象一般是与自己年龄相仿的，并且认为他们和自己经历着同样的恐惧、问题和不安全感的人。由于对信息来源可信度的认知，一般青少年都会毫无疑问对他们接受的网络信息打个折扣，但这样的信息拥有的很多特征（例如一个与自我相似的来源，缺乏成人的监督和网络监管）让它依然非常有效。

虽然鲜有实证研究关注网络色情材料对青少年的性信念、性态度、和性行为的影响，但近来的发现表明这种暴露正在成为一个不断增长的担忧。数据显示，越来越多的青少年对网络色情材料着迷（Brown & L'Engle，2009；Flood，2007；Kraus & Russell，2008；Lo & Wei，2005；Peter & Valkenburg，2006，2008；Wolak，Mitchell & Finkelhor，2007）。Peter 和 Valkenburg（2008），以及 Kraus 和 Russell（2008）最近的调查研究表明，这种暴露与性的不确定水平，以及对过早的无承诺的性行为的积极态度呈正相关。这些发现与先前的研究结果相符，说明与性相关内容接触越多，性态度就越包容（Lo & Wei，2005；Peter & Valkenburg，2006）。Brown 和 L'Engle（2009）的研究发现，不管是男性还是女性受访者，在青少年早期接触色情内容可以预测性别角色的态度不那么进步，甚至性活动的可能性会增加。

此外，性媒体消费已被证明会增加部分青少年错误的信念，尤其是关于同龄人的性规范、性态度和性开放的信念（Brown & L'Engle，2009；Chia & Lee，2008）。此外，已经发现这些错误的观念会间接地影响青少年报告的个人性开放程度。虽然这个研究的性质不能建立因果推论，这样的结果仍能被整合进一个视角。该视角强调青少年有可能从他们接触到的色情网络内容中学习性别脚本。

（六）信息搜索

网络的高水平的可访问性、交互性、和感知到的匿名性，使它成为一个青少年应对性别认同的潜在敏感问题的特别宝贵的资源。Huffaker 和 Calvert（2005）认为，"网络提供了一个新的认同探索环境，虚拟世界提供了一个场地去探索一系列复杂的关系，这种关系是灵活而且可能是匿名的"。按照这个想法，Turkle（1995）指出，网络世界对于探索或发展性的性别认同可能是一个有用的来源，也是一个学习浪漫和性脚本的地方。研究发现，59%的青少年每天上网阅读博客（PEW，2007）。Suzuki和Calzo（2004）指出，许多青少年依靠网站所提供的机会，在个人敏感话题方面向同伴提问并做出回应，他们将网站作为信息、观点甚至情感支持的宝贵来源。Subrahmanyam等人（2004）发现，性和性相关主题都是受欢迎的话题，青少年在网上聊天室里都会讨论这些话题。这些研究人员指出，虚拟世界匿名性的特点使得它比现实世界更适合探索认同问题、性和性健康。

网络的这些特征，使网络成为青少年获取社会和心理健康相关信息的史无前例的来源，也使其成为一个有潜在危险的地方。在许多这样的信息环境中缺少专家监督，这意味着错误的信息有可能和真相一样容易流通，那些对损人利己行为感兴趣的人会利用他人以及有意包装自己的形象，从而对信息消费者造成损害，他们在网络上这样做而无需担心后果。虽然研究表明，通过专家监控留言板和博客能明显减少网络上发布的不实信息（Subrahmanyam, Smahel & Greenfield, 2006），但是仍然可以在网上找到大量完全基于谣言、猜想和被误导的观点的信息。此外，当青少年知道某些特定信息来源可能受到成人监控，也很可能会对青少年坦率地交流敏感问题的意愿产生负面影响。如果有很大比例的青少年都意识到这种趋势，他们很可能转到论坛，他们知道那里是无监控的，所以能更坦诚的讨论这些问题。结果就是在关于性这一重要方面，青少年很可能受到不太可靠的消息渠道的吸引，因为他们认为在那里有更多的自由，更少可能被审查，因此更有可能包含同龄人的真实想法。

（七）尝试一种合适的性别认同

网络还给个体提供了前所未有的机会，去对他们的性别认同进行实验。许多网络沟通的匿名性允许任何年龄的个体将自己包装成他们想要成为的任何人或任何东西。例如，皮尤研究中心的网络与美国生活项目（2007）的调查结果显示，56%有个人网页的青少年承认发布过虚假信息。这至少可能有两个截然不同的后果。首先，它意味着青少年是将他们关于同龄人团体的态度、行为，甚至其他的物理特性的信念建立在这些信息基础上，很有可能多少有点错误。其次，从一个更加偏向社会的角度来看，青少年和其他人能够利用这样的机会贴出信息或错误信息，从而匿名地去探查同龄人对信息可能有的反应。

青少年的性别混乱，或其他危机可以很好地在社交网络得以解决。网络给青少年提供这样一种前景，让他们可以秘密的和其他经历相似危机的人互相进行交流。网络提供了一个机会，让他们能够与他人在另一种性别认同的伪装下进行互动（Huffaker & Calvert，2005）。这与以下这样的行为一样很常见，即一种性别的成员以相反的性别角色来操作或发布博客，在虚拟世界中以自己的本身性别或者相反性别参与性活动，如第二人生或红灯区中心。

通过化身讲述真实的性遭遇，虚拟世界提供机进一步会给个人学习与现实世界中不熟悉的他人开展特定的性行为。性在虚拟环境中实际上无非是按键，而性偏好是这样一种意愿，当呈现给个体一个机会时，允许自己的化身运行一个特定的数字化脚本，而非另外一个。在这个意义上，虚拟世界提供了一个更安全的方法去体验性实验，而这些往往是青少年的标志性事件。

当然，这些虚拟的经历也有可能在某种程度引发更严重的性别认同危机。在探索新的性经历过程中，个体可能会发现自己突然被某些行为唤醒或吸引，这些行为是他们认为或知道很危险或社会上、法律上、道德上无法接受的。这些虚拟的性互动包括描写强奸、恋童癖，或者是与陌生人之间的无保护措施的性接触这样简单的事情。取决于个体情况，这样的虚拟经历可能会对现实世界造成严重的后果。虽然很少见，但仍有可能发生，某些个体确实会学到一些有问题的性行为，这些行为在虚拟世界中被激发出来，个体渴望在现实世界中尝试这样的行为。

网络性互动的机会也可能会通过影响青少年对于正当性行为和亲密行为规范的信念和态度来影响他们。在网络环境中获得的虚拟性经验可能被青少年内化为规范行为，那些参与这样行为的性别脚本可能受到严重影响。这可能包括发展过程中的任何事情，从形成什么样的性交体位是适当的体位的意识，到如何适当接近一个潜在的浪漫对象。

网络交往也为创建和扩展现实生活关系提供了可能。一个小型研究发现，年龄在 12—22 岁的网络用户样本中 33% 的人报告，他们的第一次性经历发生在网络上（Smahel，2003）。网络给青少年提供了机会和那些在现实世界中可能联系有限或根本没有接触的人建立新的人际关系。在人类发展过程中，开始考虑社会和身体的尴尬往往标志着个体发展进入到这个阶段，一些青少年可能在一个更秘密的环境中互动比在面对面环境中要更容易。然而大部分（尽管不是全部）的研究表明，在现实世界中有更成熟社会联系的青少年，往往也在网络世界中有更多更好的社会关系（for a review see Jackson，2008；Subrahmanyam & Lin，2007；van den Eijnden et al.，2008）。

三、未来趋势

毫无疑问，网络和社交网络技术在青少年和所有年龄段的人的生活中，将继续发挥日益重要的作用。如上所述，数据表明青少年继续接触网络并依赖网络的情况日益增多，并且每年快速上涨（PEW，2007）。网络作为一种信息传播手段，其独特性使得它可能会越来越多地被年轻人利用，特别是那些处于早期的和最不确定的阶段的人，并对性别认同发展过程产生影响。普及性、匿名性和交互性是网络通信的特点，它们使其成为一个适用于在同龄人成员之间探索性和其他维度的认同发展。正如已经讨论过的，越来越多的青少年从网络来源那获取与性和性相关主题的信息，这种情况不足为奇。因此，研究人员应该继续关注网络在性别社会化过程中扮演的角色。

特别应该考虑那些在性别认同方面最可能出现危机的青少年，这里，我们并不仅仅指那些纠结于自己性取向的个体。如前所述，性别认同的概念所包含的东西远远超过性取向。我们应该特别关注这样的青少年，他们在性别认同发展过程中任何阶段都会经历一个特别困难的时期。网络给这样的问题提供了一个潜在的解决方案，同样也是一个潜在的问题根源。例如，研究人员应该继续比较从网络来源（例如监控网站、博客和社交网站）获取性相关信息和性的社会化与从更加传统的非媒介来源（比如学校、父母，现实世界的同龄人关系）这两者的正面影响和负面影响。应该特别关注的是任何网络使用方式都可能与青少年的心理和人格上某些个体差异有交互作用，这样的交互影响可能导致不同层次和类型的性相关的障碍。

显而易见，我们很迫切需要媒体扫盲计划，那些旨在提高青少年的网络信息处理技能的项目，借此来帮助青少年更好的利用网络。我们不仅要关注信息的量，更重要的是关注从网络获取的信息是否正确，这些信息可能来源于同龄人、那些自称为专家的人、那些有意去利用或伤害这个年龄群体的人。对信息量和信息准确性的考虑有利于青少年在网络交往中的信息加工更加高效和有效，继而有助于青少年各个方面的认同发展。应该开发一些项目来帮助青少年，让他们能更好的搜索、加工、认识与性相关的大量的信息，青少年未来在网上将继续遇到这样的信息。这种计划可以通过不同的形式开展，比如作为一般性教育课程中的一个单元，或者通过媒体扫盲的形式，可能的话，将两种形式结合起来是最好的。

四、结论

本章探讨了网络在青少年性别认同构建过程中可能发挥的作用。本章开始就在强调理解这个过程中如下两者之间复杂关系的重要性，即青春期快速发展变化的身体和大脑与年轻人在性别自我认同发展中一般会经历的社会刺激的类型。之后，本章又指出在青少年的生活中，各种网络交往活动（可视为一种特殊的社会刺激）越来越普遍。紧接着，文章又考虑了最适合帮助研究人员了解青少年如何构建他们的个人性别自我认同过程的理论视角。我们还讨论了网络通信技术已经发挥的特定作用，并且很可能在性别社会化过程中继续发挥作用。最后，我们认为未来的情况是青少年在这个过程中依然将网络作为工具来使用。对青少年性别认同发展这一问题感兴趣的研究人员和临床医生将更加关注网络在性别身份认同发展过程中越来越重要的作用，以及关注预期将在这个过程中发挥作用的其他社交网络技术。他们应该切实地关注心智结构和网络特性之间复杂的关系，即生理上处于转变期的青少年的心智结构与作为信息和社交网络来源的网络的特性，以及对这两者之间关系的影响。

【参考文献】

Bargh,J.A., & McKenna,K.Y.A.(2004).The Internet and social life. Annual Review of Psychology,55,573–590.doi:10.1146/annurev.psych.55.090902.141922.

Benes,F.M.(1989).Myelination of cortical-hippocampal relays during late adolescence. Schizo- phrenia Bulletin,15(4),585–593.

Benes,F.M.(1998).Brain development,VII.Human brain growth spans decades.The American Journal of Psychiatry,155(11),1480.

Berndt,T.J., & Savin-Williams,R.C.(1993).Peer relations and friendships.Oxford,UK:- John Wiley & Sons.

Boneva,B.A.,Quinn,A.,Kraut,R.,Kiesler,S., & Shklovski,I.(2006).Examining the effect of Internet use on television viewing:Details make a difference.In R.Kraut,M. Brynin & S.Kiesler(Eds.),Computers,phones,and the Internet:Domesticating information technology:Oxford series in human-technology interaction(pp.70–83). New York:Oxford University Press.

Bremer,J. & Rauch,P.K.(1998).Children and computers:Risks and benefits.Journal of the American Academy of Child and Adolescent Psychiatry,37(5),559–560. doi:10.1097 /00004583-199805000-00019.

Brooks-Gunn,J.(1988).Antecedents and consequences of variations in girls' maturational timing.Journal of Adolescent Health Care,9,365–373.doi:10.1016/0197-0070(88)90030-7.

Brooks-Gunn,J., & Paikoff,R.(1997).Sexuality and developmental transitions during adolescence.In J.Schulenberg,J.L.Maggs & K.Hurrelmann(Eds.),Health risks and developmental transitions during adolescence(pp.190–219).New York:Cambridge University Press.

Brown,J.D.(2000).Adolescents' sexual media diets.The Journal of Adolescent Health,27(2Supplement),35–40.doi:10.1016/S1054-139X(00)00141-5.

Brown,J.D., & L' Engle,K.L.(2009).X-rated sexual attitudes and behaviors associated with US early adolescents' exposure to sexually explicit media.Communication Research,36(1),129–151.doi:10.1177/0093650208326465.

Brown,J.D.,L' Engle,K.L.,Pardun,C.J.,Guo,G.,Kenneavy,K., & Jackson,C.(2006). Sexy media matter:Exposure to sexual content in music,movies,television,and magazines predicts black and white adolescents' sexual behavior.Pediatrics,117(4),1018–1027.doi:10.15 42/peds.2005-1406.

Buzwell,S., & Rosenthal,D.(1996).Constructing a sexual self:Adolescents' sexual self- perceptions and sexual risk-taking.Journal of Research on Adolescence,6,489–513.

Casey,B.J.,Tottenham,N.,Liston,C., & Durston,S.(2005).Imaging the developing brain:What have we learned about cognitive development?Trends in Cognitive Sciences,9(3),104–110.doi:10.1016/j.tics.2005.01.011.

Chia,S.C.. & Lee,W.P.(2008).Pluralistic ignorance about sex:The direct and the indirect effects of media consumption on college students misperception of sex-related peer norms.International Journal of Public Opinion Research,20(1),52–73. doi:10.1093/ijpor/edn005.

Chilman,C.(1983).The development of adolescent sexuality.Journal of Research and

Develop-ment in Education,16,16–25.

Connolly,J.,Furman,W., & Konarski,R.(2000).The role of peers in the emer-gence of heterosexual romantic relationships in adolescence.Child Develop-ment,71(5),1395–1408.doi:10.1111/1467-8624.00235.

DeLamater,J., & Friedrich,W.N.(2002).Human sexual development.Journal of Sex Re-search,39,10–14.

DeLamater,J.D., & Hyde,J.S.(1998).Essentialism vs. social constructionism in the study of human sexuality.Journal of Sex Research,35,10–18.

Durston,S.,Thomas,K.M.,Yang,Y.H.,Ulug,A.M.,Zimmerman,R.D., & Casey,B.J.(2002).A neural basis for the development of inhibitory control.Developmental Science,5(4),F9–F16.doi:10.1111/1467-7687.00235.

Erikson,E.H.(1968).Identity:Youth and crisis.New York:Norton.

Escobar-Chaves,S.L.,Tortolero,S.R.,Markham,C.M.,Low,B.J.,Eitel,P., & Thickstun,P.(2005).Impact of the media on adolescent sexual attitudes and behaviors.Pediat-rics,116,303–326.doi:10.1542/peds.2004-2541.

Farrar,K.M.(2006).Sexual intercourse on television:Do safe sex messages mat-ter?Journal of Broadcasting & Electronic Media,50(4),635–650.doi:10.1207/s15506878jobem5004_4.

Flood,M.(2007).Exposure to pornography among youth in Australia.Journal of Sociol-ogy(Melbourne,Vic.),43(1),45–60.doi:10.1177/1440783307073934.

Gagnon,J.H., & Simon,W.(1973).Sexual conduct:The social sources of human sexuality.Chicago:Aldine.

Gagnon,J.H., & Simon,W.(1987).Sexual scripts: Permanence and change.Archives of Sexual Behavior,15,97–120.

Giedd,J.N.,Castellanos,F.X.,Rajapakse,J.C.,Vaituzis,A.C., & Rapoport,J.L.(1997).Sexual dimorphism of the developing human brain.Progress in Neuro-Psy-chopharmacology & Biological Psychiatry,21(8),1185–1201.doi:10.1016/S0278-5846(97)00158-9.

Pew Internet & American Life Project.(2005).Teens and technology:Youth are leading the transition to a fully wired and mobile nation.Retrieved June 30,2008,http://www.pewinternet.org/pdfs/PIP_Teens_Tech_July2005web.pdf.

Pew Internet & American Life Project.(2007).Social networking websites and teens:An overview.Retrieved June 30,2008,http://www.pewinternet.org/pdfs/PIP_Teens_

Social_Media _Final.pdf.

Roberts,D.F.,Foehr,U., & Rideout,V.(2005).Kids and media in America.New York:Cambridge University Press.

Seiter,E.(2005).The Internet playground:Children's access,entertainment and mis-education.New York:Peter Lang.

Simon,W., & Gagnon,J.H.(1986).Sexual scripts:Permanence and change.Archives of Sexual Behavior,15,97–120.doi:10.1007/BF01542219.

Sisk,C.(2006).New insights into the neurobiology of sexual maturation.Sexual and Relationship Therapy,21,5–14.doi:10.1080/14681990500470009.

Smahel,D.(2003).Communication of adolescents in the Internet environment. eskoslovenská Psychologie,47,144–156.

Sowell,E.R.,Thompson,P.M.,Leonard,C.M.,Welcome,S.E.,Kan,E., & Toga,A.W.(2004). Longitudinal mapping of cortical thickness and brain growth in normal children.The Journal of Neuroscience,24(38),8223–8231.doi:10.1523/JNEUROSCI.1798-04.2004.

Subrahmanyam,K.,Greenfield,P.M., & Tynes,B.(2004).Constructing sexuality and identity in an online teen chat room.Journal of Applied Developmental Psychology,25,651–666.doi:10.1016/j.appdev.2004.09.007.

Subrahmanyam,K., & Lin,G.(2007).Adolescents on the Net:Internet use and well-being.Adolescence,42(168),659–677.

Subrahmanyam,K.,Smahel,D., & Greenfield,P.(2006).Connecting developmental constructions to the Internet:Identity presentation and sexual exploration in online teen chat rooms.Developmental Psychology,42,395–406.doi:10.1037/0012-1649.42.3.395.

Subrahmanyam,S.,Kraut,R.E.,Greenfield,P.M., & Gross,E.F.(2000).The impact of home computer use on children's activities and development.The Future of Children,10,123–144.doi:10.2307/1602692.

Suzuki,L.K., & Calzo,J.P.(2004).The search for peer advice in cyberspace:An examination of online teen bulletin boards about health and sexuality.Journal of Applied Developmental Psychology,25(6),685–698.doi:10.1016/j.appdev.2004.09.002.

Taylor,L.D.(2005).Effects of visual and verbal sexual television content and perceived realism on attitudes and beliefs.Journal of Sex Research,42(2),130–137.

Toga,A.W.,Thompson,P.M., & Sowell,E.R.(2006).Mapping brain maturation.Trends in

Neurosciences,29(3),148–159.doi:10.1016/j.tins.2006.01.007.

Turkle,S.(1995).Life on the screen:Identity in the age of the Internet.New York:Simon & Schuster.

van den Eijnden,R.,Meerkerk,G.J.,Vermulst,A.A.,Spijkerman,R., & Engels,R. (2008).Online communication,compulsive Internet use,and psychosocial well-being among adolescents:A longitudinal study.Developmental Psychology,44(3),655–665.doi:10.1037/0012-164 9.44.3.655.

Ward,L.M.(2003).Understanding the role of entertainment media in the sexual socialization of American youth:A review of empirical research.Developmental Review,23,347–388.doi:10.1016/S0273-2297(03)00013-3.

Wolak,J.,Mitchell,K., & Finkelhor,D.(2007).Unwanted and wanted exposure to online pornography in a national sample of youth Internet users.Pediatrics,119(2),247–257.doi:10.1542/peds.2006-1891.

第六章 法律在青少年在线社会交往与在线行为中的作用

拉里·L. 柏里斯（Larry L. Burriss） 美国田纳西州立大学

在一本关于心理、行为和情感的书中，涉及法律的章节究竟起什么作用？我们将以游戏为例来说明。心理学家通常会关心：为什么游戏玩家在游戏中可以随心所欲？他们对这一活动有何感想？他们和别的玩家如何进行互动？这些问题可能很重要，但玩家玩游戏必须参照游戏规则，这就像是法律的作用。

一、引言

早在大约2300年前,哲学家亚里士多德曾经说过："法律是远离情感的理性。"从哲学的角度来说，这句话完全准确。律师、教师都必须按客观存在的法律行事，而不是以自己想要的法律来处理事务。

但法律不仅仅是案例法、条例和行政规章中的抽象概念，因为法律是应用于人，这就意味着法律必须对理性和情感都很敏感。虽然亚里士多德上述的观点为大众所熟知，但他早期提出的另一个相关的理念则少有人记得，他认为："尽管法律是没有情感的,但激情总是会影响人们的理性。"这也可以解释为何相比于有计划、有预谋的犯罪，一时冲动犯罪的人会受到更少的责备。

因此，律师、教师或学校管理者会问这样的问题：一部具体的法律该如何实施？法律中的倾向是什么？法律已经发生了怎样的改变？我们关注的问题可能会是：法律、青少年和电子社交网络这三方之间的联系是什么？

二、自由的神话

美国的宪法第一修正案规定了国会不得制定限制言论、新闻自由的法律。这一规定的表面意思很清晰明确，但在实际应用中美国最高法院从未按字面意思来理解。也有很多法律和法规侵犯了言论自由和新闻自由，这些法律是否适当？这是伦理学家需要考虑的问题。而律师以及直接受法律影响的人关心的问题是，要如何去应对这些约束和限制。

由此产生了一个问题，某一法律是否应该针对不同群体而有所不同？我们如果向美国最高法院要这个问题的答案，那么得到的回答可能是模棱两可的："可能是，也可能不是。"一般来说，基于种族、宗教、性别和国家不同而实施不同的法律是违背宪法的，但对于年龄是否也一样？法律本身对此的回答是清晰的。我们当然可以针对当事人的年龄而有差别地应用法律，但是应用起来就比较麻烦。在美国刑事和民事侵权案中，法院一般会遵循著名的"7岁法则"（Cardwell 诉 Bechtol 案），即小于7岁的儿童被认为没有民事行为能力；7—14岁之间的儿童（或青少年）也被认为没有民事行为能力，但这是可以反驳的；14—21岁之间的青少年被认为有民事行为能力，但这也是可以反驳的；21岁以上的成人则是完全有民事行为能力。因此，青少年被认为是有能力去理解自己行为的后果，虽然这种能力可能会受到持相反观念者的质疑。

三、场所是关键

人们通常认为网络（及社交网络）既是无处不在的，又是无处所在的，但事实上网络是来自于一个真实的地方（相对于一个虚拟的地方来说）。现实世界与虚拟世界之间存在一个交汇点，而法律则以不断变化的状态存在于这一交汇点。

自从电报发明起（可能更早），法律就很难跟上技术的步伐。在19世纪后期，在州政府及市政府开始设置管理和审查委员会前，电影在大众中已经广泛传播了（Vivian，2008，P139），但是因为没有相应的管理，广播事业的发展遇到了阻碍。

于是，广播业者自己要求联邦政府给予管理。那么网络呢？很多人将网络比喻成荒蛮的美国西部，那里不受法律约束，并且充满了放荡不羁的个人主义。

不过还是存在大量与青少年和媒体相关的法律，这些法律通常涉及的首要问题是，儿童的行为发生在哪里？是在一个与课程相关的活动中？还是在一个开放的学校实验课上？是在一个与学校有关的校外活动中？或者是在一个与任何学校活动都不相关的校外？

这些分散的问题会使很多人想到布尔逻辑结构和文氏图表（Venn），于是就有这样一些圆环：法律和青少年圆环、第一修正案圆环、网络圆环和社交网络圆环。但是，社交网络不是网络的一部分吗？第一修正案不是法律的一部分吗？网络管理包括社交网络管理吗？第一修正案胜过任何管理网络行为的努力吗？

四、我们的关注点在哪里

因为存在上述这些疑问及无数其他的疑问，本章从三个方面展开讨论：（1）学校、青少年和信息；（2）学校、青少年和网络；（3）涉及青少年社交网站（包括 Facebook、YouTube 和 Second Life）的案例法。

在一本探讨情绪、感觉和感情的书中专门用一章来讨论法律是很重要的。

青少年的内心世界肯定是很重要和值得探究的，但对它的探究必须结合外部世界中发生的一切，这不是轻视社交网络活动中的心理成分，而是强调虚拟世界中"游戏规则"的重要性。

五、问题、争论和难题

高中生通常会惹很多麻烦。如果他们只是按大人告诉他们的去做，而且大人已经替他们对所要做的事情有过考虑，这就变得很简单。但是高中生会说："啊，我们是成人了，我们要被当作成人看待。这是我们的报纸、年刊或网页，我们应该能以我们想要的方式来使用它们。"而学校管理者则会说："报纸或网页是一门课程的一部分，它使用了学校的资金和人力，因此应该受管理部门的控制。"我们该如何来协调这种分歧呢？指导性原则是法院认为能做什么和不能做什么。美国是个法治国家，如果学生犯法，那他们要付出相应的代价。如果他们故意犯法，他们必定要为自己的行为后果承担责任。

就最近几年的言论自由来说，法院规定哪些是高中学生可以做的，哪些是不可以做的呢？法院已经尽力去平衡言论自由的权利和国家提供教育的要求之间的冲突，任何扰乱教学过程的言论或行为都是不容许的。在这一点上我们应该认识到，在处理法律和判案的过程中我们不能牵扯伦理和道德，"应该"和"不应该"经常是不相关的。法律就是法律，我们可能不认同某些法律，也可能想要改变某些法律，或者可能认为某些法律是错的，但是，法律就是法律，这是美国法律系统的基本原则。我们必须按实际的法律内容行事，而不是按照我们想要的法律、本该的法律或可能的法律内容行事。可惜的是，关于儿童的法律是不明确的（至少对有些学校管理者来说）。

与儿童有关的法律是以东拼西凑、反复无常的形式在发展，这些法律的决策者包括国会、各州的立法机关、最高法院及各州法院。除了制定法律，这些机构也要对一些特别的案子进行判决，这些案子对"儿童意味着什么以及他们是如何思考和做事"这两个问题缺乏全面的认识。尤为棘手的是，这些决策者对心理能力这一问题的解决方式也是千奇百怪的，就算真的存在解决方法的话。

很多法律把儿童看做婴儿，认为他们完全没有行为能力。

另外一些法律则在所有的诉讼中都假定儿童有行为能力，或者忽略行为能力的问题（Cunningham，2006）。

从这个角度来说，我们需要去分析学生在学校环境中能表达什么、不能表达什么。注意，我并没有说"在学校环境中学生能'说'什么"。就像我们将要看到的，法院已经指出人们有多种言语表达方式，而口语只是其中一种表达方式。

我们也必须考虑法院已经指出的网络、学校与学生之间的关系，在法律中，这是一个正在变化发展的领域。要提醒大家的是，可能今天被认为是允许的行为到明天就成了不被允许的。大量诉讼案件不可避免地以这种形式被无情的处理，我们可能还需要很多年才能真正明白规则是什么。

从法律理论和实践的角度来看，目前我们能真正明白的是青少年落入了法律系统的最底层。正如上面所介绍的，青少年在有些法律中被看做儿童，在另外一些法律中则被视为成人。确切地说，有时候是儿童，有时候则是成人。在一些案件中，法律的规定是建立在材料的种类和表达方式的"适当性"上的，其中也存在发送者和接受者年龄的问题。

我们来看看法律在不同年龄段群体中有何不同。正如本书其他章节所讨论的，对于不同文化、个体，甚至在儿童自己来看，从儿童转变成青少年的具体年龄都是不同的。然而法律需要尽可能以绝对的方式来处理，而且法官在决定法律的适用范围时喜欢有明确的界限。在田纳西州一个涉及年龄问题的影响深远的案件中（Cardwell 诉 Bechtol 案，1987），法庭提出了未成年人是否能同意接受医疗处理的问题。按照前面提到的"7 岁法则"，法庭认为儿童没有行为能力，因此辩方律师就需要从其他方面说服法庭。14—21 岁之间的青少年是有民事行为能力的，但这也是可以反驳的。21 岁的青少年被认为是已经能知道和理解自己的行为会造成怎样的后果了（Cardwell 诉 Bechtol 案，1987，P745）。

需要指出的是，进入高中时大多数学生正好 15 岁，也就是"有民事行为能力的，但这也是可以反驳的"。大多数法律从学生权利的角度来处理高中生的案件，但越来越多的法律和诉讼案件以青少年（可能是 13 岁或更小的初中生）来进行处理。而对于这个年龄段，则属于没有民事行为能力，但这是可以反驳的。

在准备本章内容时，作者通过 WestLaw 法律数据库进行了一系列的简单搜索，想看看有多少涉及教育和表达自由的案件。结果发现（虽然在数字上不是非常精确），在 214 件使用了"表达自由"短语的案件中，接近 1/4（23.4%）的案件也涉及与学校有关的词语。此外，在 50 件同时使用"表达自由"和一个与学校有关的词语的案件中，66.0% 的案件涉及高级中学，26.0% 的案件涉及高中，8% 的案件涉及初中（见表 2）。

表 2　包含教育和表达自由名词的案件

措辞	数量
言论自由	214
高中	418
中学	119
初中	35
中学	23
表达自由和高中	33
表达自由和中学	13
表达自由和初中	4
表达自由和中学	0

虽然这样一个简洁的描述也许经不起严格的定量分析，但它的确展现了法庭在教育和言论自由话题上的基本关注点——而且以高中的言论自由话题为主。

此时，我们将要进入双重范式（言论自由和社交网站的交集）中的第一条分支：学校和言论自由的问题。虽然有 50 件案件是关于这一问题的，但是以下 4 件案件清晰地确定了这一话题讨论的界限。

（一）扩展界限

Tinker 诉 Des Moines 独立社区校区案（Tinker v. Des Moines Independent Community School District），案件编号 393 U.S. 503（1969）。

回到 1943 年，在西弗吉尼亚州教育委员会诉 Barnett 的案件中，美国高等法院引入了公立学校中言论的问题。而在廷克案中，法院第一次面对"纯言语"的问题（P508）。

1965 年，公众对越战的支持正处于犹豫不决的时刻，为了表示对这场战争的一种抗议，15 岁的 John F. Tinker 与 13 岁的妹妹 Mary Ben Tinker、11 岁的妹妹 Hope Tinker、8 岁的弟弟 Paul Tinker、16 岁的家中好友 Hristopher Echhardt 一起佩戴着黑袖标上学，这一行为违反了学校紧急通过的校规——禁止佩戴袖标。于是，这些学生被要求取下袖标，他们拒绝这样做，因此这些学生被停课了。

1968 年 11 月，这一案件来到了最高法院，1969 年 2 月，最高法院公布了自己的意见。法院认为这些佩戴袖标的学生没有妨碍学校的正常运转，而同时其他学生也佩戴着代表大量社会或政治活动的纽扣和标志（包括传统意义上表示纳粹主义的铁十字勋章，P510）。

因为学生并没有干扰学校的运转，也没有证据表明学生干扰了学校的运转，因此最高法院裁定不应该停这些学生的课。于是，Abe Fortas 法官在裁定书中写到："很难说，在踏进学校大门后，学生和教师便会失去宪法赋予他们的言论及表达的自由权。这一权利在法庭上是被准确无误地维护了近 50 年。"（P506）

总的来说，法院认为除非学校能提供这些学生可能有严重妨碍正常教学的证据，或者确实有严重妨碍正常教学的证据，否则这些学生的象征性语言就会受到美国宪法第一和第十四修正案的保护。

（二）限制有伤风化的表达

403 号 Bethel 校区与 Fraser 案（Bethel School District No. 403 v. Fraser），编号 478 U.S. 675（1986）。

高中毕业生 Matthew Fraser 将会是学校毕业典礼上的发言人,他发表过一段关于选举的演讲,里面有一些关于性的隐喻和暗示,这属于他所在学校规定的"破坏性行为"。他的言语可能非常巧妙,但这还是导致了对 Tinker 案中所强调的自由的侵蚀。

1983 年 4 月,Fraser 发表了一个演讲来支持自己的好友、学生会提名人 Jeff Kuhlman。这个演讲是民众参与计划的一部分,来自华盛顿 Pierce 郡 Bethel 高中的 600 多名学生参加了这个演讲。

这是一个简短的演讲,它的全文是:

我认为一个意志坚定的人——他的裤子是坚硬的,他的衬衫是结实的,他的品质是坚定的——但最重要的是,他对你们,Bethol 高中的同学的信任是坚固的。

Jeff Kuhlman 是一个一旦有了自己的想法就会坚持到底的家伙。如果有必要,他会接受某个话题,也会坚定地坚持它。他不会突然使劲地进行抨击,而会使劲地连续猛击直至成功。

Jeff 是个会为了大家每一个人而坚持到最后(甚至会为你们每一个人达到高潮)的人。

因此,请投票支持 A.S.B 的副主席候选人 Jeff。在你们与我们的高中之中他将是最好的选择。(P687)。

Fraser 给很多老师看过他的演讲稿,至少有两位老师觉得内容不适当。"在演讲的过程中,很多学生喝倒彩以及大声抗议,一些学生通过生动的手势模仿演讲中暗指的性行为,其他一些学生则对演讲感到不知所措和尴尬。"(P678)

学校通知 Fraser,他的演讲违反了校规——那些从根本上妨碍教学过程的行为是被禁止的,包括使用淫秽、亵渎的语言和手势。于是,学校给予 Fraser 三天停课处罚,以及取消其在毕业典礼上发言的资格。最终他被停了两天的课,后来他又被容许在学校毕业典礼上发表一个演讲。

Fraser 提出了诉讼,声称学校对他的处罚违背了第一修正案。当地法院和上诉法院都认同 Fraser 的意见,但美国最高法院却不赞同。

这一案件不同于 Tinker 案,高院认为学生演讲的权力和成人的政治演说是不同的,并且公立学校禁止学生在公众场合使用粗俗、无礼的用语是非常适当的……宪法中没有任何内容与之相悖,反而是强调某种不适当的表达方式是应该受到惩戒的……在教室里或学校内的言语是否不适当,这一问题的决定权在校委会。

法庭采用著名的"时间,地点,方式"原则来检验学校演讲。校外演讲会受到保护，特别是像刚才提到的那种演讲，它实际上是一个政治演讲，但因为演讲中的用词（不是政治意图，而是词语本身）违背了校规，他就可能会被禁止。

毫无疑问，Fraser 的演讲是无礼的和粗俗的。但对仅仅不适当的演讲该怎么办？处理它的原则是什么？我们还得求助高院。

（三）对不适当表达的限制

Hazelwood 学区诉 Kuhlmeier 案（Hazelwood School District v. Kuhlmeier），编号 484 U.S. 260（1988）。

如果将 Tinker 案与 Fraser 案放在一起考虑，我们会发现只要内容不是太无礼和太下流，学生的言语就会受到保护。那些明显充满无礼和粗俗内容的演讲被看做是无法与高级中学的基本使命共存的，教育应该是在一个没有外界干扰的环境下展开。如果言语既不无礼，也不粗俗，但在学校工作人员看来不适当的话，会怎么样呢？这便是 Hazelwood 案中涉及的问题。

1983 年 5 月，密苏里州 St. Louis 郡 Hazelwood 东部高中新闻课上的学生们正在准备本学年最后一期的报刊 Spectrum，这一报纸每期有 4500 份的发行量，会在学校和当地社区中发行。毫无疑问，学校官员是这份报纸的最终管理者，他们可能是课堂上的教师或学校行政人员。报纸是一节课中教学内容的一部分，而它的相当大一部分费用是由当地教委会提供，因此通常的做法是，在发行前报纸的指导教师和课堂教师会将报纸交给校长审查。

校长发现这一期的报纸中有两个有异议的故事，一个是如何处理父母离婚对在校生的影响，另一个描述了三名学生的怀孕经历。

由于没有时间去撤掉这两个故事而重新安排剩余的版面，校长决定撤掉包含这些令人烦扰的文字所在的两页版面。

学生们对校长要求撤下的两页纸进行了复印，然后在学校内传播。他们也向联邦地区法院寻求签发禁止令。

在联邦地区法院的审判过程中，法官认为校长的行为是合法的。上诉法院则不同意这种意见，它们认为：

因为 Spectrum 是新闻业中的一员，尤其是学生的唯一报刊，因此它有责任保证学生可以公平、没有偏见地进行报道，可以指出不公平的事件，可以维护学生的自由，也可以维持高水平的优秀新闻工作。这样就导致此刊物在有些人那里是不受欢迎的，而没被打印出来的部分却是很受欢迎的。Spectrum 是用来为学生服务的，它给学生提供信息、使学生放松休闲、引导学生成长。这种功能虽不是很多，但希望它不会变得更少（Kuhlmeier v. Hazelwood School District，1986，P1373）

然而，美国最高法院撤销了上诉法院的判决，高院认为，学生的新闻权利不应该与成人的有同样的界限，因为校报是受学校行政人员的管理，他们对于哪些内容可以刊登或哪些内容不能刊登具有最终决定权。

（四）对校外表达的限制

Morse 诉 Frederic 案（Morse v. Frederic），编号 127 S.Ct. 2618（2007）。

到目前为止，法院的判决已经限定了学生在学校内（一个相当局限的区域）可以做什么和说什么。但在校外会怎样呢？比如在学校主办的活动中。

2002 年 1 月，盐湖城冬季奥运会的火炬传递活动来到阿拉斯加州的 Juneau。根据路线安排，火炬传递者会跑步通过 Juneau-Douglas 高中前面的大街，该校的校长 Deborah Morse 决定让学生和教职员工到大街两旁观看这一盛事。

当火炬通过时，Juneau-Douglas 高中的学生 Joseph Frederick 和他的朋友们打开了一面大旗，上面清晰可见 "BONG HiTS [sic] 4 JESUS" 的大字。Morse 校长看到后让学生们立即放下旗子，除了 Frederic 外，其他学生都照做了。后来 Frederic 被罚停课十天，因为他违反了 Juneau 高中校委会的 5520 号校规（即校委会明确禁止任何聚众或公开表达提倡使用对未成年人来说是非法的药物，违反这一规定的学生会依据法律和校委会政策而给予惩罚，1998）。Frederic 也被指控违反了校委会关于学校主办活动中的行为准则，即参加学校批准的社会活动和班级游玩的学生应该服从地区教委会的学生行为准则，而违反这一规定的学生会受到与在常规教学活动中违反校规一样的惩罚（Juneau 学区，1985）。

Frederic 向联邦地方法院提起诉讼，联邦地方法院判决学校的处罚合法。第 9 司法巡回区上诉法院则判决学校不合法，于是学校上诉到美国最高法院。高院驳回了上诉法院的判决，裁定学校合法。

首席大法官 John Roberts 在判决书中承认，在有限的 5-4 决定中，Frederic 案与 Tinker 案是不一样的，与 Fraser 案、Hazelwood 案也是不一样的。学生们确实有自己的权利，但因为学校与学生之间的特殊关系，学生的权利是有限的。当传递提倡药物滥用的信息时，很明确学生是应该要承担责任的：

我们以往的案例清晰表明学生们不是"在进入学校大门后，就失去了宪法赋予的言论及表达自由的权利"（见 Tinker 诉 Des Moines 独立社区校区案，编号 393 U.S. 503, 506, 89 S.Ct. 733, 21 L.Ed.2d 731, 1969）。同时，我们也已经表明宪法赋予学生的权利不会自动地与其他环境下成人的权利具有同样的界限（见 403 号 Bethel 校区诉 Fraser 案，编号 478 U.S. 675, 682, 106 S.Ct.3159, 92 L.Ed.2d 549, 1986），学生的权利必须考虑学校环境的特性（见 Hazelwood 学区诉 Kuhlmeier 案，编号 484 U.S.260, 266, 108 S.Ct. 562, 98 L.Ed.2d 592, 1988, 引自 Tinker, supra, at 506, 89 S.Ct. 733）。与这些原则一样，我们认为学校可以采取措施去保护那些委托他们照顾的学生，使他们不受那些能被看做是鼓励吸食毒品的言语的影响。因此，我们判定本案中学校官员的行为（没收提倡吸食毒品的旗帜和处罚相关学生）没有违反第一修正案。

于是，我们可以得到如下结论：在学校物权范围内，学生的言论和表达是会受到保护的。如果他们的言论干扰了正常教学活动或者是与学校传授的正常"信息"不一致，情况就会不一样。

要是这么简单该多好。

六、开始探讨网络

我给一个小型家庭的成员提供一次大学观光旅游的机会，这个家庭由母亲、父亲、一个即将上大学的少年和一位六岁的儿童组成。我带他们参观了大学教室、图书馆、实验室和学生会。参观结束的时候，每个人好像都对这个旅程很满意。但除了六岁的孩子都在问："但是大学在什么地方？"

一个人可能会问相似的问题："但是网络在什么地方？"我们可以很容易地找到硬件，至少可以看到在硬件上显示的内容。但实际的网络呢？就像 Gertrude Stein 曾经说过的"根本没有这里那里一说"。

当前的网络法律与学校运转直接相关，因此它处于一种不断变化的状态。在大量处理儿童、学校和网络问题的联邦法律中，有很大一部分法律因为其内容模糊不清或者是过于宽泛而已经失效。

虽然本书主要探讨青少年的网络使用，也要先快速回顾一下法庭如何对待那些保护儿童使用网络的法律及管理学校和图书馆中的网络行为的法律，这会让我们受益匪浅。

美国通信规范法 Communications Decency Act（CDA），编号 47 USC § 223。在 Reno 诉美国民权同盟（American Civil Liberties Union）案，编号 521 U.S. 844（1997）中被推翻。

制定通信规范法是为了保护未成年人免受互联网上的有害物质的毒害。然而法院发现这种保护是"基于信息的内容"，在保护未成年的同时阻止了成年人获取那些不适合于儿童的信息，这是违背第一修正案的。

儿童色情预防法案 Child Pornography Prevention Act（CPPA），编号 18 USC § § 2256（8）（B）and 2256（8）（D）（1996）。在 Ashcroft 诉言论自由联盟（Free Speech Coalition）案，编号 535 U.S. 234（2002）中被推翻。

儿童色情预防法案是已有的儿童色情法律的扩展，它禁止与性相关的资源在未成年人视野中出现。但事实上，法律并不是仅仅涉及未成年人，这一法案也涉及这些资源中的广告及资源的传播。法院裁决，如果实施儿童色情预防法案，那些被认为不适合于儿童的资源同样也会对成人禁止了。此外，因为这一法案中使用了"可能属于"和"传达印象"的句子，法院认定它的内容是模糊不清和过于宽泛的。按照这一法案的要求，罗密欧与朱丽叶这样的话剧都应该被禁止，因为话剧的主要人物都年轻的十几岁的未成年人。

儿童在线保护法 Child On-Line Protection Act（COPA），编号 47 USC § 231（1998）。在 Ashcroft 诉美国民权同盟（American Civil Liberties Union）案，编号 542 U.S.656（2004）中被推翻。

国会对法院处理 Reno 案做出反应，通过了儿童在线预防法案，以此来防止未成年人接触网络上的色情信息。这一法案要求以信用卡或其他在现有的技术下可行、结果合理的标准作为准入条件，达到准入标准的网络使用者是可以获取这些色情资源［§231（c）（1）］。很快，美国民权同盟和一些网络出版商一起向法院起诉以阻止这一法案的实施。法院裁定，国会没有证据表明信用卡作为准入要求能防止未成人获取色情资源，而拦截软件及过滤软件起到的控制作用也很小。

儿童互联网保护法 Children's Internet Protection Act（CIPA），编号 17 USC § 1701 et seq（2000）。在美国与美国图书馆协会（American Library Association）案，编号 539 U.S.194（2003）中得到进一步确认。

2000 年，国会通过了儿童网络预防法案，它要求受到联邦财政支持的图书馆必须安装不良信息拦截软件以防止未成年人获取某种网络资源。美国图书馆协会反对受到最高法院支持的这一法案。

法院认为，图书馆通常可以决定提供哪些资源，也可以决定使用哪个网络来提供这些资源，这好比它们可以决定去购买哪些书籍。不良信息拦截软件既可以开，也可以关，因此成年人可以获取那些不适合于未成年人的资源。

儿童在线隐私保护法 Children's On-Line Privacy Protection Act（COPPA），编号 15 USC § 6501-6506（1998）。

不要将这一法案与儿童在线预防法案混淆了，儿童在线隐私保护法案是适用于收集小于 13 岁儿童的个人信息的网站。这一法案本身并没有受到质疑和反对，联邦贸易委员会依据它对众多吸引儿童去浏览不良信息的公司处以罚款。由于这些公司反复违反这一法案的条文，委员会已经征收了高达一百万美元的罚金。

有这么多与第一修正案相似的法律，法院也已经尝试在保证表达自由与保护儿童这两者之间做出权衡。同时考虑这两方面的话，我们必须在网络上放置那些不适合于儿童但适合于成人的资源。如果国会以某种方式精心制定一部法律，它允许成人获取资源，也能阻止儿童获取资源，这样的法律可能会得到司法机关的支持。前面提到的儿童网络保护法案很接近这样的法律，但它引入了其他的因素：拦截软件和过滤软件。

七、开始探讨法院

在关于学校行为的小故事中，几乎都有学生在课堂上传纸条被抓的场景。更糟的情况是，被没收的小纸条是针对教师的评论。学生也已经将这些评论刻在课桌上，或偷偷地写在黑板上（现在或许是标记板），于是，这些学生通常会被教师抓住，并且几乎一定会受到迅速而明确的处罚。

然而，当前的网络已经使这些讨厌的信息在世界范围内传播得比以往任何时候都容易。很明显，许多年轻人也认为网络的匿名性意味着他们的言行不会被发现。但情况却恰恰相反，网络上的作恶者比以往任何时候都容易被抓住。"事实上，一位学校官员的管理范围通常可以延伸到校外的学生家里，他可以惩罚那些在课外属于自己的时间里、通过自己的电脑来谩骂或攻击学校行政人员和教师的学生们。"（Calvert，2001）

如果我们将上面提到的那些学生表达行为与网络使用联系在一起的话，会发生什么事情呢？法院已经认识到网络让这些问题变得更难处理。比如宾西法尼亚州高等法院就说："网络的出现使对言论限制的分析更加复杂（J.S. 诉 Bethlehem 学区案，2002，P863）。"虽然到目前为止，美国高等法院仍然没有处理过网络环境下学生言论的问题，但各下级法院有更大的义务去保证言论自由和思想传播。

Beussink 诉 Woodland R-IV 校区案（Beussink ex rel. Beussink v. Woodland R-IV School District），编号 30 F.Supp. 2d 1175（E.D. Mo. 1998）。

Brandon Beussink 在自己的课余时间里用自己家里的电脑创建了一个网页。虽然这个网页上包含很多对 Woodland 高中、学校中的教师、校长和 Woodland 高中网站的粗俗评价，但并没有迹象表明 Beussink 的网页破坏了学校的正常教学秩序，它也没有导致该校校长与教师们的心情不悦。

然而，Beussink 还是被停课十天，这导致他高三第二学期所有的课程都不及格。

于是，Beussink 向地区法院申请强制令禁止停课处罚的实施，当地法院签署下发了这一强制令。法院在裁定书里进行了说明："从实质来看，Beussink 制作的网页与其所在学校的校规并不冲突。"（P1182）法官也指出那些妨碍学校正常教学秩序的言论确实要被禁止，但那些没有广泛传播的、并没有妨碍学校正常教学秩序的言论是受到保护的。

在决定第一修正案与校规哪一个更有效时，法院再一次采用了妨碍的检验准则而不是冒犯准则。

Boucher 诉 Greenfield 校区学校董事会案（Boucher v. School Board of the School District of Greenfield），编号 134 F.3d 821（7th Cir. 1998）。

那么，妨碍的可能情况是什么呢？另一个涉及第一修正案的案例是著名的 Brandenburg 诉俄亥俄州案（1969），该案对"单纯的倡议行为"与"即将发生的违法行为"做出区分。但是，仍然存在一种推演方法来权衡恶意的严重性（P453），即倡议行为的性质与行为将要发生的可能性之间的关系。高中生 Justin J. Boucher 刚好在这两方面的冲突点上惹上了麻烦。

Boucher 以 Sacco 和 Vanzetti 为笔名创作了一篇题为《最后一次》的文章，发表在非校方主办的地下报纸上。这篇文章夹杂着粗俗语言详细介绍了他如何像黑客那样攻击学校的电脑，学校官员很快就确定 Boucher 是这篇文章的作者，并且于 1997 年 7 月将其开除。

Boucher 则声称第一修正案赋予自己的权利被侵害了，一所联邦地区法院认可这一说法，裁定学校不能执行开除的处罚。于是校委会提出上诉，第 7 司法巡回区上诉法院则支持学校的开除处罚决定。

上诉法院也认同前述的 Tinker 案，认为在踏进学校大门后，学生们并不会失去宪法赋予他们的言论及表达的自由权。但是，按照前述 Hazelwood 案中依据的妨碍学校正常秩序的标准，上诉法院认定：第一，如果本案中签署强制令的话，就会损害学校的权威性；第二，本案中存在严重破坏学校计算机的可能，由此也就会扰乱学校的正常秩序。

有趣的是，巡回区法院在判决书中向 Boucher 提供一个可能的补救办法："要是 Boucher 不声称这篇文章是有意为之，而只是对无政府主义高中生黑客们的某种拙劣模仿作品的话，那这一辩护会比之前提供的那个更有胜算" Emmett 诉 Kent 学区案（Emmett v. Kent School District No. 415），415 号，编号 415, 92 F.Supp 2d 1088（W.D. Wash 2000）。

在引发学校官员的回应前，感知到的威胁会有多严重？上述 Boucher 案中的法官提到一个词——模仿作品，美国高等法院早已裁定模仿作品是一种受到法律保护的言论形式。以往的案例表明，这种权利在隐私权案（1998 年的《Hustler》杂志诉 Falwell 案）及作品的版权案（1994 年 Campbell 诉 Acuff-Rose 案）中都会受到法律保护。但如果这种模仿作品可能引起威胁的话，法律会怎样处理呢？

Emmett 案的要点和背景很简单，从地区法院的裁定书可以轻易找到：

原告 Nick Emmett，18 岁，是 Kentlake 高中的高年级生。他的平均学分绩点（GPA）是 3.95，是校篮球队副队长，也没有过违反纪律的历史。2000 年 2 月 13 日的课外时间，Emmett 通过自己家里的电脑（而不是使用学校的资源）在网上创建了一个标题 [原文] 为 "非官方的 Kentlake 高中主页" 的网站。这一网站中附有一份免责声明，它向网页访问者提醒本网站并不是学校所有的，而仅仅是为了娱乐之用。网站包括很多对学校管理者和师资队伍的评论。网站中有两个问题成为本案的争论点。其一，此网站发布了至少原告两位朋友的虚假 "讣告"，这些讣告是用一种半开玩笑的语气书写。这一行为是受去年创意写作课上写自己讣告作业的启发，而这些虚假的讣告成了该校学生、职员及管理人员间谈论的话题。其二，原告在网站上设立了一个投票，让网站访问者投票决定谁将下一个 "死"，也就是说谁将成为下一份虚假讣告的主角。

2 月 16 日，星期三，一个晚间新闻认为原告的网站具有 "即将被杀的黑名单" 的特点，虽然网站的任何地方都没有出现 "黑名单" 这个词。当天晚上，原告从网上移除了他的网站。第二天，原告被叫到校长办公室。最后他被告之，因为对教学过程产生的恐吓、骚扰和妨碍，以及对 Kent 校区版权的侵害，将被处以立即开除（P1089）。

这一网页中存在明显的威胁吗？如果存在的话，它们有多严重呢？虽然法院可能并没有看出里面包含的幽默，还是认为这个网站只是存在极其微小的威胁：

网站的内容可以作为那些有暴力倾向学生的早期指标，该网站也会快速地将其中的信念传递给那些志趣相投或容易受影响的人。然而，辩护律师认为并没有相关证据来表明这些虚假的讣告和网站上的投票活动是想要去威胁谁，或者它们确实已经威胁到了谁，或者它们表露了任何的暴力倾向。

因此，处理 Emmett 案的法院认为，如果没有迹象表明被告想要去造成伤害，也没有证据表明学校无法存在任何可能的伤害的话，那么第一修正案就会击败校方的担忧，也就是说学校不能开除 Emmett。

Killion 诉 Franklin 地区校区案（Killion v. Franklin Regional School District），编号 136 F. Supp. 2d 446（W.D. Pa. 2001）。

到目前为止，上面讨论的案子已经涉及与学校有关的网络信息的各种问题。如果电子言论仅仅涉及某位老师而非针对学校那怎样处理呢？

1999 年 3 月，高中生 Zachariah Paul 在家中写了一封电子邮件，其中的内容被老师们认为是"无礼的、口出恶言的、很失身分的"（P455）及"下流的、伤风败俗的"（P456）。虽然 Paul 发送了这封邮件，但是他本人并没有将其发送到他就读的学校，而是其他同学发送的。

学校给予 Paul 停课处罚，他的家长 Joanne Killion（此案件因此而得名）起诉学校违反了第一修正案。

法院在广泛地审查以往有关扰乱学校及言论自由的案例后裁定：第一，这封邮件没有造成学校的紊乱；第二，就算造成了紊乱，Paul 也不是那个应该被起诉的人，因为他并没有将邮件发送给学校。

J.S. 诉 Bethlehem 学区案（J.S.v. Bethlehem School District），编号 807 A.2d 847（Pa. 2002）。

我们想要知道可能的伤害和破坏到了什么程度会变成实际的行为？这就是2002 年宾夕法尼亚州高等法院在一件案子中遇到的问题。在该案的意见中，这家法院对于有问题的网页提供了一个清晰的说明：

本案中涉及的网站的名称（原文）是"差劲的教师"，大量的网页充满了伤人的、不敬的、无礼的以及威胁性的评论，它主要针对于 Nitschmann 中学的代数老师 Kathleen Fulmer 及校长 A. Thomas Kartsotis。这些评论内容包括文字、图片、动画和音频等形式。

这个网站中存在大量的网页。确实有很多的网页是针对 Kartsotis 校长的，也有一个名为"差劲的 Kartsotis 欢迎你"的网页。另一个网页以一种不敬的措辞表示 Kartsotis 校长与 Asa Pacher 学校的 Derrico 校长有不正当关系。

网站中关于 Fulmer 老师的网页中，有一个名 [原文] 为"为什么 Fulmer 老师应该被开除"的网页，里面的文字是有辱人格的。这个网页指出因为 Fulmer 老师的体形和气质问题，学校应该中止对她的雇佣。还有一个动画网页以动画片南方公园（South Park）里的某个形象来指代 Fulmer 老师，还附有一段说明文字指出"这真的就是 Kyle（动画片南方公园里的人物），她是一个比你们的妈妈体格更大的 b"。[脚注 3，出于表明意见的目的，这里使用空格而不是网站中完全写出的不敬之词。]

另一网页中，Fulmer 老师的头像变成希特勒的形象，并附有文字"新 Fulmer·希特勒电影。其中的相似性使我大吃一惊的"。此外，还有一张以巫婆的装束手动绘制的 Fulmer 老师肖像。也有一个含有音频的网页，播放着"在 D 小调中，Fulmer 老师是一个 B "。最后，与这些对 Fulmer 老师的指责相伴随的，其中一个网页还上传了某些数学课程的答案。

针对 Fulmer 老师的、最为惹人注目的网页名是"为什么她应该去死"。紧跟这个标题下方的是一段文字，内容是邀请访问者去做一些事，即"请看一看我给出的图和理由，然后可以捐助 20 美元用于支付职业杀手的费用"。这里的图是一张包含 Fulmer 老师不同身体部分的照片，而照片采用了加亮的方式以吸引注意。[脚注 4，Fulmer 老师的照片可以链接到四个关于为什么她应该去死的理由。这四个理由是：（1）是假发吗？还是上帝的错误；（2）令人作呕的红眼病；（3）青春痘呀！（4）丑陋的笑脸。] 在质问"为什么 Fulmer 老师应该去死"的下方，是一些"作者的话"，将"F__ You Mrs. Fulmer. You Are A B __. You Are A Stupid B__."重复列出了 136 次。在另外一个网页上的微小图画中，Fulmer 老师的头被砍下，血顺着脖子滴下。（P851）

这些网页的内容引起了学校内的大量而激烈的讨论，更为重要的是，这给 Fulmer 老师造成了严重的心理伤害使她情绪低落，迫使她不得不服用一些精神类药物并请病假休养。这些进而导致她所上的课由代课老师接手。

学校官员认为这个网站对 Fulmer 老师构成了威胁，也干扰了学校的正常运转。于是，J.S. 被停课三天。

当这个案件来到宾夕法尼亚州高级法院后，法院裁定虽然这个网站没有"真正的威胁"（P860），但它确实是造成了实质性的干扰：

Fulmer 老师遭受着严重心理伤害，也不得不请病假休养。

因为 Fulmer 老师请病假，代课老师必须去接她的课，这极大影响了学生的学习。

很多学生开始担忧自己的个人安全。

学生父母对学校安全和代课老师的问题表示关切。

总的来说，这个网站制造了混乱，极大地妨碍了教学活动。的确是这样，这个网站明确针对于特定的学区而带来了扰乱。根据以上这些事实，我们确信学区已经有力地证明 J.S. 的网站对学校工作产生了实际的、实质上的干扰，而且干扰的程度达到了廷克案中判罚所要求的必要条件。基于上述这些理由，我们裁定学区对 J.S. 的处罚行为没有违背第一修正案赋予的言论自由权。

这一案件给我们什么启示呢？很显然，在一片沼泽之地，只有一条处处都充满危险的路可以穿越沼泽。总的来说，第一修正案维护学生的表达权，但在相关案件中，表达的性质、它的影响以及信息的来源都是需要认真考虑的因素。

八、社交网络会是怎样

考虑到我们对法律、学生与自由表达（包括大量网络表达）的理解，像 Second Life 这样的社交网站会怎样在这两者之间取得平衡呢？当涉及表达的案子出现在聚友网（Myspace）、脸谱网（Facebook）、Second Life 或其他社交网站时，法院会依据怎样的法律进行处理呢？

简单的回答可能是，"这两者之间不存在联系"。也就是说，法院没有处理过这种案子。从表面上看仿佛确实会这样，但法院通常采用类比的方法来处理新案例。法院首先会仔细审查新旧案子之间的相似性和差异性，接下来参考以往的判决，最后决定如何将老的规则（法律术语称为"惯例"）最佳地应用到新的状况中去。

Layshock 诉 Hermitage 学区案（Layshock v. Hermitage School District），编号 496 F.Supp.2d 587（W.D. Pa. 2007）。

就老的规则应用于新技术来说，Layshock 案只是回到基本原则，将 Tinker 案中关于妨害的规则直接应用到在社交网站聚友网（Myspace）上发表的内容。

在 2005 年 12 月底，Justin Layshock 放学后通过奶奶的电脑在聚友网（Myspace）上创建了一个他称作是"恶搞"的关于校长的个人网页，这里面包含大量粗俗的评论，语句通常与"大"有关。在他发布这一个人网页后，许多同学也发布了很多恶搞校长的个人网页。

早在当年的 10 月份，学校就已经试图去阻止通过学校电脑登陆聚友网（Myspace），但这一努力并没有成功，大量学生和教师显然还在使用聚友网（Myspace）。

事后，Layshock 被罚停课 10 天，也不能参加任何学校活动，包括来年 6 月份自己的毕业典礼。按照学校的说法，处罚的理由是他对学校的正常运转造成了实质性的干扰以及对学校官员的不敬。

干扰是指学校做了很大的努力去阻断学校电脑连接聚友网（Myspace），而且还限制学生的电脑使用，持续了大概四天。但是，法院认为这些干扰的实质性还不足以从法律上认可学校的处罚决定的正当性。

Requa 诉 Kent 学区案（Requa v. Kent School Dist. No. 415），编号 492 F.Supp.2d 1272，（W.D.Wash., 2007）。

然而，采用不同的推理，法院会对不一样的社交网络信息发布做出不同的反应。

2006 年 6 月，Gregory Requa 在 YouTube 上传了一段英文老师的视频，这段视频中的内容是在课堂上偷拍的，后期又进行了编辑，添加了背景音乐、字幕，制作了慢动作。视频有对于这位老师个人卫生的文字评论，也有对喧闹无序的课堂的记录，如其他学生在老师背后比划出 V 字或做出下流的动作。视频中还有一段这位老师从镜头走开后弯下腰时露出臀部的镜头。

学校官员最终也未能确认是谁拍摄了这段视频，又是谁进行编辑以及是谁将这段视频放到网上的。尽管 Requa 否认，但很多学生都指认他与视频的产生有关，因此他很可能就是拍摄者。Requa 承认在自己的主页上发布过这段视频的链接网址，但他也坚称在当地一家电视台播出了一则关于社交网站有许多相似视频的相关报道后，就删除了这个网址。然而，截至 2008 年 9 月，YouTube 上还是能观看到这段视频（http://www.youtube.com/ watch?v=aHIJMWr1Zy0）。

Requa 被给与停课 40 天的处罚，但如果她能够完成一份研究论文的话，可以减免 20 天。其他学生也受到了相似的处罚。在用尽行政补救措施后，Requa 将他的案子提交到联邦地区法院，宣称自己的第一修正案赋予的权利及正当程序权利被侵犯了。

要是有选择，或存在其他理由去维持初级司法或行政判决的话，联邦法院宁愿不去处理涉及第一修正案的案子。在本案中，法院认定那段视频是下流的和令人不快的，也不涉及政治或批判性内容（P1279），因此它不属于第一修正案保护的范围。

然而，法院否决了原告对临时禁止令的申请，申请的理由是这段视频含有性骚扰的内容（因此会造成明显的扰乱），而偷拍行为则是明显违反了学校关于录音设备及录像设备的使用条例。

Spanierman 诉 Hughes 案（Spanierman v. Hughes），编号 492 F.Supp.2d 1272，（D. Conn.，2008）。

到目前为止，本章引用的全部案例都针对于学生在网页或社交网站上的活动，而这些活动也一般令教师和学校管理者不悦。但当一位教师的网络行为违反了学校的规定或者导致了学生们的痛苦的话，结果会怎样呢？这是本章引用的最后一个案例所涉及的问题。

Jeffrey Spanierman 是康涅狄格州 Ansonia 市 Emmett O'Brien 高中新招聘的英语老师。在受雇工作期间，他在聚友网（Myspace）上创建了自己的个人网页，并鼓励学生通过它来进行交流。网页中有 Spanierman 是以及他的学生们的照片，还有很多裸体男子的照片（P2），这些照片下都附有学校辅导员认定其不当的评论。此外，也包含很多辅导员认为是极像朋友对朋友那样的学生间的谈话（P2）。

很多登陆过的学生都说这个网页让自己不舒服。Spanierman 被要求删除这个网页，他也确实这样做了。然而几乎是同时，他用不同的名字创建了另一个内容完全一样的网页。在一个行政听证会后，他被处以强制休假。后来，学校也没有与他续签下一学年的工作合同。于是，他以自己的第一修正案权及正当程序权利被学校侵犯为理由向联邦地区法院提起诉讼。被告对起诉做出了回应，向法院提出简易判决的动议，法院批准了这一动议。

在法院的判决中，绝大部分文字是在论述 Spanierman 的正当程序权利。法院裁定所有的行政程序都被采用了，他不是被学校终止聘用合同，而是不再续聘。法院也裁定他的言论通常不会像涉及公共政策的言论那样受到保护的，实际上，他的言论只不过是在师生关系中不当的个人言论而已。

考虑到滥用的可能性，以及为了努力维持恰当的师生关系，现在很多州都在考虑制定相关的法律去完全禁止通过社交网站建立师生关系。其他学区允许师生之间这种方式的接触，但是只能是通过学区主办的那些网站（Simon，2008）。

当然，像第二人生（Second Life）这样的网站有可能将虚拟现实的其他层面引入这个问题。一个学生可以创建几乎无限个化身，足够形成整个班级或学校。这些化身可以代表他自己、他的老师们、学校的管理人员或其他同学。这些人可以去做任何创建者想做的事，说任何创建者想说的话，他们可以有无数种体型、身体部分及身体特性。

就像我们已经看到的，青少年对学校教职员工的文字描述显得极其苛责。像Second Life这样的网站引发了新问题——虚假的、轻度的隐私侵犯，该问题中常见的成分有：

发表的内容……

……是有预谋的……

……创建了一个虚假印象……

……对于一个明事理的人来说是极端无礼的。

不用太费力就能想象到上面引用的案例中的学生是如何将自己的文字描述变成虚拟描述的。就像其它判决书所表明的，责任方将会是学生，而不是虚拟世界的发行人或所有人。

九、可接受的使用政策

对于学校管理者来说，做哪些事可以让自己免受那些感觉合法权利受侵害的父母和学生所提起的诉讼？第一反应的答案是：能做的事情不多。然而还是存在一些预防措施的，它们既很好地体现了学校在保护学生言论自由方面的诚意，又能让学生清晰地了解哪些行为是可以接受的，哪些行为是不可以接受的。这些预防措施都在可接受的使用政策（AUP）中。

设置 AUP 有三个目的：其一，它可以代替父母准许（或不准许）自己的孩子使用网络；其二，当学生想获取学校提供的网络资源时，AUP 提供准则清晰说明哪些资源是适当的、哪些资源是不适当的；其三，它会告诉学生如果违反这些规定会受到什么处罚。但是需要指出的是，AUP 不可能包括所有与学生表达情形相关的禁令，那些涉及扰乱、适当性、控制和自由言论的规定仍然被利用。

制定 AUP 最好的方式可能是列一些包含"可做……，不可做……"的表，尽管管理者可能想要列出包罗万象的表，但是他们应该抵制这种诱惑。在如今快速变化的电子环境下，一张这样的表可能很快就过时了。此外，AUP 难以涵盖所有可能的行为，因此，当遇到疑问的时候人们可能会问："如果 AUP 没有探讨这一行为，那它是被允许的还是被禁止的？"很多这样的问题都引起了官司。

因此，AUP 应该尽量涵盖可能发生的情况。当然，如果有很多"可做……，不可做……"的具体描述，那么针对违反政策的行为就必须有明确的处罚。记住，大多数学生是会遵守这些规定的，而且多数情况下，违反规定的学生其实并不是有意这样做的。因此，真正惩罚的对象应该只是少量学生。

应该如何惩罚呢？普遍的原则是让惩罚与违纪行为相匹配，最常用的惩罚是取消学生校内使用网络的权利，较为严重的违规行为可以施以停课处分。无论采取哪种奖励或惩罚方案，它都必须公平、一致地实施。

制定的政策也必须包括正当程序权利的条款，而且应该得到学生、学生的父母和学校（或学区）法人代表的签名认可。弗吉尼亚州教育部已经出版了一部非常好的电子出版物，它详细说明如何去制定一个 AUP，里面也包括很多其他州制定 AUP 的实例和 AUP 样板。

幸运的是，许多学校已经制定了 AUP。一个简单的网络搜索都能得到成百甚至上千个这样的政策。这里有一些网站可以供大家参考：

http://www.gnn.com/gnn/meta/edu/features/archive/aup.htm

lhttp://www.wentworth.com/classroom/aup.htm

http://www.bham.wednet.edu/policies.htm

http://www.erehwon.com/k12aup/

十、放眼未来

此时，你可能正在问自己："社交网站有好处吗？"是的，社交网站有很多积极的作用。但教师和学校管理者也无需绝望地投降，他们应该也记得电脑进入教室也不过是几年前的事，网络的出现就更没有几年的时间。我们所有人都生活在这个网络时代，写很多案子推动和寻找新的、令人兴奋的新技术使用方式。现在可能是时候考虑下一步了，也就是将社交网站整合进入课程。

目前，很多学校已经创建了自己的虚拟校园，学生和教职员工可以因上课或临时交流而聚在一起。当然，正如前面提到的，教职员工必须非常小心，不要逾越适当的行为及适当的师生关系的界限。

对学校来说，较为保险的做法是仅仅创建一个形象出现在一个虚拟世界，仅仅提供学校及学校活动相关的信息。但是，可能在虚拟世界中进行教学吗？一些大学目前确实正在尝试虚拟教室，以此作为同步互动的延伸。事实上，从通过键盘的同步沟通到建立一个可以完整展现教学过程，也可以通过化身来提问和作答的更加精细的虚拟教室，并不能称为是一次跳跃。可是，大多数虚拟教室都只是提供补充教学资源而不是取代实体学校。第二人生（Second Life）就容许这虚拟世界中的"公民"上传内容，这些内容能作为课堂学习材料。

对虚拟世界应用于教室的问题感兴趣的读者，下面的一些网站会很有用：

http://dokimos.org/secondlife/education/

http://www.simteach.com/

http://slgames.wordpress.com/2007/04/12/alternatives-to-second-life-uber-edition/

十一、结论

美国高等法院已经处理了很多涉及青少年与社交网站（如 Second Life）的官司。可是，利用"类推"的概念，我们可以推测与不断扩张的网络世界相关的新规则会是这样的：

在学校中涉及公共政策的言论，如果没有导致实质性扰乱的话，必定会受到保护。

在学校建筑里或官方认定的学校负责区域内做出的表达，不管其是否是课程的一部分，只要它干扰了正常的教学秩序，就不会受到保护。

"仅仅是"校外发表的、无礼的言论，就算后来散布到学校里，也很可能被保护。

造成或可能造成严重扰乱行为的表达，或者被认定为是一个真正威胁的表达，不会被保护。

考虑到目前的法律氛围，对学校来说比较迫切的是制定书面政策，以明确学校在文明教育、言论自由、扰乱行为、威胁和正确使用电脑等方面的角色，也可以明确这些话题是如何与电脑使用发生联系的。

【参考文献】

Aristotle,A.(2008).Politics.Book III,part XV.(B.Jowett,Trans.).Retrieved September 28,2008,http://classics.mit.edu/Aristotle/politics.3.three.html.

Aristotle,A.(2008).Politics.Book III,Part XVI.(B.Jowett,Trans.).Retrieved September 28,2008,http://classics.mit.edu/Aristotle/politics.3.three.html.

Ashcroft v.American Civil Liberties Union,542 U.S.656(2004).

Ashcroft v.Free Speech Coalition,535 U.S.234(2002).

Bethel School District No.403 v.Fraser,478 U.S.675(1986).

Beussink ex rel.Beussink v.Woodland R-IV School District,30 F.Supp.2d 1175(E. D.Mo.1998).

Boucher v.School Board of the School District of Greenfield,134 F.3d 821(7th Cir.1998).

Brandenburg v.Ohio,395 U.S.444(1969).

Calvert,C.(2001).Off-campus speech,on-campus punishment:Censorship of the emerging Internet underground.Boston University Journal of Science and Technology Law,7,244–245.

Campbell v.Acuff-Rose,510 U.S.569(1994).

Cardwell v.Bechtol,724 S.W.2d 739(Tenn.1987).

Child On-Line Protection Act(COPA),47 USC§231(1998).

Child Pornography Prevention Act(CPPA),18 USC §§ 2256(8)(B)and 2256(8)(D) (1996).

Children's Internet Protection Act(CIPA),17 USC 1701 et seq(2000).

Children's On-Line Privacy Protection Act(COPPA),15 USC § 6501-6506(1998).

Communications Decency Act(CDA),47 USC§223(1996).

Cunningham,L.(2006).A question of capacity:Towards a comprehensive and consistent vision of children and their status under law.Universityof California at Davis Journal of Juvenile Law and Policy,10,277.

Dempsey,J.X.(2007,November/December).The Internet at risk.EDUCAUSE Review,72–82.

Emmett v.Kent School District No.415,92 F.Supp 2d 1088(W.D.Wash 2000).

Hazelwood School District v.Kuhlmeier,484 U.S.260(1988).

Hustler Magazine v.Falwell,485 U.S.46(1988).

J.S.v.Bethlehem School District,807 A.2d 847(Pa.2002).

Juneau School District.(1985,January 8).Policy manual:Policy 5850,social events and class trips.

Juneau School District.(1998,February 17).Policy manual:Policy 5520,disruption and demonstration.

Killion v.Franklin Regional School District,136 F.Supp.2d 446(W.D.Pa.2001).

Kuhlmeier v.Hazelwood School District,795 F.2d 1368,1372(8th Cir.1986),rev' d,484 U.S.260(1988).

Layshock v.Hermitage School District,496 F.Supp.2d 587(W.D.Pa.2007).

Morse v.Frederic,127 S.Ct.2618(2007).

Reno v.American Civil Liberties Union,521 U.S.844(1997).

Requa v.Kent School Dist.No.415,492 F.Supp.2d 1272,(W.D.Wash.2007).

Schwartz,M.(2008,August 3).The trolls among us.New York Times Magazine,27–30.

Simon,M.(2008).Online student-teacher friendships can be tricky.Retrieved August 13,2008,http://www.cnn.com/2008/TECH/08/12/studentsteachers.online/index.html20080813.

Spanierman v.Hughes,F.Supp.2d,2008 WL 4224483(D.Conn.2008).

Stein,G.quoted in Shapiro,F.S.(2006).The Yale book of quotations.New Haven,CT:Yale University Press.

Tinker v.Des Moines Independent Community School District,393 U.S.503(1969).

United States v.American Library Association,539 U.S.194(2003).Virginia Department of Education.(n.d.).Acceptable use policies:A handbook.Retrieved September 29,2008,http://www.doe.virginia.gov/VDOE/Technology/AUP/home.shtml.

Vivian,J.(2008).The media of mass communication.New York:Pearson.

West Virginia State Board of Education v.Barnett,319 U.S.624(1943).

第七章 高中生能从儿童互联网保护法案中获益吗

严正（Zheng Yan） 美国纽约州立大学奥尔巴尼分校

儿童互联网保护法（CIPA，2000）规定，应该采用网络过滤和公众意识策略，保护 17 岁以下的儿童免受网络上有害视觉信息的毒害。自 2001 年起，这一法案已经在全国范围内实施，然而，很少能找到论述这一法案对儿童网络安全的影响的文献。本章首先简要介绍 CIPA 和现有的其他一些保护网络中儿童的条例，然后呈现一些实证证据，显示 CIPA 与高中生在学校中的网络使用量减少有关，但是对学生们获得网络安全的知识或获得网络安全教育机会却并没有好处。

一、引言

儿童互联网保护法在 2000 年 12 月 21 日签署成为联邦法律，从 2001 年 4 月 20 日起开始生效。依据儿童互联网保护法案，接受 E 级基金支持的公立学校和公立图书馆需要使用网络过滤和网络拦截程序来保护 17 岁以下的儿童免受网络中的不良视觉信息毒害，同时它们也应该通过发布公告、举办公众听证会的形式来提高公众的网络安全意识。在美国，几乎所有的公立学校都在执行儿童互联网保护法案（Wells & Lewis，2006），同时六成的公立图书馆也在执行这一法案（Jaeger，McClure，Bertot & Langa，2005）。因此，评估儿童互联网保护法案对年轻的网络使用者的影响，以及判断他们是否从这一法案中获益是两个很重要的问题，可是很少有实证研究去评估这一法案对年轻的互联网用户的影响。本章的目的有两个：（1）通过回顾儿童网络安全相关的联邦条例，提供一个认识儿童网络安全问题的宽广的概念框架；（2）通过介绍具体案例来展现现实世界中儿童网络安全问题的复杂性，即那些评估儿童互联网保护法案对公立学校中的儿童和青少年的影响的案例。

二、美国的互联网安全保护策略

在众多大众媒体中（如电话、广播、电影、电视和网络），只有电视和网络受到公众广泛的关注，尤其是关注这两者对儿童的影响，联邦政府也只有针对电视和网络的条例。

就电视来说，1990 年联邦政府制定了一部名为儿童电视法（CTA）的条例。制定 CTA 的主要目标是限制儿童电视节目中的广告以及增加教育和信息类节目。具体来说，依据联邦通讯委员会（FCC）制定的规定：（1）从早上七点到晚上十点之间，电视台必须每周固定地播出时长至少半小时专门制作的核心节目，以满足 16 岁以下儿童对于教育和信息的需求；（2）电视台需要通过增加"E/I"标志来表明正在播放的是教育类或信息类节目；（3）电视台要限制儿童电视节目中商业内容的时长，具体要求是周末每小时的节目中不能多于 10.5 分钟，而在工作日每小时的节目中也不能多于 12 分钟。从 2007 年开始，联邦通讯委员会进一步要求，电视台每周播放核心节目的时长不能少于三小时。儿童电视法案和联邦通讯委员会的规定在全国范围内已经被实施近 20 年，促进儿童通过电视学习重要的知识和价值，也保护他们免受电视中过度商业化的影响。

与电视相对应有六个联邦条例涉及儿童和互联网：（1）1998 年的儿童在线保护法案（Child Online Protection Act）；（2）1999 年的邻里儿童网络保护法（Neighborhood Children's Internet Protection Act）；（3）2000 年的儿童在线隐私保护法（Children's Online Privacy Protection Act）；（4）2000 年的儿童网络保护法（Children's Internet Protection Act）；（5）2006 年的删除在线掠食者法（Deleting Online Predators Act）；（6）2007 年的网络安全教育法（Internet Safety Education Act）。从历史上来看，这么多与一个主题相关的法案是空前未有的，这也表明社会非常关注互联网带给儿童的潜在负面影响。与考虑电视上的商业化及缺少学习内容对儿童的影响相比，儿童网络上的安全（如接触到色情图片、成为网络受害者）更令人忧虑。因此，这些关注催生了一系列致力于保护网络中儿童的联邦法案。

在这六个涉及儿童和互联网的法案中，儿童网络保护法案（CIPA）是尤为重要的，因为以下几个原因：（1）1998 年制定的儿童在线保护法被美国高等法院裁定为违宪，而儿童网络保护法案被认为是合乎宪法的，是美国实施最为广泛的法案（尽管美国图书馆协会和其它言论自由拥护者质疑它违背了第一修正案）；（2）儿童电视法案主要是要求向儿童提供教育和信息类节目，其他五部法案主要采用的策略是限制儿童接触网络；（3）儿童网络保护法案采用的是最新的联邦策略，因为 2006 年的《删除在线掠食者法案》和 2007 年的《网络安全教育法案》仍然处于争论阶段；（4）这一法案受到了最广泛的关注，它也成为与网络和儿童有关的法律问题的焦点，父母、政策制定者、研究者以及其他有关人士都在探讨这一话题。因此，在与网络有关的法案中，《儿童网络保护法案》被认为是最具代表性和著名的联邦政策，本章也就主要探讨这一法案。

儿童网络保护法案由九节内容组成，其中的五大节明确阐述保护在线儿童的两项主要策略（主要在 1711、1712、1721、1732 节），四小节则陈述与这些策略的执行过程相关的各种定义和程序议题（主要在 1701、1703、1731、1732、1733、1741 节）。

该法案的 1711 节明确指出，公立学校中首要的网络保护策略是过滤策略。具体而言，儿童网络保护法案是对 1965 年的初等和中等教育法案的修订，即依据 1934 年的通讯法案中的第 254 节来限制学校获取的基金资助。该法案要求学校必须采用技术保护措施来防止学生接触淫秽的、儿童色情图片和对 17 岁以下未成年人有害的视觉信息，地方教育监管部门应该有一套验证这一技术措施合格的程序，学校必须得到认证。

1712 节阐述的是公立图书馆中的过滤策略，它也是依据 1934 年的通讯法案中的 254 节，通过限定政府拨款对 1996 年和 2003 年的博物馆和图书馆服务法案中的 224 节进行了修订。该法案要求图书馆必须采用技术保护措施来防止学生接触含有淫秽的、儿童色情图片和对 17 岁以下的未成年人有害的视觉信息，博物馆和图书馆服务协会（IMLS）也有一套验证这一技术措施合格的程序，图书馆必须得到认证。

1721 节是针对于图书馆与学校在采用网络安全策略和过滤技术策略实施网络安全政策时应该具备的必要条件它修订了 1934 年的通讯法案中的 254 节，要求这两类机构做到：（1）监控未成年人的在线活动，采取技术保护措施；（2）发布适当的公告，至少举办一次关于网络安全政策的公开听证会或会议。学校和图书馆在这两方面都必须得到联邦通讯委员会（FCC）的认证。

第四个大节,1732 节修订了 1934 年的通讯法案中的 254 节（邻里儿童网络保护法案也做了同样的工作），要求学校和图书馆采用及执行网络安全政策。这节具体指出网络安全问题的五个方面：（1）未成年人获取网络上的不良内容；（2）未成年人在使用电子邮件、聊天室和进行其他在线交流时的安全；（3）未经许可的接触网络；（4）未经许可的泄露、使用和散布个人信息；（5）限制接触不良网络信息的举措。

总的来说，儿童网络保护法案的重要特点是：（1）CIPA 的目的是防止儿童接触网络上的不良视觉信息；（2）实现上述目的的第一策略是进行网络过滤，第二策略是提高公众意识；（3）这两个策略针对的人群是 17 岁以下的网络使用者；（4）这两个策略针对的组织是接受美国 E 级项目基金支持的公立学校和公立图书馆。

三、评估网络安全保护策略的影响

评估一部媒体条例（如 CIPA 或 CTA）的影响涉及两个重要的问题：评估哪些影响（比如，评估 CIPA 对儿童在线行为的影响或 CTA 对教育类儿童电视节目的影响）？如何去评估（比如，采用实验设计还是准实验设计）？前一个问题是关于评估的内容，后一个是关于评估方法的选择。这里将详细讨论这两个问题。

我们有必要区分六种不同的影响，包括媒体效应与条例的影响，条例对媒体的影响与条例对儿童的影响，条例对儿童行为的影响与条例对儿童非行为方面的影响，因为不同的影响会带来不同类型的研究问题。

首先，区分媒体效应与条例的影响。很多不同领域（如媒体心理学和传媒）的研究者深入探究媒体效应（如 Zillmann & Bryant, 2002），而其他领域的（如发展心理学和信息科学）的研究者则关注条例的影响（如 Calvert & Kotler, 2003）。媒体效应一般是指大众媒体的形式、内容和技术的心理效应，而这些形式、内容和技术会对用户的思维和行为产生影响（Zillmann & Bryant, 2002）。很多文献探讨这一影响（如 Gunter, 2002；Harris, 2004；Perse, 2001；Zillmann & Bryant, 2002），比如，研究者探讨网络中色情图片对性态度的影响（Gunter, 2002；Huston, Wartella, Donnerstein, Scantlin & Kotler, 1998；Thornburgh & Lin, 2002）。相反，本研究中所说的条例的影响是指具体的地方、州或联邦条例对传媒、社会和个体的影响（Calvert & Kotler, 2003；Jaeger, McClure, Bertot & Langa, 2005；

Jordan，，Schmitt & Woodard，2001；Kunkel & Goette，1997；Kunkel & Wilcox，2001；Parsad & Jones，2005；Wells & Lewis，2006）。比如，有研究者分析儿童电视法案对主要电视频道中教育内容的影响（Jordan，Schmidtt & Woodard，2001），这些研究的关注点是具体的条例（如 CTA 或 CIPA），而不是具体的媒体（如电视或网络）。

第二，区分条例对媒体的影响对儿童的影响。在相关的研究中，一些研究者评估条例对媒体的影响（如探讨当 CIPA 实施后，过滤程序是否减少学校中学生接触网上的有害信息），另一些研究者则关注条例对儿童的影响（如从认知和社会性上探讨 CIPA 是否使儿童获益）。有相当多的研究涉及条例对媒体的影响（如 Greenfield，Pickwood & Tran，2001；Jaeger，McClure，Bertot & Langa，2005；Jordan，Schmitt & Woodard，2001；Kunkel & Goette，1997；Wells & Lewis，2006），比如探讨有多少公立学校已经执行 CIPA（Wells & Lewis，2006），当今市场上各种不同的有效过滤和拦截程序如何排除有害的视觉信息（Greenfield，Pickwood & Tran，2001；Rideout，Richardson & Resnick，2002）。相反，直接探讨条例对儿童的影响的研究非常有限，比如，Calvert 和 Kotler 在 2003 年探讨 CTA 是否会影响儿童对教育及信息节目内容的偏爱和理解。他们的研究被认为是第一个也是最好的直接分析 CTA 对初中学年学习的影响的研究，该研究提供直接证据证明 CTA 达到预期效果。

第三，区别条例对儿童行为的影响与条例对儿童非行为方面的影响。一个条例可能对儿童发展产生各种各样的影响，但这些影响是可以进一步分为两大类：对儿童行为的影响（如 CIPA 是否减少儿童诸如访问色情网站或与陌生人聊天之类的在线危险行为）和对儿童非行为方面的影响（如 CIPA 提高了儿童的网络安全知识和提升了他们对网络安全的意识吗）。其实，行为方面与非行为方面通常是相互作用的。比如，大量的研究表明，儿童拥有良好知识不仅是某些积极行为的来源或结果，也是某些危险行为的保护性因素（如 Hofer & Pintrich，1997 & 2002；Schmmer，1993）。因此，为了保护儿童免受网络有害信息的毒害和评估过滤策略及公众意识策略的影响，是需要考虑有关网络安全的基本知识和有关网络安全的教育经验这两方面的重要因素。

在上述不同但也相互关联的六个影响中，大量的研究探讨了色情信息对儿童的影响，只有少量的研究者关注 CIPA 在防止儿童接触网络上的有害信息方面起到的作用。此外，有很多研究关注 CIPA 对媒体的影响（如 CIPA 所涉及的范围、过滤程序的效率),但是没有研究直接探讨 CIPA 对儿童发展的影响,不管是行为方面还是非行为方面的发展。这一现状的部分原因可能是开展此类研究存在方法学上存在困难。

要评估不同类型的影响除了在概念上有一定挑战之外,还要去评估 CIPA 中的两种保护策略对儿童的影响,另外还存在五种方法学上的挑战。

第一,伦理或法律的挑战。依照 CIPA,有意允许学生接触网络上有害色情信息的行为既是不符合伦理的,也是非法的。因此,开展一个真正的实验研究就是不合法的(Shadish, Cook & Campbell, 2002)。因为,在实验中需要随机将儿童分到没有过滤程序的网络环境或有过滤程序的网络环境这两种条件下,以探究 CIPA 对儿童的不安全行为与色情态度的影响。

第二,抽样的挑战。考虑到美国公立学校在 2005 年几乎已经 100% 执行 CIPA,若针对 2001 年 CIPA 生效后有和没有网络过滤经历的两类群体进行随机抽样,或者探讨学生在 2001 年开始实施 CIPA 前后差异的追踪研究中进行的随机抽样,实际上都是不可能的。

第三,数据收集的挑战。尽管 CIPA 要求安装过滤和拦截程序来防止学生接触有害信息,但根据 CIPA1702 节的内容,为了保护隐私 CIPA 并没有明确允许去追踪学生的网络使用情况,这就使得通过在学校的电脑系统中安装网络追踪程序来追踪学生在校的在线活动来直接收集观察数据的做法在技术上是不可实行的。

第四,被试的挑战。CIPA 涵盖从 1—17 岁这样一个较大跨度的年龄段。不同年龄群体既有不同的认知、语言、社会性和身体发展,也有不同的网络经验和网络行为。考虑到年龄在儿童理解和使用网络上是一个重要的因素(Yan,2005,2006,待发表),如何选择被试就成为了一个挑战(如初中生、中学学生、高中生还是 17 岁以下的各种学生)。

第五,机构上的挑战。CIPA 关注公立学校和公立图书馆。尽管几乎所有的公立学校都执行了 CIPA,但仅仅只有六成的公立图书馆这样做,这就使得比较 CIPA 对学校和图书馆的影响的差异存在挑战。

总而言之,尽管评估学生是否真正从 CIPA 中获益非常紧迫和重要,但是存在多个概念界定的问题和开展评估的方法学上的挑战。研究者有必要去设计及实施一个深思熟虑和具有创新性的研究,既要考虑到上述讨论过的困难,也要能够从实证的角度有效地评估 CIPA 对年轻网民的影响。

四、评估 CIPA 中两种网络安全策略的影响：
一项实证研究

为了评估 CIPA 中两种网络安全政策的影响，我最近开展了一项实证研究。该探究法案对青少年非行为方面的影响，考虑到现有的概念和方法学上的苦难，主要评估了高中生的网络安全基本知识和感知到的网络安全教育。具体来说，这个研究涉及四个研究问题：

第一，高中生和大学生的网络安全基本知识是否存在明显的差异。考虑到这两组学生的年龄很接近，因此如果 CIPA 的过滤策略有效，也确实显著影响了高中生的话，我们可以合理推测高中生在学校里应该只接触经过充分过滤的、有效保护的网络环境，因此他们应该只是接触到有限的网络安全知识。相反，在学校中大学生应该接触到完全不过滤的网络环境，因此也就应该有丰富的网络安全知识。

第二，高中生和大学生感知到的网络安全教育是否存在明显的差异。如果 CIPA 的公众意识策略有效，也确实显著影响了高中生的话，那么高中生应该接受了明显的促进公众网络安全意识的教育，如非正式的网络安全课。因此，他们应该比大学生报告更高的非正式网络安全课的出席率。

第三，高中生和大学生在学校里使用网络的频率是否与历史存在明显的差异。如果 CIPA 有效，也确实显著影响了高中生的话，那么高中生应该更少地使用网络（高中生可能对学校里安装了过滤程序的电脑不那么感兴趣，然而大学生则可以自由地接触网络）。

第四，高中生和大学生在家中使用网络的频率是否与历史存在明显的差异。因为 CIPA 仅仅只是应用于公立学校和公立图书馆，并不涉及学生的家里，因此，可以合理的推测高中生和大学生在家中的网络使用不存在显著差异。

五、研究方法

本研究采用准实验设计（Shadish, Cook & Campbell, 2002），高中生作为实验组，接触执行 CIPA 限制的网络，大学生作为控制组，接触没有执行限制的网

青少年在线社会沟通与行为：网络关系的形成

络。这一实验设计对两个变量进行实验操作（即过滤策略和公众意识策略），如此，在评估 CIPA 对未成年人的影响时同时也考虑可能的伦理和法律问题。此外，因为在 CIPA 中高中生代表着大年龄组，而大学生代表着不受 CIPA 限制的群体中的低年龄组，因此这两个组有着较小的年龄差异，但处于非常不同的线上环境中。从某种意义上来说，这一特点在一定程度上减弱了中学生与大学生之间的实际年龄差异对研究结果的干扰。但是我们也必须认识到，在高中生和大学生之间存在很多可能的干扰研究结果的因素（如认知发展与社会环境的不同）。

我们采用两个非等价样本而不是随机样本以提高准实验设计的功效，本研究交叉检验了执行 CIPA 的学校中的网络使用与不执行 CIPA 的家庭中的网络使用之间的差异。对两组被试在学校与家中的网络使用的比较，让我们可以分析一个控制重要的潜在的干扰变量，即两组被试在学校与家中的网络使用情况不同（Shadish et al.，2002）。因此，本研究有两个自变量——过滤策略和公众意识策略，四个因变量——网络安全的基本知识、感知到的网络安全教育、学校中的网络使用和家中的网络使用。

此外，本研究只是以学生网络安全的基本知识和感知到的网络安全教育这两个不敏感的变量来评估 CIPA 中两种保护策略的影响，而不关注学生们的网络不安全行为或对儿童色情作品的认识。之所以这么设计，是考虑到这样可以保证在研究过程中最低限度的减少对被试的可能伤害。本研究有意选择了高中生而不是年龄更小的学生也是出于这一原因。同理，本研究也有意通过学生自我报告而不是通过网络追踪程序来收集数据，而这样的收集数据方式同时也是为了保护学生的隐私。

总共有 407 名学生参与本研究（具体人口学信息见表 3），其中，216 名 10—12 年级的高中生的平均年龄是 16.39（SD=1.00），191 名大二到大四的学生的平均年龄是 20.62（SD=1.46）。女性高中学生比男性少 (96 对 120)，男性大学生比女性多 (144 对 47)。参与研究的高中生全部来自纽约州的一所公立高中，这所学校有超过 1600 名的学生，2.4% 的学生符合免费或低价午餐的条件。在这所公立高中，88.5% 的学生是白种人，3.7% 的学生是非裔美国人，2.8% 的学生是拉丁美洲人，5.0% 的学生是亚洲人。同样的，参与研究的大学生也是全部来自纽约州的一所公立大学，这所大学有超过 12000 名的学生，其中 79% 的学生是白种人，8% 的学生是非裔美国人，7% 的学生是拉丁美洲人，6% 的学生是亚洲人。

为了保证高中组与大学组在年龄上接近，本研究不包含高一的学生。为了让高中组与大学组彼此在年龄上有区分，我们不包含大一学生。这样也就使得参与本研究的大学生有至少有两年使用不受过滤网络的经验。

本研究是在 2006 年春季学期进行的。CIPA 是 2000 年 12 月颁布、2001 年 4 月开始生效的，而高中是在 2001 年开始执行 CIPA。因此，本样本中的所有高中生都有至少五年受 CIPA 限制下的网络使用经验，他们都没有不受 CIPA 限制下的网络使用经验。相反，当 CIPA 颁布时，本样本中的大学生还是高中生，他们有大概一年或更长的受 CIPA 限制下的网络使用经验，也大概有两年或更长的不受 CIPA 限制下的网络使用经验。高中生报告自己在学校和家中使用网络已经超过了 4—5 年，大学生也同样报告自己在学校和家中使用网络已经超过了 4—5 年。因此，他们的网络经验都已经到了 CIPA 的影响。

表 3　样本的人口学信息（N=407）

学生	平均年龄（标准差）	样本量	女生	男生
高中				
高一	15.40（0.518）	78	37	41
高二	16.48（0.503）	76	36	41
高三	17.54（0.535）	61	23	38
总计	16.39（1.000）	216	96	120
大学				
大一	18.87（0.991）	45	40	5
大二	20.50（0.864）	66	44	22
大三	27.71（0.986）	80	60	20
总计	20.62（1.460）	191	144	47

我们开发了含有 22 个条目的问卷来收集数据，其中 12 个条目是多项选择题，用来收集学生的人口学信息、网络使用情况和网络知识的学习情况；另外 10 个条目是开放式问题，用于测量学生的网络安全基本知识。

测量学生网络使用情况和网络知识的学习的题目包括，在学校里使用网络的频率，"你在学校多久会使用一次网络？"学生在 4 个选项（1）从不使用、（2）每月一次、（3）每周一次、（4）每天一次中做选择；在学校中使用网络的历史，"你在学校里使用网络已经有多长时间了？"学生在 4 个选项（1）0—1 年、（2）2—3 年、（3）4—5 年、（4）5 年以上中做选择；在家中使用网络的频率，"你在家中多久会使用一次网络？"学生在 4 个选项（1）从不使用、（2）每月一次、（3）每周一次、（4）每天一次中做选择；在家中使用网络的历史，"你在家中使用网络已经有多长时间了？"学生在 4 个选项（1）0—1 年、（2）2—3 年、（3）4—5 年、（4）5 年以上中做选择；感知到的网络安全教育，"你在学校上过多少次有关网络知识的课或培训？"学生在 4 个选项（1）从没有、（2）一次、（3）两次、（4）三次或更多次中做选择。

10 个自由回答的问题用于测量网络安全的基本知识，这些问题关注 CIPA 的网络过滤策略对学生网络安全知识的影响。例如，"网络给我们带来了哪些坏处？（请举出 3—5 个例子）"，"当使用电子邮件时，可能会给我们带来哪些坏处？""当登陆网页时，我们需要特别小心吗？"对被试的作答进行评分，采用 4 点评分以代表四种知识水平。（1）极少的知识。个体对于网络的积极或消极社会影响知之甚少，对网络安全没有深思熟虑的看法。（2）有限的知识。个体对网络的积极或消极社会影响的理解有限，对网络安全有着模糊的看法。（3）较多的知识。个体对网络的积极或消极社会影响有清晰的理解，对网络安全持有恰当的看法。（4）完善的知识。个体对于网络的积极或消极社会影响有着均衡的、全面的理解，对于网络安全有颇具创见的看法。本研究采用以往研究中使用过的编码方式进行编码（Yan，2005，2006）。

作者及两位经过培训的研究生助手对学生的基本网络安全知识中 10% 的数据进行独立编码，开发编码系统、培训编码人员、对数据进行编码及计算评价者一致性 kappa 系数等工作都是严格按照标准化程序进行。本研究计算出的 kappa 系数等于 0.82。在数据分析前，通过讨论解决编码者之间的编码分歧。

六、研究结果

为了解决前面提出的四个研究问题，这里会呈现定性分析与定量分析的结果。在先呈现的定性分析结果部分根据四种网络安全知识水平的代表性与人口学信息的多样性，我们选择出八个个案，从定性的角度来展现四个高中生与四个大学生在网络安全基本知识、感知到的网络安全教育及学校和家中网络使用上的差异。然后，利用统计分析的结果定量估计 216 名高中生与 191 名大学生之间的差异。

（一）高中生与大学生之间差异的定性比较

1. 只有很少网络安全知识的两个个案

个案 1 是一位 17 岁的高三女生，她每天都在家中使用网络，但在学校里每周只使用一次。她在家中和学校里使用网络都已经超过 5 年。她报告自己在学校从未参加过任何有关网络的培训，而主要是向兄弟姐妹学习网络相关知识。她在网络安全基本知识部分的作答指出，网络能带来的好处有：帮助我们和学校更方便地购物、学习、使用电子邮件与他人交流、通过网站找到有用的信息。网络能带来的坏处有：发生在别人身上的事情有可能影响到我们，让我们有不好的体验，病毒会通过电子邮件传给我们，但使用网站并没有任何坏处。她认为，在登陆网页或使用电子邮件时我们并不需要特别小心，因为"还没有发生过任何问题"，"她不是很清楚"。

个案 2 是一位 20 岁的历史系大二男生，他每天都会在家中和学校里使用网络，使用网络也已经超过 5 年。他从来没有参加过有关网络知识的培训，主要是通过自学获得网络知识。他在网络安全基本知识部分的作答指出，网络能带来的好处有：探索，娱乐，交流。具体来说，通过电子邮件可以与朋友、家人保持联系，通过网站可以进行学习。他认为一般而言，网络并没有什么坏处，除了会传播病毒。他认为在登陆网页时不需要特别小心，因为网页完全无害，而在使用电子邮件时则需要特别小心，因为病毒会通过它传播。

这两个个案表明：（1）这两位学生有丰富的在校和在家中使用网络的经验；（2）都没有报告任何的网络安全学习经历；（3）他们的基本网络安全知识很少，对网络安全的看法也很幼稚。在本研究的被试中，216 名高中生中有 22 名（占 10.0%）、191 名大学生中有 22 名（占 11.5%）学生表现出他们只具有很少的网络安全知识水平。

2. 有限网络安全知识的两个个案

个案 3 是一位 18 岁的高四男生，他每天都在家中使用网络，但在学校里则每周使用一次。他在家中和学校里使用网络都已经超过 5 年。他报告自己在学校从未参加过任何有关网络的培训，主要是通过自学获得网络知识。他在网络安全基本知识部分的作答指出，网络能带来的好处有：可以同在中国的祖母聊天，学会种树，学会诊断疱疹。网络能带来的坏处有：病毒，蠕虫，切尔西·克林顿的照

青少年在线社会沟通与行为：网络关系的形成

136

片，通过电子邮件与陌生人说话，成瘾。他认为在登陆网页或使用电子邮件时需要特别小心，因为陌生人能够获得这些信息。

个案 4 是一位 20 岁的政治学专业的大三女生，她每天都在家中使用网络，但在学校里则每周使用一次。她使用网络已经超过 5 年。她参加过一次关于如何使用网络的培训，但主要是父母教给她如何使用网络。她在网络安全基本知识部分的作答指出，网络能带来的好处有：帮助我们进行搜索，与我们不能经常见面的家人和朋友进行联络。她列出了网络能带来的两个坏处：盗取个人信息，能使我们电脑崩溃的病毒。她认为在登陆网页时，我们需要特别小心，因为网站的内容可能不是你想要的东西；使用电子邮件时，我们也需要特别小心，因为会有病毒。

这两位学生有丰富的在家中使用网络的经验，然而在学校却较少使用网络。他们报告没有任何的网络安全学习经历，他们有一定的网络基本安全知识但是很有限。216 名高中生中的 121 名（占 57.3%）和 191 名大学生中的 86 名（占 45.0%）学生表现出他们具有有限网络安全知识水平。

3. 具有较多网络安全知识的两个个案

个案 5 是一位 16 岁的高三女生，她每天都在家中使用网络，但在学校里则每周使用一次。她在家中和学校里使用网络都已经有 4—5 年。她从未参加过任何有关网络的培训，主要是亲人教给她一些网络知识。她报告说自己喜欢网络，因为通过网络可以寻找真相和进行即时通信（AIM）；她不喜欢突然弹出的网页、病毒、色情网站、黑客。她认为网络能带来的好处有：寻找真相，通过电子邮件或即时通新与人们联系，进行学习。网络能带来的坏处有：有害网站，突然弹出的色情网页，病毒，陌生人能得到你的个人信息，网上有很多色情演员和恋童癖，一些色情网站使用儿童作为色情材料。她认为在登陆网页时，我们需要特别小心，因为网站上会有色情资料和病毒；使用电子邮件时，我们也需要特别小心，因为会有病毒和有害图片。

个案 6 是一位 21 岁的心理学专业的大四女生，她每天都会在家中和学校使用网络，她在家中和学校使用网络都已经有 4—5 年。她参加过关于如何创建个人网站的培训，但主要是通过同学来学习网络知识。她列出网络能带来的好处有：搜索，电子邮件和即时通信。网络能带来的坏处有：色情资料，儿童色情资料，恋童癖和恐怖分子。具体来说，电子邮件可能发错人，看到我们不想看的东西。她认为在登陆网页时，我们需要特别小心，因为你永远不知道会发生什么；使用电子邮件时，我们也需要特别小心，因为政府可能正在审查它。

这两位学生有丰富的在家中使用网络的经验，然而在学校却较少使用网络。他们没有报告任何网络安全学习经历，他们有较多的网络安全基本知识，对网络安全的看法很谨慎。在216名高中生中有60名（占28.4%）、在101名大学生中有72名（占37.7%）学生属于较多网络安全知识水平。

4. 具有完善的网络安全知识的两个个案

个案7是一位18岁的高四男生，他每天都在家中使用网络，但在学校里则每月使用一次。他在家中使用网络已经有6年，且在学校里使用网络已经有4—5年。他从未参加过任何有关网络的培训，主要是通过自学获得网络知识。他指出网络能带来的好处有：获取更多的信息，更方便地申请大学，减少纸张的使用以保护环境，电子邮件让交流变得更加容易，不用去图书馆也能找到资料。网络能带来的坏处有：促进了动作游戏，广告的影响，人们容易买自己并不需要的东西，能够攻击电脑的间谍软件。他说："在登陆网页时，我们需要特别小心，因为我们应该远离淫秽网站，这些网站企图危害我们的电脑。此外，这些网站中有'身份窃贼'，它们导致个人信息未通过安全服务器就被泄露。最基本的做法是，不要打开陌生人发来的邮件中的附件。网络中有很多的学习者和研究者，但也有很多的身份窃贼和黑客。"

个案8是一位21岁的英语专业的大四女生，她每天都会在家中和学校使用网络，她在家中和学校使用网络都已经超过5年。她参加过一次关于如何在网络中搜索信息的培训，但主要是通过自学获得网络知识。她列出的网络能带来的好处有：提供更多信息，更好的知识，使世界更小了，通过电子邮件与久违的朋友保持联系，使用网络去获取更多的信息。网络能带来的坏处有：儿童性骚扰者更容易接触儿童，充斥着色情资料，大量不正确的信息，气温的黑客行为和偷盗身份信息，电子邮件导致少了人们当面接触，网站使我们失去从课本中学习的能力。她认为在登陆网页时，我们需要特别小心，因为网站上会有色情资料、悄悄逼近的跟踪骚扰者等；使用电子邮件时，我们也需要特别小心，因为我们需要意识自己正在使用的信息。

比较这两位学生我们会发现，他们有丰富的在校和在家中使用网络的经验。他们没有报告任何的网络安全学习经历，他们有完善的基本网络安全知识，对网络安全的态度是谨慎小心的。具有完善的网络安全知识的学生所占的比例：216名高中生中有9名（占4.3%），191名大学生中有11名（占5.8%）。

（二）高中生与大学生之间差异的定量比较

学生的网络安全知识在四个水平上被评定（1=极少的知识，2=有限的知识，3=较多的知识，4=完善的知识）。与我们的预期相反，高中生网络安全知识的平均水平在有限的知识与较多的知识之间（M=2.56，SD=.730），并且高于大学生的网络安全知识的平均水平（M=2.45，SD=.772），F（1，400）=2.11，p=.147，η2=.005。

也与我们的预期相反，高中生感知到的网络安全教育经历（M=1.57,SD=.912）少于大学生（M=1.67,SD=.872），F（1，400）=1.36，p=.363，η2=.005。

如表4所示，高中生在学校中使用网络的频率明显低于大学生。与在学校中使用网络的频率的差异不同，高中生在校使用网络的历史稍微短于大学生，但这一差异并不显著。

相对于在校的网络使用，高中生在家中使用网络的频率略微低于大学生，这一差异接近显著水平。相对于在家中使用网络的频率，高中生在家中使用网络的历史显著短于大学生。

表4 高中生与大学生在学校和家中使用网络的频率、历史的差异的方差分析结果

（N=407）

	M	SD	F	p	η2
在学校					
使用网络的频率			2111.183	.000	343
高中	2.74	652			
大学	3.66	626			
使用网络时间			1.597	.207	.004
高中	3.04	797			
大学	3.15	899			
在家					
使用网络的频率			3.048	.082	.007
高中	3.81	.516			
大学	3.89	.389			
使用网络时间			23.230	.000	.055
高中	3.36	7.59			
大学	3.70	6.38			

为什么网络过滤策略没有促进高中生对网络安全的理解？为什么高中生没有报告在学校受到足够的网络安全教育？

本研究发现，高中生相比于大学生表现出他们具有更多的网络安全知识，尽管这一差异不显著。两个群体在网络基本安全知识上的细微差异表明，CIPA 首要的网络过滤策略并没有对学生的网络安全知识产生积极影响，原因可能是：（1）高中生与大学生是年龄紧密相连的两个群体，拥有很多的发展相似性；（2）这两个群体所处学校的上网环境有明显的差别，高中生是在过滤的环境中，大学生则是不过滤的环境。如果网络过滤策略有效果，学校是学生网络经历的唯一或主要来源的话，高中生应该几乎总是接触被过滤的内容，因此表现出一些对网络安全的幼稚的理解。

为什么网络过滤策略没有使高中生在网络安全的理解方面获益？

一个可能的原因是高中生处于青少年中后期，由于正在经历身心的发展变化，他们可能对性方面的信息感到好奇。学校过滤和拦截关于性的资源可能反而增加他们的性好奇，于是他们会采用各种策略及寻求各种渠道来满足他们的好奇心。如果是这种情况的话，可能也正好解释为什么发现高中生在学校中使用网络的时间会短于在家中（也大大短于大学生在学校使用网络的时间）。也许，为了保护高中生的网络安全，我们应该提供良好的性教育和网络安全教育。

另一个原因是，仅仅在公立学校与公立图书馆执行网络过滤策略可能不会有效果。学校不是学生接触网络的唯一途径，甚至也不是主要途径，学生可以在不同的地方（如自己家里、邻居那里、朋友家里、奶奶家里、网吧、社区中心）通过各种大众传媒（如电视、电影、手机、杂志）接触到色情资源和有害信息，而不一定非要在公立学校和公立图书馆中。CIPA 的网络过滤策略可能确实减少了学生在公立学校与公立图书馆中接触到网络色情资源，但是它对于大量网上及网下的有害视觉信息的控制是有限的。这给我们的启示是，为了更好地保护学生的网络安全，应该针对不同社会机构（如家庭和社区）采用各种各样的、全面的策略。

本研究的第二个主要发现是：相比于大学生，高中生没有报告更多的感知到的网络安全教育。在感知到的网络安全教育上的细微差异表明 CIPA 的提高公众意识策略并没有对高中生的网络安全教育产生积极影响。因为高中生与大学生在发展上是年龄紧密相连的两个群体，高中被强制实施网络安全意识策略，而大学则没有。如果意识策略有效，高中生也确实接受了足够的网络安全教育的话，他们应该比大学生报告更多的感知到的网络安全教育。

　　为什么高中生没有报告在学校中接受过足够的网络安全教育？可能有很多原因，其一，高中生可能没有报告现有的网络安全教育或没有注意到网络安全教育。因此，应该将网络安全教育设计成与年龄相适应的教育方式，以提升高中生对网络安全的主动意识。第二，虽然并不要求大学去提供安全教育，但是大学生可能很容易就得到大量的网络安全意识教育。这就可能增加了大学生的意识，导致高中生与大学生之间没有差异。然而，这两个群体都仅仅接受不到一次的非正式网络安全培训，因此这一推测应该被排除。

　　本研究的另一个发现是，高中生与大学生在校使用网络的频率有显著差异，但是在校使用网络的历史、在家中使用网络的频率和历史没有差异。首先，在学校里与在家中使用网络的频率的差异可能是学校执行过滤策略所带来的副作用。在没有过滤的网络环境中，高中生和大学生表现出同样的网络使用模式——几乎每天都使用网络。相反，高中生会比大学生更少地使用网络，他们报告自己的网络使用从每天一次降到每周少于一次。其次，学生在家中开始使用网络的时间点早于在学校的情况，因此，家中的网络使用可以看做是学生网络经验的首要来源。为了更好地保护儿童和青少年，CIPA 可能应该不仅在公立学校和公立图书馆，也应该在家庭和社区中强调安全意识，提供甚至是加强网络过滤和拦截。此外，家中使用网络的历史和频率反映出不受 CIPA 限制的网络使用的"自然"过程。确实，我们对网络使用的调查显示，CIPA 对网络使用的影响仅仅只发生在学校范围内。

七、结论

　　为了更加全面地认识 CIPA 或其他网络安全条例是否有效，将来的研究还需要做什么呢？本研究提出至少四个具体的研究方向。

　　第一，本研究主要关注诸多可能影响的一个方面，即学生的网络基本安全知识，对诸如网络态度、网络行为、生理发展、认知发展、社会性发展和情绪发展等其他方面可能发挥重要的作用。为了对网络过滤策略功效进行更加全面的评估，将来的研究也需要关注更年轻的群体。

　　第二，本研究主要关注过滤策略对高中生这个年龄群体的影响，而没有涉及17 岁以下的其他更年轻的群体（Gross，2004；Yan，2005，2006）。将来的研究需要评估对不同方面的影响，如网络行为和社会性发展。

第三，本研究限于学生感知到的网络安全教育，而不是直接测量学生的意识、网络态度和网络行为。很少有人知道不同的意识策略（如学校网络安全政策、行为准则、非正式的网络安全课、公众会议、登陆网站时突然弹出的安全信息、父母教导）的效果在性质和程度上的差别。因此，为了更加了解对 CIPA 公众意识策略的影响，研究者需要去评估不同的意识策略的作用。

第四，本研究只采用一个问题来调查感知到的网络安全教育，这种测量方法可能并没有测量到学生真正的经历，应该设计多个条目的问题来调查意识策略的真实执行状况。因此，为了更好地了解 CIPA 公众意识策略的影响，研究者应该增加测量工具中意识策略部分的比重。

总的来说，评估 CIPA 与其他网络安全条例的真实影响的工作是很迫切的，也是很重要的，在现实世界中开展一个有效、可靠的评估工作又是很复杂、很有挑战性的。本章介绍的这个研究提供一个实证证据，表明 CIPA 并没有对年轻的网络使用者产生预期的积极影响。毫无疑问，CIPA 想要达到的积极目标是防止青年人接触网络中存在的不良信息。本研究的发现表明，相比于校外，高中生至少减少了在校内的网络使用频率，然而，这并不意味着 CIPA 的目标实现了。为了增加年轻网络使用者的网络安全知识和意识，也为了最终保护他们的网络安全，开发一些有效的网络安全教育和增加家庭与社区的网络安全活动是很重要的，而不仅仅是关注学校中的过滤策略。后续研究需关注该法案对小学生的影响，以及对于学生关于网络安全的态度和行为的影响，这些研究均有利于我们发展出一套探讨 CIPA 对儿童网络安全的作用的测量体系。

【参考文献】

Calvert,S.L., & Kotler,J.A.(2003).Lessons from children's television:The impact of the Children's Television Act on children's learning.Journal of Applied Developmental Psychology,24(3),275–335.doi:10.1016/S0193-3973(03)00060-1.

Greenfield,P.,Pickwood,P., & Tran,H.H.(2001).Effectiveness of Internet filtering soft-ware products.Retrieved October 26,2004,http://www.aba.gov.au/internet/re-search/ filtering/filtereffectiveness.pdf.

Greenfield,P.M.(2004).Inadvertent exposure to pornography on the Internet:Implica-tions of peer-to-peer file-sharing networks for child development and families. Journal of Applied Developmental Psychology,25,741–750.doi:10.1016/j.appdev.2004.09.009.

Gross,E.F.(2004).Adolescent Internet use:What we expect,what teens report. Journal of Applied Developmental Psychology,25,633–649.doi:10.1016/j.appdev.2004.09.005.

Hofer,B.K., & Pintrich,P.R.(1997).The development of epistemological theories:Beliefs about knowledge and knowing and their relation to learning.Review of Educational Research,67,88–140.

Hofer,B.K., & Pintrich,P.R.(2002).Personal epistemology:The psychology of beliefs about knowledge and knowing.Mahwah,NJ:Erlbaum.

Huston,A.C.,Wartella,E.,Donnerstein,E.,Scantlin,R., & Kotler,J.(1998).Measuring the effects of sexual content in the media:A report to the Kaiser Family Foundation. Oakland,CA:The Kaiser Family Foundation.

Jordan,A.,Schmitt,K., & Woodard,E.(2001).The developmental implications of commercial broadcasters' educational offerings.Journal of Applied Developmental Psychology,22(1),87–102.doi:10.1016/S0193-3973(00)00068-X.

Kunkel,D., & Goette,U.(1997).Broadcasters' response to the Children's Television Act. Communication Law and Policy,2,289–308.

Kunkel,D., & Wilcox,B.L.(2001).Children and media policy.In D.G.Singer & J.L.Singer(Eds.),Handbook of children and the media(pp.589–604).Thousand Oaks,-CA:Sage.

Parsad,B., & Jones,J.(2005).Internet access in U.S.public schools and classrooms:1994–2003(NCES 2005–015).U.S.Department of Education.Washington,DC:National Center for Education Statistics.

Rideout,V.,Richardson,C.,& Resnick,P.(2002).See no evil:How Internet filters affect the search for online health information.Retrieved October 26,2004,http://www.kff. org/ entmedia/20021210a-index.cfm.

Schmmer,M.(1993).Epistemological development and academic performance among secondary students.Journal of Educational Psychology,85,1–6.

Shadish,W.,Cook,T., & Campbell,D.T.(2002).Experimental and quasi-experimental designs for generalized causal inference.Boston:Houghton Mifflin.

Thornburgh,D., & Lin,H.S.(Eds.).(2002).Youth,pornography,and the Internet.Washington,DC:National Academic Press.

Wells,J., & Lewis,L.(2006).Internet access in U.S.public schools and classrooms:1994–2005(NCES 2007-020).U.S.Department of Education.Washington,DC:National Center for Education Statistics.

Yan,Z.(2005).Age differences in children's understanding of complexity of the Internet.Journal of Applied Developmental Psychology,26,385–396.doi:10.1016/j.appdev.2005.04.001.

Yan,Z.(2006).What influences children's and adolescents' understanding of the complexity of the Internet?Developmental Psychology,42,418–428.doi:10.1037/0012-1649.42.3.418.

【尾注】

本研究中所有报告的方差分析的结果与Mann-Whitney U检验的结果完全一致。

第八章 网络使用动机、独处和年龄认同满足对青少年的网络交往行为和社会支持的影响

香港中文大学 梁永炽（Louis Leung）

　　新媒体技术的发展，比如电子邮件、博客、MSN、网络游戏、移动电话、IPods、MP3、PS3、NDS、视频点播、DVD等，已然深深地改变了社交补偿和情绪管理设备的性质和数量，而且这些设备能为绝大多数的年轻人所获得。尽管先前有研究已经检验过网络是如何变成用于信息和娱乐的一种重要的资源，但是鲜有研究聚焦于个体使用网络进行社会沟通和社会支持的方式。尤其是，对于独处、年龄认同满足一类的人格特质以及网络使用动机是如何影响网络习惯和感知到的社会支持这一问题，更是少有研究涉及。本章将探究儿童和青少年在这些变量上的差异是如何影响他们的网络交往行为的（比如使用即时通信、网络游戏、参与论坛）。

一、引言

　　新媒体技术的发展，比如电子邮件、博客、MSN、网络游戏、移动电话、IPods、MP3、PS3、NDS、Wii、视频点播、DVD等，已然深深地改变了社会补偿和情绪管理设备的性质和数量，而且绝大多数年轻人都可以获得这些设备。尽管先前有研究已经解释过网络是如何变成用于信息和娱乐的一种重要的资源，但是鲜有研究关注于个体使用网络进行社会沟通和获得社会支持的方式。诸如脸谱网（Facebook）、朋友圈（Friendster）和聚友网（Myspace）一类的社交网站给个体提供平台去展现他们自己，并且与他人建立和维持关系（Raacke & Bond—Raacke，

2008）。然而，独处、年龄认同满足以及网络使用动机一类的人格特质是如何影响网络习惯和社会支持这一问题却是一直被忽略的研究领域。在本章中，我们将检验网络在影响有媒介的社会支持中所发挥的作用，以及这些心理变量是如何驱动网络社会沟通和行为的。

二、背景

（一）网络使用动机

随着电子邮件、即时文本技术（比如 ICQ、MSN、Messenger、Google Talk、Net Meeting）的出现，网络和其他的计算机媒介沟通（CMC）技术似乎已经很好地满足了社交缺失需要。慢慢的，网络在人际效用方面（比如关系建立、社交维系和社会认可）发挥的作用与在娱乐和信息效用方面一样多。与观看电视的动机相类似，网络使用动机（比如人际效用、社会联系、社会认同和表达情感）也同样被认为是社会补偿的动机，这种观点在网络使用动机的相关研究中得到支持（e.g., Pa-pacharissi & Rubin, 2000；Leung, 2003；Stafford & Gonier, 2004）。

随着网络越来越像电视，这为研究者界定网络动机开启了一种新思路，例如在电视观看行为的研究中从理论上探讨唤醒的作用，我们可借鉴这种思路来理解网络动机（Donohew, Finn & Christ, 1988；Zillmann, 1985；Zillmann, 1988a, 1988b）。这些作者在人类刺激需要的基础上，将看电视过程中的放松、娱乐、唤醒和信息寻找等传统的动机视为看电视的动机。基于 Blumler（1979, 1985）的使用和满足模型，网络使用动机的最新研究发现了与看电视类似的动机（比如娱乐、浏览网页、消磨时间以及逃避）。事实上，人类的刺激需要的心理学基础是有充分论据的，这为刺激、唤醒、人类需要和适应等方面更详细的理论阐述奠定了基础（Berlyne, 1971；LaRose, Mastro & Eastin, 2001）。考虑到当今的网络已经焕然一新并拥有了很多与电视相似的功能，因而我们也可以用 Zillmann 的术语——情绪管理，来描述网络使用的唤醒取向的动机定义，这些动机包括娱乐、信息寻找、消遣和放松。

情绪管理理论关注不同人格特质的个体在使用网络时行为的情绪价值，看他们是否和使用电视相类似，来阻止焦虑想法并排解烦躁心情，该理论可用于理解网络使用动机和网络交往行为的关系。Knobloch（2003）认为，情绪管理的目的是改变不愉快的心情、增强中性情感和保持愉快的心情。通过网络上普遍存在的、多样化的娱乐方式，与情绪调节有关的内容变得越来越便利和触手可及。这些内容影响着人类的行为，比如思维和记忆（Ellis & Moore，1999）、对自己和其他人的知觉（Forgas & Bower，1987）、人们对环境的感受等。因此，网络使用情况（比如网络游戏、ICQ、聊天室或者网络搜索）及其对情绪的影响，以及情绪怎样影响网络使用是一个重要的研究领域。以往的研究已经发现，当前情绪状态成为媒体内容选择尤其是娱乐选择的一个关键的因素（Knobloch & Zillmann，2002；Zillmann，Schweitzer & Mundorf，1994）。然而，已发表的研究很少有检验独处、年龄认同满足与媒体使用习惯之间的关系。本章通过验证网络使用动机和人格差异的关系来探究社会补偿和情绪管理的概念的普适性。

（二）独处（Aloneness）

很多人认为独处和孤独（loneliness）可以互换（Pierce, Wilkinson & Anderson，2003）。然而，人们可以独处，但却不一定会有孤独的感觉。根据《美国传统词典》，独处并不必然意味着不愉快，相反，独处可被看做独立的、充满希望的、智慧的，也可以被看做是能够自我决定的和致力于自我反思的（Pierce, Wilkinson & Anderson，2003）。

人们生来就同时具有独处和与他人联结的两种需要（Buchholz & Chinlund，1994）。独处如同依恋，是人类成长所必需的，而孤独是它的极端消极面。通过调查青少年的看法，他们发现，青少年能够区分出孤独的心态和独处的需要，因此他们建议未来的研究应该去发现独处的更多的积极面，包括青少年什么时候会选择独处、他们在独处的时候都干些什么，以及他们在独处时感觉如何（Buchholz & Catton，1999）。对于同一性正在形成中的青少年来说，独处的需要和独处的能力尤其重要，"让我单独待会儿"可能是青少年最常用的短语。Larson（1990）针对青少年自己的独处做过大量的研究，他把独处看做沉思、放松和自我恢复的时间。与 Larson 的研究一样，越来越多的文献开始关注独处的积极影响（Griffin，2001；Griffin & Kent，1998；Moustakas，1989；Storr，1988）。Buchholz 及其同事将独处视为一种发展性需要进行研究，认为这种需求在个体发展的各个时期都是必需的（Buchholz & Chinlund，1994；Buchholz & Tomasi，1994；Galanaki，2005；

Memling & Buchholz, 1994)。Winnicott（1965）与 Buchholz 及其同事都认为，独处的能力是健康成长的一部分，而且同依恋一样是可以习得的（人们在依恋中学会怎样同他人联系）。

网络有一些独特的特征，它是有媒介的而不是面对面的，是交互式并且可以是匿名的（比如博客、论坛、聊天室和即时通信）。因此，那些想要独处的青少年和儿童可以选择网络作为他们探索社会的首选途径。他们有不同的社会补偿和情绪管理的需要，这些需求激发了他们使用网络的积极性。基于这些研究文献，提出研究假设 H1：青少年和儿童表达出的独处需要越多，网络使用中的社会补偿和情绪管理动机就越强。

（三）年龄认同满足（Age identity gratification）

年龄认同在青少年群体中、人际间、代际间、跨文化交流中扮演十分重要的角色（Giles, Gallois & Viladot, 2004）。年龄认同意味着个体对一个特殊团体（比如年轻人）存有强烈认同感，它在同团体外成员（比如老年人）的沟通中发挥"预相互作用"的效应。（社会年龄认同是指一个人的年龄团体（相仿年龄的人组成的群体）对他或她的自我概念形成的重要性，表现为看重、喜欢他的年龄团体，并以他的团体为荣；这个年龄团体的成员身份对于这个人来说是非常重要的甚至是处于中心地位的；对年龄团体的依恋感、被包容感和归属感（Gartska etal., 1997；Harwood, 1999；Westerhof & Barrett, 2005）。）简言之，社会年龄认同就是一个人的年龄团体对他或她的自我意识的重要性。从 Hall（Hall, 1905）开始，心理学家就将青春期描述为一个多变的时期，包括人际关系方面的改变，这个时期的个体需要花费更多的时间与同伴一起度过，而花较少的时间与家庭成员在一起。

Harwood（1999）认为，年龄认同与看电视的内容选择有关系，尤其是情绪调节相关的内容。Lin, Hummert 和 Harwood（2004）运用对话和内容分析来检验年龄认同在网络论坛上是如何表现的，而这些分析给出了有关积极和消极年龄认同之间的张力的证据。尽管如此，几乎没有社会科学著作能够验证年龄认同是通过什么方式与网络使用产生联系的。以前的研究已经揭示出网络是网络一代进行社会化或弥补社会缺陷以及管理他们的情绪或者娱乐的首选媒介。因此，本章试图验证以下假设 H2：青少年和儿童的年龄认同感越强，他们使用网络动机中的社会补偿和情绪调节动机就越强。

（四）社会支持

回顾社会指标的相关研究，Cobb（1976）将社会支持定义为一种信息，这种信息让个体相信他或她是被关心、被爱的，是受人尊重的或有价值的，是属于一个沟通和有着相互意义的网络。其他学者将社会支持定义为人际交互作用，这个互动涉及感情、肯定、援助、鼓励和情感确认等成分（Abbey，1993；Hlebec，Manfreda & Vehovar，2006；Kahn & Antonucci，1980）。House（1986）给出了第三种定义，他认为社会支持是情绪关心、工具性的援助、信息或评价等成分在人们之间的相互流动。

目前，对社会支持的测量五花八门，这主要是因为社会支持有多种不同的定义，或者说人们对它的结构缺乏一个清晰的定义。不过，近年来的研究常常测量社会支持的功能成分，因为功能性支持非常重要而且可以以各种形式出现：（1）情绪支持，包括关心、爱和同情；（2）工具性支持，包括物质帮助或者行为辅助，是指一些有形的支持；（3）信息支持，包括提供指导、建议、信息，或者反馈一个问题的答案；（4）情感支持，包括爱和情感的表达；（5）社会陪伴，也叫积极的社会互动，包括抽出时间与他人一起进行休闲和娱乐活动（Sherbourne & Stewart，1991）。

以往的研究发现，基于网络的支持群体包括新闻群体、留言板和服务于特定医学条件的邮件系统，这些支持系统已经在临床试验中成功地改善了包括老年痴呆症病人和艾滋病患者在内的患者的部分状况。一些网络同伴支持团体为抑郁症患者提供了信息和支持，跟踪调查发现，使用频率高的用户比使用频率低的用户更有可能找到解决抑郁的办法。同样的，以往的调查研究发现，频繁地而且越来越多地使用社区计算机网络和互联网对社会资本的积累有着显著的影响（Kavanagh & Patterson，2001）。

本研究在仔细考虑网络使用动机（例如情绪管理和社会补偿）、独处的需要、年龄认同满足和社会支持的理论结构的基础上，研究青少年和儿童在这些因素上的差异是怎样影响他们的网络交往行为的（比如即时通信的使用、网络游戏和论坛参与）。我们预期，社会补偿、情绪管理、独处和年龄认同是影响互动行为和对社会支持知觉的有效变量。因此，提出本研究的另一个假设 H3：青少年和儿童感知到的社会支持水平越高（来自在线和离线的资源），他们的网络使用动机中的社会维护和情绪管理类的动机就越强。

（五）线下社交

本章中，我们试图通过分析一系列指标，并结合人口统计资料、网络使用动机和人格变量来增加人们对这些变量之间的关系的理解，同时分析网络社交和线下社交（比如在空闲时间与家庭成员、朋友和同学进行面对面的交流，以及在空闲时经常去看电影、野营或烧烤、购物和参加聚会或唱卡拉 OK）如何影响人们对社会支持的感知。因此，我们提出两个研究问题：

（1）人口统计资料、网络使用的动机、人格特质（例如独处和年龄认同）、网络交往行为和线下社交在何种程度上可预测感知到的社会支持？

（2）人口统计资料、网络使用的动机、人格特质（例如独处和年龄认同）和离线社会活动是以什么方式预测网络交往行为的？

三、数据描述和研究方法

（一）被试

本研究数据来自 2005 年 2 月对 717 名 8—18 岁的青少年和儿童进行的电话调查。电话号码的选择程序：首先从香港最新版本的电话目录中随机选择一页，然后在这一页中随机选择一列，最后在这一列中随机选择一个名字和一个电话号码；不符合条件的被试（比如小于 8 岁和大于 18 岁的），无法接通的号码，还有呼叫五次无应答的号码都被排除；此外，合格的被试必须是能在家上网的、拥有个人电脑的用户；应答率为 57.8%。调查工具在实际运用之前已经经过了预研究的检验。

（二）测量工具

网络使用动机问卷。首先，将以往的网络研究中使用的动机项目纳入到调查问卷中，其他项目则是与这个年龄团体网络使用相关的独特的动机项目，是通过26 名学生组成的核心团体所修订来获得的。将包含23个项目的网络使用动机问卷在 51 个被试上进行预测试，以删除质量不佳的项目并寻求新的项目。最后的问卷由 17 条有关动机的陈述句构成。使用这些项目询问被试：当网络帮你做如下事情的时候你有多满意？使用 5 点 likert 量表，1= 非常不满意，5= 非常满意。进行主成分分析（极大方差旋转），根据特征值大于 1.0 这个标准，从这些项目中抽取出四个动机维度，总共能解释 50.78% 的变异。四因素分别被命名为"娱乐"、"关系维持"、"获得认可"和"信息寻求"。其中，各个维度的克隆巴赫 α 系数分别为：娱乐（5 个条目）0.79；关系维持（5 个条目）0.70；获得认可（4 个条目）0.71；信息寻求（3 个条目）0.65。参考 Blumler（1985）和 Zillmann（1988a, 1988b）的界定，我们将娱乐和信息寻求看做情绪管理类动机，将关系维护和社会认可看做社会补偿类动机。网络使用动机详见表 5 所示。

表 5　网络使用动机

当网络帮你做下列事情时你有多满意？	平均数	标准差	因素			
			娱乐 / 逃避	关系维持	社会认可	信息寻求
娱乐 / 逃避						
1. 让我的紧张感觉降低	3.39	1.04	0.79			
2. 放松	3.50	1.09	0.73			
3. 玩的开心	3.52	1.04	0.68			
4. 让我忘了烦恼	2.91	1.17	0.67			
5. 感觉少一些孤独感	3.38	1.17	0.58			
关系维持						
6. 让别人知道我很关心他们	2.79	1.10		0.68		
7. 让我与不经常见的人保持联系	3.65	1.18		0.63		
8. 给予他人鼓励	3.00	1.11		0.62		
9. 参与他人正在发生的事情	3.12	1.14		0.61		
10. 会见陌生人	3.12	1.24		0.50		
社会认可						
11. 感觉自己很重要	2.34	1.04			0.80	
12. 给人留下印象	2.00	0.97			0.73	
13. 获得地位	2.44	1.10			0.68	

14.提高我在社会上的身份	2.81	1.14		0.54	
信息寻求					
15.发现日常生活中我想知道的事情	3.94	1.03			0.82
16.获取在其他地方无法得到的信息	3.79	1.05			0.73
17.获取重大新闻事件的即时信息	3.74	1.09			0.64
特征值			5.08	1.96	1.32	0.91
变异解释率（%）			29.86	11.52	7.78	5.35
克隆巴赫α系数			0.79	0.70	0.71	0.65

使用的量表：1=非常不满意，5=非常满意

独处。本研究中使用独处需要量表来测量独处，量表含有9个项目，比如，"在独处的时候使用网络能帮我探索私我，在网上聊天是一种处理压力的解决策略；独处是我进行自我调节情绪的机会"。采用5点量表，从"1=强烈不同意"到"5=强烈同意"，高分代表有更高的独处需要。通过对独处需要的因素结构的检验，结果表明单因素结构的内部一致性信度为0.74。量表的结构效度检验结果：独处与社会补偿的相关（r=0.36，p<0.001），与情绪管理动机的相关（r=0.28，p<0.001）。

年龄认同满足。虽然单一项目的年龄认同满足指标已被广泛使用，但本章中我们使用三个项目来评估年龄认同满足这一结构。三个项目包括"我对使用网络与我认识的人联系这一网络使用方式感到满意；我对使用网络与那些跟我有着相同处境的人分享感到满意；我对使用网络与那些喜欢我的人聊天感到满意"；采用5点量表法，从1=非常同意到5=非常不同意；克隆巴赫α系数为0.70。

社会支持。对兰德医疗结果研究（Rand & Medicine Outcome Study）团队所开发的四个亚量表中的19个项目进行细微修改，以此来评估社会支持。社会支持原有的五个维度被缩减为四个，因为情感支持和信息支持高度相关，所以把它们合并。这四个亚量表分别为"有形的"、"情感的"、"社会陪伴"和"情绪和信息的"支持。我们建议使用四个亚量表的得分进行分析而不是使用总分。此外，有形的支持这一亚量表的项目被排除在外，因为有形支持主要来自朋友或亲属提供的物质或健康有关的援助，而不是和情绪、情感有关的支持。然后询问被试当他们在线或者离线的时候，在剩下的三个维度中的测量项目所代表的支持出现的频率如

何。采用 5 点量表，1= 从来没有，2= 很少时候，3= 一些时候，4= 多数时候，5= 所有时候。主成分因素分析抽取出三个因素，共解释 71.8% 的变异。这三个因素分别是"社会陪伴"（α 系数为 0.80），"情感支持"（α 系数为 0.81）还有"情绪和信息支持"（α 系数为 0.75）。社会支持的因素分析详见表 6 所示。

表 6　社会支持的因素分析

当你需要时，你在线上或线下获得以下各种支持的频率?	平均数	标准差	社会陪伴	因素 情感支持	情绪/信息
社会陪伴					
1. 有人能在你需要时听你倾诉	3.86	1.07	.73		
2. 有人可以做一些事情让你忘记烦恼	3.29	1.25	.66		
3. 有人能够与其分享最私密的担心和恐惧	3.67	1.13	.62		
4 有人能理解你的问题	3.55	1.11	.61		
5. 有你相信的人与你谈论你自己或你的问题	3.83	1.08	.59		
情感支持					
6. 有人一起玩	3.94	1.02		.75	
7. 有人真诚地安慰你	3.71	1.12		.71	
8. 有你爱的人并让你感觉到被需要	3.79	1.07		.65	
9. 有人向你表达喜欢和爱恋	3.62	1.13	.43	.65	
情绪/信息性支持					
10. 有人给你信息让你了解处境	3.46	1.12			.85
11. 有人能给你提供你需要的建议	3.69	1.10			.68
12. 有人能告诉你怎样解决一些私人的问题	3.67	1.06			.64
特征值			5.81	.84	.72
变异解释率（%）			48.44	7.01	5.96
克隆巴赫 α 系数			.80	.81	.75

　　网络交往行为。网络交往行为的测量是通过询问青少年和儿童运用三种最流行的网络活动的频率，也就是使用即时通讯（例如 MSN、ICQ、QQ 和聊天室）、网络游戏和论坛。具体来说，他们会被问及上个星期在三种网络活动上花费了多

少时间，采用 7 点量表法，1= 一点没有，2= 少于 1 个小时，3= 大约 1 个小时，4= 多余 1 小时少于 2 小时，5= 大约 2 小时少于 3 小时，6= 多于 3 小时少于 4 小时，7=4 小时以上。

离线社交活动。通过询问被试以下问题来评估离线社会活动：（1）在之前的一天里他们花费了多少分钟面对面地与①家人或亲戚、②朋友、③同学沟通且能持续 3 分钟以上（日常的"你好—再见"除外）;（2）在闲暇时候多久去一次①看电影、②去野餐或者烧烤、③购物、④参加聚会或去唱卡拉 OK。采用 5 点里克特量表，1= 不常去，5= 常常。被试在这些项目上的回答结果首先被标准化，然后组合起来构成一个合成分数，反映被试的线下社交活动水平。

（三）独处、年龄认同、社会支持和网络动机之间的关系

H1 预测青少年和儿童表达出的独处需求越高，他们的网络使用动机在社会补偿和情绪管理这两个方面就越强烈。表 7 的回归分析结果显示关系维持（β =.14，$p<.001$）和社会认可（β =.27，$p<.001$）都与独处有着显著关联，这表明青少年和儿童的独处需要越强，就会有更强的社会补偿类动机驱动他们的网络使用行为。相对的，独处仅能预测娱乐和逃避（β =.24，$p<.001$），而对信息寻求没有显著效应。这样的结果支持以下观点：青少年和儿童越是想要独处，他们就越倾向于用网络来放松、娱乐、忘掉问题、感觉更少的紧张和寂寞、接触陌生人、对他人表示鼓励、与他人保持联系和关心他人。因此，假设 H1 大部分得到支持。

表 7　网络使用动机在人口统计学资料和人格上的回归分析

预测因素	社会补偿动机		情绪管理动机	
	关系维护	社会认可	娱乐和逃避	信息寻求
人口统计学资料				
性别（男 =1）	.04	−.02	.05	.01
年龄	−.05	−.10**	−.09**	−.08*
家庭收入	−.02	.01	.01	−.06
人格				
独处	.14***	.27***	.24***	.02
年龄认同满足	.74***	.44***	.54***	.51***
R^2	.60	.32	.39	.27

续表

校正 R2	.60	.32	.39	.26
样本量 N	655	659	667	661

备注：表中呈现的系数是标准化回归系数

*p<=.05；** p<=.01；***p<=.001

与 H1 相似，H2 假设青少年和儿童显示出越强烈的年龄认同感，他们使用网络的动机将越加与情绪管理和社会补偿有关。如表 7 所示，年龄认同满足对网络使用的社会补偿动机［比如关系维护（β=.74，p<.001）和社会认可（β=.44，p<.001）］和情绪管理动机［比如娱乐和逃避（β=.54,p<.001）和信息寻求（β=.51，p<.001）］都有显著的预测作用。因此，H2 完全成立。

总的来说，在青少年和儿童的网络使用中，独处和年龄认同满足能显著预测社会补偿和情绪管理动机，四个独立的回归分析能解释的变异在26%—60%之间。如表 7 所示，被试越年轻，越倾向于被社会认可、娱乐或逃避以及信息寻求等动机所驱动。

表8　社会支持在人口统计学资料、网络使用动机、人格、
网络交往行为和离线社交活动上的回归分析

预测因素	社会支持		
	社会陪伴	情感支持	情绪或信息支持
人口统计资料			
性别（男 =1）	–.14**	–.24***	–.07
年龄	–.12**	–.09*	–.01
家庭收入	–.04	.03	.06
网络使用动机			
娱乐和逃避	–.05	–.01	–.03
关系维持	.11	.12*	.19**
社会认可	–.01	–.06	–.03
信息寻求	.15**	.20***	.20***
人格			
孤独	–.02	–.04	–.11*
年龄认同满足	.00	.02	–.02
网络交往行为			
即时通讯	–.01	–.02	–.08

网络游戏	–.11*	–.08*	–.02
论坛	.00	–.09	–.08
离线社交行为	.16***	.19***	.14**
R2	.12	.21	.14
校正后的 R2	.10	.19	.12
N =	585	585	587

备注：表中呈现的系数是标准化回归系数

*p<=.05；　★★ p<=.01；★★★p<=.001

　　H3 预测青少年和儿童知觉到的社会支持水平越高（来自在线和离线的资源），他们使用网络的动机越多的与社会维护和情绪管理有关。表 8 的回归分析结果显示，关系维持动机对情感支持（β=.12, p<.05）和情绪或信息支持（β=.19, p<.01）有显著预测作用。同样的，信息寻求动机与社会支持中的社会陪伴（β=.15, p<.01）、情感支持（β=.20，p<.001）和情绪的或信息的支持（β=.20，p<.001）维度也有显著的联系。但是，娱乐或逃避和社会认可动机对感知到的社会支持没有显著预测作用，这表明当青少年和儿童的情绪管理或社会补偿类的网络使用动机很高时，在需要的时候他们倾向于感知到更高水平的社会支持。所以，H3 部分成立。

（四）预测社会支持

　　用多元回归分析（如表 8 所示）来检验什么因素可以预测社会支持，结果显示，社会支持中的社会陪伴的最强预测因素是离线社交活动（β=.16，p<.001），其他显著预测因素包括信息寻求动机（β=.15，p<.01）、性别（β=-.14，p<.01）、年龄（β=-.12，p<.01）和玩网络游戏（β=-.11，p<.05）。当情感支持作为因变量时，作为女性（β=-.24，p<.001），信息寻求（β=.20，p<.001）、离线社交活动（β=.19，p<.001）、关系维持（β=.12，p<.05）、年轻（β=-.09，p<.05）以及网络游戏（β=-.08, p<.05）是显著的预测因素。对社会支持中的情绪或信息维度来说，信息寻求动机（β=.20，p<.001）和关系维护（β=.19，p<.001）是最强的预测因素，其次是离线社交活动（β=.14，p<.01）和独处（β=-.11，p<.05）。有趣的是，年龄认同满足、即时通信和论坛参与在任何回归分析中都不显著。总体来看，回归方程中所包括的预测因素解释了 10%—19% 的变异。

（五）预测网络交往行为

针对即时通信、网络游戏和论坛参与这三个因变量,我们进行三个平行的回归分析来评估什么因素能预测网络交往行为。表9的结果显示,较大的年龄(β =.35, p<.001)、积极的离线活动(β =.30,p<.001)以及强烈的关系维持动机(β =.16,p<.01)对网上即时通信的使用具有预测作用。玩网络游戏作为一个社交和娱乐性质的网上活动,它能被逃避动机(β =.15,p<.01)、关系维持动机(β =.15,p<.01)和男性(β =.21,p<.001)等因素显著地预测,而信息寻求需要(β =-.12,p<.05)、较低的家庭收入(β =-.12,p<.01)、较少的独处需要(β =-.09,p<.05)这三个因素的预测力相对较小。这三个方程能解释10%—29%的变异。

表9　网络交往行为在人口统计学资料、网络使用动机、人格和离线社会活动上的回归分析

预测因素	网络交往行为		
	即时信息	网络游戏	论坛
人口统计学资料			
性别（男 =1）	–.01	.21***	–.03
年龄	.35***	.01	.33***
家庭收入	.02	.12**	.10*
网络使用动机			
娱乐和逃避	.05	.15**	.08
关系维持	.16**	.15**	.04
社会认可	.06	.08	.05
信息寻求	.05	–.12*	–.09*
人格			
孤独	.06	.09*	.02
年龄认同满足	.02	.11 .00	.02
离线社交活动	.30***	.08	.15***
R2	.30	.11	.20
校正后的 R2	.29	.10	.19
N =	612	598	595

备注：表中呈现的系数是标准化回归系数

*p<=.05；** p<=.01；***p<=.001

四、结论

（一）人格特质的影响

研究结果显示，人格特质（例如独处需要和年龄认同满足）能够显著预测网络使用动机中寻求社会补偿（也就是获得认可和关系建立）的动机和情绪管理动机（也就是娱乐和信息寻求）。这意味着，当青少年和儿童心情不好和独处欲望很强烈时，他们更希望通过独立隔离的方式而非面对面的方式来娱乐、寻找伴侣以及被社会认可。这一结果支持这样的观点：独处让个体有机会自我反思并远离其他人（Pierce，Wilkinson & Anderson，2003）。事实上，单独使用网络有助于青少年和儿童探索其私我，有利于他们寻找到一个能够交谈并帮他们解决压力的伙伴。因为网络的间接化、不需要面对面、交互性以及有时候是匿名等诸多的特点，想独处的青少年和儿童更喜欢将它作为探索社会的方式（Leung，2001）。

本研究的分析也证明了年龄认同满足能够预测网络动机，尤其是对社会补偿和情绪管理类的动机，而这两类也是大多数同龄青少年和儿童在网上经常寻求满足的内容。年龄认同满足的预测力很强（标准化数值在 0.44—0.74 之间），这表明年龄认同满足对网络动机有很强的影响。例如，同一年龄群体的年轻人有强烈的动机去利用网络与他们认识的人联系，与他们有相同经验和处境的人分享，并且乐于与喜欢他们的人聊天。被试会通过网络寻求与他们自己有相似特征的人交流（Atkin，1985；Hoffer & Cantor，1991），然而，年龄认同满足的增加似乎并不影响感知到的社会支持，也不会转化为更多的网络交往行为。这也许是因为青少年和儿童的网络行为背后并不只存在一种普遍的动机，尽管我们关注的是最常见的三种网上活动。与此同时，这种动机也会随着年龄认同满足在个体间的差异而变化。

（二）网络动机和感知到的社会支持

正如假设的那样，对于那些能够较好地获得不同形式的社会支持的个体来说，他们的网络使用动机与情绪管理和社会维持的联系更紧密，特别是那些能感知到他们拥有强大的情感和情绪／信息社会支持的人，他们往往是那些为关系维持动机所驱使的人（Wright，2000）。这就不难理解，为何青少年和儿童的关系维持动机获得越多的满足，他们就会越明确地感知到能够获得情感和情绪／信息的社会支持。这也同样解释了为什么信息寻求满足能够预测感知到的社会陪伴、情感和情绪／信息类的社会支持，因为在线信息寻求意味着通过博客、电子邮件、在聊天室聊天以及通过脸谱网（Facebook）之类的社交方式来寻求信息。通过这些网络活动，青少年能获得一些有用的信息、做事的建议或怎样处理个人问题的建议。

（三）网络交往行为和社会支持

当真正的网络交往行为作为预测因素时，感知到的社会支持仅与网络游戏相联系，而即时通信和参与论坛的预测作用不显著。之所以出现这种结果，也许是因为本研究所选择的网络交往行为（即时通信、网络游戏和参与论坛）并不是青少年和儿童获得社会支持的正规渠道（例如获得建议、意见以及分享个人的担忧和问题）。即时通信（例如 MSN、ICQ 或聊天室）一般用于消遣时间和交流八卦（Leung，2001），网络游戏用于娱乐、转移注意力和逃避，论坛用于具体主题的深入讨论。个人博客和电子邮件等渠道提供了更好的在线环境，当他人有需要时，可通过这些方式来表达爱和情感、表达你对他人的关心，给予他人鼓励和安慰。此外，网络游戏与社会支持中的社会陪伴和情感维度存在显著负相关。依据 Kraut 等人（1998）的观点，相对于电话和面对面的互动方式，以计算机为媒介的网络游戏，并不是一种适当的社会沟通方式。网络上的朋友只是泛泛之交，而且相互之间的联系也容易被破坏，人们通过网络游戏所维持的许多社会关系也不如人们在生活中其他领域内的关系那样坚固和持久（Leung & Lee，2005）。事实上，稳固的社会纽带往往能缓解人们生活中的压力，更多的在线时间会剥夺更有价值的离线社会联系。这就导致那些沉迷于网络游戏的人不管是线上还是线下，都倾向于感知到自己很难获得社会陪伴和情感类的社会支持。这也许能解释为什么青少年和儿童的网络交往行为对感知到的社会支持几乎没有影响。

（四）离线社会活动和网络交往行为

值得注意的是，青少年和儿童越多的参与离线社交活动（比如面对面地同家人和朋友交流，去看电影、野餐、烧烤和聚会），他们就会有越多的网络交往行为（特别是即时通信和参与论坛）。这表明离线社交活动在某种程度上触发或补充网络交往行为并帮助人们扩大社交网络（Rosengren & Windahl，1989）。同样的，离线社交活动对社会支持也有很强的作用。相对于人格和网络交往行为，离线社交活动似乎是影响感知到社会支持的更重要的因素。然而，这些数据反映出社会支持并没有从离线社交活动转变成网络交往行为，尽管网络日益成为青少年和儿童首选的社交媒介。

虽然本研究中的那些概念间的关系是基于合理的理论假设提出的，并得到实证的支持，但对于目前结果的解释应该考虑到研究方法上的局限性，尤其需要注意的是问卷中的某些概念，比如独处、年龄认同满足和社会支持等概念对于被试来说或许很难理解，特别是8—10岁的儿童，也许这些概念并不适合于这些被试（例如独处给人们提供时间进行自我反省、在独处时使用网络有助于探索私我以及网络允许你和认识的人联系）。如果真是这样的话，那么研究结果可能会受到影响。

（五）未来研究方向

与朋友面对面地在一起度过时光是青少年发展应该经历的过程，这个过程也有利于他们的同一性的发展。事实上，本研究证明，网络社交技术的大量使用也是青少年和儿童自然发展而来的行为。未来的研究应该通过比较不同年龄群体的结果来扩展本研究的范围。虽然调查的结果与理论所揭示的内容一致，但它们并没有论证因果关系。使用准实验设计和纵向设计有望提升研究结果的可信度。认识到并获得有益的独处这种能力对儿童来说是一个尚未达到的发展目标。大多数7—10岁的儿童都难以知觉到独处的积极功能，难以认识到独处是有益的，尤其是当儿童被限制和隔离在自己房间内以惩戒不良行为时候更是如此。因此未来的研究可以检验年龄认同满足驱动的网络交往行为所导致的结果：我们能否在何种程度上区分出与年龄认同满足相联系的网络社会化所带来的积极或消极的结果。

【参考文献】

Abbey,A.(1993).The effect of social support on emotional well–being.Paper presented at the First International Symposium on Behavioral Health,Nags Head,North Carolina.

American heritage dictionary of the English language.(1992).(CD–ROM).Redmond,WA:Microsoft Corporation.

Atkin,C.K.(1985).Informational utility and selective exposure to entertainment media. In D.Zillmann & J.Bryant(Eds.),Selective exposure to communication(pp.63–92). Hillsdale,NJ:Lawrence Erlbaum.

Berlyne,D.E.(1971).Aesthetics and psychology.New York:Appleton—Century—Crofts.

Blos,P.(1962).On adolescence.New York:The Free Press.

Blumer,J.G.(1985).The social character of media gratifications.In K.E.Rosengren,L. A.Wenner & P.Palmgreen(Eds.),Media gratifications research(pp.41—60).Beverly Hills,CA:Sage.

Blumler,J.G.(1979).The role of theory in uses and gratifications studies.Communication Research,6,9—36.doi:10.1177/009365027900600102.

Brennan,P.F.,Moore,S.M., & Smyth,K.(1995).The effects of a special computer network on caregivers of persons with Alzheimer's disease.Nursing Research,44,166—172. doi:10.1097/00006199-199505000-00007.

Brennan,P.F.,Ripich,S., & Moore,S.M.(1991).The use of home-based computers to support persons living with AIDS/ARC.Journal of Community Health Nursing,8,3—14.doi:10.1207/s15327655jchn0801_1.

Buchholz,E.S., & Catton,R.(1999).Adolescents' perceptions of aloneness and loneliness.Adolescence,34(133),203.

Buchholz,E.S., & Chinlund,C.(1994).En route to a harmony of being:Viewing aloneness as a need in development and child analytic work.Psychoanalytic Psychology,4,354—374.

Buchholz,E.S., & Tomasi,S.(1994).Differentiating aloneness from loneliness:The alone state in theory and research(unpublished manuscript).

Cobb,S.(1976).Social support as a moderator of life stress.Psychosomatic Medicine,38,301—314.

Cohen,S. & Syme,L.(1985).Social support and health.Orlando,FL:Academic Press.

Donald,C.A., & Ware,J.E.(1984).The measurement of social support.In R.Greenley(Ed.),Research in community and mental health(Vol.4,pp.325—370).Greenwich,CT:JAI Press.

Donohew,L.,Finn,S., & Christ,W.G.(1988).The nature of news' revisited:The roles of affect,schemas,and cognition.In L.Donohew,H.E.Sypher & E.T.Higgins(Eds.),Communication,social cognition,and affect(pp.195—218).Hillsdale,NJ:Lawrence Erlbaum.

Ellis,H.C., & Moore,B.A.(1999).Mood and memory.In T.Dalgleish & M.J.Power(Eds.),Handbook of cognition and emotion(pp.193—210).Chichester,UK:Wiley.

Erikson,E.(1968).Identity:Youth and crisis.New York:Norton.

Forgas,J.P. & Bower,G.H.(1987).Mood effects on person-perception judgments.Journal of Personality and Social Psychology,53,53–60.doi:10.1037/0022–3514.53.1.53.

Galanaki,E.(2004).Are children able to distinguish among the concepts of aloneness,loneliness,and solitude?International Journal of Behavioral Development,28(5),435–443.doi:10.1080/01650250444000153.

Galanaki,E.(2005).solitude in the school:a neglected facet of children's development and education.Childhood Education,81(3),128–133.

Gallienne,R.L.,Moore,S.M., & Brennan,P.F.(1993).Alzheimer's caregivers:Psychosocial support via computer networks.Journal of Gerontological Nursing,19,15–22.

Garstka,T.A.,Branscombe,N.R., & Hummert,M.L.(1997).Age group identification across the life span(unpublished manuscript).

Griffin,M.(2001).The phenomenology of the alone condition:More evidence for the role of aloneness in social facilitation.The Journal of Psychology,135(1),125–128.

Griffin,M., & Kent,M.V.(1998).The role of aloneness in social facilitation.The Journal of Social Psychology,138(5),667–669.

Hall,G.S.(1905).Adolescence.New York:Appleton and Co.

Harwood,J.(1999).Age identification,social identity gratifications,and television viewing.Journal of Broadcasting & Electronic Media,43,123–136.

Harwood,J.(1999).Age identity and television viewing preferences.Communication Reports,12(2),85.

Hlebec,V.,Manfreda,K.L., & Vehovar,V.(2006).The social support networks of Internet users.New Media & Society,8(1),9–32.doi:10.1177/1461444806058166.

Hoffer,C., & Cantor,J.(1991).Perceiving and responding to mass media characters.In J.Bryant & D.Zillmann(Eds.),Responding to the screen:Reception and reaction processes(pp.63–102).Hillsdale,NJ:Erlbaum Associates.

House,J.S.(1986).Social support and the quality and quantity of life.In F.M.Andrew(Ed.),Research on the quality of life.Ann Arbor,MI:Survey Research Center,Institute for Social Research,University of Michigan.

Houston,T.K.,Cooper,S., & Ford,D.E.(2002).Internet support groups for depression:A1–year prospective cohort study.The American Journal of Psychiatry,159(12),2062–2068.doi:10. 1176/ appi.ajp.159.12.2062.

Kahn,R.L., & Antonucci,T.C.(1980).Convoys over the life course:Attachment,roles and social support.In P.B.Baltes & O.Brim(Eds.),Lifespan development and behavior(Vol.3).Boston:Lexington Press.

Kavanagh,A.L., & Patterson,S.J.(2001).The impact of community computer networks on social capital and community involvement.The American Behavioral Scientist,45(3),496–510.doi:10.1177/00027640121957312.

Knobloch,S.(2003).Mood adjustment via mass communication.The Journal of Communication,53(2),233–150.doi:10.1111/j.1460–2466.2003. tb02588.x.

Knobloch,S., & Zillmann,D.(2002).Mood management via the digital jukebox.The Journal of Communication,52,351–366.doi:10.1111/j.1460–2466.2002.tb02549.x.

Kraut,R.,Patterson,M.,Lundmark,V.,Kiesler,S.,Mukopadhyay,T., & Scherlis,W.(1998). Internet paradox:A social technology that reduces social involvement and psychological well–being?The American Psychologist,53,1017–1031.doi:10.1037/0003-066X.53.9.1017.

LaRose,R.,Mastro,D., & Eastin,M.S.(2001).Understanding Internet usage:A social–cognitive approach to uses and gratifications.Social Science Computer Review,19(4),395–414.doi:10.1177/089443930101900401.

Larson,R.W.(1990).The solitary side of life:An examination of the time people spend alone from childhood to old age.Developmental Review,10,155–183. doi:10.1016/0273–2297(90)90008–R.

Larson,R.W.(1997).The mergence of solitude as a constructive domain of experience in early adolescence.Child Development,68,80–93.doi:10.2307/1131927.

Leung,L.(2001).College student motives for chatting on "ICQ".New Media & Society,3(4),483–500.doi:10.1177/14614440122226209.

Leung,L.(2003).Impacts of Net-generation attributes,seductive properties of the Internet,and gratifications–obtained on Internet use.Telematics and Informatics,20(2),107–129.doi:10. 1016/S0736–5853(02)00019–9.

Leung,L., & Lee,P.S.N.(2005).Multiple determinants of life quality:The roles of Internet activities,use of new media,social support,and leisure activities.Telematics and Informatics,22(3),161–180.doi:10.1016/j.tele.2004.04.003.

Lin,M.,Hummert,M.L., & Harwood,J.(2004).Representation of age identities in on–line discourse.Journal of Aging Studies,18(3),261.doi:10.1016/j. jaging.2004.03.006.

McCann,R.M.,Kellermann,K.,Giles,H.,Gallois,C. ,& Viladot,M.A.(2004).Cultural and gender influences on age identification.Communication Studies,55(1),88.

Memling,M., & Buchholz,,E.S.(1994).Psychoanalytic reflections on the need for alone-ness in children's literature(unpublished manuscript).

Moustakas,C.E.(1989).Loneliness.New York:Prentice Hall.

Papacharissi,Z., & Rubin,A.M.(2000).Predictors of Internet use.Journal of Broadcast-ing & Electronic Media,44(2),175–196.doi:10.1207/ s15506878jobem4402_2.

Pierce,L.L.,Wilkinson,L.K., & Anderson,J.(2003).Analysis of the concept of aloneness as applied to older women being treated for depression.Journal of Gerontological Nursing,29(7),20.

Raacke,J., & Bonds-Raacke,J.(2008). 聚友网 (Myspace)and 脸谱网 (Facebook):Ap-plying the uses and gratifications theory to exploring friend-networking sites. Cyberpsychology & Behavior,11(2),169–174.doi:10.1089/cpb.2007.0056.

Rhodes,J.E., & Jason,L.A.(1990).A social stress of substance abuse.Journal of Consult-ing and Clinical Psychology,58,395–401.doi:10.1037/0022–006X.58.4.395.

Rosengren,K.E., & Windahl,S.(1989).Media matters:TV use in childhood and adoles-cence.Norwood,NJ:Ablex.

Sherbourne,C.D., & Stewart,A.(1991).The MOS social support survey.Social Science & Medicine,32,705–714.doi:10.1016/0277-9536(91)90150–B.

Stafford,T.F., & Gonier,D.(2004).What Americans like about being online.Communica-tions of the ACM,47(11),107–112.doi:10.1145/1029496.1029502.

Storr,A.(1988).Solitude:A return to the self.New York:The Free Press.

Westerhof,G.J., & Barrett,A.E.(2005).Age identity and subjective well-being:A com-parison of the United States and Germany.Journal of Gerontology,60B(3),S129.

Winnicott,D.W.(1965).The maturational processes and the facilitating environ-ment:Studies in the theory of emotional development.New York:International University Process.

Wright,K.(2000).Computer–mediated social support,older adults,and coping.The Jour-nal of Communication,50(3),100–118.doi:10.1111/j.1460–2466.2000.tb02855.x.

Zillmann,D.(1982).Television viewing and arousal.In D.Pearl,L.Bouthilet & J.La-zar(Eds.),Television and behavior:Ten years of scientific progress and implications for the eighties(Vol.2):Technical reviews(pp.53–67).Washington,DC:Government Printing Office.

Zillmann,D.(1985).The experimental exploration of gratifications from media enter-tainment.In K.E.Rosengren,et al.(Eds.),Media gratifications research:Current perspectives.Newbury Park,CA:Sage.

Zillmann,D.(1988a).Mood management through communication choices.The American Behavioral Scientist,31,327–340.doi:10.1177/000276488031003005.

Zillmann,D.(1988b).Mood management:Using entertainment to full advantage.In L. Donohew,H.E.Sypher & E.T.Higgins(Eds.),Communication social cognition,and effect(pp.147– 171).

Hillsdale,NJ:Lawrence Erlbaum.Zillmann,D.,Schweitzer,J.J., & Mundorf,N.(1994). Menstral cycle variation of women's interest in erotica.Archives of Sexual Behavior,23,579–597.doi:10. 1007/BF01541499.

第九章 对青少年上网的担忧：
社会疏离、同伴间负面影响、性邀约

麦伦·奥尔良（Myron Orleans）

美国加州州立大学富尔顿分校

　　作者回顾并评价了对青少年上网活动担忧的早期相关研究文献。最初的质性研究主要针对青少年的社会网络与其电脑使用的相互作用。研究特别关注了过度使用电脑的青少年是否有社会疏离的倾向。这些发现对目前流行的上网危险的普遍认知，即过度使用电脑的青少年会对社会疏离的观点，提出了挑战。早期的研究引发了对青少年上网时相互施加负面影响的潜在危害更多的质疑，对青少年通过互联网进行网络性邀约也拉响了警报。作者调查分析了最近的文献，用以评估该危险警告是否被放大、扭曲，或是出于意识形态的目的而被操纵。而与目前流行的观念正好相反，与父母的直接参与行为相比，人际关系和早期青少年的电脑活动相互间的强化行为模式使青少年风险行为的可能性显著降低。因此，作者建议那些负责任的成年人重新集中精力并调整努力的方向，支持青少年适当地使用电脑，以促进他们的网络亲社会行为。

一、引言

　　作为一种结构独特的社会现象，近期专家对青少年上网的担忧，不仅成为社会心理学的关注对象，也是公众瞩目的焦点 (Altheide, 2002; Glassner, 2000; Furedi,2006; Stearns, 2006)。随着社会结构和科学技术的日益复杂，可供选择的交流方式和渠道也更加丰富，这引发了大家对此的担忧，其中又以对网络交流方式的担忧为重。结合大家对青少年尝试各种交流方式长久以来的担忧，我们确定了一个公众关注的焦点。本文论述了有关青少年网上交流对其生活的假定破坏性影响的某些共同认知和特征。我们研究的重点是调查青少年参与网络环境中可感知的风险行为的后果。我们也将探索网络互动中可能出现的如社会疏离感、青少年相互间施加负面影响以及网上性邀约等的后果。

网上产生出的青少年独特的认知环境给许多非数字一代的父母和成年监护人带来了严峻的挑战和诸多问题，例如父母与青少年一代相互疏远，相互失去信任以及父母对青少年堕落的恐惧等。成年人对青少年上网过多而导致其与社会疏离的焦虑反映了他们线性的思维模式以及对社会性这个概念的有限的现实理解。在之前的研究中，笔者提供的研究数据表明，在某些条件下网上虚拟活动并没有对青少年的实际社会交往产生负面的影响 (Orleans & Laney, 2000)。一个非直觉的发现显示父母参与青少年的网络活动越少，青少年在亲近社会和与人面对面的互动活动中的参与度就越高。因为这个问题一直是公众关注的焦点 (Gross, 2004; Mazalin & Moore, 2004; Sanders, Field, Diego, & Kaplan, 2000)，所以笔者有必要在文章里对这个问题做进一步的回顾和介绍。

父母和专业人士对 Web 2.0 的推出及其展示出的新功能和特性表示出更深层次的担忧。这种现象指的是使用互联网的新方法以促进近年来已经普遍流行的网络社区、合作环境、网络及文件共享网站以及维基网和博客的形成。青少年集体不间断地大量参与诸如聚友网（Myspace），视频分享网站（Youtube），脸谱网（Facebook）和推特网（Twitter）等这些更受欢迎的社交网站的营建。无论这些网站如何被仔细审查，这类网站所具备的参与性的本质都会加剧一些家长的担忧。

最近的关于社交网站的研究发现，尽管父母有担忧，但青少年对"消极的网络事件"的反应方式都可以被归为"健康"一类 (Rosen & Carrier,2008)。此外，研究发现权威型的家庭教养方式使得青少年消极行为的发生频率最小。其他研究表明，青少年对个人信息的公布并不像很多家长认为的那样频繁。青少年对聚友网（Myspace）的使用一般来说都是非常负责任和合理的 (Hinduja & Patchin,2008 年)。Valkenburg, Jochen 和 Schouten(2006) 发现在交友网站上同龄人的互动增加了青少年社会关系的广泛度，其收到的相关反馈好坏与否对自尊心也产生影响。

家长担忧年轻人在网上会接触到各种消极、堕落的材料而受到不良影响，并通过网上互动相互传播这些负面影响。许多家长心中都会充斥着对从青少年接触并痴迷于不良性材料及性交往、粗野暴力及反社会行为的解决方式如从杀人或自杀、吸毒到崇尚极端的宗教意识形态等各种各样的担忧。因此,对青少年因上网而与社会疏离的担忧与对其在网络环境中经历非常负面的各种社会影响的担忧在此又形成鲜明对比 (Mitchell, Finkelhor, & Becker-Blease, 2007; Whitlock, 2006)。研究呼吁父母们要意识到但不要过度夸大解决这些问题时的危险 (Becker, EI-Faddagh, Berson & Berson, 2005; Schmidt, 2004; Bross, 2005; Wolak, Finkelhor, Mitchell, & Ybarra, 2008)。

一方面与社会疏离和青少年相互间产生的负面影响反映了成年人对青少年网上人际交往经验和主动适应的二重性,另一方面通过网络进行性邀约和随之而至的绑架行为加剧了家长们对上网潜在的破坏性行为的恐惧。成年人对青少年通过网络交流发出性邀约通常被认为是一个事实。它是一个暗藏的危险,也被认为是家长们最大的担忧 (Wolaket al.,2008)。成年人通过网络交流对青少年发出性邀约然后将其绑架是一个假定的事实。有文件记录显示这种行为在缺乏责任感的成年人的监管之下可能发生。青少年的离家出走行为也经常被认为是受网上性邀约的影响,有时也是受其他青少年的负面影响而导致的。网上性邀约可能更多的被认为是由个人对个人的直接交流行为所导致,或者更具体地说,是一个成年人对一个青少年的行为过程,而青少年的相互负面影响更多的是一种与虚拟聊天室或者类似的聊天网站相关的集体行为过程。研究表明,由于法律执法力度的加强及针对白人富裕青少年的教育努力,整体的网上性邀约行为数量正在下降,但是针对增强少数族裔青少年意识的计划则拖了后腿 (Mitchellet al.,,2007)。

虽然任何想象的威胁可能都会有实例来验证,但这种对可能性的讨论很少能检测到这种担忧本身究竟是如何影响到青少年、家长和其他人的态度、行为和互动。警告、预防和治疗在恐惧的形成和传播过程中发挥作用。本文探讨了对青少年上网的忧虑在成年人参与青少年上网行为过程中所扮演的角色。作者在考虑到实际的危险的同时,通过提出一种平衡的方法,提供了一些对青少年上网的担忧进行管理的建议和方法,重新思考了家长们对青少年网上活动适当和富有成效的反应。

二、担忧的依据

公众因青少年上网而产生的担忧广为传播。对这种现象的简单解释就是此观念很有市场。哗众取宠会吸引公众注意力;相关机构和单位借此推销治疗服务；各种宣传组织和协会也会得到提升；某些公司会开发相应软件来满足大众需求；某些组织的存在也有了正当理由；甚至政治、宗教和意识形态的议程也会得到支持。比如以下的网站都加重了这些担忧。www.loveourchildrenusa.org/, www.simpletoremember.com/vitals/dangers-of-theinternet.htm, www.protectkids.com/dangers/,www.gov.il/FirstGov/TopNavEng/EngSubjects/SafeSurfingEng/ParentsEng,www.webmd.comparenting/features/4-dangers-internet, www.iusb.edu/~sbit/pdf/da ngerous-internet.pdf。

也许在某种更深层次上，这些担忧支持了成年人对年轻人生活范畴和个人经历的控制欲。这种控制欲也许在某种意义上根植于青少年将会迷失在某些未知领域，会发明其它可供选择的话语方式，或参与一些成年人难以理解的某项事业的想象中。也许这些想象纯属猜测，但普通大众似乎已经被这种真切的担忧和焦虑所包围，特别是在父母对青少年网上世界观塑造的观念和理解方面。

有关计算机的流行的和学术的讨论通常都认为家用电脑为孩子们带来了教育福利 (Bross, 2005; Schall & Skeele, 1995; Williams, 1994)。大量的美国青少年已经或者将要具备定期使用家用电脑或笔记本电脑、短信和黑莓的能力，且其比例在不断增大。父母一直也期望他们的孩子能根据不同的用途需要使用或者即将经常使用电脑 (Green,1996)。

然而，与此同时，人们对通过网络交流可能引起的青少年的社会疏离感表达了关切 (Gross, 2004; Mazalin & Moore, 2004, Sanders et al., 2000)。对计算机"非社会性"的属性的假定考量导致一些人认为无论机器能带来多少好处，过度使用计算机都可能对成年人以及青少年带来危害 (Kupfer, 1995; Stoeltje, 1996)。

人们对青少年因过多使用互联网而对彼此造成的负面影响等后果也表达出严重关切。年轻人可能接触到各种各样的反社会行为方式，包括对他人使用暴力。但更为普遍的是一些自我堕落的行为，比如恣意狂欢、暴饮暴食、自残以及最终的自杀 (Winkel, Groen, & Petermann, 2005)。此外，人们也担心一些网站散播仇恨、性异常、极端行为、高风险活动和吸食毒品行为，以及更多的由网络提供的腐蚀青少年的东西。表现出自我伤害特征的特定类型的青少年在进行网上活动时必须受到特别关注，因为他们身上显示出具体的风险和易受攻击性的特征 (Mitchell & Ybarra,2007)。

对年龄稍大的侵害者通过互联网对青少年进行性引诱的行为也受到了非常多的关注 (Berson & Berson, 2005; Padilla-Walker, 2006)。随着与互联网相关的更加夺人眼球的技术不断出现，青少年被异常的生活方式和取向所诱惑的可能性更大。通过互联网，人们可以很容易地练习欺骗和操控，在网络世界里改变身份和使用匿名是网上直接沟通的标识性行为。

负责任的父母对青少年上网的警惕和协商监管可以成为网络环境中管理青少年的一种方式 (Livingstone, 2005)。然而，年轻人可以向他们的父母隐藏他们的网上活动，这点是无法避免的，而家长的过度警惕也进一步降低了父母与青少年之间的信任度并且干涉了孩子们的自主行为，进而造成两代之间情感上更加疏远，相互怀疑。因此，在一定条件下父母过度的担忧或许会被证明能产生适得其反的效果。

青少年计算机的使用对他们的个人生活、家庭关系和同伴适应有确切的影响。由于计算机对孩子们意义重大，构成了其生活中越来越大的一个部分 (Welch, 1995)，所以大家对青少年经历的社会交往的减少、接触不良爱好、使自己处于危险境地等可能性所表达出的忧虑并不奇怪。人们也越来越频繁和强烈地表达了对青少年因过度使用电脑而伤害自己的身体，损坏个人和社会发展的担忧 (Dorman, 1997; Miller, 1993)。

对数字技术影响的恐惧不是什么新鲜事，研究人员对此也非常关注 (Suratt, 2006; Talbott, 1995; Turkle, 1995)。媒体批评人士经常宣称，电视、音乐、视频游戏以及电脑游戏对孩子们造成的伤害减少了他们的社会互动行为，并让他们处于受反社会行为影响等更大的风险中 (Freeman, 1997; Smith, 1995)。对互联网是否是"加法"的现实性辩论也风行一时 (Collins, 2007; Suratt, 2006)。目前个人计算机可能已经取代电视的突出位置而成为家庭里最新的、最被人们所担忧的应用技术 (Coffey & Horst, 1997)。一些成年人对此所体验的焦虑情绪显然没有影响青少年对互联网的积极认可 (Clemmitt, 2006)。

而媒体的夸张描述进一步加强了父母对孩子们滥用电脑的恐慌。例如，早期像"黑客"（"Hackers"）(Wickstrom, 1996) 和最近的如"自由活否则死得惨"（"Live Free or Die Hard"）(Neman, 2007) 等深受欢迎的电影把青少年描绘成网络成瘾者。他们篡改银行程序，变动电视节目，扭曲政府政策，打败坏家伙，拯救世界，但他们却不参加与计算机活动之外的任何体育运动，并且很少和包括他们家人在内的任何人交流。杂志和报纸也促成了焦虑环境的构成。比如像如下的文章："互联网上的儿童猥亵者，"（"Child molesters on the internet"）Trebilcock, 1997)、"网络诱捕，"（"Snared by the net"）(Rogers, Sandler, Duffy, Salcines, & Duignan-

Cabrera,1997),"互联网的危险 --- 如何保护我们的孩子),"（"Internet dangers ---How to protect ourchildren)" (Rubenstein,1996 年 ），"是我们创造了互联网上性格内向的人吗？文化：我们的孩子需要现实世界 ,"（"Are we creating Internet introverts? Culture: Our children need to be in the real world")(Shulman,1996)，以及近期的文章："从林里的婴儿"（"Babies in the Woods"）(Flanagan,2007)。这些批评年轻人使用电脑背后的假设是一个人时间和精力有限，要么将其投入到社会活动中，要么将其投入到非社会的技术活动中。零和思维认为技术活动一定会减少社会交往，替代本质上是令人沮丧的、浪费时间、精力、敏感性和间接利益的经验，专注于虚无而不是真实的物质、用非真实替代社会生活和体育活动。持这种想法的人担忧因为技术而失去自我和社会生活 (Kupfer, 1995; Stoeltje, 1996)。

三、互联网的好处

另一种观念表明计算机实际上可能促进某些类型的社会交往并提升亲近社会和有教育意义的价值取向 (Aslanidou, and Menexes,2008); Wellman, Salaff, & Dimitrova, 1996)。按照这种观点，技术可以为社会互动创造场合，还可以作为人们交谈的主题。这种方法提出了计算机技术与社会交往这两种现象之间互利互惠相互作用的可能性，而并非是两者之间的相互排斥的假定关系 (Leeds-Hurwitz, 1995; Pearce, 1994)。使用计算机因此可以被认为是社交的基础之一及社交的一个产品。对虚拟世界的探索让青少年领悟有关生活的真谛，促进其各种不同知识的学习。有观点认为在网络环境中青少年在不断尝试和犯错中变得更加聪明和富有经验。在网络世界中的航行让他们体验到某种形式的自主、自治以及对自我负责。最重要的是，对互联网的过度恐惧可能抵销其带来的一些实质性的好处 (Tynes,2007)。

早期的研究报告描述了在不同条件下青少年电脑用户经历的不同类型的青年社交情景 (Orleans & Laney, 2000,2000)。在自然的家庭环境下，研究者密切观察这些青少年计算机用户，以便掌握他们在自然状态下所表现出来的计算机行为的社会意义。一个现象学方法 (Orleans, 1991) 被用来描述和分析与计算机相关的有图示的行为和被试者之间相互交流互动的情况。这样的数据不允许经验主义的归纳，比如说由于使用电脑，多大比例的孩子的社会生活增强了而多大比例孩子的社会生活又缩水了。定性数据是在变化的条件下详细描述被试者的生活经验。这些条件包括父母参与、电脑适应、性别、同伴参与程度、计算机复杂性以及其他变量。

父母的重要性体现在他们是孩子电脑的配置者和使用参数的创建者。购置计算机与否以及计算机软件的数量和性能和父母经济条件相关。这也成为父母向孩子们提供计算机使用渠道而被最频繁使用的父母权利。要么极低，要么极高水平的父母参与会杜绝青少年的社会交往或使其社会交往成为不太可能，这是一个曲线关系。据专家预测，适量的家长引导和鼓励青少年的自主行为成为使用计算机的青少年开展社会交往的最大可能性。

专家假设对计算机使用的不同适应性很可能与早期青少年社会交往的质量和频率相关联。因此，一些年龄较小的青少年被认为是把计算机作为表达自我和和使自己更为强大的工具 (Orleans & Walters, 1996)。他们使用计算机据认为是以扩大兴趣、获取信息、提高成绩、在家人和同伴面前展示其掌握的某个复杂技术为目的。专家推测，在这样的场景中，个人电脑的功能会促使其尝试新的电脑活动、学习编程、解决问题、不断提升自己的能力。虽然一些青少年可能受自我意识的驱使会独自去完成这些事情，但人们认为更大的可能性是早期的青少年计算机用户会与经验丰富的同伴定期探讨来帮助其认识新的软件、编程方法和故障排除的技术。因此有研究表明，由于出于个人电脑用户渴望完美的目的而促使其寻求经验丰富的同伴帮助，人际交往可能会有一定程度的提升。

青少年可能花费大量的时间与其电脑玩对战游戏，显然，这样他们就将自己封闭起来 (Chiou,2008)。但是电脑游戏玩家，特别是青少年游戏玩家，往往会聚在一起玩电脑游戏 (Barnett, Vitaglione,Harper, & Quackenbush, 1997; Buchman & Funk, 1996; Funk & Buchman, 1996: Olson,Kutner, & Warner, 2008)。过去和现在，越来越多的玩家要么是通过数字网络，要么是通过现实的生活网络被链接起来。在线服务商通过自己的专有服务和互联网站给玩家提供玩游戏的机会。玩家对游戏设施，包括技术支持共享、快捷方式、代码规范、游戏成绩和设法提高分数的探讨都可能促进社会交往。因此，在某种程度上，游戏联系着很多人。玩游戏的环境本身就提供了青少年社会交往的可能性。尽管网络世界对一些人来说可能只是人际沟通的一个替代品，一个只能提供虚幻沟通的虚拟社会，可是它带给孩子们很多真正互动的机会。青少年可以讨论收发电子邮件、博客写作、网络社交、聊天、网上冲浪等的好处。他们可以说服自己和同伴的父母允许其上网、相互帮助上网、分享彼此最喜爱的网站、比较不同的插件程序、讨论技术问题，并对彼此的网络活动提供支持。他们可能会聚在一起上网，而做这些事情当然要通过社交网站。此外，一些孩子可能会发现一起上网比单独上网更有趣，或者两者兼顾。因此，尽管

青少年在线社会沟通与行为：网络关系的形成

花在互联网上的时间可能会取代社会活动，但虚拟社会和真实社会的交往可以相依共存 (Nie,Hillygus & Erbring,2002)。

从事计算机影响社会化活动研究的研究员最初发现网上活动减少了现实生活中交流的数量 (Kraut, Patterson, Lundmark, Kiesler,Mukopadhyay, & Scherlis, 1998)。随后的研究发现,它对现实生活在社会交往的负面影响随着时间推移有所下降,但研究同时表明如果很密集的现实社会交往联系由少数的网络交往关系所取代,那么负面影响会加倍 (Kraut, Kiesler, Boneva,Cummings, Helgeson & Crawford, 2002)。Mesch(2006) 测量了使用电脑对家庭领域的影响。他发现当上网时间是花在非知识收集用途上时, 家庭的凝聚力与之呈现负相关, 但如花在学习上, 家庭的凝聚力则增强了。此外, 研究表明当以家庭为基础的网络活动注重于集体参与时, 它可以提高整个家庭的凝聚力。总的来说, 研究得到了一个合理的结论, 即青少年合理适中并且平衡地使用互联网并没有对现实社会交往互动产生严重的负面影响。

早期青少年不同性别组的特征影响社会交往的经历 (Lever,1978; Fine,1988)。对男性群体的研究表明活动和任务构成了彼此互动的主要焦点。有关计算机的沟通交流似乎达到了这个男性组别的特征标准。在男性社会交往模式和跟计算机相关的互动之间很可能存在一个非常密切的关系 (D.Amico, Baron,& Sissons, 1995; Kinnear, 1995; Whitley, 1997)。由于研究发现女性组的复杂性更少,并且其更多的是倾向于社会交往本身, 而不是着眼于活动或任务 (Lever,1978),因此女性青少年把与电脑相关的话题作为社会交往的一个资源也许不太可能。然而,脸谱网(脸谱网（Facebook ）), 视频分享网（YouTube ）、博客等的出现有可能减少性别带来的差异。女性报告了更高比例的网上性邀约行为 (Mitchell,Wolak, & Finkelhor, 2008)。聊天室用户更有可能被归类为 "麻烦人群" 并且比其他人更易受攻击,但这和网上遇到的问题没有联系 (Beebe, Asche, Harrison, & Quinlan,2004)。在任何情况下,因为女孩有善于社会交际的直接适应能力, 所以参与计算机活动可能使她们产生更少的社会疏离感。因此, 性别可能在以下四个方面影响青少年早期与计算机相关的社会交往 : 1) 不参与到计算机支持的社交组织的男性会与社会疏离 ; 2) 将与计算机相关的交流作为社交基础的男性和社会更加融合 ; 3) 推广个人电脑活动使女性的社交活动有所减少 ; 4) 如果女性在电脑活动中寻求社会支持,这样会促进其社会交往。

四、父母参与

尽管之前的研究 (Orleans & Laney,2000) 曾假设青少年计算机用户需要一些家长的帮助，但除了最年幼的用户，其他计算机用户所拥有的计算机能力更倾向于消除父母侵入性参与其计算机活动的需求。事实上，被试者的社会网络是否能被激活取决于他们父母的态度。如果家长们相对不倾向于把他们的意愿施加在孩子们计算机操作活动上，就能留给孩子们激活其社会网络的空间。具体来说，一旦家长设置好计算机的基本参数然后退出，即使是很没有经验的孩子也可以把他们的兄弟姐妹和同龄人作为主要资源而达到相应的能力。

在大多数已观察的案例中，父母设置好的电脑使用参数鼓励家庭成员间的互动，但也会导致某种程度的疏离感。然而，如果父母在孩子童年和青春期早期对其电脑使用设置障碍，那么就会阻止计算机成功扮演一种发展更加牢固家庭纽带或友谊网络的角色。因此，一个内心充满担忧的、专制的家长更有可能阻止孩子从事计算机及同伴间的富有成效的活动。

一旦孩子们完全控制了自己的计算机活动，他们可以掌握为达到自己目的而服务的要素，主要是在线访问，并进行明显的对自我负责的活动。有观察表明，一群朋友在一起上网时会探索资源，在没有成年人的监管的情况下获得他们想要的经验，进行自我调节、相互监督并对彼此可能出现的问题发出警报。

在这些有家长参与孩子们电脑活动的有限实例中，孩子们被给予的自主权越大，那么他们就越会得到亲近社会的体验，这点是非常明显的。事实上，对网络心存担忧的家长们的指导似乎抑制了青少年和同龄人的社会交往。给予青少年计算机用户多一点空间似乎会激发他们寻求来自于其同伴的支持并参与其活动，最后避免落入陷阱。

五、群体适应

以往的研究 (Orleans & Laney, 2000) 发现群体的团结一致和对外部界限的定义都是通过使用计算机嵌入式语言，在没有成年人在场时在同龄人中建立的。青少年从上机的体验中获得的这些专门术语在交谈中会深化其话语意义水平并保护其免受网络侵害者的攻击。

该研究发现网络使用中被试者的自我反思、自我构建的社会交往过程允许其开发一种自我保护的成熟机制。被试者创建了一个微观的主体世界，其本身就是一个计算机活动的产品，它也为这些计算机活动的发生提供了相应的环境。因此，研究者发现计算机活动的社会维度与青少年形成有效抵御外部威胁的防守集体牢不可分。有趣的是，另有发现表明在父母不担忧的情况下，青少年成功地进行计算机活动使其更加自信，更好地塑造个性，参与更多的家庭讨论并最终巩固其和父母的关系。

至于大家通常所担忧的电脑游戏 (Olson et al., 2008)，研究发现它们不仅是青少年社会活动的焦点和相互交谈的话题。青少年还可以通过它们体验大众交流的架构。游戏形成了青少年间的谈话背景，对游戏的个人经验则构成了谈话的主题。青少年加入到热烈和卓有成效的谈话中，进行积极的交流，这些对所有参与其中的人在社会交往方面可能有非常大的好处。

青少年在多样的社会关系条件下玩电脑游戏和体验各种各样的社交经验。研究显示玩游戏引发一系列的活动，包括围绕主题的谈话、设置谈话背景、相互间调停、交换视角、角色分享、自我组织、重构逻辑、战略话语、印象管理等。当我们把被试者普通的电脑活动看作是复杂的集体成就时，青少年就会从这些活动的社会交往中获得大量好处。此外，它还能避免社会疏离感和强制性参与所引发的后果。研究者建议用一种奖励策略来解决自我强制性的网络游戏参与，也就是游戏成瘾。此种策略是用更少的奖励来促使青少年更大幅度地改变其对游戏的态度。研究者对这种策略能解决该问题报有很大希望 (Chiou, 2008)。在实验研究中，当青少年游戏玩家感知到个人的自由选择能改变其态度并脱离网络游戏时，他们会得到较低的回报水平。加强对青少年因游戏上瘾而导致社会疏离感的关注是促进青少年游戏玩家脱离游戏的有效干预工具，也是一个非常合理的建议。

上网在所有男性使用计算机的活动中占有很大比例。这些被上网占据的时间绝不等同于被社会疏离隔离的时间。网络在线交流通常并不是人际沟通的替代物，而是时常与人际沟通同时发生。或许男性青少年对游戏的追求不能得到家长们的同意，但男孩创建兴趣团体的高水准表明相互协作的网络活动在男性青少年中是非常受欢迎的 (Kutner, Olson, Warner, & Hertzog, 2008)。

即使不是为了上网而使用电脑，在早些时候的研究观察也表明青少年把访问网络作为一个交谈的话题 (Orleans & Laney, 2000)。Orleans 和 Laney 展示了青少年活动的流质性，表明在线交流和面对面交流的不可分割性。研究发现虚拟世界和现实世界的交流互为条件、相互建构。与社会疏离并没有使青少年表现出更易受网络侵害者攻击的可能性。因此，青少年将他们日常的现实生活经验应用到网络虚拟交流中，并为之提供了一种保护盾。他们也本能地把自己的网络生活融入到日常交谈中并自发管理网络参与活动。

六、性别

直到最近，该领域更多的研究集中在男性青少年而不是女性青少年对计算机的使用上。以前的研究 (Orleans& Laney, 2000) 表明，即使女性能自如、自在地使用电脑，但是和男性相比，发现她们很少和同伴分享计算机的兴趣和活动。大部分的女性被试都是单独使用计算机，计算机也不是她们之间的谈话内容。在与计算机相关的交流中，女性的精力集中在交流本身，而不是这项使广泛探索不同人际关系方式成为可能的技术上。

在计算机使用中观察到的另一个现象是，不同性别的青少年使用电脑的用途不同。女孩很少在使用计算机时播放音乐或打开电视。和男孩相比，更多的女孩利用计算机做家庭作业，而男孩更可能去玩电脑游戏。女孩们更可能认真地使用计算机，但也有例外的情况。她们更加关注用于某些特殊目的计算机使用，并且她们使用计算机的行为举止比男孩更加沉着。不管女孩在使用计算机时有多么自在，计算机只是占据了她们世界里的一个空白位置，很少取代她们与社会的联系，但有时却会促发她们的社会交往。然而女孩子似乎并没有把计算机作为社会交往的正统工具之一。

研究表明，与父母关系有更多矛盾的女孩烦恼也更多，与其他女孩相比在网络上与他人建立亲密关系的可能性也越大 (Wolak, Mitchell & Finkhor, 2003)。所有和父母缺乏交流及人际关系有问题的青少年比没有这方面问题的同龄人更有可能在网络上遇到危险。可以推测的是互联网的使用可能会让一些女孩比男孩更加容易染上诸如自杀、饮食失调、性滥交、犯罪等危险行为。在缺失家庭环境支持的情况下，网络人际关系的形成可能对个人而言有着更大的意义。

以往的研究发现，大部分被观察的女孩不会用虚拟关系替代现实关系，因为这种做法与她们认可的行为方式是相违背的（Berger and Luckmann, 1966）。也就是说，对她们而言，普通的社会交往是最重要的。计算机可能被视为一个有用的工具，一种社会纽带的过渡性代替，但不是压倒一个人社会交往生活其它方面的全部现实 (Furger,1998)。因为女孩的文化强调有关纯粹人类现象的直接人际交往和对话，所以把参与计算机沟通作为其主要的焦点并不可行 (D'Amico et al, 1995; Kinnear, 1995; Whitley,1997)。女孩更可能在不牺牲自己社会交往的同时，进行计算机活动。这个研究表明那些活跃的、没有明显问题的女孩并没有因使用电脑表现出社会关系的实质性减少。

大众及学术方面关于互联网中可能涉及性材料和性诱惑的讨论引发了大量担忧，特别是对女孩 (Berson &Berson, 2005; Padilla-Walker, 2006)。虽然一些父母的反应类型是合理的，但权威型父母的过度关注可能会适得其反，引发孩子们的好奇心，甚至激发他们做进一步的探索。虽然现在这个风险因素在统计数据上并没有显著的意义，但在可疑行为缺乏验证的情况下，更多潜在的威胁最好以后再论，而不应引发强烈的担忧。父母支持性的谈话和权威性的指导也许是父母教育中一个更富有成效的方法。

Rosen 和 Carrier(2008) 表明父母对网络威胁的担心和实际研究中的普遍现象或者和与限制设置和实施监控相关的父母行动并不匹配。他们建议父母与青少年开诚布公的协商并建立网络活动双方都认可的参数将会带来最多积极的结果。Eastin，Greenberg 和 Hofschire (2006) 提出，需要通过网上交流评价性和实质性的讨论来调解青少年使用网络的问题。此外，Lee 和 Chae (2007) 在他们对韩国家庭的研究中发现，一方面父母对互联网网站的建议以及和孩子们共同使用互联网预示着青少年会进行和教育相关更高层次的网络活动，另一方面，他们发现这种约束性的方法也并不会影响孩子们对互联网的使用。

相对来说，女性青少年上网的普遍兴趣在于对名人、明星的崇拜和其它方式的搜索、问询 (Engel & Kasser,2005)。用谷歌搜索名人、明星是其主要的上网活动，这也使人们进一步加深了对此的成见。虽然她们经常讨论名人隐私或行踪等话题，但因为这些信息很少发布，所以对于绝大多数的女性青少年而言，这并没有成为一个值得其注意的问题。偶像崇拜更多的是一个没有太多负面影响，在女性青春期社会交往中经常扮演重要角色的准社会交往过程。

系统的研究未能证实是宣传导致了网络侵害者使用欺骗和胁迫的手段引诱天真的青少年 (Wolak et al.,2008)。然而，网络性犯罪中被判法定强奸罪的事件确实发生地更加普遍。年纪较轻的成年犯罪者在网络上遇见并引诱未成年青少年进行交往。在忽视更加典型的引诱模式的情况下向青少年发出有关成年侵害者的预警的确是一种误导。对青少年而言，真正的网络侵害者似乎更加合乎其心意，他们用明显并且更可能被青少年接受的方式与其接触。父母在处理青少年这个浪漫的和性有关的兴趣时理应考虑到以上这些现实。父母应该跟孩子解释清楚和只比他们大几岁的成年人进行交往进而发展关系会引发的问题及危险性，同时要避免对网络侵害者扭曲的刻板印象。有更高风险值的青少年，特别是儿童期性虐待的受害者，是特别脆弱的，容易成为攻击的目标。处理与之相关的问题可能需要专业人员的参与。本书的第 13 章更充分地探讨了预测网络受害者的诸多因素。

七、建议

由于此研究并没有发现使用计算机会导致个体的社会疏离感和易受攻击性，在缺乏相关研究的情况下，媒体应放弃过度强调网络使用的危险性和威胁性。当然，灌输有关年轻人使用计算机可能引起恐惧和道德恐慌的思想比使用一般的正常性话语更加有利可图。然而，在没有充分的正当理由论证的前提下把上网视为一种病态会对青少年和他们的未来造成严重伤害 (Bross,2005; Tynes, 2007)。更为直接的是，即使父母的焦虑不能完全通过研究和理性的思考来缓解，关注的焦点也应更有效地针对某些特定的敏感区域，以避免整个问题的扩大化。

成年人对有关青少年网络活动破坏性影响的焦虑表明构建青少年计算机经验的互动网络限制了，而不是扩大了青少年的冒险行为，因为群体组织是男孩的一种保护盾，而促进女孩集体行为的计算机活动也可能确保为女孩提供一些支持。

本研究提供的一个重要建议是鼓励女性青少年进一步整合、支持和扩大人际关系交往的现实生活和虚拟社会之间互动的趋势。既然女孩文化强调社会互动中人的因素是至关重要的，那么这种文化最好把电脑使用和网络世界作为话题并把女孩活动的重点也包括在内。这对信息发展和教育活动似乎是有益的，对网络交往和共同协作也是有益的。随着女性青少年对基础技术越来越熟悉，在预测和创新设计以及应用方面，他们将会准备得更好，最终提高她们在数字世界里的个人能力和职业能力。

如何策划整个过程当然还是不确定的，但鼓励社会交往的游戏和电脑活动可能会吸引女孩子的参与 (Corston and Colman 1996; Furger, 1998;Thomas, 1996; Vail, 1997)。和之前的网上论坛相比，现在的社交网站绝对吸引了更多女性青少年的参与。现在诸如脸谱网（Facebook）和聚友网（Myspace）的这类网站都在快速频繁地扩大自己的领域，增多可供选择的项目，吸引家长和其他负责任的成年人参加到这个以在线互动为基础的网络活动中来。科技进一步的发展使更生动和更具创造性的参与成为可能，这些都将提高女性参与现实和虚拟社会交往的质量。

正如女孩们在运动项目上已取得的长足进步，随着她们准备进入到有许多杰出的成年女性作为楷模的非传统职业，女性青少年接触计算机的兴趣变得越来越浓厚，并把计算机视为她们社交生活中一个普通的、令人愉快和富有成效的工具之一，而不顾根植于文化的偏见。这种现象将会变得越来越明显。由于女性的网络社会交往已十分普遍，这种女性同伴社交网络和网站的一个主要好处可能就是促进女性对网络上的负面影响和性引诱进行抵御，并为未来数字技术时代中的工作生活做好准备。

当然，家长们必须了解自己孩子们的电脑活动。他们需要留意这些行为，但他们的过度介入可能会使孩子们失去探索发现并且和同龄人进行社会交往的机会。父母最好就有关计算机活动参加到和孩子们的现实谈话中，以调解孩子们的互联网体验；允许他们的孩子在不担忧其假定危险的情况下获得享受从事计算机活动的机会。有价值观标准的社会交往，正常的伙伴关系和社会支持网络的孩子不太可能成为易受攻击的目标。通过开放和合理的讨论来建立合理警告和适当年龄限制的机制，以及对软件明智的选择，这些都可能提供充分保障 (Livingstone, 2007; Mitchell,Finklhor, & Wolak, 2005)。即使网上性引诱的总体数量似乎有所降低，但更严重、更具侵略性的性引诱行为仍然是一个需要注意的问题 (Mitchell, Finkelhor, & Wolak, 2007)，因此有必要建立一套有计划的方案来改善少数族裔父母的监管能力。父母应该放心的是，计算机与互联网的链接本质上是良性的富有成效的设备。当然即使其可能被滥用，但它们的好处也是能显著的被证明的。由于计算机和其它信息技术的确能够促进家庭成员间的交往互动，家庭可以更多地关注围绕计算机和网络的活动，这是非常明智可取的（Kraut et al.,1996; Sun,1995）。

同样，互联网应该被理解成虚拟社会世界与现实社会世界间的无限相交。我们的孩子宣誓他们的存在，并与其亲朋好友社交圈子外的人们沟通交流。他们在自己所熟悉的世界之内和之外发现和探索世间百态，并有希望为世界贡献自己的那一份力量。青少年集体参与互联网的努力似乎是他们计算机活动自然而然的结果。青少年越来越多地意识到计算机活动的潜在风险并通过限制信息披露和采取其它类似的变相措施来保护自己 (Youn,2005)。总而言之，我们强烈建议网上共享信息和进行人际交流，即使一些活动可能不太符合传统。青少年被网络侵害者引诱而离家出走的案例或因青少年失落而沉溺于网络的报道数量非常少并缺乏可验证性，它们无论如何也不应该成为父母和成年人阻止青少年适当使用互联网的借口 (Collins, 2007; Orleans, 1997;Suratt, 2006; Young, 1996)。

研究还表明，互联网的使用给有听力障碍的青少年带来了更多的好处 (Barak & Sadovsky, 2008)。互联网活动使这些青少年更有能力，并提供其扩大社会参与范围和程度的方式。这样的结果显示即使对潜在的最易受攻击的青少年来说，互联网积极正面的好处也远远大于其带来的危险。他们通过网络交流来克服与社会疏离的倾向并实现与正常青少年有相同幸福指数的目标。

八、结论

总言之，本文讨论了青少年线上活动的范围，并为增进对其线上活动的了解提供了一些建议。计算机和网络访问已经深深地融入了现代生活的方方面面。现代社会并没有因为进入数字信息时代而展示出一个糟糕、错位、支离破碎的愿景。这都显示出整个社会强大的适应能力。始于儿童期的调查研究方法将更加全面、有效地解决由技术进步而导致的社会挑战问题。

【参考文献】

Altheide, D. (2002). Creating fear: News and the construction of crisis. Chicago: Aldine.

Aslanidou, S., & Menexes, G. (2008). Youth and the Internet: Uses and practices in the home. Computers & Education, 51, 1375–1391.doi:10.1016/j.compedu.2007.12.003

Barak, A., & Sadovsky, Y. (2008).Internet use and personal empowerment of hearing-impaired adolescents. Computers in Human Behavior, 24, 1802–1815. doi:10.1016/j.chb.2008.02.007

Barnett, M. A., Vitaglione, G. D., Harper, K. K. G.,& Quackenbush, S. W. (1997). Late adolescents'experiences with and attitudes toward videogames.Journal of Applied

Social Psychology, 27(15), 1316–1334. doi:10.1111/j.1559-1816.1997.tb01808.x

Becker, K., EI-Faddagh, M., & Schmidt, M. H.(2004). Cybersuizid oder werther-effekt online: Suizidchatrooms und-foren im Internet. Kindheit und Entwicklung, 13(1), 14–25. doi:10.1026/0942-5403.13.1.14

Beebe, T. J., Asche, S. E., Harrison, P. A., & Quinlan,K. B. (2004). Heightened vulnerability and increased risk-taking among adolescent chat room users: Results from a statewide school survey. The Journal of Adolescent Health, 35, 116–123.

Berger, P., & Luckmann, T. (1966). The social construction of reality: A treatise in the sociology of knowledge, Garden City, NY: Doubleday.

Berson, I. R., & Berson, M. J. (2005).Challenging online behaviors of youth: Findings from a comparative analysis of young people in the United States and New Zealand. Social Science Computer Review, 23, 29–38.doi:10.1177/0894439304271532

Bross, D. C. (2005).Minimizing risks to children when they access the World Wide Web. Child Abuse & Neglect, 29, 749–752.

Buchman, D. D., & Funk, J. B. (1996). Video and computer games in the 90's: Children's time commitment and game preference. Children Today, 24(1), 12–15.

Chiou, W. B. (2008). Induced attitude change on online gaming among adolescents: An application of the less-leads-to-more effect. Cyberpsychology & Behavior, 11(2), 212–216. doi:10.1089/cpb.2007.0035

Clemmitt, M. (2006).Cyber socializing. CQ Researcher, 16(27), 625–648.

Coffey, S., & Stipp, H. (1997).The interactions between computer and television usage. Journal of Advertising Research, 37(2), 61–67.

Collins, L. H. (2007). A review of 'netaholism⋯'Another pseudodiagnosis. PsycCRITIQUES, 52(330), Article 3.

Corston, R., & Colman, A. M. (1996).Gender and social facilitation effects on computer competence and attitudes toward computers. Journal of Educational

Computing Research, 14(2), 171–183.

D'Amico, M., Baron, L. J., & Sissons, M. E. (1995).Gender differences in attibutions about microcomputer learning in elementary school.Sex Roles, 33(5-6), 353–385. doi:10.1007/BF01954574

Dorman, S. M. (1997). Video and computer games: Effect on children and implications for health education. The Journal of School Health, 67(4), 133–138. doi:10.1111/j.1746-1561.199 7.tb03432.x

Eastin, M. S., Greenberg, B. S., & Hofschire, L. (2006).Parenting the Internet. The Journal of Communication,56(3), 486–504. doi:10.1111/j.1460- 2466.2006.00297.x

Engel, Y., & Kasser, T. (2005). Why do adolescent girls idolize male celebrities? Journal of Adolescent Research, 20, 263–283. doi:10.1177/0743558404273117

Fine, G. A. (1988).Friends, impression management, and preadolescent behavior.In G. Handel (Ed.), Childhood socialization. New York: Aldine de Gruyter.

Freeman, M. (1997). Electronic media and how kids (don' t) think. Education Digest, 63(3),22–27.

Funk, J. B., & Buchman, D. D. (1996).Playing violent video and computer games and adolescent self-concept. The Journal of Communication, 46(2), 19–32. doi:10.1111/j.1460-2466.1996. tb01472.x

Furedi, F. (2006). Culture of fear revisited: Risktaking and the morality of low expectation. New York: Continuum.

Furger, R. (1998). Does Jane compute?: Preserving our daughters' place in the cyber revolution. New York: Warner Books.

Glassner, B. (2000). The culture of fear: Why Americans are afraid of the wrong things. New York: Basic Books.

Green, K. C. (1996). The coming ubiquity of information technology. Change, 28(2), 24–28.

Gross, E. F. (2004). Adolescent Internet use: What we expect, what teens report. Journal of Applied Developmental Psychology, 25(6), 633–649.doi:10.1016/j.appdev.2004.09.005

Hinduja, S., & Patchin, J. W. (2008). Social networking and identity construction: Personal information of adolescents on the Internet: A quantitative content analysis of Myspace. Journal of Adolescence, 31(1), 125–146. doi:10.1016/j.adolescence.2007.05.004

Kinnear, A. (1995). Introduction of micocomputers: A case study of patterns of use and children's perceptions. Journal of Educational Computing Research, 13(1), 27–40. doi:10.2190 /NA0H-1RV6-LFLU-23H0

Kraut, R., Kiesler, S., Boneva, B., Cummings, J., Helgeson, V., & Crawford, A. M. (2002). Internet paradox revisited. The Journal of Social Issues, 58(1), 49–74. doi:10.1111/1540-4560.00248

Kraut, R., Patterson, M., Lundmark, V., Kiesler, S., Mukopadhyay, T., & Scherlis,

W. (1998). Internet paradox: A social technology that reduces social involvement and psychological well-being? The American Psychologist, 53, 1017–1031. doi:10.1037/0003-066X.53.9.1017

Kraut, R., Sherlis, W., Mukhopadhayay, T., Manning, J., & Kiesler, S. (1996). The HomeNet fieldtrials of residential Internet services.Communications of the Association for Computing Machinery.Inc., 39(12), 55.

Kupfer, A. (1995). Alone together: Will being wired set us free?. Fortune, 131(Mar. 20), 94-96.

Kutner, L. A., Olson, C. K., Warner, D. E., & Hertzog, S. M. (2008). Parents' and sons' perspectives on video game play: A qualitative study. Journal of Adolescent Research, 23, 76–96. doi:10.1177/0743558407310721

Lee, S. J., & Chae, Y. G. (2007). Children's Internet use in a family context: Influence on family relationships and parental mediation. Cyberpsychology & Behavior, 10(5), 640–644.doi:10.1089/cpb.2007.9975

Leeds-Hurwitz, W. (1995).Introducing social approaches. In W. Leeds-Hurwitz (Ed.), Social approaches to communication. New York: The Guilford Press.

Lever, J. (1988).Sex differences in the complexity of children's play and games.In G. Handel (Ed.), Childhood socialization. New York: Aldine de Gruyter.

Livingstone, S. (2007). Strategies of parental regulation in the media-rich home. Computers in Human Behavior, 23, 920–941. doi:10.1016/j. chb.2005.08.002

Mazalin, D., & Moore, S. (2004). Internet use, identity development and social anxiety among young adults. Behaviour Change, 21(2), 90–102. doi:10.1375/bech.21.2.90.55425

Mesch, G. S. (2006). Family relations and the Internet: Exploring a family boundaries approach. Journal of Family Communication, 6(2), 119–138. doi:10.1207/s15327698jfc0602_2

Miller, N. L. (1993). Are computers dangerous to children's health? Education Digest, 58(5), 24.

Mitchell, K. J., Finkelhor, D., & Becker-Blease, K.A. (2007).Linking youth Internet and conventional problems: Findings from a clinical perspective. Journal of Aggression, Maltreatment & Trauma, 15(2), 39–58. doi:10.1300/J146v15n02_03

Mitchell, K. J., Finkelhor, D., & Wolak, J. (2005). Protecting youth online: Family use of filtering and blocking software. Child Abuse & Neglect,29, 753–765.

Mitchell, K. J., Finkelhor, D., & Wolak, J. (2007).Youth Internet users at risk for the most serious online sexual solicitations. American Journal of Preventive Medicine, 32(6), 532–537. doi:10.1016/j.amepre.2007.02.001

Mitchell, K. J., Wolak, J., & Finkelhor, D. (2007).Trends in youth reports of sexual solicitations, harassment and unwanted exposure to pornography on the Internet. The Journal of Adolescent Health, 40, 116–126. doi:10.1016/j. jadohealth.2006.05.021

Mitchell, K. J., Wolak, J., & Finkelhor, D. (2008). Are blogs putting youth at risk for online sexual solicitation or harassment? Child Abuse & Neglect, 32, 277–294. doi:10.1016/j.ch iabu.2007.04.015

Mitchell, K. J., & Ybarra, M. L. (2007). Online behavior of youth who engage in self-harm provides clues for preventive intervention. Preventive Medicine, 45, 392–396. doi:10.1016/j. ypmed.2007.05.008

Neman, D. (2007, June 18). Uneven 4th: 'Live Free or Die Hard' / Willis does a bang-up job, but film implodes at the end. Richmond Times- Dispatch, p. 15.

Nie, N. Hillygus. S. D., & Erbring, L. (2002). Internet use, interpersonal relations and sociability: A time diary study. In B. Wellman & C. Haythornthwaite (Eds.), The Internet in everyday life. Hoboken, NJ: Wiley-Blackwell.

Olson, C. K., Kutner, L. A., & Warner, D. E. (2008). The role of violent video game content in adolescent development: Boys' perspectives. Journal of Adolescent Research, 23, 55–75. doi:10.1177/0743558407310713

Orleans, M. (1991).Phenomenological sociology. In H. Etzkowitz & R. M. Glassman (Eds.), The renascence of sociological theory: Classical and contemporary. Itasca, IL: F.E. Peacock Publishers.

Orleans, M. (1997).Caught in the Web: The phenomenon of cyberaddiction. In J. Behar (Ed.), Sociological studies of telecommunications, computerization and cyberspace. Oakdale, NY: Dowling College Press.

Orleans, M., & Laney, M. C. (2000). Children's use of computers in the home: Isolation or sociation? Social Science Computer Review, 18(1), 56–72. doi:10.1177/0894439 30001800104

Orleans, M., & Walters, G. (1996). Humancomputer enmeshment: Identity diffusion through mastery. Social Science Computer Review, 14(2), 144–156. doi:10.1177/08944393 9601400202

Padilla-Walker, L. M. (2006). "Peers I can monitor, It's media that really worries me!":

Parental cognitions as predictors of proactive parental strategy choice. Journal of Adolescent Research, 21, 56–82. doi:10.1177/0743558405282723

Pearce, W. B. (1994). Interpersonal communication: Making social worlds. New York: Harper- Collins.

Porter, P. B. (1993). Fostering collaborative word processing with writing disabled adolescents (Doctoral dissertation, University of Toronto, Canada). Dissertation Abstracts International, 55-03A, 0460.

Rogers, P., Sandler, B., Duffy, T., Salcines, M., & Duignan-Cabrera, A. (1997, August 11). Snared by the net: Lured to the Internet by fun and friends, some teens get caught in a web of trouble.People, 48.

Rosen, L. D., & Carrier, M. L. (2008). The association of parenting style and child age with parental limit setting and adolescent Myspace behavior. Journal of Applied Developmental Psychology, 29, 459–471. doi:10.1016/j.appdev.2008.07.005

Rossi, P. H. (1988). On sociological data.In N. J. Smelser (Ed.), Handbook of sociology. Newbury Park, CA: Sage Publications.

Rubenstein, C. M. (1996).Internet dangers.Parents' Magazine (Bergenfield, N.J.), 71(3), 145.

Sanders, C. E., Field, T. M., Diego, M., & Kaplan, M. (2000).The relationship of Internet use to depression and social isolation among adolescents. Adolescence, 35(138), 237–242.

Schall, P. L., & Skeele, R. (1995).Creating a homeschool partnership for learning: Exploiting the home computer. The Educational Forum, 59(3), 244–249. doi:10.1080/00131729509336399

Shulman, M. (1996, May 9). Are we creating Internet introverts? Culture: Our children need to be in the real world. Los Angeles Times, p. 9.

Smith, J. (1955). Understanding the media: A sociology of mass communication. Creekskill, NJ: Hapmpton Press, Inc.

Stearns, P. N. (2006). American fear: The causes and consequences of high anxiety. New York: Routledge.

Stoeltje, M. (1996). Human costs in the computer age – commentary. Journal of Systems Management, 47(1), 57.

Sun, M. P. (1995). Effects of new media use on adolescents' family lives: Time use and relationships with family members in Taiwan (Doctoral dissertation, Ohio

University). Dissertation Abstracts International, 56-12A, 4598.

Suratt, C. G. (2006). The psychology of netaholics. New York: Novinka Books.

Talbott, S. (1995). The future does not compute. Sebastopol, CA: O'Reilly and Associates.

Thomas, S. G. (1996). Great games for girls.U.S. News and World Report, 121(Nov. 25), 108.

Trebilock, B. (1997). Child molesters on the Internet:Are they in your home. Redbook Magazine, 188(April), 100–103.

Turkle, S. (1995). Life on the screen: Identity in the age of the Internet. New York: Simon and Schuster.

Tynes, B. M. (2007). Internet safety gone wild?: Sacrificing the educational and psychosocial benefits of online social environments. Journal of Adolescent Research, 22, 575–584. doi:10.1177/0743558407303979

Vail, K. (1997). Electronic school: Girlware. The American School Board Journal, 184(6), A18–A21.

Valkenburg, P. M., Jochen, P., & Schouten, A. P. (2006).Friend networking sites and their relationship to adolescents' well-being and social self-esteem. Cyberpsychology & Behavior, 9(5), 584–590. doi:10.1089/cpb.2006.9.584

Welch, A. (1995, May 25-29). The role of book, television, computers and video games in children's day to day lives. Paper presented at the Annual Meeting of the International Communication Association, Albuquerque, NM.

Wellman, B., Salaff, J., & Dimitrova, D. (1996).Computer networks as social networks: Collaborative work, telework, and virtual community.Annual Review of Sociology, 22, 213–238. doi:10.1146/annurev.soc.22.1.213

Whitely, B. E. (1997). Gender differences in computer-related attitudes and behavior: A metaanalysis. Computers and Behavior, 13(1), 1–22.doi:10.1016/S0747-5632(96)00026-X

Whitlock, J. L., Powers, J. L., & Eckenrode, J. E. (2006). The virtual cutting edge: The Internet and adolescent self-injury. Developmental Psychology, 42(3), 407–417. doi:10.1037/0012-1649.42.3.407

Wickstrom, A. (1996). Hackers (videotape review). Video, 19(April), 75.

Williams, G. III. (1994). Plugging kids into computers. The American Legion, 136(6), 23.

Winkel, S., Groen, G., & Petermann, F. (2005).Soziale unterstutzung in suizidforen. Praxis der Kinderpsychologie und Kinderpsychiatrie, 54(9), 714–727.

Wolak, J., Finkelhor, D., Mitchell, K. J., & Ybarra, M. L. (2008). Online 'predators' and their victims: Myths, realities, and implications for prevention and treatment. The American Psychologist, 63(2), 111–128. doi:10.1037/0003-066X.63.2.111

Wolak, K. J., Mitchell, K. J., & Finkelhor, D. (2003). Escaping or connecting? Characteristics of youth who form close online relationships. Journal of Adolescence, 26(1), 105–119. doi:10.1016/S0140-1971(02)00114-8

Youn, S. (2007). Teenagers' perceptions of online privacy and coping behaviors: A risk–benefit appraisal approach. Journal of Broadcasting & Electronic Media, 49(1), 86–110. doi:10.1207/s15506878jobem4901_6

Young, K. S. (1996). Psychology of computer use: XL. Addictive use of the Internet: A case that breaks the stereotype. Psychological Reports,79(3), 251–270

第十章 识别风险因素和加强保护性因素来防止青少年成为网络受害者

梅根·科尔（Megan E. Call）美国犹他大学

杰森·巴罗－桑切斯（Jason J. Burrow-Sanchez）美国犹他大学

目前青少年网络使用十分普遍。尽管互联网对青少年而言是一种有益的工具，但某些儿童和青少年有成为网络受害者的风险。公众越来越多关注到媒体大量报导的网络上侵害者以及受害者。然而，这些报道里的一些信息可能不是很准确或者有误导。因此心理健康专家和家长是否能够准确得到关于网络受害方面的信息以此来保护青少年免受伤害是非常重要的。本章的目的是提供有关青少年互联网使用和网络受害风险因素的研究信息。本文还提出了一些建议，以加强预防因素为手段来确保青少年上网时的安全。

一、引言

在美国，有大量的青少年在使用互联网。在最近的对居住在美国的 935 名 12 至 17 岁之间的青少年的一次调查显示 , 93% 的被试报告称使用互联网 (Lenhart & Madden, 2007)。具体来说，89% 的被试报告他们每周至少上一次网，61% 的被试报告每天都使用互联网。这项研究发现家长的工资和教育水平对年轻人的网络行为有影响。有更高收入水平并接受过大学教育的父母的青少年与那些教育水平较低且工薪收入低的父母的同龄人相比更有可能使用网络。这些年轻人称他们使用互联网是出于多种原因的，包括教育的、社会的和娱乐的目的。其他的研究显示，大多数家长把互联网当做是一个对他们的孩子有用的工具，并相信它与学业方面的成功相关 (Turow& Nir, 2000)。然而，尽管互联网给儿童和青少年带来诸多好处，但也存在和上网相关的消极影响和风险 (Wolak, Fineklhor, Mitchell,&Ybarra, 2008)。

因为大家认为上网时可以保护自己的隐私或是隐藏自己的身份，所以网络一直被描述为一个有误导性的媒介。但现实中的互联网是一个公共实体，在其中完全陌生的人可以通过电子邮件、垃圾邮件、聊天室和登广告联络任何人 (Gross, 2004; Jordan, 2002;Turow, 2001)。青少年不可能不受到这种交互类型的影响。Lenhart 和 Madden(2007) 在他们的研究中发现，30% 的被试报告称在使用互联网时曾有完全陌生的人联系过他们或给他们发送过信息。大约 20% 的青少年称他们对这些信息很好奇并给对方回复以获得更多信息。先前的研究已经报告了青少年类似的网上行为，并推断出一些网络上的人际关系就是通过这些类型的交互而形成的。例如，在一项对 1511 名英国青少年和父母使用互联网的研究调查中，30% 的参与者称他们在网络上遇到过陌生人，46% 的被调查者曾经把自己的个人信息给过从网络上结识的人，8% 的被试和网上结识的人在现实生活中见过面 (Livingstone & Bober,2005)。同样地，第一个青少年互联网安全调查 (YISS) 对 1501 个 10 到 17 岁的美国青少年的网络行为进行了评估。调查报告称，14% 的被试与网上结识的人结成了亲密关系 (Finkelhor, Mitchell, & Wolak, 2000)。

一些青少年称从网络人际关系的发展中找到了慰藉。他们还指出，相比一个面对面的谈话而言，通过网络分享个人信息更加令其感到舒适 (Gross,2004)。但不幸的是，一部分网络人际关系导致青少年受到侵害。网络上的性侵犯者引诱青少年在上网时或下线后参与性或其它有害行为。以往的研究表明，某些因素让一些青少年相比其他同龄人而言，在网络受侵害方面处于更加危险的境地 (Mitchell, Finkelhor,& Wolak, 2001)。学校或卫生机构的专家有可能会遇到网络上受到侵害的青少年。然而，当和这些青少年在一起解决问题时，不是所有的专业人士都会经常对受害者网络行为的风险或之前的受害行为进行评估 (Wells, Mitchell, Finkelhor,& Becker-Blease, 2006)。此外，由于在如何协助青少年及其家庭解决网络安全问题方面可获得的信息有限 (seeRosen, 2007; Wolak et al., 2008)，这些专业人士在解决网络受害和互联网安全问题时就可能觉得自己还没有准备好 (seeRosen, 2007; Wolak et al., 2008)。这一章的目的就是回顾与网络侵害相关的风险因素以及描述促进互联网安全和预防网络侵害事件发生的保护性因素。

二、背景

网络侵害有三种类型 (Finkelhor, Mitchell, & Wolak, 2000)。第一是性邀约，青少年们被要求与一个成年人进行涉及性的谈话或性行为，而不管自己愿意与否。接触并不想看到的涉及性的材料是侵害的第二种类型。涉性材料包括青少年在线搜索或打开电子邮件时出现的裸体的个人或人们做爱的图像。第三种类型的侵害是互联网上的骚扰行为，其定义为写给一个在线的人的具有侵略性或令其尴尬的评论。当前的研究表明，并非自己自愿的接触涉性材料和性邀约是最常见的两类网络侵害行为。在第二个青少年互联网安全调查 (YISS-2) 中，Wolak 和他的同事们 (2006) 发现，在他们的 1500 名青少年样本中，在为期一年的时间内，有 34% 的被试接触过不想看到的涉及性的材料，13% 的被试收到过性邀约，9% 的被试成为互联网性骚扰的受害者。相反，Livingstone 和 Bober(2005) 报告称在他们的调查结果里性邀约出现的比例更大，大约有 33% 的年轻人上网时收到过自己并不想看到的来自陌生人的涉及性的或是恶意的评论。最后，在对 1388 名青少年就有关互联网骚扰的调查研究中，Hinduja 和 Patchin(2007) 断定，相比电子邮件 (男性：9.6%，女性 :13%)，青少年可能更多是被即时在线消息所骚扰 (男性：17%，女性 :19.7%)。此外，这些结果表明，相比男性青少年，女性青少年被认为是更容易受到网络骚扰的。

在这些研究中，大多数的青少年报告称他们没有受到过任何形式的网络侵害；然而，一些被试报告了经历过情绪低落、精神健康和社会问题 (Ybarra, Mitchell, Wolak & Finkelhor,2006)。例如，在 YISS-2 研究报告中大约 25% 的青年称在被性引诱和接触到不想看到的涉性的材料后感到非常难过或害怕 (Wolak et al.,2006)。在这两种类型的事件发生后，青少年的表现都证实了这些压力症状。他们感到焦虑或易怒、脑海里不断反复重现事件经历、减少或停止上网活动和失去对其他活动的兴趣。Patchin 和 Hinduja(2006 年) 报告了在互联网上受到骚扰的受害者的类似后果。在他们的研究中，约有一半的年轻人在被骚扰后曾感觉受挫 (42.5%) 或生气 (40%)，而几乎 1/3 的被调查者称事件影响他们的家庭生活 (26.5%) 或学校生活 (31.9%)。

虽然有些青少年在网上被侵害时感到难过，但他们也不太可能将这些事件报告给成年人或其他的权威人士。在 YISS-2 研究中，大约 50% 的青少年报告称没有收到过网络性邀约或没有接触过不情愿看到的涉性材料。此外，39%的年轻人描述称在看到直白的色情材料后感到十分沮丧，并决定对此保持沉默 (Wolak et al.,2006)。其他的研究也支持了上述发现。家长们表明，他们经常不知道自己的孩子已经成为了网络侵害的受害者 (seeLivingstone & Bober, 2005)。大多数青少年不向他们的父母、老师或其他权威人士报告网上受害事件的原因包括：发现性引诱或色情材料并没有给其带来太多的痛苦；讨论此事太尴尬；此事令人不愉快或认为自己可能因报告此事而陷入麻烦中 (Mitchell, Finkelhor, & Wolak, 2001)。

回顾以上研究的结果表明，并非所有使用互联网的青少年都是网络侵害的牺牲品。事实上，之前的研究结果表明，相比收到一个陌生人的网上性引诱而言，年轻人更有可能遭遇到来自家庭内的性虐待、因约会而被强奸或成为帮派暴力的牺牲品 (Finkelhor & Dziuba-Leatherman, 1994)。此外，只有不到一半的青少年在受到网络侵害后会因为这一事件而感到难过和不安。尽管这个信息或许能让青少年的监护人和专家们稍感放心，但仍然需要采取预防措施来防止网络侵害事件的发生，特别是某些类别的青少年受到网络侵害的风险比其他人更高 (Mitchell, Finkelhor, & Wolak, 2001, 2003)。最近的发现表明，网络侵害发生在一个风险因素的汇集点，包括心理问题和总体的互联网使用特征 (Ybarra & Mitchell, 2008)。对和青少年一起解决问题的父母和专家们来说，是否能够识别这些风险因素以提供适当的预防和干预是非常重要的。下一部分将更详细地讨论这些风险因素。

三、识别风险因素

和其他问题行为如烟、酒、毒品等物质滥用成瘾和暴力行为类似，有许多因素让青少年处于受网络侵害的风险中 (Hawkins, Catalano, & Miller, 1992)。当前研究表明一些风险因素比其它因素更加有害。此外，一个青少年在网络上被侵害的可能性会随着风险因素数量的增加而增大 (Ybarra,Mitchell, Finkelhor, & Wolak, 2007)。为了更加具体的讨论这些风险因素的影响，本文以下部分将其分为三个类别，具体是基于技术、人际关系和个人内在的风险因素。

（一）基于技术的风险因素

一般来说，任何参与到互联网的行为都可以被认为是存在一个基于技术的风险，因为信息是共享的，同时它也是在一个非常典型的不受监控的环境下获得的。此外，青少年在互联网上犯一个简单的错误会导致消极的后果。例如，在一个关于浏览不想看的色情材料的定性研究中的访谈里，青少年称当他们进行网络搜索的时候，仅仅是因为拼错了一个单词就被动地接触到了裸体和性爱图片 (Wolak et al.,2006)。一个主要基于技术的风险因素是网上个人信息的泄露。它指得是网络上的其他人可以获得诸如个人真实姓名、电话号码、年龄或出生日期以及个人照片等信息 (Ybarra et al., 2007)。青少年通过许多在线媒介，例如电子邮件、社交网站（如脸谱网（Facebook）或聚友网（Myspace））、博客、聊天室或即时消息分享他们的个人信息。与媒体报道的流行看法正好相反，最近的研究表明,, 在网络上青少年倾向于避免泄露过多的个人信息。Hinduja 和 Patchin(2008) 分析了 1475 个青少年的聚友网（Myspace）简介，认定只有 8% 的样本在简介上留有自己的全名，只有 1% 的样本提供了自己的电话号码。这些发现表明，只有少数的青少年在自己的个人网络档案中透露个人信息。然而，那些透露了个人信息的青少年确实存在网络上被侵害的高风险。例如，已经被定罪的网络性犯罪者报告称他们先花时间去阅读青少年的在线资料，再开始和所侵害的目标接触 (Malesky,2007)。因此，青少年在网络上提供关于自己的信息越多，陌生人联系他们并使他们成为潜在的网络受害者的风险也就越大。

对青少年来说，其它的基于技术的风险因素包括从文件分享程序或者故意访问色情网站以下载图片、视频或电影 (Ybarra et al., 2007)。这些都是有问题的行为，因为它们使青少年有和陌生人接触的潜在风险。进一步而言，青少年可能在这些类型的网站上被要求提交自己的性照片或被动接触自己并不想看的色情材料 (Mitchell, Finkelhor, & Wolak,2007a)。在监管松懈的环境下比如能在家或其它地方上网也使青少年处于网络被侵害的风险中。类似的有关青少年收看电视节目的研究中就发现自己卧室里有电视机的青少年更可能收看他们的父母不会批准看的节目 (seeHolz, 1998; Reyna & Farley, 2006)。如果青年少年被给予自由和隐私权，他们更有可能浏览不当网站或和陌生人进行交流 (Ybarra et al., 2007)。无论是出于叛逆还是有别于家庭规范个性化的需求，那些参与高风险网络行为的青少年往往并不知道互联网上这些基于技术的危险。许多青少年并不了解通过自己的个人网络档案页面、聊天室或其他互联网论坛上放置的个人在线信息的永久性和可访问性 (Wells &Mitchell, 2008)。同时，青少年往往不了解关于网上征集和张贴色情材料的非法性。这方面知识的缺乏对与成人见面并与之建立亲密人际关系的青少年来说尤为危险。

（二）人际交往的风险因素

人际交往的风险因素包括一个青少年与他人在网络和现实生活环境中互动的能力和才智（例如，成熟、决策技巧）。一个主要的风险因素是在青少年与陌生人在互联网上建立人际关系时产生的 (Mitchell, Finkelhor, & Wolak,2007)。当青少年在网上分享个人信息，或和陌生人谈论性的话题时，其被侵害的风险就会增加。和已被判决为性犯罪者的访谈揭示出潜在的网络受害者最常见的特征是愿意谈论性或与性相关的话题 (Malesky,2007)。因此，由于谈话内容变得更加涉及个人及可访问性限制设防的降低，在互联网上公开个人信息（一个基于技术的风险因素）增加了青少年在网上被侵害的风险。即时消息软件和聊天室常常是用于性邀约和网上骚扰的媒介。然而，如果一个青少年将一个陌生人放置在他的好友或朋友名单列表上，那么那些经常被视为更安全的在线互动模式的社交网站，如脸谱网或聚友网可以变得很危险 (Ybarra & Mitchell, 2007)。值得注意的是大多数的网上性罪犯者在其侵害者面前并不掩饰自己的身份或意图。同时，和性犯罪者在现实生活中碰面的青少年也承认会面的目的就是为了从事性活动 (Wolak et al.,2008)。以前的研究显示许多青少年称其对网络罪犯感觉过亲密甚至产生过爱情 (Wolak, Mitchell, & Finkelhor, 2003a)。这些结果强调了一些性犯罪者和浪漫天真的青少年的关系中带有欺骗性的元素。

除了在线和陌生人交流，如果青少年在上网时参与攻击性的行为，他们也会处于被网络侵害的风险中 (Ybarra et al., 2007)。这些行为包括在线对某人做出粗鲁或下流的评论或以复仇的方式使用网络来骚扰或羞辱别人。青少年可能和他们的同伴一起参与或是单独进行在线的攻击性行为 (Wolak et al.,2006)。目前的研究表明，从事在线攻击性行为的青少年报告称受到网络侵害的数量是无此行为的同龄人的两倍多 (Ybarra et al., 2007)。参与这一冒险网络行为的特定类型的青少年更有可能有社交、学术及其他方面的问题 (Ybarra & Mitchell,2008)。特别是现实生活中受到过侵害或家里有高水平冲突的青少年更有可能做出进攻性的网络行为 (Wells & Mitchell,2008)。这些具有高风险的青少年倾向于从事攻击性的网络行为是因为他们在现实生活中面临问题，还是因为其网络上的行为影响到其在现实生活被伤害的可能性，对这个问题的答案现在还无法知晓。对青少年来说，在任何情况下消极负面的现实生活和网络生活之间都显现出相互关联。

对青少年来说，一个最具影响力的现实生活中的互动就是亲子关系互动，青少年们从中接受信息、规则和支持，这些东西一直陪伴他们走向成年。父母与子女缺乏关于性和其它风险行为的交流限制了青少年识别网络或现实生活中性邀约所带来的危害的能力 (Fleming, Greentree, Cocotti-Muller, Elias,& Morrison, 2006)，并可能导致青少年从同龄人和并不总是很准确的大众媒体中来寻求信息。与上网相关更具体的情况是，很多家长不和自己的孩子谈论他们对其在家上网的预期，也不充分监视孩子们的在线行为 (Livingstone, 2007; Livingstone & Bober, 2005)。研究表明，如果家长在家不建立和加强上网的规则，青少年则会受到更多网络侵害的风险 (Livingstone & Bober, 2006; Mitchell,Finkelhor, & Wolak, 2003)。网络侵害事件也更有可能发生在父母和子女间有高水平冲突的家庭里。这可能包括沟通不良、缺乏监管和低情感依恋。例如，从事攻击性在线行为的青少年相比没有此行为的青少年更可能报告其和父母之间的低情感纽带 (Ybarra & Mitchell,2004)。与之类似，在他们对青少年网络行为的研究中，Ybarra 和 Mitchell(2005) 发现了青少年通过互联网 --- 这个基于技术的风险因素浏览色情内容和对父母缺乏依恋之间有显著关系。最后，在现实生活中有受过性虐待和身体虐待的青少年更可能在网上被性引诱，尤其是带有攻击性的引诱 ((Mitchell, Finkelhor,& Wolak, 2007b, 2001)。研究表明，在孩童时期受到过身体或性虐待的青少年更有可能表现出抑郁或焦虑的症状、反社会行为以及自杀的意念 (Fergusson,Boden, & Horwood, 2008)。此外，因为他们无法从爱的表达中区分暴力行为或性行为，在孩童时期受到过身体虐待的青少年在识别或应对不当性行为时常常会有更大的困难 (Berliner & Elliott, 2002;Rogosch, Cicchetti, & Aber, 1995)。

（三）个人内在的风险因素

除了和人际关系相关的风险因素外，个人内在的风险因素也显然使一些青少年在网上处于被侵害的更大风险中。

例如，人口统计特征，比如性别、种族和族裔对网络侵害有影响。比方说性别方面，女孩就比男孩更容易受到网络侵害（Wolak, Mitchell,& Finkelhor, 2004）。在青春期早期性就变得尤为活跃的女孩特别容易受到网络侵害 (Wolak et al.,2008

年），因为她们更有可能参与一些不安全的性行为 (Ponton & Judice, 2004) 并和年龄稍大的成年人发展亲密的关系 (Leitenberg & Saltzman, 2000, 2003; Manlove,Moore, Liechty, Ikramullah, & Cottingman, 2005)。就种族和民族而言，来自非洲的女孩和非洲裔美国人比其他同龄的青少年在网上有更高的被索要其涉性照片的风险 (Mitchell, Finkelhor, &Wolak, 2007a)。

研究还显示，在网络上和陌生人形成亲密关系的青少年受到网络侵害的风险较仅仅只和认识的朋友交谈的青少年要高 (Wells& Mitchell, 2008; Wolak, Mitchell, & Finkelhor,2003b)。青少年可能因为各种各样的原因和网络上交往的人建立亲密的关系。例如，经历抑郁和相关心理卫生疾病的青少年相比心理健康的同龄人更可能在网上和他人建立关系来应付或减轻他们的孤独感 (Wolak, Mitchell, & Finkelhor,2004)。在和他人形成支持、帮助性的人际交往关系方面有困难的青少年也可能从网络上结成的人际关系中去寻找慰藉，因为在网络上表露自我不会有面对面谈话所具有的那种压力 (Gross,2004)。另一个易受侵害的群体是那些性取向不明或同性恋青少年。他们利用互联网来寻求有关他们性取向的信息和与之相关的可以联系的人。事实上，对四分之一网上性犯罪者的追捕涉及青少年男性和成年男性之间的关系，这表明一些网络罪犯在帮助青少年处理有关性取向问题的伪装下把侵害目标定为同性恋青少年 (Wolak, Mitchell, & Finkelhor, 2004)。

青少年和陌生人在网络上建立亲密关系中所涉及的一个主要问题就是他们在情感上往往没有成熟或没有决策能力来辨别此种联系是有益还是有害的。例如，对大脑的研究证据表明，在人的青春期，控制执行能力比如决策能力等功能的额叶还没有完全发育成熟 ((Blakemore& Choudhury, 2006)。这种生理的观察可能和青少年倾向于低估与冒险行为相关的有害后果及其长期影响的发现有关 (Reyna & Farley, 2006)。此外，许多青少年的决策是建立在其感知到的预期行为所能带来的好处而不是风险上。这一发现在互联网研究中被证实：青少年更有可能相信从互联网上获得的信息 (国家公共电台 ,2000) ；相比成年人，他们更愿意在网上泄露自己的个人信息 (Livingstone & Bober, 2006;Turow & Nir, 2000)。和决策能力类似，直到青春期后期或成年早期，青少年的情感管理机制也还没有完全发育成熟 (Mash& Wolfe,2005)。这一发现表明，当参与不管是现实生活中还是网络上的浪漫关系时，青少年在青春期早期到中期都有可能与情绪控制相抗争 (Cauffman &Steinberg, 2000; Weinstein & Rosenhaft, 1991)。对青少年来说，从感情上处理网络人际关系可能特别困难，因为和现实世界中人际关系的缓慢发展相比，网上的人际关系可能会迅速形成,并涉及到高水平的个人自我表露 (McKenna, Green, & Gleason, 2002)。因为家庭成员和同龄人往往没有意识到某个青少年会有如此强烈和隐秘的关系存在，所以网上虚拟人际关系也可能会处于孤立的境地 (McKenna et al., 2002)。因此，和成年人相比，青少年更容易在网上受到利用和侵害，因为他们还没有成熟的才智和能力去处理和网络人际关系相关的危险状况。总之，有各种各样的内因使青少年易受网上性犯罪者的攻击。正如上面所讨论的那样，这些因素本质上是复杂的，并且它们与其它风险因素（例如技术方面的因素、人际关系方面的因素）相互作用。所有这些因素结合起来使得识别处于网络侵害风险中的青少年并非易事。然而，好消息是某些保护性因素可以减轻风险因素所带来的负面影响，以下就将讨论这个话题。

四、加强保护性因素

一般来说，加强保护性因素就是减少青少年展现出问题行为的可能性 (Hawkins, Catalano, &Miller, 1992)。一些对青少年的保护性因素的例子包括拥有良好的应对技能，与亲近社会的同龄人多联系以及在学校获得好成绩。大多数的青少年问题预防干预行为设计的意图是要减少风险因素和增强保护性因素。

相对于互联网快速发展和演变的本质，促进互联网安全的预防性干预措施发展一直很缓慢，并且基本没有什么效果。目前，使用最常见的两种预防措施是 (1) 告诉青少年在网上避免透露任何个人信息 (2) 告诉父母来管理自己孩子在家使用互联网的行为 (Wolak et al.,2008)。因为这些预防干预措施并没有解决与性引诱和性骚扰相关的主要风险因素，也并没有帮助到最容易受到网络侵害的青少年，所以它们对互联网的安全工作基本不起什么作用。此外，这些方法也没有吸收以促进互联网安全为目的的以实证依据为基础的建议。例如，以往的研究表明父母参与青少年网络行为应该更多是以相互讨论及教育为基础，而不仅仅是限制其上网 (Mitchell et al.,2001)。青少年还应该更好地被告知为什么他们不应该通过互联网透露自己的个人信息。我们需要发展和评估预防干预措施以妥善处理和网络侵害特定相关的风险，加强与健康及安全地使用网络相关的保护性因素。为了使青少年从他们的生活的方方面面接受一致的预防信息，这些方法都要适应学校和家庭环境设置的需要。本章的余下部分探讨了四个组件，它们都应该被包含在促进互联网安全的未来预防计划中：(1) 就互联网相关的危险和如何促进积极的在线交流对青少年进行培训，(2) 把同龄人当做促使青少年积极改变的中介，(3) 把家庭成员加入计划中来以促进互联网安全，(4) 解决最容易受到网络侵害的青少年的需求问题。

五、互联网安全教育

青少年主要是在学校环境中学习互联网安全策略。这些策略重点倾向于告知青少年在互联网发布个人信息所带来的危险 (Wolak et al.,2008)。一些学校甚至通过播放描绘天真的青少年在互联网泄露个人信息而招致性侵犯者和网络诈骗侵扰的电影来恐吓他们。以往对其他问题行为的研究表明，因为大多数青少年不认同电影中被描绘的青少年形象或场景，并且认为他们自己在此类情形下可以免受侵害，所以使用恐吓策略是无效的 (Lambie & Rokutani,2002)。因此，互联网安全教育是否具有现实性、富于知识性、适用于青少年实际的网络行为，特别是能否解决互联网交互方面的问题是十分重要的。这种形式的预防可能在各种和学长、家长、教育者、宗教领袖、心理健康专家、导师和医生在一起的场景中发生。此外，提供的信息要适合青少年们的成长发育阶段以及和他们的文化相适应 (Greenfield, 2004)。

一个着眼于互联网安全干预的出发点是讨论健康浪漫的恋爱关系的构成元素。如前所述，许多青少年在他们青春期早期到中期都一直与决策和情绪调控相抗争 (Cauffman & Steinberg,2000; Reyna & Farley, 2006)。因此和青少年讨论对某人有性和爱的感觉如何自然似乎是合乎逻辑的，但不管这种感觉多么令其兴奋，他们要知道在现实生活或网络上向他人承诺一个浪漫的爱情关系也蕴含着风险。青少年应该被告知浪漫与爱情和人身控制、性引诱或交换色情图片无关 (Wolak et al.,2008)。需要教育青少年在一个人际交往关系中存在自主权以及对感到不自在、不适当或违反他们价值观的情形或请求说 " 不 " 是如何能够被接受的 (Wolak, Mitchell, & Finkelhor,2003b)。特别是针对网络人际关系，青少年应该了解网上性犯罪者都是些什么人以及他们引诱潜在受害者所使用的手段 (Wolak et al.,2008)。青少年还应该被教育告知，通过互联网公开其私人信息，无论是以文字还是图片形式都可能被包括其将来的雇主、大学选择委员会委员和网络罪犯的任何人所获知。青少年也应该明白在聊天室跟陌生人聊天或把他们放置在伙伴或朋友列表里是有潜在危险的。此外，青少年应该被告知不管在什么情况下都绝不要在网上与任何人谈论性，因为这个行为与网络骚扰和侵害是密切相关的 (Malesky,2007)。

涉及教育的预防工作还应该解决侵略性的网络行为或网络欺凌问题。和讨论健康浪漫的恋爱关系类似，所有的青少年都应该学习基本的生活技能，这将防止他们在现实生活中或是网上对别人咄咄逼人。这些基本的生活技能可以包括问题解决技能、决策技能、有效沟通技能、压力管理和愤怒管理技能 (Greenberg, 2003)。预防性干预措施使用各种包括个人、团体、家庭干预和教室里的设置来讲授这些技能。学校在发展青少年的社会技能和提供反网络欺凌信息和培训方面尤其处于一个的独特位置。Feinberg(2003) 建议为了使学生获得相同的训练和信息，网络欺凌预防项目在同一地区的学校里应保持一致性，即使他们转学或年级有所变化也不会受到影响。网络欺凌教育可以设置为一个教学课程或通过学校集会、媒体汇报甚至同伴互相监管的模式进行 (Diamanduros,Downs,& Jenkins,2008)。我们要鼓励学校的工作人员形成特定的委员会来解决学校里的网络欺凌问题并确保有效预防干预措施的实施 (Storm & Storm,2005)。

最后，如果青少年在网络上受到引诱和骚扰，预防措施要告诉青少年此时他们应该怎么做，这点非常重要。我们应该鼓励青少年去报告这些事件并接收可以向谁去倾诉的相关信息 (比如家长、老师、学校辅导员及执法机构等)。青少年还应该学习如何来回应网上性犯罪者。适当的行动将包括阻止罪犯读取他们网上的个人资料页面、远离聊天室并将罪犯的名字从他们的朋友或好友列表里移除。在网络欺凌的实例中，青少年应该被告知不要去报复罪犯，因为这种行为只会助长网络欺凌问题，也有可能造成受害者受到进一步伤害 (Diamanduros,Downs,& Jenkins,2008)。总的来说,青少年应该感觉他们完全有权利报告此类型的网络事件并理解他们不会因此而受到处罚。青少年还应该知道在教育其同龄人有关互联网安全问题和防止网络侵害和骚扰事件发生方面，他们扮演一个非常重要的角色。

六、同伴参与

在设计干预措施来防止物质滥用 (烟、酒、毒品等)、暴力、青少年怀孕、糖尿病、癌症甚至口腔健康问题上，青少年已经被用作为同伴教育者或领导者。预防研究的发现表明同伴指导的预防干预措施比成年人指导的干预措施更有效，或者至少也是同样有效 (Cuijpers,2002)。说的更具体些，如果青少年要选择从一个同龄人还是一个成年人那里接收消息，他们可能会更多地选择支持来自于同龄人的预防行为 (Erhard,1999)。在互联网安全教育工作方面，青少年对其网络行为的独特理解力和具有的丰富知识都是重要的资源。因此，所有级别的网络预防性干预措施都应该包括他们。例如，在设计一个课程前，为了确保提供的信息适应青少年的成长发育阶段并与其互联网的使用相关，相关人士应该向青少年咨询。青少年也可以参与干预措施的实施，比如进行部分课程教学、分享个人和相关经历、设计媒体宣传或者甚至为他们的同学开建一个资讯简报或博客。此外，在促进积极在线交流方面，所有的青少年应被训练成为变革的推动者。青少年应该被告知网络骚扰行为不仅会出现在青少年和成年的网络侵害者之间，也会在网络上以持强欺弱的形式出现在同龄人当中 (Ybarra et al., 2008)。在上网时，青年应该被教会如何识别和报告不适当的网络行为以及如何执行负责任的和积极的标准 (Wolaket al., 2008)。众所周知，在青春期，同龄人对彼此的影响力更大。然而，在这段发育期内，青少年的家庭也仍然发挥相当大的影响力。

七、家庭参与

尽管关于网上预防工作的建议大多集中在青少年身上，但父母也能成为一个重要的保护因素。例如，Greenfield(2004) 报告称，拥有一个温馨和相互间交流充分的亲子关系可以作为许多问题行为的保护因素。父母可以通过和他们的孩子在家公开谈论互联网的好处和危险来促进互联网安全 (Wolak et al.,2008)。正如上面有关教育的部分已经提到的那样，父母可以与孩子讨论网上性骚扰者的身份、他们又是如何操纵和欺骗青少年以及如果青少年在网络上被性引诱或骚扰，他们又该做些什么等。这些谈话也应该让青少年明白和网络侵害者发展关系为什么是不合适的，以及他们如何能引起伤害。幸运的是，有些资源可以供父母使用来和他们的孩子谈论关于网络侵害者和网络上持强凌弱的现象 (Willard, 2007)。例如 Hinduja、Patchin 和 Burgess-Proctor (2006 年) 为父母们参与和他们的孩子关于网络欺凌的讨论创建了在开始阶段如何交谈的蓝本。父母也可以使用由他们和小孩们共同签订的上网协议，协议上罗列出父母们所期望的青少年安全和适当的网络行为 (Hinduja &Patchin,2007)。还有许多其它的方法来鼓励和推动青少年在家上网的安全。例如，父母可以参与孩子的网络活动或者将电脑放置在家里的公共空间里（例如厨房）这样就更易于监控。父母也应该建立和加强与青少年身心发育阶段相适应的互联网使用规则 (Livingstone, 2007)，比如访问什么类型的网站是适当的、上网进行学术和娱乐活动的时间限制、青少年单独在家上网的管理、上网前请求父母的准许、在网上可以给其他人提供些什么类型的个人和家庭讯息以及允许青少年和哪些人进行在线交流等 (Greenfield, 2004)。

　　一些家长试图用限制性的办法，或者过滤和屏蔽软件来控制青少年在家上网。这些程序可能会制造出许多意想不到的问题。例如，一些屏蔽软件阻止青少年访问教育或其它适当的网站 (Fleming,Greentree, Cocotti-Muller, Elias, & Morrison,2006)。过滤和屏蔽软件也被发现仅仅能小幅减少青少年接触负面的网络图片和材料的机率 (Mitchell et al., 2005)。使用限制性软件还可能导致父母与子女之间关系紧张 (Turow & Nir, 2000)。在他们对青少年的网上行为的研究中，Livingstone 和 Bober (2006 年) 报告称，他们研究中的青少年更关心如何在他们认识的人而不是在陌生人前保护自己的隐私。研究还表明青少年不喜欢他们的父母监控或限制他们上网。因此，他们寻找方法来避免这种对其隐私的侵犯行为，比如删除他们的网站浏览历史记录、隐藏文件或故意给文件错误的名称标注以及当别人走进其房间时最小化窗口。基于这些发现，父母应该用人际沟通的方式而不是限制性的办法来保护他们的孩子们免受网络侵害者的性引诱和性骚扰 (Mitchell et al.,2001)。

八、针对个人内在的风险因素

　　提供互联网安全教育、让同龄人作为改变的推动力以及父母的参与对帮助预防青少年网上免受侵害来说都是非常重要的保护性因素。然而，我们应该利用更加深入和强化的预防方法来帮助那些最容易受到网络侵害和骚扰的青少年。评估是用来识别存在网上受侵害风险的青少年的第一步。尽管目前没有可用的问卷调查表或评估工具，但教育工作者和其他健康专家可以通过对当事人进行询问来非正式地确定一个青少年的风险水平。询问的问题诸如该青少年网络关系如何形成，在网上都谈论什么话题和访问什么类型的网站等 (Ybarra et al., 2007)。在评估中，我们应该牢记有高风险的青少年通常与陌生人在线交流，并且至少参与四种前面提到的其它风险的网络行为 (Ybarra et al., 2007)。

一旦某个青少年被确认属于高风险人群，他或她可能会受益于咨询或者其它心理健康服务来解决针对与网上风险行为相关的人际和个人的风险因素，比如抑郁症、自负、以前受过的性虐待和身体虐待、性取向的发展和其它精神健康问题 (Wolak et al., 2008)。咨询服务还应该注重减少高风险的网络行为，比如和陌生人形成亲密的网络人际关系，和陌生人谈论性或在互联网上展示攻击性的行为 (Wolak et al., 2008)。指导顾问们可能想使用一个具有教育意义的方法来告知青少年网上性邀约的非法性并提供如未来发生这种情况如何应对的策略 (Wells & Mitchell, 2008)。这些能通过讲授前面提到的问题解决技能、决策技能及形成积极现实生活或是网络人际关系的所需的社会技能而完成。因为预防高危青少年的干预措施强度更大，所以在一个小组或一对一的环境下而不是在教室里讲授这些技能将是最有效的。需要注意的是并不是所有的预防性干预措施对高危青少年都是有效的，这点很重要。因此，利用评估结果来确定哪些预防方法对一个特定的青少年最适用是至关重要的 (Wells & Mitchell,2008)。

九、未来的研究

在过去的十年里，青少年上网问题已成为大众关注的对象。理解青少年的网络行为和防止网络侵害的发生需要做更多的研究。具体来说，了解与网络侵害和骚扰相关的风险因素需要更多的努力 (Wolak et al., 2008)。例如，还没有研究测量过有风险的网络行为是否与其它问题行为比如物质滥用、暴力或青少年怀孕相关。了解这些行为的风险因素是否相互关联对发展有效解决相关问题行为的预防规划项目是至关重要的。Wolak 和他的同事 (2008) 建议使用定量和定性方法以进一步评估与网络侵害相关的风险因素。为了理解网络侵害事件的长期影响，他们进一步建议，这种类型的研究本质上应是纵向的。此外，从一个更实际的角度来看，为了让那些最容易受到网络侵害的青少年得到正确适当的服务，需要开发一个测量仪器来帮助教育者和健康专家们来识别这些青少年。最后，除了对那些特别容易受到网络侵害的青少年要有特定的针对项目外，对其他青少年开发的预防规划项目也有非常大的需求 (Wolak et al.,2008)。为了确保青少年们乐意接受这个计划，预防课程应该在其自身的协助下来开发。这种类型的预防干预应适应既基于个人也基于小组的计划。为了保证其在学校和健康机构传播前的有效性，在这些课程被开发出来之后相关人士都需要对其进行评估。

十、结论

互联网对青少年而言是一个常见的信息、娱乐及相互交流的平台。尽管网络侵害和性骚扰事件的比列要低于媒体的描述，但比起其他青少年，某些青少年在上网时受到伤害的风险确实更大。和青少年以及父母一起致力于解决问题的专业人士能够通过了解和网络侵害相关的基于技术的、人际关系的和个人内在的风险因素来提供援助。此外，他们还可以通过实施相关规划来加强基于个人、同伴、学校和家庭的保护性因素以防止青少年在未来的网络和现实生活中被侵害事件的发生。

【参考文献】

Berliner, L., & Elliott, D. M. (2002).Sexual abuse of children.In The APSAC handbook on child maltreatment (2nd ed., pp. 55-78). Thousand Oaks, CA: Sage.

Blakemore, S. J., & Choudhury, S. (2006). Development of the adolescent brain: Implications for executive function and social cognition. Journal of Child Psychology and Psychiatry, and Allied Disciplines,47(3-4), 296–312. doi:10.1111/j.1469-7610.2006.01611.x

Cauffman, E., & Steinberg, L. (2000). (Im)maturity of judgment in adolescence: Why adolescents may be less culpable than adults. Behavioral Sciences & the Law, 18, 741–760. doi:10.1002/bsl.416

CSRIU.(2008). Center for Safe and Responsible Internet Use. Retrieved from http://www.csriu.org

Cuijpers, P. M. (2002). Effective ingredients of school-based drug prevention programs: A systematic review. Addictive Behaviors, 27(6), 1009–1023. doi:10.1016/S0306-4603(02)0 0295-2

Diamanduros, T., Downs, E., & Jenkins, S. J.(2008). The role of school psychologists in the assessment, prevention and intervention of cyberbullying.Psychology in the

Schools, 45(8),693–704. doi:10.1002/pits.20335

Erhard, R. (1999). Peer-led and adult-led programs– student perceptions. Journal of Drug Education, 29(4), 295–308. doi:10.2190/DK18-4305-W7AB-PLPE

Feinberg, T. (2003).Bullying prevention and intervention. Retrieved from http://www.nasponli ne.org/resources/principals/nassp bullying.aspx

Fergusson, D. M., Boden, J. M., & Horwood, J. L.(2008). Exposure to childhood sexual and physical abuse and adjustment in early adulthood. Child Abuse & Neglect, 32(6), 607–619. doi:10.1016/j.chiabu.2006.12.018

Finkelhor, D., & Dziuba-Leatherman, J. (1994).Children as victims of violence: A national survey.Pediatrics, 94(4), 413–420.

Finkelhor, D., Mitchell, K. J., & Wolak, J. (2000).Online victimization: A report on the nation's youth. Arlington, VA: National Center for Missing & Exploited Children.

Finn, J., & Kerman, B. (2004).Internet risks for foster families online. Journal of Technology in Human Services, 22(4), 21–38. doi:10.1300/J017v22n04_02

Fleming, M. J., Greentree, S., Cocotti-Muller,D., Elias, K. A., & Morrison, S. (2006). Safety in cyberspace: Adolescents' safety and exposure online. Youth & Society, 38(2), 135–154.doi:10.1177/0044118X06287858

Greenberg, K. R. (2003). Group counseling in k-12 schools: A handbook for school counselors.Boston: Allyn & Bacon.

Greenfield, P. M. (2004). Developmental considerations for determining appropriate Internet use guidelines for children and adolescents. Journal of Applied Developmental Psychology, 25(6),751–762. doi:10.1016/j.appdev.2004.09.008

Gross, E. F. (2004). Adolescent Internet use: What we expect, what teens report. Journal of Applied Developmental Psychology, 25(6), 633–649. doi:10.1016/j.appdev.2004.09.005

Hawkins, J. D., Catalano, R. F., & Miller, J. Y.(1992). Risk and protective factors for alcoholand other drug problems in adolescence and early adulthood: Implications for substance abuse prevention.Psychological Bulletin, 112(1), 64–105. doi:10.1037/0033-2909. 112.1.64

Hinduja, S., Patchin, J., & Burgess-Proctor, A.(2006). Cyberbullying: Parent/teenager scripts to promote dialogue and discussion. Retrieved from http://www.cyberbullying.us/cyberbully ing scripts.pdf

Hinduja, S., & Patchin, J. W. (2008). Personal information of adolescents on the Internet: A quantitative content analysis of Myspace. Journal of Adolescence, 31, 125–146. doi:10.1016/j.adolescence.2007.05.004

Holz, J. (1998). Measuring the child audience:Issues and implications for educational programming (No. 3). Philadelphia, PA: The Annenberg Public Policy Center of the University of Pennsylvania.Jordan, A. B. (2002). A family systems approach to examining the role of the Internet in the home. In S. L. Calvert, A. B. Jordan, & R. R.Cocking (Eds.), Children in the digital age (pp.231-248). Westport, CT: Praeger Publishers.

Lambie, G. W., & Rokutani, L. J. (2002).A systems approach to substance abuse identification and intervention for school counselors. Professional School Counseling, 5(5), 353–360.

Leitenberg, H., & Saltzman, H. (2000). A statewide survey of age at first intercourse for adolescent females and age of their male partner: Relation to

other risk behaviors and statutory rape implications.Archives of Sexual Behavior, 29, 203–215.doi:10.1023/A:1001920212732

Leitenberg, H., & Saltzman, H. (2003). College women who had sexual intercourse when they were underage minors (13-15): Age of their male partners, relation to current adjustment, and statutory rape implications. Sexual Abuse, 15, 135–147. doi:10.1177/107906 320301500204

Lenhart, A., & Madden, M. (2007). Teens, privacy & online social networks. Washington, DC: Pew Internet & American Life Project.

Livingstone, S. (2007). Strategies of parental regulation in the media-rich home. Computers in Human Behavior, 23(2), 920–941. doi:10.1016/j.chb.2005.08.002

Livingstone, S., & Bober, M. (2005). UK children go online: Surveying the experiences of young people and their parents. Retrieved from http://news.bbc.co.uk/1/shared/bsp/hi/pdf s/28_04_05_childrenonline.pdf

Livingstone, S., & Bober, M. (2006). Regulating the Internet at home: Contrasting the perspectives of children and parents. In D. Buckingham & R. Willet (Eds.), Digital generations: Children,young people, and new media (pp. 93-114). Mahwah,NJ: Lawrence Erlbaum Associates, Inc.

Malesky, L. A. (2007). Predatory online behavior:Modus operandi of convicted sex offender in identifying potential victims and contact minors over the Internet. Journal of Child Sexual Abuse,16(2), 23–32. doi:10.1300/J070v16n02_02

Manlove, J., Moore, K. A., Liechty, J., Ikramullah,E., & Cottinghman, S. (2005). Sex between young teens and older individuals: A demographic portrait. Washington, DC: Child Trends.

Mash, E. J., & Wolfe, D. A. (2005). Abnormal child psychology (3rd ed.). Pacific Grove, CA:Wadsworth.

McKenna, K. Y. A., Green, A. S., & Gleason, M. E.J. (2002). Relationship formation on the Internet:What's the big attraction? The Journal of Social Issues, 58, 9–31. doi:10.1111/1540-4560.00246

Mitchell, K. J., Finkelhor, D., & Wolak, J. (2001).Risk factors for and impact of online sexual solicitation of youth. Journal of the American Medical

Association, 285(23), 3011–3014. doi:10.1001/jama.285.23.3011

Mitchell, K. J., Finkelhor, D., & Wolak, J. (2003).The exposure of youth to unwanted sexual material on the Internet: A national survey of risk, impact,

and prevention. Youth & Society, 34(3), 330–358.doi:10.1177/0044118X02250123

Mitchell, K. J., Finkelhor, D., & Wolak, J. (2007a).Online requests for sexual pictures from youth:Risk factors and incident characteristics. The Journal of Adolescent Health, 41, 196–203.doi:10.1016/j.jadohealth.2007.03.013

Mitchell, K. J., Finkelhor, D., & Wolak, J.(2007b). Youth Internet users at risk for the mostserious online sexual solicitations. American Journal of Preventive Medicine, 32(6), 532–537.doi:10.1016/j.amepre.2007.02.001

National Public Radio. (2000). Survey shows widespread enthusiasm for high technology. Retrieved from http://www.npr.org/programs/specials/poll/ technology/index. html

ONDCP.(2008). Parents.The anti-drug. Retrieved from http://theantidrug.com

Patchin, J. W., & Hinduja, S. (2006). Bullies move beyond the schoolyard: A preliminary look at cyberbullying.Youth Violence and Juvenile Justice,4(2), 148–169. doi:10.1177/1541204 006286288

Ponton, L. E., & Judice, S. (2004). Typical adolescent sexual development. Child and Adolescent Psychiatric Clinics of North America, 13(3),497–511. doi:10.1016/ j.chc.2004.02.003

Reyna, V. F., & Farley, F. (2006). Risk and rationality in adolescent decision making: Implications for theory, practice, and public policy . PsychologicalScience in the Public Interest, 7(1), 1–44. doi:10.1111/j.1529-1006.2006.00026.x

Rogosch, F. A., Cicchetti, D., & Aber, J. L. (1995).The role of child maltreatment in early deviations in cognitive and affective processing abilities and later peer relationship problems. Development and Psychopathology, 7, 591–609. doi:10.1017/S0954579400006738

Rosen, L. D. (2007). Me, Myspace, and I: Parenting the Net generation. New York: Palgrave Macmillan.

SIECUS. (2008). Families are talking. Retrieved from http://www.siecus.org/

Storm, P. S., & Storm, R. D. (2005). Cyberbullying by adolescents: A preliminary assessment.The Educational Forum, 70, 21–32.doi:10.1080/00131720508984869

Turow, J. (2001). Family boundaries, commercialism,and the Internet: A framework for research. Journal of Applied Developmental Psychology, 22(1), 73–86. doi:10.1016/S0193- 3973(00)00067-8

Turow, J., & Nir, L. (2000). The Internet and the family: The view from parents. In C. von Feilitzen & U. Carlsson (Eds.), Children in the new media landscape (pp. 331-348). Goteborg, Sweden: UNESCO International Clearing house on Children and Violence on the Screen.

Weinstein, E., & Rosenhaft, E. (1991). The development of adolescent sexual intimacy: Implications for counseling. Adolescence, 26, 331.

Wells, M., Mitchell, K., Finkelhor, D., & Becker-Blease, K. (2006). Mental health professionals' exposure to clients with problematic Internet experiences.Journal of Technology in Human Services,24(4), 35–52. doi:10.1300/J017v24n04_03

Wells, M., & Mitchell, K. J. (2008). How do high-risk youth use the Internet? Characteristics and implications for prevention. Child Maltreatment, 13(3),227–234. doi:10.1177/107755 9507312962

Willard, N. E. (2007f). Parents' Guide to cyberbullying and cyberthreats. Retrieved from http://www.cyberbullying.org/cyberbully/docs/ cbctparents.pdf

Wolak, J., Finkelhor, D., & Mitchell, K. (2004).Internet-initiated sex crimes against minors: Implications for prevention based on findings from a national study. Journal of Adolescent Health,35(5), 424.e411-424.e420.

Wolak, J., Finkelhor, D., Mitchell, K. J., & Ybarra,M. L. (2008). Online "predators' and their victims:Myths, realities, and implications for prevention and treatment. The American Psychologist, 63(2),111–128. doi:10.1037/0003-066X.63.2.111

Wolak, J., Mitchell, K., & Finkelhor, D. (2006).Online victimization of youth: Five years later. National Center for Missing & Exploited Children Bulletin - #07-06-

025. Alexandria, VA.

Wolak, J., Mitchell, K. J., & Finkelhor, D. (2003a).National juvenile online victimi-zation study (N-JOV): Methodology report. Crimes against Children Research Center. Retrieved from http:// www.unh.edu/ccrc/pdf/jvq/CV72.pdf

Wolak, J., Mitchell, K. J., & Finkelhor, D. (2003b).Escaping or connecting?Character-istics of youth who form close online relationships. Journal of Adolescence, 26(1), 105–119. doi:10.1016/S0140-1971(02)00114-8

Ybarra, M. L., & Mitchell, K. J. (2004). Youth engaging in online harassment: Associa-tions with caregiver-child relationships, Internet use, and personal characteristics. Journal of Adolescence, 27, 319–336. doi:10.1016/j.adolescence.2004.03.007

Ybarra, M. L., & Mitchell, K. J. (2005). Exposure to Internet pornography among children and adolescents: A national survey. Cyberpsychology & Behavior, 8(5), 473–486. doi:10.1089/cpb.2005.8.473

Ybarra, M. L., & Mitchell, K. J. (2008). How risky are social networking sites? A com-parison of places online where youth sexual solicitation and harassment occurs. Pediatrics, 121(2), e350–e357. doi:10.1542/peds.2007-0693

Ybarra, M. L., Mitchell, K. J., Finkelhor, D., & Wolak, J. (2006). Examining charac-teristics and associated distress related to Internet harassment:Findings from the Second Youth Internet Safety Survey. Pediatrics, 118(4), e1169–e1177.doi:10.1542/peds.2006-0815

Ybarra, M. L., Mitchell, K. J., Finkelhor, D., & Wolak, J. (2007). Internet prevention messages:Targeting the right online behaviors. Archives of Pediatrics & Adoles-cent Medicine, 161, 138–145.doi:10.1001/archpedi.161.2.138

第十一章 网络一代、社交网络和社会责任

莎米拉·皮克斯·法里斯（Sharmila Pixy Ferris）

美国威廉帕特森大学

作者在本章中调查了网络一代在参与社会公益活动时是否利用社交网络来承担社会责任。对于和网络有着千丝万缕联系的网络一代来说，社交网络是他们生活中必不可少的部分，而外界通常对网络一代的批评是他们缺乏社会责任感。社交网络是网络一代与外界联系的一种新的独特的媒介，这种媒介有着"转变公民身份和性质"的潜力。本研究采用网络志学的方法调查网络一代使用社交网络和承担社会责任的情况，结果发现，网络一代经常利用社交网络从事社会和政治活动、参与公益事业、进行慈善和捐赠活动。

一、引言

如今的年轻人与网络和数字技术共同成长，他们成为人类历史上与网络联系最多的一代。这一代人经常通过手机、短信、即时通信、电子邮件等媒介相互联系，而且如同许多文献所显示的那样，他们不断地投身于网络的信息世界。虽然有大量的有关网络一代的文献，但绝大多数与社交网络有关的学术论文和大众文章关注的主题是年轻人出于个人或社会目的的社交网站的使用，这些网站包括聚友网、脸谱网和视频分享网站。学者对社交网站的教育潜能越来越感兴趣，但却忽视社交网站在公益事业中的作用。如 Hamilton 和 Flanagan（2007）所说："现有文献中涉及亲密同伴间的社会责任的研究寥寥无几。"在国家和社会希望网络一代更多、更积极地参与到社会公益事业中去的背景下，相应的研究就显得极为重要。

二、背景

"网络一代"（Millenial 或 Millennial）这一术语指的是在网络出现以后出生的一代。虽然对于这一群体还有各种各样其他的称谓，如网代、回声潮一代或数字一代等，但当数千个青年人把他们的意见发给 abcnews.com 网的 Peter Jennings 后，"网络一代"就成为了他们的代名词（Sweeney，2008）。这一代人的独特之处不仅在于他们一出生就有机会与网络及数字技术接触，还在于他们相互之间的联系也是通过网络和数字技术实现的，因而将他们称为网络一代是最恰当不过的了。

网络在这群年轻人的日常生活中有着突出的作用（McMillan & Morrison，2006）。皮尤互联网（Pew）最近的一项研究发现，64% 的青少年（12—17 岁）在网上积极主动的致力于创造和分享资料。青少年不但写博客、传照片和视频，同样重要的是他们还参与到由这些内容所引发的对话交流中去（Lenhart，Madden，Rankin & Smith，2007）。

社交网站数量的快速增长促进和激发了青少年的网络生活。社交网站是用户通过社交网络与他人建立联系的地方，最著名的社交网站有脸谱网和聚友网。皮尤网站的研究发现，有 75% 的青年人（18—24 岁）使用社交网站（Lenhart，2009），这个比例超过青少年（12—17 岁）群体的 55%（Lenhart，2007），这表明互联网在网络一代的社会生活中扮演着重要角色。

社交网络与社会责任有着密切的联系。以微动员（Micromobilization）为主题的研究（Sherrod，2006）发现，人们的社会纽带能促进社会运动。对于那些与社会结构（即他们的社会联系）有联系的个体来说，他们的社会联系会推动他们参与社会公益事业。"社交网络是人们是否参与社会活动的一个重要的影响因素"（Sherrod，2006，p. 597），因此，青少年活跃的社交网络为他们参与社会活动、承担社会责任提供了很好的机会。尽管社交网站为网络一代参与社会活动提供了便捷的渠道，但他们似乎并没有很好地利用这一技术参与社会公益活动，这也是美国的年轻人被批评为缺乏社会责任的原因之一。

一些受欢迎的报刊杂志中充斥着对网络一代不怎么参与社会公益的批评。《纽约时报》的专栏作家 Thomas Fridman 给网络一代贴上了安静的一代或 "Q 代"的标签，因为他们太过于安静，而且缺乏他所谓的"理想、行动和愤慨"（Fridman，

2007）。一个受欢迎的青年网站支持 Fridman 的看法，指出"学生脱离社会的比率达到了有史以来的最高值，这导致了犯罪的增加和几十亿的经济损失"（www.tigweb.org）。虽然有关网络一代参与社会公益的学术研究较少，但还是能找到一些支持这些报刊杂志的观点的研究。例如，Robert Putnam（2000，引自 Atnett，2007）指出，和他们的父辈或祖辈的同一个年龄阶段的人相比，18—29 岁的青年更少参与公民活动。Limber 和 Kaufman（2004）发现，在青少年中，积极参加社会活动的人较少。而他们认为，参与社会事务不仅对于年轻人来说很重要，而且对于整个社会和国家来说也是非常重要的。Malaney（2006）对此表示认同：青少年确实是缺少社会参与，但社会活动和公民参与对于学生来说却是很重要的。

正如 Malaney（2006）所提醒的那样，青少年跨过"目前的现实情况与我们对他们的期望——承担公民责任、人道主义、公平观念和社会正义之间的明显差距"是非常有必要的。年轻人的社会参与、社会责任和参与社会公益，无论是从个人层面还是和社会层面来说都是必要的和重要的。从个人角度来看，这些活动有助于培养个人的自信心，建立诸如独立、人际交往技能、领导力和团队协作能力一类的重要技能。参与社会公益事业的年轻人的成长和成熟能够更顺利。同样的，社会责任有利于健康社会的维持，因为未来的领导者和工人为了建设一个更健全的社会，就要学会聆听他人的声音，促进公平和正义，并且去承担社会责任。

幸运的是，对于未来美国社会而言，虽然有一部分观点支持网络一代缺乏社会责任感这一论断，但是另有一些研究对此提出了异议。一项关于网络一代及其社会责任感的研究发现，大约有 1560 万名网络一代（约占 13—25 岁的网络一代的 20%）每周至少会参加一次志愿活动，这些被调查的人当中的 81% 在上一年参加过志愿活动；61% 感到自己有责任为世界的改变做贡献（Cone 2006 Millenial CAUSE Study）。而且这些研究结果并不是孤立的。国家社会服务公司发布的一项基于人口现状调查（从 2002 年起开始追踪在校大学生的志愿者的比率）的数据发现，330 万的大学生（占 16—24 岁美国大学生总数的 30%）在 2005 年将他们的部分时间贡献给各种各样的事业，而在 2002 年的时候，这一人数为 270 万，占大学生人数的 28%（Farrell，2006）。

显然，如今网络一代中的志愿者已经越来越多，但这一情况并不被他们的批评者们所认可（可能是由于志愿活动成为教育机构的要求而不是个人的自由选择，因此不被看做是承担社会责任的行动）。对此现象无论怎样解释，对网络一代参与社会公益活动的观点不一致这一现状使得客观调查显得尤为重要。结合前半部分的讨论，我认为对网络一代的社会责任感的调查需要与社交网络的研究一同进行。然而现有学术研究中，将社交网络和社会责任感这两个问题结合起来的研究尚少，有研究者和有名的报刊作者认为，社交网络是网络一代参与社会公益事业的有效工具，这一方式能够平衡多数人的小努力与少数人的大努力（Brown，2004，P4）。网络社区领域的权威人士 Howard Rheingold 对此表示赞同，他指出"要成为好的公民，学生需要利用各种 Web2.0 的工具，因为政治演说和政治活动越来越倾向借助这样的沟通方式"（Young，2008）。带着这种观点，我将在本篇文章中探索网络一代的社会公益活动参与情况，调查他们是否使用社交网络来承担社会责任。

三、术语解释

现有文献中使用多种术语来探讨年轻人参与社会公益事业的情况，包括"公民契约"、"志愿活动"、"行动"和"慈善活动"。每个术语在相应的研究中都有其特定的含义，维基百科里对此有详细的说明（参见 www.wikipedia.org）。志愿活动是和教育学习有关的术语，是 K-12 系统（美国基础教育系统）对网络一代社会服务学习的要求。"行动"则通常与政治或公民活动有关。"慈善活动"则常常与大型经济捐助或团体捐赠有联系。因此本文选用"社会责任"这一包容性术语，指代对社会和世界有益的所有行动。

值得说明的是，本研究并不是检验与选举相关的政治或社会行动。然而在奥巴马的选举活动中，有个案性的证据和初步的数据表明，年轻人的政治参与率达到了空前的规模，这可能是在选举年中特有的现象。不过，本研究包含其他一些政治活动，并将其作为社会责任的一个重要方面。

四、方法

本研究依循 Kvale（1996）的做法，选择现象学取向，采用质性研究方法来探究网络一代的社交网络和社会责任。这里的现象学是指将看不见的活动变成可见的，详细描述被试的意识活动的一种取向。网络志学是一种参与观察的研究方法，是建立在民族志学的质性研究方法基础上的，通过网络现场研究来收集数据。在民族志学的研究领域，为了从某个文化群体成员的角度去理解该文化，研究者通常融入到某个社会群体的生活中或某种文化里以从内部收集数据。网络志学使用相同的方法，利用万维网（或网络）来收集数据。网络一代不仅通过社交网络与朋友联系，他们还发布"最私密的想法，梦想和忧虑"（Tomaselli，2006），年轻人的网上沟通为研究提供了肥沃的土壤。网络志学的方法在商业领域和人类学领域使用得最多，它可以帮助我们获得大量的、丰富的研究所要求的数据，是一种理想的研究方法（Francis，2004）。在本研究中，网络志学的研究方法让我们有机会从年轻人这"生活中的被试"的视角了解他们的社交网络和行动。

本研究采用观察性的网络志学而不是参与式的网络志学，研究者调查社交网站，阅读年轻人的博客和发布的其他内容，而不是参与在线交流。这种网络志学的数据收集方法让我们能够进行无侵扰性的数据收集，而且能够对过程加以研究。和许多其他作者一样（例如 Dan，Forres，1997；Nelson，Otnes，2005；Ryan，2008），研究者先确定年轻用户经常使用的几个社交网站。为了得到更加稳健的数据，我们检验了多个网站。

首先，内容由年轻人所创建的网站，这些网站包括博客和像脸谱网一样的网站。我专门研究了年轻人对高人气博文的回应，这个博文是由纽约时报的专栏作家 Nicholas Kristof 撰写的"On the Ground"。同时，我还调查了最受欢迎的社交网站——脸谱网（Facebook）。

其次，致力于探讨和推动社会责任的社交网站。在检查了成百上千个网站之后，我锁定两个网站：TakingITGlobal(www.tigweb.org) 和 DoSomething(www.dosomething.org)。TakingITGlobal 是一个"使用信息和通信技术来提供学习、培养能力、跨文化意识和自我发展机会"的网站，选择这个社交网站的原因在于其强大的影响力，自 2007 年建立以来，已有 1000 万的年轻人成为其用户。DoSomething是另一类型的网站，相对于网络社会责任而言，它更多地关注现实世界的社会责任，其目标是"利用网络的力量使年轻人在网上做好事"。这两个网站代表了年轻人社会责任行为的好样本。

再次，由年轻人创立的网站。例如，Global Youth Connect（http://www.globalyouthconnect.org/）是由网络一代在 1997 年建立的社交网站，目的是支持世界范围内的社会积极分子。

最后，致力于网上慈善捐赠的网站，包括传统的和非传统的慈善网站，其中一个是和脸谱网（Facebook）有联系的网站——Causes 网站。

五、结果：社交网站和社会责任

研究结果既让人感到意外又令人振奋。虽然网络一代通常不是以传统方式参与到社会公益活动中来，但是他们确实会使用社交网站来履行社会责任。正如从各种网络来源中所看到，这可以从他们自己的语言中很好地体现了这一点。

（一）社会和政治活动

网络一代会使用社交网络进行社会和政治活动，今年的大学生论文竞赛（htp://essay.blog.nytimes.com/tag/activism/?scp=2$sq=Youth%and% 20 activism $ st = cse) 的获胜者在《纽约时报》博客上的举动就是一个非常好的例证。Rick Perlstein（2008，曾断言"过去美国人理解的大学正在终结"，他同时还发出挑战让大学生回应这一断言，这些回复和评论反映出网络一代的社会责任。来自芝加哥的网络一代的学生代表 Will Cole（2008）回应了 Perlstein 对他这一代人的攻击，他说："在他自己的学校卡尔顿（Carleton）大学，虽然有些学生确实很冷漠，但是其他人在不断地工作来促成这一现状改变。"Cole 认为，网络一代的社会活动比起他们的上一代并没有多大不同，他们这一代是非常积极的地参与社会事务的，用他自己的话来说就是：

恰恰相反，如今的大学生对种族灭绝是有反应的，全国成百上千的大学生建立了达尔富尔（Darfur）行动组织，包括种族灭绝干预基金、达尔富尔（Darfur）行动小组、"STAND：大学生反种族灭绝联盟"，现在已经有了成百上千个大学生分会。他们的"接收帐篷"（adopt-a-camp）项目和其他非营利组织一起，为改善苏丹周边的难民营的教育基础设施做出努力。

像他们的上一代一样，如今的大学生为了反对战争发起了大量的抗议活动。大学生对美军入侵伊拉克的反对声音是势不可挡，这不仅体现在他们发起的全球性抗议计划吸引了上百万人的关注，还体现在他们自己所在的校园。就拿"Books not Bombs"运动来说，在美军入侵伊拉克前夕，该运动席卷了 360 多所中学和大学。该运动的一名学生组织者对 CNN 说，"我们不希望有这场莽撞的战争，我们在巴格达轰炸的每一栋建筑都是另一个 911，都将会有无辜的人葬身其间。"（2008）

在另一篇获奖的博客作品中，一位年轻的网络一代女孩对社会责任有着不同的看法。来自新泽西州霍姆德尔的威廉玛丽大学（College of William and Mary）的 Vandhana Rao（2008）强调了网络一代对社会变革的贡献，她写到：

虽然我们的同辈中很多人将大学看作是探索"真实世界"的先锋，但对于许多大学生来说，这也是他们的誓约，很多大学生都急切的渴望将他们那令人振奋但与世隔离的大学经历转变为现实的社会变革的力量。我的同辈中有很多人已经迫不及待的想将激昂的大学辩论用来引领实际变化，他们选择放弃那原本有着可观收入的工作，而投身于艰辛的社会事业中去。像教育美国人、和平公司等社会服务性质的公司在大学毕业生的就业选择中非常具有竞争力。我们的理想充满近乎固执的、坚持不懈、坚定且豪气的信念，大学生们相信改变世界已经是他们的道德使命。（2008）

这些年轻人的评论得到一些学术研究的支持。例如，Lopez 和 Marcello（2006）对 12 所大学的 386 名学生进行一系列调查，结果发现比起上一代（X 代），这一代人更为积极。Arnett（2007）发现，网络一代的行为体现了他们的社会责任感：每年有 8000 人为和平工作队服务，有 70000 人为美国志愿队服务，其中大多数志愿者是网络一代。

网络一代在其他政治活动中也表现得相当踊跃。Cole（2008）在他的研究中发现，正是网络一代唤起人们对达尔富尔种族灭绝问题的关注，是网络一代持续在网络上，由个人到全球发起世界范围内的抗议侵害人权的集会。Banaa.org 是由网络一代创立的和达尔富尔相关的较小和更为私人的网站，创建者是来自乔治华盛顿大学的学生，创建的目的是给来自达尔富尔的符合要求的学生发放全额奖学金。在全球层面上的例子包括像 Global Connect Youth 之类的社交网站。

Global Connect Youth（http://www.globallyyouthconnect.org/）是网络一代在 1997 年创立的社交网站，目的是为全世界的社会活动者提供支持。就像网站上所说的那样，Global Connect Youth "致力于鼓励和支持青少年以促进人权和创造一个更加正义的世界"。Lombardo，Zakus 和 Skinner（2002）告诉我们，Global Connect Youth（GYC）有一个电子邮件列表，其中有 1500 个注册成员和由来自不同国家的 20 名年轻积极分子组成的"核心小组"，这些国家包括南斯拉夫、危地马拉、尼日利亚和美国。最近，GYC 在线创建了一个项目，在这个现实世界推进的项目中，有一群年轻志愿者来到不丹的难民营，他们通过媒体记录在那里的经历（有些记录可以在该组织的网站 www.globalyouthconnect.org/ 上看到）。

另一些例子能体现网络一代政治导向的社会责任，这些是国内的而非国际的。

例如，有一个叫国际学生行动联盟（ISAA）的青少年社交网络，它是由美国康涅狄格州的三名高中生在 1996 年建立的，这 3 名高中生是 Ben Smilowitz，Jamie Rinaldi 和 Abe Walker。很快，这个网站获得了成功，在一年内已经有了 160 个分会和 1200 个成员。就像网站上所宣扬的那样："ISAA 的目的是促进学生自己掌握自己的命运，用他们自己的声音来影响世界！"（http://orgs.takingitglobal.org/5570）

ISAA 在帮助学生"影响世界"方面确实是成功的，在 ISAA 建立后的第三年里发生的一个故事可以说明这一点。当时，温斯顿赛伦学校的校委员会考虑为参加课外活动的高中生进行药物测试，南加利福尼亚州的一个高中生 Galen Price 得知这一情况后，他联系了美国公民自由协会（ACLU），ACLU 又为他联系了 ISAA 和 Ben Smilowitz。在 Smilowitz 的帮助下，Price 对学校的药物测试的规定提出了异议。虽然药物测试还是被强制执行，但随后 Price 成立了他自己的 ISAA 分会，而且没有放弃这场战斗。新泽西州也在考虑执行相似的规定，新泽西的 ISAA 分会会长 Edison 连同公共教育运动一起，对随机的药物测验的合宪法性提出了挑战（Featherstone，1999）。

ISAA 并不是青少年参与社会事务的一个孤立的例子。Melber（2006）报道了加利福尼亚州的高中生支持移民的运动。在 2006 年 5 月 1 日，10 万多名学生（占了加利福尼亚最大的公立学区初高中学生人数的 1/4）在"没有移民的一天"罢课。Melber 注意到，对于全国性的组织来说，在第一时间寻找学生抗议者很难，更不用说动员和组织他们了，但是这次抗议是由青少年发起的，他们中的很多人是通过聚友网知道相关消息并参与这一活动的。如图 2、3、4 所示。

我能做些什么去帮助他人，谁能给我些建议？

发帖人：teenposter#1

发帖日期：2008 年 4 月 7 日 15:57 星期一

　　我真的想和我的朋友做一个有价值的事业，但问题是我还不会开车，我的父母都在忙着（同时他们也害怕我会惹麻烦）。我需要一个能让我的朋友参与其中但不需要我的父母加入的方案。我住在乡下，因此我不能去别的地方（加上这边远离主干道），而且我的朋友也不能，因为我们住的地方离得远。我想要有一个好的点子，就像今年获得砖筑奖提名的那类很酷的点子，像那个写书并出版的人那样的点子，或者像那个提出自我防卫权之类的点子也行。诸位有什么建议吗？

> 注：我需要一个点子让我的朋友感兴趣。我的朋友中有些人感兴趣，但有些人真的不感兴趣。我不能强迫他们，但如果他们感兴趣的话那就真的很酷。

图2　网络发帖示例

回帖人：teenposter#2

发帖日期：2008 年 6 月 4 日 15:57 星期三

就你的情况来看，我觉得唯一的办法就是利用网络，或者等到你会开车的时候，抑或给朋友们打打电话。为了让他们感兴趣，你还可以尝试做一个他人感觉有趣的活动，譬如，如果他们喜欢粉刷颜色，就让他们完成项目中给海报着色等任务。希望这个建议对你有用。

图3　网络回帖示例1

回帖人：teenposter#3

发帖日期：2008 年 6 月 24 日 16:00 星期二

就像…所说的，利用网络是对你有一定帮助的一种做法。我和你的处境差不多，因为我也不会开车。至于那些原本不愿意参与活动的朋友，也许当他们看到你参与的时候也会有所心动。但是你要注意不要用过于生涩难懂的话来解释你的活动，而要用他们所熟悉的一些事物来劝说，这样他们也许会感兴趣。此外，那些已经加入的朋友对其他朋友很有说服力。(希望这能帮到你)

图4　网络回帖示例2

那些未能有机会参与更加 "制度化" 的社会行动的青少年便寻求另外的舞台来为社会公益事业做贡献。如图 5 呈现的来自 Dosomething.org 的对话所显示的那样。(为保护隐私使用化名 *)。

"为了巴勒斯坦的正义" 之学生群
基本信息
类型：　共同兴趣 – 实事
建立本群组的唯一目的是把正义带到期待已久但尚未实现正义的地方

> 巴勒斯坦和黎巴嫩的人民。
>
> 描述 ＊注意＊
>
> 这不是一个反犹太人群组！本群组只是为了向人们展示以色列政府正在向所有巴勒斯坦人实施政治迫害和种族灭绝政策，而我们人类应该尽我们所能来阻止那些暴行。媒体在向公众说谎方面已经做到极致，但是真相必须为人知晓。
>
> 拷问、反省、亲眼来看，转机还有多远？
>
> 不理智的忽视成为社会瘟疫，从这个问题开始，我们应该清除这一弊端。

图 5　显示青少年通过其他舞台参与社会公益事业的例子

正如这些帖子所证明的，参加"有价值的事情"对一些年轻的网络一代来说十分重要，为了参与对社会有益的行动，他们会积极地为自己（和他们的朋友）寻求建议。相比于他们的上一代对网络一代所做的学术研究，网络一代用自己的语言所表达出的心中的渴望显得更加有说服力。

脸谱网（Facebook）是联系这一代人的一个社交网站。如果缺乏对这一高人气网站的调查，任何有关社会参与和社交网络的网络调查都是不够完整的。脸谱网是世界上唯一最受欢迎的社交网站，它在 2006 年所有的网络流量中排名第 9，每天有 2.5 亿的点击量（Bugeja，2006），同时，很多的高中生把脸谱网看做他们进入大学前需要注册的一个很重要的网站（Market Wire, 2006）。脸谱网用户可以根据自己的兴趣建立群组。脸谱网的实质是用户需要积极主动的使用社交网络系统，比如按照他们自己的喜欢来选择看谁不看谁。不过，这个软件也可以让用户在"短短的几分钟内搜索到成百上千的个人信息介绍"（Hirschorn, 2007），因此，那些对某一社会问题感兴趣的用户可以轻松地找到与他们志趣相投的群组。

脸谱网提供了一个很好的例子，显示年轻人如何利用社交网站来履行社会责任。这里有一些来自作者母校的网络群组，复制内容如图 6 所示。

> 为孩子们开车群
>
> 基本信息
>
> 类型　组织—志愿者组织
>
> 描述　威廉帕特森大学荣誉学院俱乐部将一些新毛绒动物玩具捐赠给位于不伦瑞克的罗伯特伍德约翰逊医院。这些毛绒玩具将会被送到医院的青少年楼。

图 6　作者母校某网络群组的介绍

使用社交网站来从事社会公益活动的多个例子证明网络一代确实会利用社交网站来行使社会责任，这就形成初步的证据驳斥网络一代是冷漠和不积极的传统观点。

（二）公益创业

另一类值得讨论的社会责任类型是"公益创业"，这一名词是由 Ashoka（ http://www.ashoka.org/fellows/ social-entrepreneur.cfm ）的创建者推广普及的。公益创业者是指"对最棘手的社会问题有着创新解决方法的人，公益创业者扮演着社会变革的代理人角色"，这些人"既不授人以鱼，也不授人以渔；他们的目的是革新整个渔业"（ Kristof，2008 ）。尽管公益创业这一概念在网络一代之前出现，网络一代尤其被这种类型的社会责任所吸引。公益创业存在的范围很广，这可从 On the Ground 博客（ n.d. ）上由网络一代发布的或与网络一代相关的帖子中窥见一斑。《纽约时报》的 Nicholas · Kristof 写的一篇关于公益创业的博文"Op—Ed"使得该博客倍受关注，他将公益创业称为"21 世纪对 60 年代的学生抗议者的回应"。Kristof 列举了 3 名网络一代的公益创业者的档案并邀请读者回复，他在两天内收到了 129 条回复。就网络一代对当地和世界影响的广度和深度而言，这些回复还是有启发意义的。从社会创新组织到个人所做的工作，从国际社交网站（ 如 kiva.com 上向第三世界提供的小额贷款 ）到致力于建立儿童小额贷款网站的单独个人，网络一代利用社交网络这种非传统媒介为社会公益事业做出贡献。用他们自己的语言来表达是最有效的解释，因此下面提供一些复制而来的帖子。（ 如图 7、8、9、10 所示。由于是《纽约时报》网上公共论坛上的帖子，作者的名字保持不变。）

正如这些评论所显示的那样，不管是国内范围还是国际范围，网络一代不仅用创新的和具有社会责任感的方式解决问题，同时，他们还利用互联网和社交网络的力量获得成功。

2008 年 2 月 27 日 10:06

喜欢这篇文章，尽管它只触及正在发生的事情的表面。检查一下奥姆普拉卡西基金会，这个基金会同样也是由哈佛大学生和他的朋友创建的。除了提供直接的援助，它还为学生安排做志愿者的机会。Dick Grace 的基金会（ 成功的商界人士，啤酒制造商成为了社会企业家 ）是另一个例子。我们的朋友在法律和教育界取得了成功之后，在密西西比州建立了一个以艺术为主题的夏令营。他们现在全年驻扎在营地，以找到那些有资格

获得奖学金的人，他们寻求某种方式来改变路易斯安那州、密西西比州和美国南部等地的孩子的生活。

由 Cyndy 发布

图 7　公益创业相关的例子 1

2008 02-27 12:30

我很喜欢这个专栏。我儿子就正在做这类事情。他的组织——"爱足球"（www.lovefootbal.org），为发展中国家里穷人家的孩子们修建足球场。（事实上，引用哈佛商学院的话说，他正在剑桥大学和十一名哈佛商学院的大学生开会协商，这些大学生选择加入他的组织以促进它进一步发展）。他的信念是：为贫穷的孩子提供踢足球的地方，这将会给他们带来诸多好处（同时也可能阻止他们做坏事）。

希望是存在的。——由 Marc 发布

图 8　公益创业相关的例子 2

2008–02–28 16:50

非常感谢你及时的、鼓舞人心的文章。"雄心年代"这一标题本身也是有意义的。作为一名教育工作者，看到年轻人从事公益创业振奋人心。在一个新近的全球儿童与青年创业合作项目中，我们支持这些虚拟世界中的青少年在青少年虚拟人生中上传他们自己的社会创业故事。这些了不起的年轻人，有些才 13 岁，就已经开始为他们的社会着想，并且和不同时区、不同洲的青少年共同合作，致力于改变他们共同关注的社会问题。我们碰到的青少年在这么小的年纪就已经暂露头角，他们不仅向我们展示他们有能力带来他们所希望的改变，而且他们正在学习非凡的领导能力和 21 世纪所需要的各种技能。想了解更多关于"梦想与行动"倡议的信息，请访问 http://globalkids.org/?id=69

由 Amira Fouad 发布

图 9　公益创业相关的例子 3

这是一个非常棒的专栏。我在此推荐我女儿的网站，它可能对瘾君子会有帮助：www.thesecondroad.org。这个项目受到全世界的称赞，她为此已经努力工作了一年，而且花费的都是她自己的钱。

由 willian shore 发布

图 10　公益创业相关的例子 4

（三）慈善捐赠

最后一种与网络一代有关的社会责任和社交网络类型是传统慈善的变革。很多"传统的"慈善机构不仅注册了它们自己的网站，从而更方便的获得了善款，而且它们还和脸谱网和聚友网等社交网站建立联系，这样就可以让网络一代参与进来。Causes 就是一个成功的例子，该网站是由脸谱网的一些早期员工所建立。Causes 网站被嵌入进脸谱网（Facebook）和聚友网（Myspace）里，这样可以让或者鼓励这些网站的成员通过他们自己的网页来募集善款。因为捐款过程是透明可见的，因而网络一代会因参与社会公益事业而得到"社会信誉"（Czrroll，2008）。大概在建立一年之后，Causes 报告已经有 1200 万人注册，并且向慈善机构捐助了 260 万美元（Arrington，2008）。

虽然 Causes 可能是最受欢迎的社交网络版的慈善应用程序，其他几个网站也有着相当程度的人气。

Sixdegrees.org：由演员 Kevin Bacon 和公益网联合建立，sixdegrees.org 使得人们可以对大量的慈善机构进行捐助。

Realitycharity.com：人们可以通过这个网站决定是捐助给慈善机构还是捐给个人，比如伊拉克战争中付不起医药费的老兵。

Chipin.com：用户可以自己创立工具，这些工具可以显示需求和捐赠的过程，并且可以显示在现有的或新建立的网站上。

Firstgiving.com：用户可以在这个网站上制作网页，引导在这个网站里的朋友。该网站能为在线募集基金提供建议。

Givemeaning.com：和 Firstgiving.com 一样，人们可以在该网站上募集捐款，但和其他网站不一样的是，该网站不会降低捐赠的信用卡额度或扣除其他的手续费，广告商或捐款人承担了这些费用。

Justgive.org：访问者不仅可以在这个网站上捐助现金，而且可以捐助自己的志愿时间和物品。该网站建议新婚者举办另一种风格的婚礼，新人可以建议他们的亲朋好友把购买结婚礼物的钱捐助给某一慈善机构（Carroll，2008）。

这些慈善社交网站起到了重大的社会作用，在年轻人的参与下，网上捐赠数量急速增加，尽管这群年轻人在过去并没有明显的捐助行为。同时，由于社交网络的个人性和社会性的本质，一些非传统的慈善机构在网络一代的推动下已经获得了成功。有一个不怎么出名的慈善组织"无国界爱心"（Love Without Borders），它负责为中国的孤儿提供心脏手术。最近，它通过 Causes 募集了 15 万美元（Carroll，2008）。

由于捐助的社会性质以及网络一代对该领域的了解和认可，于是这里引用的网络慈善捐赠所取得的成功是在意料之中的。网络一代希望"在社会问题上多与他人合作"的意愿远远超出了他们的上一代人（Lopez & Marcello，2006，P4）。通过访问脸谱网和聚友网，我们可以看到网上慈善捐赠已经成为了网络一代的文化的一部分。例如，一名本科生的脸谱网的介绍（该学生允许作者引用她的案例）显示她是以下群组中的成员：国际救援委员会（官方的）和国际红十字红月亮运动；信息介绍里还显示她是一些群组的粉丝，例如拯救儿童组织和反饥饿行动组织，这些"粉丝"群组列出了成员数量和她加入的日期。

这些例子很好的说明了网上慈善捐赠是怎样快速成为社交网络的一部分的。

六、讨论

以上网络志学的研究结果表明，网络一代通过不同的方式使用社交网络，包括通过社会公益创业改变社会、参与政治和社会活动、进行慈善游说和募捐，那世俗的观点怎么能说网络一代没有承担社会责任、不参与社会公益事业呢？而且这种观点随处可见，甚至在网络一代中间也有持这种观点的人。例如，来自堪萨斯州布朗大学的 Zachary Townsend 在《纽约时报》上写过一篇获过奖的文章，他在文中提到"绝大多数像我一样的大学生逃避社会和世界的重大议题，我们当今的世界正成为一个信奉个人主义的侏儒的世界……他们不知道怎样去做实事来承担社会责任"（Townsend，2008）。

像 Zachary Townsend 一样有才能的网络一代和像 Thomas Friedman 一样著名

的作家都持有这种观点,那这个问题就足够引起我们的重视。一项网络志学研究发现了一种模式,这种模式可以解释为什么人们持有这种观念,即网络一代是"安静的"和漠然的观点。在研究中发现一些引人注目的主题:网络一代承担社会责任的方式和他们的父辈或祖辈不一样,那种方式是小群体导向的或是个人导向的,而不是公众和抗议导向的。这种方式需要得到社会的认可和赞许,它是自我导向的并且是借助于数字科技的方式,这显示社会责任的形式已然发生改变。

这些发现得到 Hustinx 和 Lammertyn(2003)的社会学研究结果的支持。他们设计执行的全面而细致的研究表明,由于"广泛的社会变革"导致参与社会公益事业的本质发生了改变(P167),这个改变是彻底的、根本的,因为参与志愿活动成为个人化的、自我组织的,而不是系统的、制度化的,这些活动同时也是分散的、暂时的、非义务的(P168)。引用他们两位对当今的社会责任的评论:

以往的志愿活动更多的是出于伦理道德和对社会的义务感,而如今,参与志愿活动的意愿似乎更加依赖于个人兴趣和需求。在自我实现动机的驱动下,志愿者们期望有选择的自由、清晰的任务分配、以及切实可见的结果。为了保持志愿者的参与积极性,志愿活动必须是场面壮观和令人愉快的。比起照顾老人和残疾人,现在的志愿者们更多地选择"流行的"问题,例如艾滋病、难民、动物权利和其他一些社会"热点"(P168)。

这段引言很好地描述了网络一代参与社会公益事业的方式,及其与婴儿潮一代和 X 代的差别,同时也支持了本研究得到的观察结果。

七、未来研究方向

本研究是探究社交网络和社会责任之间关系的开端,未来需要更多的针对该主题的扩展性的研究。虽然网络一代并不是以他们的父辈或祖辈所认可的方式承担社会责任,但是研究证明,他们确实是承担了社会责任。当他们觉得有必要时,便会利用社交网络参与社会公益事业。因此,未来的一个多产的研究方向是进一步调查网络一代履行社会责任的两大类方式,一种是通过网络(通过社交网络和其他网络渠道),另一种是面对面的方式。

网络世界是浩瀚无边界的,而本研究只是触及了表面。其他研究者可以借助不同的数据收集方法,继续进行这项调查。其中,通过问卷调查法和访谈法收集网络一代的自我报告的数据将尤其有用。这提示未来研究的第二个多产的领域是：从质性研究方法到量化研究研究方法的拓展。虽然在研究的探索阶段，质性和民族志学的研究方法是探索此类重要领域的较为理想的选择，但是量化研究方法可以提供更丰富的数据。为了了解网络一代的观点和动机，考察网络一代的行为和沟通方式，本研究所使用的质性研究方法能够无侵扰地收集数据，而量化研究方法可以对本研究进行进一步的拓展，进一步调查本研究所发现的模式，并且可以增加网络志学研究方法所缺乏的效度和信度。

第三个值得未来研究关注的领域是：调查网络一代在网络上参与社会活动的相对时间，比较通过网络或在现实世界中参与能体现社会责任的活动所花的时间，同时可以比较这两种不同社会责任承担方式所获得的满意感的差别。该主题虽然超出了本研究的范围，但是可以拓展我们对于网络一代承担社会责任的类型的理解，并且可以为我们提供更好的办法和知识来吸引他们从事社会活动。

八、结论

本研究的结果给 X 代人和婴儿潮一代的启发是，我们不应该只按照我们自己的标准来评价网络一代，而必须承认和鼓励网络一代所做的努力。正如网络一代的代表 Rebecca 所说的："仅仅因为我们没有重复我们的父母那代人所倡导的改变社会的主张和策略，我们就被认为是冷漠的，我对此感到很厌烦。人们不能仅仅通过数大街上有多少人来衡量一代人对社会的影响"（On the Ground 博客，2008 年 2 月 28 号，上午 11:06。）

我们应该留意年轻的网络一代们给我们提出的建议，并且，随着这一代人慢慢关注到公民精神、教育、社会和政治生活等主题，X 代和婴儿潮一代在这些方面应该比他们走的更远，他们应该承担应有的责任，为网络一代承担社会责任创造和维持机会。教育者要和公民及产业领导一样，应该积极主动的关注由网络一代所发起的社会活动。就如 Boyd（2007）所说："教育者在保证正在进行的文化转变的顺利这一方面扮演着重要角色"（P1）。他赞成 Lombardo，Zakus 和 Skinner（2002）的观察报告，"促进个人责任和社会服务之类的价值观"（P364）将有助于培养网络一代的道德品质。

【参考文献】

Arnett,J.J.(2007).Suffering,selfish slackers?Myths and realities about emerging adults. Journal of Youth and Adolescence,36(1),23–29.doi:10.1007/s10964-006-9157-z.

Arrington,M.(2008,May 28).Causes reports on its first year:2.5 million for 20000 charities and nonprofits.Techcrunch. Retrieved September 30,2008,http://www. techcrunch.com/20 0 8/05/28/causes–reports–on–its–first–year/.

Boyd,D.(2007,May 13).Social network sites:Public,private,or what?Knowledge Tree. Retrieved October 13,2008,http:// kt.flexiblelearning.net.au/tkt2007/?page_ id=28.

Brown,J.S.(2002).Growing up digital.USDLA Journal,16(2).Retrieved September 30,2008,http://www.usdla.org/html/journal/ FEB02_Issue/article01.html.

Bugeja,M.J.(2006,January 27).Facing the Facebook.Chronicle of Higher Education. Retrieved from http://chronicle.com/ jobs/2006/01/2006012301c.htm.

Carroll,P.B.(2008,July 14).Charity cases:Social networking sites make it easy for do-nors to promote their favorite causes online.Wall Street Journal,R11.

Cole,W.(2008,January 27).Full of passion,dressed as tomatoes.New York Times. Retrieved September 30,2008,http://essay.blogs.nytimes.com/tag/activ-ism/?scp=2&sq=You th %20 activism&st=cse.

Cone 2006 Millenial CAUSE Study.(2006,October 24).Civic minded Millenials pre-pared to reward or punish companies based on commitment to social causes. Retrieved September 30,2008,http://www.causemarketingforum. com/page.as-p?ID=473.

Dann,S., & Forrest,E.J.(1997,Dec).Webnography:Developing unobtrusive online research.In Proceedings of the Australia New Zealand Marketing Educa-tors' Conference,Melbourne,Australia(Vol.II,pp.783–784).Retrieved Febru-ary,9,2009,http://www.cbpp.ua a.alaska. edu/afef/webnography.htm.

Farrell,E.F.(2006,Oct 27).More college students are volunteering.The Chronicle of Higher Education,53(10),A40.

Featherstone,L.(1999).Hot wiring schools-Student activists across the country experi-ment with organizing by Internet.Nation(New York,N.Y.),268(23),15.

Francis,D.(2004).Learning from participants in field based research.Cambridge Journal of Education,34(3),265–277.doi:10.1080/0305764042000289910.

Friedman,T.(2007,October 10).Generation Q.New York Times.Retrieved September 30,2008,http://www.nytimes.com/2007/10/10/opinion/10friedman.html?r-r=4&oref=slogin&r ef=opinion&pagewanted=print.

Hamilton,C., & Flanagan,C.(2007).Reforming social responsibility within a technology-based youth activist program.The American Behavioral Scientist,51(444).

Hirschorn,M.(2007,April).The Web 2.0 bubble:Why the social-media revolution will go out with a whimper.Atlantic Monthly,299(3),134.

Hustinx,L., & Lammertyn,F.(2003).Collective and reflexive styles of volunteering:A sociological modernization perspective.Voluntas:International Journal of Voluntary and Nonprofit Organizations,14(2),167–187.doi:10.1023/A:1023948027200.

Kristof,N.(2008,January 27).The age of ambition.New York Times.Retrieved September 30,2008,http://www.nytimes.com/2008/01/27/ opinion/27kristof.html?_r=1&oref=slogin.

Kvale,S.(1996).InterViews:An introduction to qualitative research interviewing.Thousand Oaks,CA:Sage Publications.

Lenhart,A.(2007,January 3).Social networking websites and teens:An overview.Pew Report on Family,Friends and Community.Retrieved February 11,2009,http://www.pewint ernet.org/pdfs/PIP_SNS_Data_Memo_Jan_2007.pdf.

Lenhart,A.(2009,Jan 14).Adults and social network websites 1/14/2009.Pew Report on Online Activities and Pursuits.Retrieved February 11,2009,http://www.pewinterne t.org/PPF/r/272/report_display.asp.

Lenhart,A.,Madden,M.,Rankin Macgill,A., & Smith,A.(2007,Dec 19).The use of social media gains a greater foothold in teen life as they embrace the conversational nature of interactive online media.Pew Report.Retrieved February 11,2009,http://www.pewintern et.org/pdfs/PIP_Teens_Social_Media_Final.pdf.

Lombardo,C.,Zakus,D., & Skinner,H.(2002).Youth social action:Building a global latticework through information and communication technologies.Health Promotion International,17(4),363–371.doi:10.1093/heapro/17.4.363.

Lopez,M.H., & Marcelo,K.B.(2006,November).CIRCLE fact sheet:Youth demographics.College Park,MD:The Center for Information Research on Civic Learning and Engagement.

Malaney,G.D.(2006).Educating for civic engagement,social activism,and political dissent:Adding the study of neoliberalism and imperialism to the student affairs curriculum.Journal of College & Character,7(4).Retrieved September 30,2008,http://

collegevalu es.org/pdfs/Educating.pdf.

Market Wire.(2006,February 8).Online social networking soars on college campuses:e-Marketer goes back to school to learn about social interactions.Retrieved from http://findartic les.com/p/articles/mi_pwwi/is_/ai_n16048688.

McMillan,S.J., & Morrison,M.(2000).Coming of age with the Internet:A qualitative on-line exploration of how the Internet has become an integral part of young people's lives.New Media & Society,8(1),73–95.doi:10.1177/1461444806059871.

Melber,A.(2006,May 30).Myspace,My–Politics.The Nation.Retrieved September 30,2008,http://www.thenation.com/docprint. mhtml?i=20060612&s=melber.

Nelson,M.R., & Otnes,C.C.(2005).Exploring cross-cultural ambivalence:A net-nography of intercultural wedding message boards.Journal of Business Re-search,58(1),89–95.doi:10.1016/S0148-2963(02)00477-0.

On the Ground Blog.(2008,Jan 27 & 28).Readers comments to Nicholas Kristof's "The Age of Ambition" . New York Times.Retrieved September 30,2008,http://kristof. blogs.ny times.com/2008/01/26/your–comments-on-my-socialentrepreneur-col-umn/.

Rao,V.(2008,January 27).Why college matters.New York Times.Retrieved September 30,2008,http://essay.blogs.nytimes. com/tag/activism/?scp=2&sq=Youth%20 ac-tivism&st=cse.

Ryan,J.(2008).The virtual campfire:An ethnography of online social networking. Unpublished thesis,Wesleyan University.Retrieved February 7,2009,http://www. thevirtual campfire.org/.

Sherrod,L.R.(2006).Youth activism:An international encyclopedia.Westport,CT:Green-wood Press.

Sweeney,R.(2008,September 3).The Millenial generation goes to college:A focus group.Presentation at William Paterson University.

Tomaselli,K.P.(2006).Social software:Too much information?Is "online privacy" an ox-ymoron?Virginia.edu,X(1).Retrieved September 30,2008,http://www.itc.virginia. edu/virginia.edu/spring06/social.htm.

Townsend,Z.(2008,January 27).The modern college:Cultivating students and its own reputation:Waning activism,becoming "the man" and moving up in the rankings game.New York Times.Retrieved September 30,2008,http://essay.blogs.nytimes. com/tag/activism/?scp=2 &sq=Youth%20 activism&st=cse.

Young,J.R.(2008,April 11).Why professors ought to teach blogging and podcasting.The
　　Chronicle of Higher Education,54(31),A22.

网
络
一
代
、
社
交
网
络
和
社
会
责
任

第十二章 全球范围内不断增加的网络欺负：科技时代的新挑战

青山郁子（Ikuko Aoyama） 美国贝勒大学

托尼 L. 塔尔伯特（Tony L. Talbert） 美国贝勒大学

网络欺负正越来越多地出现在广大青少年和成年早期人群中。电子邮件、网络社区、社交网站、网络聊天室以及移动电话等的使用，让他们越来越多地卷入一些源自网络的骚扰和威胁行为，有的是这些行为的实施者，有的则是这些行为的受害者。在北美、欧洲和亚洲等科技发达国家和地区的学生群体中，网络欺负的发生率增长得非常快（Anderson & Sturm，2007；Li，2006）。部分研究表明，高达 57% 的美国在校学生或多或少地经历过某些形式的网络骚扰（Cook，Williams，Guera & Tuthill，2007；Hinduja & Patchin，2005；Lenhart，2007；Li，2004）。然而，很多学校和教师却似乎并没有完全意识到网络欺负发生率迅速增加的现状，及网络欺负的实施者和受害者中日益增加的心理和生理问题。本章旨在对网络欺负的特征和相关理论框架进行相应介绍，具体内容包括全球范围内网络欺负的发生率和相关的统计数据、网络欺负实施者的背景情况和主要特点以及成年人在网络欺负中的角色等（Campbell，2005；Cook，et al.，2007；Kennedy，2005；Lenhart，2007；Willard，2005）。此外，这一章还会为教育者和家长们提供一些有关青少年网络欺负预防和干预的策略建议。同时，我们也在文中提供了一些有用的网络资源和扩展阅读材料。

DOI：10.4018/978-1-60566-926-7.ch012

一、引言

自 20 世纪 80 年代以来，学校欺负现象就一直是全球范围内广受关注的一个研究主题。围绕学校欺负的发生率、本质特点、短期和长期后果、教师和家长们的认知、预防和干预方法以及传统欺负界定和区分方面的文化差异等问题，研究者们已经开展了大量研究（Bradshaw，Sawyer & O-Brennan，2007；Kanetsuna，Smith & Morita，2006；Holt，Finkelhor & Kantor，2007）。在大多数西方社会中，传统欺负主要表现为诸如推搡、拳打、啐唾沫等躯体行为，或言语侵犯、戏弄、嘲笑、挖苦和找替罪羊等非躯体行为（Campbell，2005；Kanetsuna，et al.，2006；Smorti，Menesini & Smith，2003）。传统欺负涉及的不仅仅是参与其中的欺负者和被欺负者，同时还包括大量看到欺负行为发生却因为害怕自己成为下一个被欺负者而没有做出任何干涉行动的旁观者（Akiba，2005；Campbell，2005；Talbert，2004；Talbert & Glanzer，2006；Talbert & White，2003）。有关欺负行为的科学界定是一个非常复杂的问题，因为它涉及的不仅仅是一种简单的侵犯行为，同时还涉及到行为发生的情境信息、行为主体间的力量关系以及欺负者的伤害动机等内容（Carey，2003；Eslea，et al.，2003；Smorti，et al.，2003）。

由于非西方国家中文化和语言特点所衍生的一些问题，给欺负确定一个明确、可操作性定义的难度进一步增加。在其他语言中，往往很难找到一个与英文中"bullying"一词完全对等、能够准确反映其真实含义的词汇（Eslea，et al.，2003；Smorti，et al.，2003）。例如，在日语中，"ijime"是与英语中"bullying"一词含义非常接近的词汇，但是在实际应用和内涵上，"ijime"与西方社会中传统欺负概念却仍存在更细微的一些差别。与西方将欺负界定为"具有反复性和非对等力量关系的侵犯行为"（Kanetsuna，et al.，2006，P570）不同，"ijime"通常以更心理化和间接的方式出现，如社会排斥、被同龄人群体故意忽略（Akiba，2005；Kanetsuna，et al.，2006；Smorti，et al.，2003；Treml，2001）等，并且，"ijime"往往由多人（如整个班级）针对某一特定的个体发起（Akiba，2005；Maeda，1999；Smorti，et al.，2003）。事实上，超过 90% 的日本学生认为，只有那些由群体针对特定个人发起的骚扰行为才是"ijime"，并且他们也将"ijime"与打架（fighting）进行了明确的区分（Maeda，1999）。在像日本这样的集体主义文化下，成为"ijime"

的受害者对个体来说意味着非常严重的威胁，因为他们在集体中的角色或身份是其自我认同形成的基础（Akiba，2005；Nesdale & Naito，2007）。日本学生认为，遭受社会隔离是最可怕的事情（Akiba，2005），以为他们"自私"、"聒噪"、"不合时宜"、"不遵守学校规范"或"特立独行"的行为，"ijime"的受害者往往被认为是罪有应得、理应受到欺负（Akiba，2005；Treml，2001）。在集体主义社会中，与众不同将会威胁或破坏群体内部的和谐状态（Nesdale & Naito，2007；Treml，2001）。日本谚语"枪打出头鸟"（The nail that sticks up gets hammered down）就是这一观念的很好反映。

正如前文所说，有关不同文化和不同国家间传统欺负特点比较的研究已经很多，但是关于网络欺负的研究非常之少。针对部分研究的综合分析表明，不同研究者在网络欺负特点的描述方面存在一些共同之处，即"故意以电脑或类似电脑的设备为工具针对特定个人或群体，通过言语侵犯或其他方式反复而刻意地给对方造成伤害和不愉快"（Cook，etal.，2007，P4）。并且，网络欺负还可以区分为两种不同类型：一种是在真实世界中通过计算机技术或移动电话欺负他人，另一种则是在虚拟世界中通过网络空间欺负他人。虽然似乎越来越多的教师、学校管理者和家长们开始对网络欺负感兴趣，但是他们却可能对学生的技术使用方式，以及他们怎样使用这些技术手段骚扰他人等了解很少。正如斯托姆（Strom）等人（2005）指出的那样，教师、管理者和家长们还没有完全准备好怎样应对网络欺负。对于新技术的认识和理解，年轻一代可能远优于成年人。因此，我们必须对正在发生的形势有更清醒的认识，并在形势进一步恶化之前准备好恰当的预防和干预措施。

二、科技一代

当得知父母同意自己注册第一个聚友网（Myspace）账户的时候，梅根·迈尔（Megan Meier）激动万分。就像大多数 13 岁的小女孩一样，梅根迫不及待地想和自己的朋友们在网上聊天，谈论与学校有关的事情、最新的八卦，当然还有男生。在聚友网（Myspace）上注册账户后不久，梅根便开始在网上和她认识的或不认识的人互相收发消息。

一个晚上，梅根收到了一个叫乔希（Josh）的男孩发过来的消息。梅根之前并不熟悉这个名字，但当她偷看了一下乔希在聚友网主页上的个人信息后，就立刻对这个发消息给自己的可爱男孩产生了兴趣。不幸的是，梅根的故事并非一段少年间的网上恋情，或者说是 21 世纪的校园爱情，相反，这是一个横扫各大报纸头条、登上众多公民记者博客的网络欺负案件。当这个名叫梅根的 13 岁女孩选择在自家卧室自杀时，这件事情震惊了全世界（Maag，2007）。庭审记录表明，导致梅根自杀这一悲惨结局的真正原因是由于遭受网络欺负而生的巨大压力。

真实的故事并不是梅根和这个新出现的名叫乔希的男孩在聚友网上发展了一段友谊并萌生爱意，而是梅根成为了一个网络欺负案件的受害者，而网络欺负的实施者是和曾经与她发生过争执的曾经的朋友洛瑞·德鲁斯（Lori Drews）以及一个为德鲁斯工作的 18 岁临时工（Korman，2008）。德鲁斯女士和她 18 岁的帮凶精心策划了一个骗局，使梅根以为自己和这个名叫乔希的男孩发展了朋友关系，而后他们出乎预料地发送了一条写有"若没有你这个世界会更好……"的消息给梅根后就突然结束了这段虚假的关系（Maag，2007；Shariff，2008）。当这个骗局最终被揭穿后，很快如野火燎原般在网上传播开来。令人悲伤的是，梅根的心理无法承受这样的羞辱从而结束了自己的生命。

虽然梅根故事的结局并不典型，但是对于正在全球范围内逐渐增加的网络欺负来说却一定具有重要的代表性。并且，在当前社会和学校范围内，针对这些在青少年群体中频繁发生的网络欺负事件的法律、政策及规范还非常之少。以梅根这一事件为例，在她自杀的时候，密苏里州还没有涉及网络欺负的相关法律，以至于洛瑞·德鲁斯只是因为违背聚友网（Myspace）用户的使用条款而涉嫌违反消费者欺诈和滥用法案（the Consumer Fraud and Abuse Act）获得轻判，而针对传统欺负行为处罚的较完整的法律法规并没有很好地应用到这一不幸的案件中来。

过去几年中，在美国、英国、日本、加拿大和日本等科技发达国家，网络欺负案件无论大小，正受到越来越多的关注。在英国，一群青少年拍摄了他们掌掴和殴打另一人的经过，并将该视频以 "Happy Slapping "为题上传到社交网站 YouTube 上（Shariff，2008）。在韩国，两位名人因无法承受网络上大量匿名抨击的伤害而选择了自杀（Mckenna，2007）。在日本，一个六年级女生因为班上另一女生在网上发表恶意针对自己的言论引发的愤怒而割破了对方的喉咙（Watanabe，2008）。也许我们很难想象成年人会因为互联网上的某些评论而产生杀人动机，但是维护一个个人网站其实是非常耗时的一件事情。因此，它"还会导致人们对于自我关注的增加并产生一种更强烈甚至是夸张的感觉，以为别人也会对这个网站感兴趣"

（Wallace，1999，P34）。事实上却是，这些网站是那些在现实生活中社会交往相对笨拙的女孩进行自我表露的重要场所（Shimoda，2008）。因为青春期的自我中心特点，那些个人站点上的负面评论可能让这些女孩无法承受。上面列举的这些事件也许仅仅只是冰山之一角，澳大利亚、新西兰、印度和泰国等都曾报道过类似的事件（Shariff，2008）。

虽然学校和社会对日益增加的网络欺负现象反应较慢，但是有关的学者却已经在深入考察这一现象，并做出了很多积极的努力，其中就包括尝试对这种新型欺负行为的界定。研究者认为，网络欺负是指欺负者通过使用诸如电子邮件、移动电话、网站、社交网络平台（SNS）及网络聊天室等技术手段（Campbell，2005；Cook，et al.，2007；Shariff，2008；Storm & Storm，2005）对他人进行骚扰、恐吓，甚至有预谋的侵犯行为。已有研究表明，向他人发送威胁性或侵犯性的电子邮件、短信和即时信息等都属于网络欺负行为。此外，诸如散布针对某人的恶意谣言、未经他人允许上传令其尴尬的图片或视频资料、建立恶意贬损某人的网站、盗用某人的电子邮件或社交网站账户破坏其名誉和人际关系、故意将某人排斥于某一网络群体之外、在网上发布某人的私人信息以及使用替身账号对某人进行匿名攻击（Campbell，2005；Cook，et al.，2007；Lenhart，2007；Shariff，2008）等，也都属于网络欺负行为。

有些教师和家长可能认为网络欺负现象并不普遍，只有问题学生才会参与其中。但是，鉴于包括硬件、软件和应用创新等在内的新信息技术已成为当前青少年生活中不可分割的一部分，青少年学生们开始适应这一技术潮流而调整欺负同伴的方式也就不足为奇了。虽然网络欺负的发生率受研究者的界定和参与者年龄、性别等因素的影响而有所不同，但是不少研究表明，约有15%—57%的美国在校学生经历过某种形式的网络骚扰（Cook，et al.，2007；Hinduja & Patchin，2005；Lenhart，2007；Li，2004）。在加拿大，有34%的7—11年级学生在网上遭受过他人的欺负（Media Awareness Network）。在英国，约有25%的11—19岁青少年曾经历过网络欺负，并且每年大约有16个儿童因为网络欺负而选择自杀（Anderson & Sturm，2007；Li，2006））。另一项针对英国青少年的研究发现，"有31%的9—19岁青少年曾在网络上收到过涉及性方面恶意评论，同时有33%的青少年曾收到过他人通过电子邮件、聊天室、即时通信工具或手机短信发送的恶意评论"（Willard，2007，P32）。在日本，有45%的高中生、67%的初中生以及10%的小学生曾经历过网络欺负（Yomiuri Online）。此外，Li（2005）研究也发现，有超过60%的中国学生曾经历过网络欺负。见表10所示。

表10　全球范围内青少年网络欺负和技术使用的相关数据

国家	网络欺负的发生率	青少年的技术利用率	案例
美国	15%—57%的在校学生经历过某种形式的网络骚扰。	90%的5—17岁孩子可以使用电脑，并且其中59%可以通过电脑上网。	一个13岁的女孩因在社交网站聚友网（Myspace）上遭到网上男友的攻击而自杀，而该男友其实是其一朋友的母亲在网上使用的虚假身份。
英国	31%的9—19岁青少年曾经历过网络欺负和在线骚扰。	70%的学生能够在家中上网，75%的学生拥有手机。	"Happy Slapping"：一群青少年殴打受害者，并将整个过程录制成视频上传到YouTube。
加拿大	34%的7—11年级学生曾经历过网络欺负。	94%的4—11年级学生可以在家中上网。	"星战小子"：一男孩装扮成电影星球大战中的某一角色，被其同伴录制成视频并传到网上。这是当年YouTube上下载次数最多的视频之一。该男孩因承受不了羞辱而退学。
日本	45%的高中生、67%的初中生以及10%的小学生曾经历过网络欺负。	95%的高中生和40%的初中生拥有手机。	一名六年级的女生杀死了在该女生个人网站上对其进行负面评论的同班同学。
中国	60%的在校学生曾经历过网络欺负。	32%的高中生使用网络。	某学校一教师因为学生将他的头像与裸体及金钱拼接成图片并上传到网上而对该学生提起诉讼。

有关5—17岁美国儿童的互联网使用情况表明，他们中90%的人使用电脑，并且59%的人可以通过电脑上网（Cook, et al., 2007）。另一项调查结果显示，有22%的12—17岁青少年报告说他们在维护一个个人网站（Willard, 2007）。在加拿大，94%的4—11年级学生（N=5000+）可以在家中上网，而11年级的学生中有一半拥有自己的可上网的电脑。有28%的4年级学生使用即时通信工具（IM），而到了11年级后，这一比例已经上升到86%（Media Awareness Network）。在英国，大约有70%的学生能够在家中上网，75%的学生拥有自己的移动电话（Shariff，

2008）。在中国，超过 40% 高中生的拥有属于自己的可上网的电脑，同时 63% 的高中生拥有移动电话（Watanabe，2008）。在日本，一项面向 25800 名在校学生的调查结果表明，有 95% 的高中生、40% 的初中生和 21% 的小学生拥有可以上网的移动电话（Yomiuri Online）。网络世界对于大多数青少年来说是一个完美的娱乐场所，它不仅为青少年提供了许多志同道合的朋友，同时也让他们的自我表达变得更加容易（Shimoda，2008）。不难预期，今后能够上网和拥有移动电话的学生数量将会逐年增加，并且，这些科技设备将变得更加小巧、便捷，互动性更强，同时也更加普及（Willard，2007）。相应的，全球范围内网络欺负事件的发生率也会增加，因此，对于广大教育者和家长来说，更加全面地认识和理解网络欺负，并准备好相应的对策预防网络欺负问题的发生也就显得尤为重要。

许多针对传统欺负的研究主要关注学龄儿童，因为校园欺负案件数量在初中阶段达到顶峰，而到高中快结束时则迅速下降（Chapell etal.，2004；Chapell，Hasselman，Kitchin，Lomon，MacIver & Sarullo，2006）。但是，这一规律并不适用于网络欺负，因为年龄大的学生更有可能拥有属于自己的手机和电脑。实际情况是，8 年级学生比 6 年级学生报告有更多的网络欺负经历（Kowalski，et al.，2008），并且在大学生群体中网络欺负现象也十分普遍。Aoyama（2009）的一项调查发现，大约有 30% 的大学生（N=421）报告说他们曾听说过发生在其朋友圈内的网络欺负事件，同时约有 46% 的大学生曾在网络上看到过一些诋毁、贬损学校员工的信息。此外，有 13% 的学生报告曾收到过他人发送的刻薄、恶意信息。这些研究结果表明，包括初中、高中和大学的管理者们，都面临着如何预防和干预网络欺负这一新的挑战。

网络欺负在大学生中普遍存在的现象并不令人奇怪，因为与其他年龄段的人群相比，18—24 岁年龄段的人群拥有最高的上网率（Gordon，Juang & Syed，2007）。有关大学生问题网络使用行为（如网络成瘾）的报道层出不穷（Ceyhan & Ceyhan，2007；Gordon，et al.，2007）。一个名叫 "juicyampus.com" 的网站就是最好的例子，经常会有人在这里匿名地发布一些关于某大学或学院的谣言、八卦等信息。在这个网站上，一些用户会讨论涉及他人身材、个人审美观以及某些师生间亲密关系的内容，甚至有些言论还可能涉及到种族主义和性别歧视等（Hostin，2008）。

在这里还需要提一下性别差异的问题。因为与男孩相比，女孩更可能卷入到一些间接或心理性的欺负行为中来，不少研究就明确指出网络欺负在女孩中的发生率更高（Willard，2007）。不过，正如接下来将要讨论的一样，网络欺负的表现形式多种多样，或许男女孩之间在参与网络欺负的概率并没有显著差异，只是二者在网络欺负的表现方式和种类上可能不同而已。事实上，男孩们最喜欢的网络活动是在线游戏，而女孩们最喜欢的网络活动则是在线聊天，因此，像情绪失范和社会排斥等在男孩中间更加普遍，而网络诋毁和泄露隐私等在女孩中间可能更常见（Willard，2007）。另有研究发现，与女性相比，男性更可能成为传统欺负和网络欺负中的欺负者而非被欺负者（Shariff，2008，P84）。但是，Li（2006）的调查却表明，相比于女生，男生报告有更多在网络上被欺负的经历，而女生则更可能将她们在网络上被欺负的经历告知成年人。

三、网络欺负的表现形式和类型特征

已有研究中有关网络欺负的操作性定义清晰地阐明了这一现象的类型和特点，研究者们已经对个体参与网络欺负的不同类型或方式进行过相应的区分。正如前面说介绍的，当前最常见的网络欺负主要表现为以下两种形式：一种是欺负者通过电脑技术或移动电话在真实世界里对他人实施欺负（如"Happy Slapping"事件）；另一种是欺负者利用网络空间在虚拟世界中对他人实施欺负（Cook, et al.，2007）。例如，某人借助于网络游戏（如 Second Life）中的虚拟角色对虚拟世界中的其他角色进行故意侵犯或排斥。

（一）网络欺负的类型

Willard（2007）认为，可以将网络欺负区分为七种不同的类型，具体内容如表 11 所示。

Yasukawa（2008）也曾尝试对网络欺负的类型进行区分，他认为网络欺负可以区分为以下四种不同类型，如表 12 所示。

表 11　Willard（2007）区分的网络欺负类型	
网络欺负 类型	主要内容

情绪失控	直接向某一受害者或群体发送令人愤怒或粗俗的信息。一般情况下，情绪失控在一些公共交流的平台，如聊天室、网络游戏和博客中发生较多。Wallace（1999）发现，群体极化现象在网络社区中发生率相当高，因为在这种虚拟环境中找到一个和自己观点相似的人非常容易。因此，人们可能会进行一些带有偏见的讨论，并认为与他们持不同看法和态度的人应该受到攻击。
骚扰	欺负者反复地向受害者发送带有冒犯性的信息。与情绪失控不同，骚扰信息一般通过电子邮件、即时通信工具和手机短信发送。
网络纠缠	通过电子邮件、即时通信工具和手机短信等方式对受害者进行威胁或恐吓。这些行为通常与性关系的结束相联系。
诋毁	将可能伤及受害者的资料和恶意评论通过电子邮件发送给其他人，并在网上发布与受害者有关的误导信息。此时，行为发起者的信息传送目标并非受害者，而是查阅电子邮件浏览网站的人。
欺骗	欺负者通过伪装他人身份以试图通过发送或发布涉及受害者的消极信息和评论而使其声誉受损。这些行为之所以发生很多时候是因为青少年（尤其是女孩）认为互相交换账号密码是彼此间亲密友谊的证明。
泄露隐私	欺负者通过发送电子邮件或发布信息的方式将受害者重要、私密或尴尬性的信息公之于众。泄露隐私通常发生在一段失败的亲密关系中，其中一方将双方关系亲密时获取的有关对方的私密信息散布开来。
孤立	在网络活动（如网络游戏）中将受害者从某一群体排除出去。

表 12　Yasukawa（2008）区分的网络欺负类型

网络欺负类型	主要内容
邮件欺骗	与 Willard（2007）区分的 masquerading 类似，只不过这里并不必定需要交换账户密码。 有些网站可以用来编辑欺骗性的邮件，用户只需要录入某人的电子邮箱地址然后再写下相应的邮件内容就可以。这些基于网站的电子邮件服务可以将用户录入的内容以该邮箱地址主人的名义发送出去。 例如，有学生可能会收到常常包含有死亡通知的邮件，而这些邮件的发件人显示的却是自己。欺负者也可以通过多名同龄人的邮箱地址对受害者进行骚扰。受害人很容易会认为自己已经被其他人所排斥。

邮件/文本链	这是电子版本的邮件"链"，欺负者极力诱使收信人将一定量的电子邮件转发给尽可能多的人。 例如，有报道说曾经有欺负者将在休息室拍到的某位同龄人的私密照片作为链式邮件的附件匿名地发送给其他人。邮件中写着"如果你不转发这封邮件，你就是下一个受害者"（Yasukawa，2008，P39）。很快这张照片就在全校学生中散播开来。
社交网站上的档案欺骗	这些行为也与 Willard（2007）区分的欺骗和诋毁有些类似。欺负者通常先注册一个社交网站账户，然后在个人资料中将受害者描述成一个性瘾者或商店扒手，等等。这些档案资料看起来如此真实，以至于连受害者的教师都可能深信不疑。有一名高中生就曾因为被他人误认为是妓女而选择了退学（Yasukawa，2008）。
非官方的学校网站	这就像"juicycampus.com"一样，是一个专门发布涉及他人的负面评论或谣言的网站。不过在校学生或校友将这一"非官方"网站视作他们的一个秘密根据地。由于该网站在没有身份账号和密码的情况下往往无法进入，因此在这里，孩子们可以不用受家长的监管而为所欲为。在面对面的传统欺负中，对一些孩子来讲，想要不服从那些欺负他人的霸道学生很难。但是，有一项研究表明，这样的服从在以计算机为媒介的互动情境下并没有消失（Wallace，1999）。因此，即使在网络情境下，学生们也可能因为无形的压力而服从群体。

（二）网络欺负的发起者

Shariff（2008）也曾依据欺负者的目标和意图将网络欺负区分为两种类型，如表 13 所示。

表 13　Shariff（2008）区分的网络欺负类型

网络欺负类型	含义	表现形式举例
同龄人间的网络欺负	发布涉及某一方的恶意和诽谤言论及谣言。	JuicyCampus.com
抵制权威的网络表达	学生因各种原因对自己的老师感到愤怒时发布一些刻薄的评论。	RateMyTeacher.com 和 RateMyProfessor.com

由后一种网络欺负类型可知，除了年少的同龄人之外，教师和学校职员同样可能成为网络欺负中的受害者。例如，一个想要制止网络欺负并在"非官方"的

学校网页上发布相关警示消息的教师，最终却可能成为大量恐吓性电子邮件的接收者（Yasukawa，2008）。

通过分析网络欺负的实施者具有的不同特点，可以将其区分为四种不同的类型，从而更好地描述网络欺负这一现象（Kennedy，2005；Kowalski，Limber & Agaston，2008）。见表14所示。

表14　Kennedy（2005）和Kowalski等人（2008）区分的网络欺负类型

网络欺负类型	主要内容
复仇的天使	为了保护同伴而参与网络欺负的者，这些人并不认为自己是欺负者。
力量渴求者	想要在网络世界里证明自己力量者。不过，他们往往是传统欺负中的受害者，无法在现实生活中展示自己的力量。
复仇的呆子	拥有高水平的技术，并运用这些技术恐吓或羞辱他人者。与力量渴求者类似，他们在现实生活中可能并没有那么粗暴。Anderson和Sturm（2007）曾指出，网络欺负的发起者可能自尊水平较低，因此想通过公开的攻击性行为来弥补自己的弱点（P25）。这是网络欺负的重要特点之一，在传统欺负中很少看到，即并不像传统欺负中的欺负者那样，网络欺负的发起者可以是身材弱小并且年龄更幼者。
卑鄙的女生	因为空虚无聊而通过网络欺负来寻找乐子者。这些人通常是女性（Kennedy，2005）。

不过，上面所列出的四种类型并非最终结论。有时候，学生们可能意识不到自己已经参与了网络欺负行为，他们认为自己在网络上说什么都可以，因为似乎并没有人由于在网络上发布负性评论或谣言而受到相应的责罚（Shimoda,2008）。

（三）网络欺负的风险因素

Strom（2005）认为嫉妒是一种常见的网络欺负动机。与传统欺负不同，在网络欺负中那些受欢迎的学生也可以成为欺负对象。

Shariff（2008）进行的另一项有趣的研究表明，71%的学生表示，如果他们在学校过得很开心，那么去欺负他人的可能性就会更小。该研究进一步发现，压力会促让青少年在网上实施更多的问题行为，或者说网络世界可以成为他们的一个压力宣泄场所。许多时候，学生们参与网络欺负似乎仅仅因为一时乐趣，而完全没有考虑自身行为可能产生的严重后果。事实上，早在1939年由耶鲁大学的一群研究者提出的"挫折—攻击"理论就指出，挫折经历会引发个体的愤怒情绪和攻击反应，然后愤怒情绪又会引发相应的敌意行为（Berkowitz，1989）。行为发起者在攻击受害者的过程中很少会自我控制，因为他们意识不到行为对象正经历的痛苦，以至于他们认为自己并没有伤害任何人（Mckenna，2007）。这是一种典型的脱敏现象，即"互联网提供的匿名性可能会让人们在网络中实施一些他们在其他场合不会参与的行为"（Kowalski et al.，2008，P64）。在面对面的现实生活情境下，我们的行为会受到他人情绪反应的调节，但是，由于网络欺负的实施者在网络世界中不会遇到来自于社会或同龄人的反对及惩罚威胁，因此与正常情况下相比，他们的行为会变得更加极端。

（四）网络欺负的受害者

正如较容易成为网络欺负者的个体具有一些规律性特点一样，那些较容易成为网络欺负受害者的个体也具有一些规律性的特点。一般来说，有两类人群更可能成为遭受网络欺负的高危群体（Willard，2007）。第一类是那些极力去融入同龄人群体并且刻意地参与网络交流进而争取他人崇拜的人。第二类是那些同性恋、双性恋或经历过变性手术的（LGBT）学生，他们常常是传统欺负中的受害者，因为自身的一些特点也更容易在网络世界中成为各种欺负或性骚扰的对象（Shariff, 2008）。一项研究发现，曾经历过变性手术的学生（LGBT），他们在网络上遭受来自陌生人的在线聊天或电子邮件骚扰的可能性是普通异性恋学生的两倍（Finn，2004，P480）。

这两类网络欺负受害者的高危人群是各种社交网站（SNS）的活跃用户，因此他们在容易成为网络欺负受害者的同时，也更可能由于模仿而去欺负其他人。认识到这一点是非常重要的。根据 Shariff（2008）的调查结果，约有 40% 的社交网站用户曾遭受过网络欺负，而非社交网站用户遭受过网络欺负的比例只有 22%。不过，正如前面已经介绍的一样，包括教师、受欢迎的学生和前任恋人在内的任何人都可能成为网络欺负的受害者。这一点与传统欺负中受害者通常比较年幼、体格弱小的情况不同。传统欺负中的受害者同样有可能成为网络欺负的实施者。Watanabe（2008）就曾认为，受害者成为欺负者的可能性是欺负者成为受害者可能性的 17 倍！一个孩子的欺负者或受害者角色间很容易就可以发生转换。

（五）网络欺负的消极影响

已经有众多传统欺负领域的研究者探讨过欺负经历可能给受害者带去的各种消极影响，包括抑郁、焦虑、低自尊、较差的学业成绩、更多身体健康方面的问题、逃避学校以及未来的社交恐惧症等（Kowalski, et al., 2008；O'Moore & Kirkham, 2001；Shariff, 2008）。虽然已有的相关研究并不多，但是由于网络欺负具有随时性和频繁性等特点，因此与传统欺负相比，网络欺负经历给被欺负者带去的伤害可能更大。换句话说，网络欺负可以发生在任何时间、任何地点。相应的，诸如抑郁、焦虑或低自尊等因网络欺负而带来的消极影响将会更加严重和持久。

为了避免可能遭受的网络欺负，青少年不可能像许多成年人一样简单地将自己的电脑和手机关机了事，因为网络已成为他们与人交往的核心途径之一。即使网络欺负的受害者选择更换他们的电子邮箱地址、手机号码和网站账户，这也仅仅只是一时之策，因为他们不可能永远不再使用互联网，他们只是还没有足够成熟，以至于难以驾驭网络这一虚拟世界及来自其中的匿名攻击（Anderson & Sturm, 2007；Maag, 2007）。

对传统欺负而言，卷入其中的孩子数量往往是有限的。但是网络欺负却完全不一样，在网络上，"那些有害或带有侮辱性的内容在短时间内就可以发送给很多人"（Hinduja & Patchin, 2009, P23）。例如，在加拿大，一名高中男生在其同班同学因为好玩而将记录有他扮演电影星球大战中某一角色的尴尬视频上传到互联网上之后选择了退学，后来这段视频成为了当年（2006）被下载次数最多的视频（Mckenna, 2007）。这可能会进一步导致那些原本与欺负行为无关的人对受害者进行网络骚扰，成千上万观众或旁观者可能加入的事实将令受害者感到更加无助。并且，那些被上传到网络上的资料很难被彻底删除，它们可以很容易地被复制或者转发给更多的人，这些曾经的网络骚扰证据几乎将会永远存在下去（Yasukawa, 2008）。

最后，与传统欺负不同，很多网络欺负的受害者往往并不知道欺负自己的人是谁。事实上，将近有一半的学生不知道在网络上欺负他们的人是谁（Media Awareness Network），这种匿名性可能会放大网络欺负受害者的恐惧及欺负行为带来的消极影响，以至于最后那些被欺负的学生可能会怀疑其所有的同龄人并由此而无法寻求有效的帮助。

四、我们能做些什么？教师、家长和研究者的职责

尽管欺负现象（包括传统欺负和网络欺负）在青少年群体中十分盛行，但是大量研究均认为成年人对这些事件的重视程度并不够（Holt & Keyes, 2004）。以

日本为例，有调查表明，在那些遭受网络欺负的孩子家长中，仅仅只有一半的人真正知晓自己孩子的遭遇（Yomiuri Online）。Shariff（2008）的调查结果也发现，高达 32% 的家长们认为，网络欺负不可能伤害到孩子，因为他们认为"那仅仅是些网络空间里的话语而已"（P80）。这就是为什么很多青少年认为大人们不懂他们的网络新世界的原因（Willard，2007）。就算是那些意识到网络欺负危险的成人们，大多数也不认为自己具有引导孩子以正确的方法使用手机和网络的能力（Shimoda，2008）。

正如上文所说，网络欺负可能比传统面对面的欺负造成更严重的问题，但是要对其进行有效的干预却并不容易。一方面，网络欺负的隐蔽性特点是让干预变得困难的重要原因。与传统的校园欺负不同，网络欺负更多发生于校外，并且受害经历的证据不容易被发现，因为网络空间是网络欺负发生的主要场所。很多尊重孩子隐私的家长们都不愿意检查孩子的电子邮件或短信。另一方面，虽然网络欺负在年龄较大的学生中发生率更高，但是随着孩子们的长大，他们报告自己被欺负经历的可能性也越小（Smith，Madsen & Moody，1999）。此外，还可能会出现这样的情况，一个年轻人曾经给当前正对其进行威胁或网络骚扰的前恋人发送过一些带有性暗示意味的照片。在这种情况下，受害者因为羞耻感方面的顾虑，或害怕被惩罚而犹豫是否应该将自己的被欺负经历告知他人（Willard，2007）。

另一需要考虑的因素是言论自由的权利。很多学校并没有针对校外言论管理的统一规范或准则。就在 1998 年的时候，美国曾发生过一名学生因为自建网站嘲弄一位教师被学校暂时停课而起诉学校的案件，后来联邦法院判定该学生的权利受到了侵犯，要求学校向该学生赔偿 30000 美元并进行道歉（Sturgeon，2006）。大多数学校都没有针对网络欺负行为进行惩罚的相应制度或措施（Kennedy，2005）。尽管如此，让学生意识到他们的言论自由权利应有一定的限制仍然非常必要（Willard，2007）。

（一）教师 / 学校的策略

首先，学校必须教导孩子如何使用网络技术并规范其网络行为。孩子们可能会认为只有躯体威胁和暴力才是欺负（Media Awareness Network），但是，告诉孩子网络欺负会给被欺负者带去严重的心理伤害这一点非常重要。各种各样的网络礼仪课程以及有用的网络资源（详细内容请参阅附件 A）都可以供学校和学生学习、参考，给学生教授一些诸如愤怒控制和压力管理放慢的社交技巧也可以取得一定的效果。Willard（2005）曾指出，社交技巧训练可以提升个体的共情和冲突应对能力，同时让个体的决策判断更符合伦理规范（P11）。教师们要开展有关网络技术使用和网络欺负预防的有效教育，就必须对网络欺负有全面的认识和理解（Willard，2007）。当然，鼓励学生主动向大人报告网络欺负的经历也很有必要。

其次，很多网络欺负的发起者认为他们的行为不会被发现，因此，让学生认识到不管走到哪里网上都会留下他们的痕迹，并且由于 IP 地址的存在而可以追踪个人电脑的位置非常重要（Willard，2007）。同时，告知学生网络欺负是一种犯罪行为也很有必要。美国国会曾于 2006 年通过的一部法律就规定，在互联网上"侵扰、虐待、威胁或骚扰"他人属于联邦犯罪行为，并且全美约有 36 个州也先后颁布了类似的法案（McKenna，2007，P60）。加拿大也有一些类似的法律。"在反复联系他人的过程中，如果因为你的联系而使对方感觉到他们自身或他人的安全受到威胁，那么这就些行为就是违法的"（Media Awareness Network）。另外，发布有损他人名誉的信息也属于犯罪行为。不过 Wallace（1999）认为，从法律角度定义骚扰和威胁行为并不容易，因此，一些真实事件的介绍将有助于学生们更形象地认识到底什么是真正的犯罪。

虽然很多学校在处理网络欺负案件时缺乏合法的程序，但是了解上述事实可能会让事件的处理更加有效，同时这也许是一个评估学校政策的好机会。截至到 2008 年，全美有 30 个州已拥有与欺负相关的法律，其中 5 个州（阿肯色州、爱达荷州、爱荷华州、南卡罗来纳州和华盛顿州）的法律均涉及到了网络交往（Kowalski，et al.，2008）。密苏里州则在 2008 年 7 月颁布了与网络欺负有关的法律，囊括了源自电脑、短信和其他电子设备的各种骚扰行为（Associated Press）。

此外，教师的素质、学校职员和政策制定者的专业水平也很关键。首先需要做的是加强学校和教师对网络欺负的认识。教师的素质应包括对各种法律法规的了解，因为教师通过对已有案件的讨论和分析就能够更好地反映学校的实际情况（Shariff，2008）。

如果学校已经有抵制欺负的计划，那么也应将网络欺负包括在内。由于网络欺负的形式多种多样，因此通过简单易懂的语言为年少的学生们提供关于网络欺负的操作性定义也就非常重要。若学校已经制定有针对网络活动的相关规范，那么最好以讨论的方式将其传达给学生（Willard，2007）。与此同时，为了保证学校层面的网络欺负干预的效果，还有必要让学校职员认识网络欺负的严重性，因为大人们通常认为间接、非躯体性欺负的伤害没有直接的躯体欺负那么严重（Bradshaw et al.，2007）。

关于针对网络欺负的监控，有一些电脑程序或软件可以用来过滤那些有害的网站，监测那些包含特定词语的电子邮件或即时信息（IMs），保存网络活动记录及追踪孩子网站浏览记录（Kowalski，et al.，2008）。不过，所有的监控系统都不可能永远有效，计算机时代的学生们也许可以通过一些方法绕过过滤程序，因此，我们在这里重申鼓励学生报告其网络欺负经历的重要性。另外，邀请计算机方面的专家帮助教师开发一些包含有用网站的数据库资源也是一种很好的途径（Shariff，2008）。

最后，由于网络欺负更可能在校外发生，因此让家长们了解相关的信息也非常必要。我们建议学校可以举办一些与网络欺负有段的工作坊，在学校新闻中发布相关的一些信息，同时在学校的咨询办公室提供更丰富的可用资源（Campbell，2005）。

（二）家长方面的策略

教师固然需要为应对网络欺负的发生及其带来的问题做好相应的准备，但是事实上，在家上网才让欺负者随时欺负他人变得更加便利（Campbell，2005；i-SAFE America），也正是因为这一原因，网络欺负事件更多地发生在校外而非校内。可是，网络欺负的受害者却往往不愿意向家长报告其被欺负的经历，因为他们担心父母可能会做出过度的反应，乃至于不允许他们继续上网或使用手机，而这些是青少年社会化的核心途径（Campbell，2005；Storm & Storm，2005）。这些事实的存在使得家长们更难以发现网络欺负。因此，网络欺负的后果可能比面对面的传统欺负更为严重（Campbell，2005）。

尽管有影响力的大众媒体可能传递一些相反的观点，但是家长无疑孩子们学习道德价值观和社会期望的首要资源（Willard，2007）。与电视、报纸和书籍等大众媒体不同，互联网信息属于一种个人媒体，其中个人的责任非常重要，因此父母们需要为其小孩在网络上的不断行为承担一定的责任（Shimoda，2008）。

家长们可以做的第一件事情就是对孩子在网络或其他技术方面的使用加强监管。有研究发现，那些网络欺负发起者的父母往往对孩子的关注较少，缺少相应的限制性措施，并且具有侵犯性的问题解决模式（Willard，2005，P6）。另有研究发现，有 62% 的家长表示他们对其孩子的网络活动进行了检查，可是却仅有 33% 的青少年认为父母对他们的网络活动进行监管（Lenhart，2005）。家长们通过平时询问孩子在网上做些什么，或者帮助他们寻找资源，这有助于提升青少年的网络使用技能，不过，家长们要注意在监管、限制和控制孩子的网络使用活动时不能太过独断专行，因为青少年非常看重他们的隐私（Shariff，2008）。制定有关网络使用的规范及安装相应的过滤软件可以作为一个合适的开始，但是在父母与青少年之间建立相互信任的关系更加重要（Willard，2007）。

　　家长们只是简单地盯着屏幕并不会有多大帮助，因为青少年在与朋友们进行网络交往时常常使用隐语和简化语。例如，你知道下面表 15 中这些词语的意思吗？

表 15　青少年常用的网络隐喻或简化语	
青少年常用的网络隐喻或简化语	实际含义
PSOS	父母站在旁边
BB	马上就回
CT	不方便说话
P911	父母注意到了
JAM	等一下

　　如果我们不只局限于了解网络欺负的影响因素，同时还想知道预防网络欺负的方法，那么有一点将非常关键，就是我们不仅要熟悉并且还要精通各种网络社区和文化下的语言使用方式。为了了解更多网络社区和文化的用语，大人们可以去访问一些相关的网络资源，例如，网络隐语（NetLingo）、家长都想知道的 20 个最常用网络简化语写（Top 20 Internet Acronyms Every Parent Needs to Know；www.netlingo.com/top20teens.cfm）、还有缩写短信（Text Message Abbreviation；ww.Webopedia.com/quick_ref/textmessageabbreviations.asp）等。

　　另外，家长们必须要教会孩子们如何管理他们的个人信息，对成年人来说这些就像常识一样，但是孩子们的想法往往比较简单，不知道绝不能将自己的邮箱地址、手机号码、账户密码等告诉网上的其他人。了解孩子们在什么地方发布个人信息也很重要。虽然孩子们会因这种侵犯隐私的行为而感到不舒服，但是信息一旦发布在网上就会变成公共信息。如果负面的信息上传到网上，想要将其完全删除就会异常困难。曾经就有一名女高中生，因为她将所在学校的信息和自己的通信地址发布在了社交网站上而遭受到一个中年恋童癖者纠缠（Watanabe，2008）。

　　如果家长们发现自己的孩子被网络欺负了，不要惊慌，同时记住永远不要直接回应网络欺负的实施者。家长们应该保存所有的电子邮件、即时信息和电话短信等以作为证据，然后阻止一些相应的联系（Willard，2007）。家长们也可以与互联网服务提供商（ISPs）和移动通信公司取得联系，以对欺负行为的发起者进行追踪。因为绝大多数网络欺负行为都违反了相关网站、互联网服务提供商及移动通信公司的使用规范，通过这种方式提起控诉的一个好处是不用再去确认一个匿名的欺负者（Willard，2007，P152—153）。即使自己的孩子没有被欺负，家长们经常用通过搜索网站（如谷歌）搜索孩子的名字，访问他们的社交网站主页等也可以有助于发现可能的网络欺负事件。

（三）研究者的任务

由于网络欺负属于一种相对较新的现象，相关的研究文献还不是很多，因此网络欺负的方方面面都需要研究者们进行相应的研究和探讨。正如 Storm 和 Storm（2005）提出的有关未来研究的建议一样，网络欺负领域的研究者们今后可以开展如下一些研究。

第一，必须了解学生群体中网络欺负现象的严重程度。通过对各种背景下的更大规模的学生进行考察，有助于更准确地掌握青少年群体中网络欺负的发生率。

第二，深入考察传统欺负与网络欺负的相似处及不同处。Shariff（2008）认为，传统欺负的研究对于网络欺负研究很重要，因为它为我们更进一步地认识和理解网络欺负提供了基础（P9）。研究者对传统欺负者的行为模式已经有比较明确的了解，与人们的一般认识相反，传统欺负的发起者通常都很聪明、学习成绩良好并且一般都比较自信。Kowalski 等（2008）也指出，传统欺负者与网络欺负者、传统欺负受害者与网络欺负受害者之间相关性很高，有 55% 的网络欺负者报告说他们同时也有过传统校园欺负经历，同时 61% 的网络欺负受害者也报告说他们曾同时遭受过传统欺负。

第三，网络欺负对参与其中的青少年的长期影响有待更进一步研究。在传统欺负中，与一般的同龄人相比，学生欺负者的酗酒率更高，并表现出更多的人格障碍，需要接受更多的心理健康服务（Storm & Storm，2005）。Olweus 有关传统欺负的经典研究发现，60% 曾欺负过他人的男生在成年期间至少有过一次犯罪经历（Watanabe，2008）。更严重的是，抑郁、焦虑和低自尊的后果将会持续很长时间。因此，如果类似的现象网络欺负研究中存在，就非常有必要开展相应的纵向研究。

第四，更全面地考察网络欺负发起者的家庭关系和环境。普通家长们在与其孩子互动的过程中一般都会使用诸如表扬、鼓励或幽默等方式，但是那些传统欺负者的家长们几乎很少这么做（Storm & Storm，2005）。此外，那些欺负他人的孩子在自己家中通常也是受害者（Holt, Finkerlhor & Kantor，2007）。另有研究发现，在网络中欺负他人的学生与家人之间的交流只有普通学生的一半（Watanabe，2008）。这些研究表明，家长的积极参与可能是预防网络欺负的关键。

第五，积极谈说和开发基于科学研究的干预和预防措施。在传统欺负的预防和干预方面，很多学校都会帮助青少年克服社交技巧和情绪调控方面的障碍，同时在学校层面也开设有抵制欺负的课程。例如，作为传统欺负欺负研究的一名先驱者，挪威心理学家 Dan Olweus 曾在 20 世纪 80 年代开展了一项挪威全国范围的青少年欺负问题干预计划。实践已经证明，该计划颇有成效（Olweus，1993）。这一个做法后来也曾被应用到美国的学校系统，同样非常成功。基于此，研究者有必要检验现有的方案对于网络欺负的预防和干预是否同样适用。对于广大研究者来说，认识和理解这些新现象，同时从网络欺负的视角出发，积极吸收传统欺负干预领域的成功经验和做法至关重要（Cook，et al.，2007；Hinduja & Patchin，2005；Lenhart，2007；Li，2004）。

当然，理解学生和教师／家长之间对网络欺负的界定或认识也很重要，正如 Bradshaw 等人（2007）所说，学生和教师在对欺负的认识方面存有很大的不同。约有 50% 的学生报告说在过去一月中至少被其他同学欺负过一次，可是却有 71% 的学校职员估计说在其学校仅有 15% 或更少的学生曾频繁地遭受欺负。学校职员与学生报告的欺负发生率之间仅有不到 1% 的重叠。此外，虽然有接近一半的学校职员（45.6%）表示，最近一个月有学生向他们报告过被欺负经历，但是仅有约 1/5（21.3%）的学生报告说自己在遭受欺负后曾向学校职员反映过相关情况。

由于网络欺负的隐蔽性，使得教师和大人们很少能够目睹这些行为的发生，因此教师与学生在对网络欺负认识上的差异可会大得多（Bradshaw，et al.，2007），甚至研究者和学生之间在网络欺负的界定方面也可能存在差异。在这样的情况之下，研究所得到的发现将极不可靠。此外，在不同文化背景下，有关网络欺负的界定或认识也存在差异。例如，在中国，网络上的恶作剧和互联网诽谤行为都属于网络欺负，并且在中国的法律中，"通过武力或其他方法侮辱他人或者捏造事实诽谤他人"都是违法的（Shariff，2008，P61）。在日本，很多受访的学生认为 "name calling on bush boards" 也是网络欺负（Aoyama & Talbert，2009）。他们还提到经常有学生建一些非官方的校园网站来实施网络欺负，并且多数时候这些网站都可以通过手机进行访问。Wallace（1999）指出，互联网是一个汇集有来自不同文化、具有不同社交规则的各式各样人群的全球化环境，因此，我们也必须意识到网络欺负的跨文化内容。

最后，未来研究的一大问题是缺少一个具有高信效度的量表或工具来测量网络欺负。当前，网络欺负领域的研究者都编制了各自的网络欺负问卷或量表，但是几乎都没有提供相应的信度和效度指标（e.g., Li, 2006）。由于测量工具的不同研究结果也会不同，因此，网络欺负研究领域亟需一个具有良好信效度指标高质量的测量工具。

五、在哪里开始就在哪里结束：
关于引导、改良和变革的承诺

梅根的故事无疑是一个悲剧，提醒着我们每一个人，不管欺负发生在网络中还是校园里，积极寻求相应的补救措施以阻止这些骚扰和暴力行为的发生是多么的重要。网络世界与真实世界之间的界限已不再那么不可逾越。随着21世纪科学技术的飞速发展和进步，现实和虚拟世界之间的边界已经逐渐模糊。通过大众媒体和学术研究的报道中我们可以清楚看到，世界范围内的很多学生都不同程度的有过网络欺负的经历，有的是欺负行为的发起者，有的则是受害者。尽管很多成年人并没有意识到网络欺负现象的重要性及其后果的严重性，尽管未曾完全融入当前以信息技术为核心的生活方式的大人们还难以完全理解网络欺负的隐蔽性及其他一些特殊性，但我们还是得面对这样的现实，即伴随科技的发展和进步，网络欺负的媒介和种类将会越来越丰富。

在教师、家长和研究者们努力应对由于信息技术的使用和滥用不断发展的新挑战的同时，让孩子们也加入进来变得越来越重要，这样做将有助于消除代际和操作性方面的障碍，而这些障碍曾一直制约着我们对网络欺负行为的完全认识和理解。虽然在我们能够全面、有效降低网络欺负的发生率之前仍然存有很多的障碍，但仅仅是努力提升学生、教师、家长和研究者们对信息技术使用和网络行为的认识，就已经在克服导致网络欺负发生的障碍方面迈出了非常重要且积极的第一步。最为重要的是，在积极增进所有相关方对各种显性和隐性网络欺负的认识方面所做出的努力，将成为今后预防像梅根那样的悲剧发生的推进剂。

【参考文献】

Akiba,M.(2004).Nature and correlates of ijimebullying in Japanese middle school. International Journal of Educational Research,41,216–236.doi:10.1016/j.ijer.2005.07.002.

Anderson,T., & Sturm,B.(2007).Cyberbullying:From playground to computer.Young Adult Library Services,5,24–27.

Aoyama,I.(2009,August).Cyberbullying among university students:Definition,prevalence and predictors.Paper presented at the meeting of the World Society of Victimology's 13th International Symposium on Victimology,Mito,Japan.

Aoyama,I., & Talbert,L.T.(2009,April).A cross-cultural study on cyber-bullying among high school students in the Unites States and Japan.Paper presented at the meeting of the American Educational Research Association(AERA),San Diego,CA.

Associated Press.(2008,July,1).Missouri:Cyberbullying law is signed.New York Times. Retrieved October 20,2008,http://www.nytimes.com/2008/07/01/us/01brfs-CYBERBULLYIN_BR F.html?_r=1&scp=3&sq=cyberbullying,%20missouri&st=cse.

Berkowitz,L.(1989).Frustration-aggression hypothesis:Examination and reformulation. Psychological Bulletin,106,59–73.doi:10.1037/0033- 2909.106.1.59.

Bradshaw,C.P., & Sawyer,A.L. & O-Brennan,L.(2007).Bullying and peer victimization at school:Perceptual differences between students and school staff.School Psychology Review,36,361–382.

Campbell,M.A.(2005).Cyber bullying:An old problem in a new guise?Australian Journal of Guidance & Counselling,15,68–76.doi:10.1375/ajgc.15.1.68.

Ceyhan,E., & Ceyhan,A.(2007).An investigation of problematic Internet usage behaviors on Turkish university students.(ERIC Document Reproduction Service No.ED500186)Retrieved July 11,2008,from ERIC database.

Chapell,M.,Casey,D.,De la Cruz,C.,Ferrell,J.,Forman,J., & Lipkin,R.(2004).Bullying in college by students and teachers.Adolescence,39,53–64.

Chapell,M.,Hasselman,S.,Kitchin,T.,Lomon,S.,MacIver,K., & Sarullo,P.(2006).Bullying in elementary school,high school,and college.Adolescence(San Diego):An international quarterly devoted to the physiological,psychological,psychiatric,sociological,and educational aspects of the second decade of human life,41,633–648.

Cook,C.R.,Williams,K.R.,Guerra,N.G., & Tuthill,L.(2007).Cyberbullying.What it is and what we can do about it.[The newspaper of the National Association of School Psychologists].Communiqué,36,4–5.

Eslea,M.,Menesini,E.,Morita,Y.,O' Moore,M.,Mora-Merchán,J. & Pereira,B.(2004). Friendship and loneliness among bullies and victims:Data from seven countries. Aggressive Behavior,30,71–83.doi:10.1002/ab.20006.

Finn,J.(2004).A survey of online harassment at a university campus.Journal of Inter- personal Violence,19,468–483.doi:10.1177/0886260503262083.

Gordon,C.,Juang,L., & Syed,M.(2007).Internet use and well-being among col- lege students:Beyond frequency of use.Journal of College Student Develop- ment,48,674–688.doi:10.1353/ csd.2007.0065.

Hinduja,S., & Patchin,J.W.(2005).Research summary:Cyberbullying victimization. Retrieved October 5,2007,http://www.cyberbullying. us/research.php.

Hinduja,S., & Patchin,J.W.(2009).Bullying beyond the schoolyard:Preventing and re- sponding to cyberbullying.Thousand Oaks,CA.

Holt,M.,Finkelhor,D., & Kantor,G.(2007).Hidden forms of victimization in elementary students involved in bullying.School Psychology Review,36,345–360.

Holt,M.K., & Keyes,A.M.(2004).Teachers' attitude toward bullying.In D.L.Esspelage & S.M.Swearer(Eds.),Bullying in American schools.(pp.121–139).London:Law- rence Erlbaum Associates,Publishers.

Hostin,S.(2008,April 11).Online campus gossips won' t show their faces.CNN.com. i-SAFE America Inc.(2007).National i-SAFE survey finds over half of students are being harassed online.Retrieved October 5,2007,http://www.dbprescott.com/ internetbullyi ng6.04.pdf.

Kanetsuna,T.,Smith,P., & Morita,Y.(2006).Coping with bullying at school:Children' s recommended strategies and attitudes to school-based interventions in England and Japan.Aggressive Behavior,32,570–580.doi:10.1002/ab.20156.

Kennedy,A.(2005).Students fall victim to high-tech harassment.Counseling To- day,10–11.

Korman,R.(2008,November 26).The verdict:Lori Drews is guilty.ZDNet Government. Retrieved March 2,2009,http://government. zdnet.com/?p=4207.

Kowalski,R.,Limber,S., & Agaston,P.(2008).Cyberbullying:Bullying in the digital age.

Lenhart,A.(2007,June 27).Cyberbullying and online teens.Pew Internet and American

Life

Project.Retrieved October 5,2007,http://www.pewInternet.org/pdfs/PIP%20Cyb erbul-lying% 20Memo.pdf.

Li,Q.(2004).Cyber-bullying in schools:Nature and extent of adolescents' experiences. Paper presented at Annual American Educational Research Association Confer-ence.Retrieved October 5,2007,http://www.ucalgary.ca/~qinli/publication/cyber-bully_aera05%20.h tml.

Li,Q.(2005).Cyber-bullying in schools:A comparison of Canadian and Chinese adoles-cents' experience.Paper presented at World Conference on E-Learning in Corpo-rate,Government,Healthcare,and Higher Education(ELEARN).Retrieved August 3,2008,http://www.editlib.org/index.cfm?fuseaction=Reader.ViewAbstract&pa-per_id=21291&from=NEWDL.

Li,Q.(2006).Cyberbullying in schools:A research of gender differences.School Psychol-ogy International,27,157–170.doi:10.1177/0143034306064547.

Maag,C.(2007,December 16).When bullies turned faceless.New York Times.Retrieved January 22,http://www.nytimes.com/2007/12/16/fashion/16meangirls.html?_r=1&ex=1198558800&en=35f8e2e63c570aab&ei=5070&emc=eta1&oref=slogin Malden, MA: Blackwell Publishing.

Mckenna,P.(2007).The rise of cyberbullying.New Scientist,195,60.doi:10.1016/S0262-4079(07)62856-5 Media Awareness Network.(n.d.).Cyber bullying:Understanding and preventing online harassment and bullying.Retrieved October 5,2007,http://www.mediaeducationweek.ca/press_articles_cb.htm.

Nesdale,D., & Naito,M.(2005).Individualism collectivism and the attitudes to school bullying of Japanese and Australian students.Journal of Cross-Cultural Psycholo-gy,36,537–556.doi:10.1177/0022022105278541.

O' Moore,M., & Kirkham,C.(2001).Self-esteem and its relationship to bullying behav-iour.Aggressive Behavior,27,269–283.doi:10.1002/ab.1010.

Olweus,D.(1993).Bullying at school.What we know and what we can do.Malden,MA:-Blackwell.Retrieved July 11,2008,http://www.cnn.com/2008/CRIME/03/17/sun-ny.juicy/in dex.html.

Shariff,S.(2008).Cyber-bullying:Issues and solutions for the school,the classroom and the home.New York:Routledge.

Shimoda,H.(2008). 学校裏サイト [Unofficial school Websites].Tokyo:Toyo Keizai Inc. (In Japanese)

Smith,P.K.,Madsen,K.C. ,& Moody,J.C.(1999).What causes the age decline in reports of being bullies at school?Towards a developmental analysis of risks of being bullied. Educational Research,41,267–285.

Smorti,A.,Menesini,E., & Smith,P.(2003).Parents' definitions of children's bullying in a five-country comparison.Journal of Cross-Cultural Psychology,34,417–432.doi:10.1177/0022022103034004003.

Storm,P.S., & Storm,R.D.(2005).Cyberbullying by adolescents:A preliminary assessment.The Educational Forum,70,21–32.doi:10.1080/00131720508984869.

Sturgeon,J.(2006).Bullies in cyberspace.School Security,43–47.

Talbert,T.(2004).Give peace a chance⋯in our social education textbooks.Journal of Pedagogy,Pluralism,and Practice,8,9–15.

Talbert,T., & White,C.(2003).Lives in the balance:Controversy,militarism,and social studies efficacy.In C.White(Ed.),True confessions:Popular culture,social studies efficacy,and the struggle in schools(pp.41–56).Cresskill,NJ:Hampton Press.

Talbert,T.L., & Glanzer,P.L.(2006).Giving peace a chance in America's social education classrooms:Teaching alternatives to violence from secular and religious communities nonviolence.In K.Kottu(Ed.),Religion,terrorism and globalization:Nonviolence-a new agenda(pp.265–277).Hauppauge,NY:Nova Science Publishers.

Treml,J.M.(2001).Bullying as a social malady in contemporary Japan.International Social Work,44,107–117.doi:10.1177/002087280104400109.

Wallace,P.(1999).The Psychology of the Internet.New York:Cambridge University Press.Watanabe,M.(2008). ネットいじめの真実 [Truth of cyberbullying].Kyoto,-Japan:Minerva Publishing Company.(In Japanese)

Willard,N.(2005).An educator's guide to cyberbullying and cyberthreats.Center for safe and responsible Internet use.Retrieved October 5,2007,http://cyberbully.o rg/cyberbully/docs/cbcteducator.pdf.

Willard,N.(2007).Cyberbullying and cyberthreats:Responding to the challenge of online social aggression,threats,and distress.Champaign,IL:Research Press.

Yasukawa,M.(2008). 学校裏サイトからわが子をまもる [How to protect children from unofficial school Websites].Tokyo,Japan:Chukei Publishing Company.(In Japanese)

「ネットいじめ」県内公立校 3 割⋯兵庫県教委が昨年度分調査 ["Cyberbullying" 30% of public schools had problems-investigation from Hyogo Prefecture Board of

Education].(2007,Oct 06).Yomiuri online.Retrieved October 25,2007,http://osaka.
yom iuri.co.jp/edu_news/20071006kk03.htm.

附件：一些有用的资源

书籍

• Hinduja,S., & Patchin,J.W.(2009).Bullying beyond the schoolyard:Preventing and re-
sponding to cyberbullying.Thousand Oaks,CA:Crown Press.

• Kowalski,R.,Limber,S., & Agaston,P.(2008).Cyberbullying:Bullying in the digital
age.Malden,MA:Blackwell Publishing.

• Shariff,S.(2008).Cyber-Bullying:Issues and solutions for the school,the classroom and
the home.New York:Routledge.

• Willard,N.(2007).Cyberbullying and cyberthreats:responding to the challenge of on-
line social aggression,threats,and distress.Champaign,IL:Research Press.

• Willard,N.(2007).Cyber-safe kids,Cyber-savory teens:Helping young people learn to
use the Internet safely and responsibly.San Francisco:Jossey-Bass.

网站

• The NetLingo Top 20 Internet Acronyms Every Parent Needs to Know www.netlingo.
com/top-20teens.cfmwww.netlingo.com/top20teens.cfm

• Text Message Abbreviations www.Webopedia.com/quick_ref/ textmessagea-bbrevia-
tions.aspwww.webopedia.com/quick_ref/textmessageabbreviations.asp

美国

• i-SAFE America inc. www.isafe.org(Offers Internet safety education program and
cyberbullying educational curricula in schools for grade 4 through 8)

• The U.S. Department of Justice www.cybercrime.gov(Offers guidelines on cyber
ethics for students,parents,and teachers and identifies government contacts for
reporting Internet crimes)

加拿大

• Media Awareness Network www.media-awareness.ca(Interactive online resources
and educational program for students,and teacher education program are availa-
ble)

英国

- Teacher net http://www.teachernet.gov.uk/wholeschool/behaviour/tacklingbully-ing(Government Webpage for cyberbullying)
- Childnet's Kidsmart Website www.kidsmart.org.uk(Offers an Internet safety guide to youth)

澳大利亚 / 新西兰

- Net Alert www.netalert.net.au(Offers parents' guide to Internet safety and Internet safety education for school students)
- Net Safe http://www.cyberbullying.co.nr/(Offers parents, teacher, community infor-mation on computer security)

日本

- Netiquette http://www.net-manners.com/ (Offers information about "Netiquette" on email,chat,communication etc.Written in Japanese)
- Disney official Website in Japan http://www.disney.co.jp/netiquette/(Offers informa-tion about "Netiquette" with Disney characters to young children.Written in Japanese)

国际范围

- International cyber-bullying project http://www.cyberbullying.co.nr/(Offers informa-tion on international laws and resources)

第十三章 对数字化的误解

玛雅·皮维克（Maja Pivec） 奥地利应用科学大学

保罗·皮维克（Paul Pivec） 澳大利亚迪肯大学

许多学者指出，我们所看到的教育滑坡现象归因于当今学生自己的变化，当今学生们的想法不同，处理信息的方式不同，并且厌倦传统的教育技术，他们是数字化的一代。虽然作者同意电子游戏之类的科技提供了丰富的机会，并大力提倡使用这些方法，但他们并不认为数字一代的学习比以往任何一代人或从来都没有接触过任何形式的计算机的儿童有何不同。在本章中，作者将揭开媒体是如何毁掉学生的，并建议如何在传统和数字化教学环境下激发学生的创造性思维。本文将通过一些调查和实验来证明和展示面对面（f2f）或建构主义数字化环境中的角色扮演类课堂教学的成功。

一、引言

学术界一直在促进教育的革新，促成在课程教育当中使用富含技术的程序（Papert，1996；Rushkoff，1996；Smith，Curtin & Newman，1997）。但是他们表明，当教导那些有数字化知识背景的学生时，许多教师常常感觉技术不足。这些学生已被称为"计算机一代"或"屏幕少年"。许多学者使用"任天堂时代"这一术语，他们认为教师和家长正一起面对新一代的学习者。其他研究人员 Green，Reid 和 Bigum（1998）提出"新型学习者"的概念，他们认为这些孩子将学校看做是对他们使用电脑的一种干扰（Prensky，2001；Squire，2003），与其控制学生花时间玩电脑游戏，教育机构不如使用电子媒介来改变他们的课程内容，以追赶上今天拥有"数字化知识"的学生。

许多观点源于当今青少年是"数字土著人"的看法，这种看法认为他们是在数字化世界里长大的。然而，其他来源的文献支持"将科技作为一种学习工具和支持基于游戏的学习"这些观点，但反对者如 Prensky（2001），Gee（2003），Squire（2003），Shaffer（2006）等人认为，"这只是因为孩子成长在一个数字化的世界里"。以"Hole in the wall"项目为例（Mitra & Rana，2001），该项目将电脑安装进印度一些地方，在此之前从来都没有接触过任何类型的技术。尽管没有提供任何的训练或指导，这些孩子在几个小时内就学会浏览网页、下载电影、使用绘图软件、玩视频游戏，甚至教会自己如何剪切、粘贴并保存自己的文件。他们互相合作并在团体里一起工作，如此便形成社会团体，也形成了强烈的继续使用这个新的可用的技术的动机。所有这些过程都没有监督，所有这些属性被 Prensky 和其他人认为只出现在他们称之为"数字土著"的儿童身上。

另一个例子是由 Muller 博士（2004）在秘鲁成立的扶贫项目。该项目的目标是将电脑安装进安第斯山脉上的边远地区来提供和获取信息。这些地方没有电，没有见过任何形式的技术。该项目利用太阳能发电机和卫星网络，将计算机系统分发到偏远的村庄为农民的产品提供潜在的市场信息。然而，当地的孩子很快就学会使用电脑，并经常协助老一代人，帮助他们学会如何使用电脑。他们互相合作，偏好多媒体应用，而且看起来是以目标为导向的，这些特点与那些玩着电脑游戏长大的儿童所具有的特征相似。

那么今天的青少年和上一代是否不一样，他们使用的技术确实有我们认为的那么多吗？事实上，我们怀疑他们是否真的偏爱技术，技术或许只是另一种形式的娱乐而已。电脑游戏和浏览网页是一种严肃的活动，还是浪费时间抑或是一个新玩具？当今的学生是否有数字化的知识，或者技术对创造性的学习者是否更具有吸引力？

在下一节中，我们将提供简要的综述来说明一些有趣的问题，随后的各个部分则呈现一些调查数据，其中有几个调查是由本文作者进行的。本章的目的是思考如何在有技术或没有技术的条件下精心设计一个具有挑战性的、愉快的和有效的学习经验，从而让学生的创造性潜能得到充分的发挥。

二、这只是一个游戏吗

Time and CNN 在 1999 年完成一项调查，他们随机选取了 402 个年龄在 13—17 岁之间的孩子，询问他们一些问题。这些受调查的孩子中很多人都有玩电子游戏，大多数孩子表示，虽然他们的父母知道电子游戏的内容，但有一半以上的父母没有规定他们所玩游戏的内容和方式。我们在 7 年后再次进行调查，结果发现同一年龄组的儿童认为他们的父母不仅不了解他们所玩的游戏，而且对他们玩游戏的规定也很少。尽管如此，许多父母认为暴力电脑游戏会导致暴力的行为。

在表 16 中（Kearney & Pivec，2007c，P494），我们比较了 CNN（美国有线电视新闻网）1999 年的调查与 2006 年的调查，结果发现 36% 的父母对他们的孩子所玩的游戏几乎一无所知（相对于早期的 10%），67% 的父母没有制定任何玩电脑游戏的规则（相对于 1999 年的 57%），曾经玩过游戏的儿童数量从 81% 增加到 95%，那些从来没有玩过暴力游戏的数量从 52% 下降到 41%。因此，现在玩游戏有这样一种趋势：暴力游戏倾向和父母对玩游戏规定的降低倾向。1999 年接受调查的孩子现在都已经是 20 岁出头的大学生了。

表 16　青少年和游戏

1999 年 5 月 CNN.com 的调查		2006 年 9 月 Kearney-Pivec 的调查	
你曾经玩过电脑游戏吗?			
是	81%	95%	是
否	19%	5%	否
你曾经玩过暴力电脑游戏吗?			
是	48%	59%	是
否	52%	41%	否
如果你玩电脑游戏，你父母对你玩的电脑游戏知道多少?			
许多	57%	33%	许多
一点	33%	30%	一点
一点都不知道	10%	36%	一点都不知道
如果你玩电脑游戏，你父母对于你玩游戏有要求吗?			
是，我总是听他们的	24%	15%	是，我总是听他们的
是，我不总是听他们的	18%	18%	是，我不总是听他们的
否，他们没有要求	57%	67%	否，他们没有要求

此后对 225 名进入大学的学生做了一次课前调查,调查他们的电脑游戏偏好,包括暴力电脑游戏。尽管他们之中有很多人会玩那些被他们父母所标定为暴力的和不适合的电脑游戏,可这些孩子坚定地认为这只是一个游戏,并没有把父母的话太当回事。受调查的人当中,超过 50% 的男性喜欢第一视角射击游戏(FPS),许多女性喜欢传统上男性喜欢的赛车游戏。玩游戏的动机几乎都是为了好玩或是为了打发零碎的时间,40% 没有玩游戏的人认为玩游戏是在浪费时间,他们表明自己没有玩游戏的兴趣,而更喜欢和人进行面对面(f2f)的交流。然而,40% 的男生报告说竞争和社会化是玩游戏的一个重要的动机,28% 的女生认为她们玩游戏只是在消磨时间,有 29% 的女孩表明她们将电脑游戏当做一种学习工具来使用。

我们认为中性化元素和特征对男性和女性来说是同等重要的和被共同认可的,例如幽默和个性化等特征。通过把这些因素引入到学习中,我们希望人们在学习情境中有更多的参与和热情(Pivec & Panko,2008,P389)。

我们想要分析男性玩游戏的动机及其与女性偏好的不同,继而将这些结果融合进适合女性的游戏项目设计要求中。我们想要调查那些设计游戏的人和玩游戏的人,他们是否考虑游戏对于学习动机的激发和对学习效果的促进作用,以明确在教育中是否可以使用更多的游戏。结果令人吃惊,许多学生并不认为电脑游戏应该在教育课程中使用,他们把游戏看成一种轻松的活动,并重申暴力游戏仅仅是一个游戏。几乎所有受调查的学生(95%)都认为,如果他们能游戏中学习到东西,那么他们只会去玩教育类游戏。他们希望教育类游戏变得更加有趣,有更好的游戏操作性,或者变得更幽默,并且认为多人游戏在课程学习中会更有价值,因为这可以满足学习者社会方面的需要。

在另一个调查中(Kearney & Pivec,2007a),我们询问了 150 名具有信息设计背景的学生,调查他们使用网络技术、电子邮件、聊天、论坛等方面的情况。所调查的学生的平均年龄为 23 岁,结果显示,他们使用技术的情况并不像预期的那样,这与他们是数字化一代的身份并不相符。事实上,许多学生(45%)说如果有空闲时间的话,他们倾向于花更少时间在电脑上,而更喜欢和真人进行面对面的交流。大多数学生(73%)刚开始接触博客,大多数学生(85%)从来没有使用过播客,他们认为网络适合于远程学习,但是他们更喜欢班级中的社会互动。这些学生使用其他电子交流形式有一定的规律,如以下调查结果所示。

电子邮件:100% 的学生使用电子邮件,平均每周使用 6—8 个小时,其中不到一小时的时间是用来交流与学习有关的内容。他们不把这看做是网络使用而是视为短讯服务一样的方式。

论坛：80% 的学生在日常生活中会使用留言板或者各种性质的论坛。在使用这种交流形式的学生中，他们在非正式的留言板交流中平均每周大约花 5 个小时的时间，但使用论坛进行学习的时间不到一小时。

聊天系统：75% 的受调查学生平均每周花 10 个小时使用某种聊天工具，主要是服务于社会沟通，要么是面对面的社会沟通的前奏，要么在条件不允许时而采用的社会沟通方式。仅有 10 人认为某些聊天和学习有关。

网络电话：65% 的学生使用网络电话进行交流，但是仅有 2 名学生认为使用网络电话和学习有关。平均下来，学生每周会使用 5 个小时的时间进行这种形式的交流。

博客：60% 的学生平均每周花 3 个小时的时间来经营博客，其中和学习有关的时间不到一半。

新闻团体：15% 的学生每周花 4 个小时的时间在网络新闻团体上，这其中大多数时间都和学习课程有关。

播客：15% 的学生每周基本上会花 3 个小时的时间来使用这种技术，不过这些时间和学习是没有关系的。

这项调查结果显示，学生们非常愿意使用网上论坛、新闻团体、聊天系统和其他网络技术，但是只有当他们被要求这么做时才会利用这些技术来完成课程任务。博客的使用也一样，只有当课程教师要求这种形式时，他们才会用博客来学习。网络电话也正在变成一种受欢迎的网络交流形式，与此同时，人们会在论坛中通过播客的形式发布影视和唱片等，这种方式虽然不是同步的，但是学生们能从中获取各种所需内容。总之，许多学生表示他们对这些技术并没有特别的偏好，但是因为其便捷性或被要求用于学习，他们才去使用。所调查的学生参加的都是面对面（f2f）的传统课堂教育，论坛和博客的仅仅作为课程的补充。

三、你能说出我的感觉吗

我们对 20 个有设计背景的、平均年龄为 21 岁的学生进行访谈，结果显示，年轻一代看起来更能知觉到自己是融入到虚拟世界中，而不只是在控制一个虚拟人物，这和年长的人尤其是那些有兴趣使用这些技术来促进课程教育的人刚好相反。从迪肯大学召开的有关社会软件和虚拟环境的网络讨论会的反响来看，年长的一代尤其是老师并不把自己与虚拟人物联系起来，而是将这些虚拟人物看成是他们控制的一个有着独立人格的独立人物。

"我试图将 Phoebe 从一个虚拟现实带到另一个虚拟空间。感觉她好像被困在一个平行宇宙中，直到我给她加上一个附属设备，而不是试图注入意象或建立链接……菲比最终得到她一直渴望的原宿装备，这让她显得很年轻。"

然而，全世界范围内的大学已经接受如第二人生（Second Life）之类的虚拟世界，这款游戏能为他们的课程营造一个虚拟的校园和虚拟的人物，也是为了促进学习和吸引数字化一代的学生。尽管一位受调查的学生认为我们要超越面对面（f2f）的教学还要走很长的路。

"在将来的虚拟现实世界中，真实世界和网络世界连接在一起，也许虚拟人物的意义可能会以某种方式发生变化……但是，你可能同时具有自己的数字化备份，如同在现实世界中生活一样在那个虚拟世界里生活。你可能有自己的脸，你可能会考虑你所穿的衣服，你曾经用过的香水，你曾经的发型等。就像是电脑游戏中的三维人物形象一样，今天你也可以转变为虚拟世界中的一员。上网可能会变成一种全新的体验，但现在还不是。"

但是虚拟人物能否成为传递知识和理解的有效的代理人呢？这个研究问题值得进一步探索，也就是我们对虚拟人物的知觉问题，具体来说就是我们是如何看待虚拟人物的。在作者进行的一项实验中，我们要求 20 名学生对虚拟人物的情绪加以识别和确定。

首先，我们进行预研究（Pivce，2006）。研究者使用眼动追踪技术来确定我们是如何将虚拟人物作为一个整体来知觉的，结果表明，对虚构人物的知觉，我们倾向于关注不同寻常的细节部分，而对于那些与人类相似的形象，我们更多关注的是面容。本章将详细介绍这个研究，在该研究中我们想要解答问题是——我们能否有效地识别虚拟人物的情绪，能否以同样的方法识别数字化的人的照片的情绪。研究的第二个焦点是，确定我们以何种方式收集哪些地方的脸部信息。如果今天的学生是"数字土著人"，那么可以确定的是，使用虚拟人物来教学对他们来说不成问题，不会因沟通不畅而让学生产生误解。

在这项研究中，我们使用型号为 Tobii ET—1750 的眼动跟踪设备来跟踪被试的注视路径和时间。与 ET—1750 相配套的是 17 英寸的 TFT 显示器，显示器的分辨率采用 1280×1024，并使用一对近红外发光二极管（NIR-LEDs）和照相机，以便通过角膜反射的形式来追踪眼动。眼动仪器与监视器整合在一起，因而被试几乎看不见设备，设备也就不会分散他们的注意力。这可用于能在监视器上呈现的刺激的眼动追踪研究，如 Web 网站、幻灯片、视频和文本文件。眼动跟踪软件能在装有 Window XP 操作系统的个人电脑上运行，并通过 TCP/IP 与设备进行沟通连接。

图 11 和图 12 显示的是注视图示例和热点分析示例。根据注视图，我们可以看到被试是如何探索图片以及如何进行眼动的。注视图还提供了每一个注视所经历的时间。热点分析提供的信息一目了然，在图片上的这些斑点是研究者所感兴趣的点。在配色方案的帮助下，我们可以对不同区域的观察的强度信息加以区分。

我们将 20 张头部照片打乱顺序通过幻灯片呈现，其中包括 10 个真人头像和 10 个虚拟人物头像，男性女性均有，这些图像呈现出不同的面部表情。控制组成功确认图片所显示的情绪。在实验中，要求被试在观看人、虚拟人物和非人数字化头像时填写一个问卷，报告他们知觉到的图片情绪。与此同时，被试的注视路径被眼动跟踪技术记录下来，从而确定每个图像的哪些特征被浏览。

图 11　注视图示例

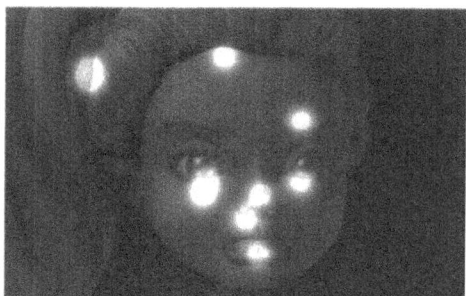

图 12　热点分析示例

结果表明（详细结果见附表 17），通过观察眼睛和嘴，我们能正确识别人物图片的特定的情绪，但是面对虚拟图像时，我们对其情绪的识别不如人物图片那么清晰准确。依据结果，女性被试正确知觉真人图像的情绪的比例为 74%，但是对于虚拟人物，正确比例只有 37%。而男性被试正确知觉真人的情绪的比例为 83%，但是对于虚拟人物，正确比例只有 39%。总的来说，79% 的男性和女性被试正确选择人类图片的情绪描述选项，而对于虚拟人物图片，正确率只有 39%。对非人类虚拟形象表情的知觉，准确性则更低。然而，眼动数据表明，所有被试都尽力收集各种信息来知觉虚拟人物、人类或非人类的情绪。被试对大多数人类目标的情绪知觉仅仅是通过观察眼睛，或者是先观察眼睛然后再观察嘴来判断，而对于虚拟人物则还会扫描其他的脸部特征和一些明显的特征。当知觉对象为人类图像时，如手或珠宝等被放在一个突出位置的物体很容易被忽略，而当知觉对象为虚拟人物图像时，它常常会被看到。在本章附录里，我们分性别详细呈现对每一张图片的情绪知觉结果。

本研究发现，人们通过眼睛来感知情绪，这和其他的研究结果一致。在俄克拉何马大学卫生科学中心（美国神经病学研究所，2000）所做的一项研究中，研究者认为，当人们试图理解他人言语的时候可能会集中注意一个人的嘴，而脸的上部尤其是眼睛能帮助人们读懂他人的情绪状态。Ekman，Friesen 和 Tomkins（1971）开发出一个评分系统来测量在人的脸部中哪一个区域对情绪表达的贡献最大。他们发现，虽然嘴部对感知快乐和愤怒有用，但悲伤仅出现在眼睛中。因此，我们大多数人看起来是条件化地通过观察眼睛来感知情绪，观察嘴型来理解言语，或者通过观察嘴部来验证通过眼睛所看到的东西。不幸的是，现有的虚拟人物并不能很好地帮助观众进行情绪判断和言语理解。

我们在现实世界中的行为并不等于我们在虚拟世界中的行为，反过来也是一样。由于缺乏非语言的沟通，我们经常会错误的理解邮件传达的信息，这样的结果与我们在虚拟世界里利用虚拟人物所导致的后果并没有什么不同。这项研究的结论表明，我们自然而然的认为虚拟人物的图像和人类的图像是不同的，应用于虚拟世界的技术还不能取代面对面的会议，甚至对那些有数字化素养的学生也不行。

那么，这对虚拟世界中的团队工作（包含交流、讨论、形成决策和达成共识等成分）意味着什么？我们的研究结果表明，我们知觉虚拟人物的情绪会遇到一些困难，这些困难使得 3D 虚拟世界中期望有的非语言沟通成分减少。在虚拟世界中，通过处理技术可以将一个人的脸部图像或静态照片嵌入到一个人的虚拟形象中去，给人以一种真实感或至少是所有权感。斯坦福虚拟人类交互实验室（VHIL）正在进行的研究包括在合作虚拟环境（CVE）中会面的人之间的社会互动，以及面部情绪追踪技术（VHLI，2007）。随着技术的提高，未来的虚拟世界可能将一个参与者的脸部视频图像嵌入到虚拟人物上去，而且图像是直接从内置网络摄像头拍摄而来的。从正面角度观看这些图像有利于人们对情绪的感知。

虚拟世界的开发人员可以借鉴一些经验，包括游戏开发商和电艺公司开发的模拟人生 2（Sims2）之类的模拟游戏。在虚拟人物头像上显示情绪标尺、情绪图标或意愿指标而不是虚拟人物的名字，这对沟通可能会有帮助。当被试使用表情时，这些指示就会被触发向他人显示特定情绪。这项技术是从游戏设计型虚拟世界（Gamedesigncampus，2008）中发展而来的，在这个虚拟环境下，聊天的文本内容与虚拟人物的动画性质的身体语言相关联。

这项研究结果表明，若是没有情绪知觉，虚拟人物之间的社会技能和沟通还不能取代面对面或视频会议。因此，我们认为将带有虚拟人物的虚拟世界用于教学，学生可能因为交流不当而容易产生误解。目前，诸如模型人生之类的虚拟世界技术并没有非常吸引我们的数字化青少年。许多大学生认为学生更喜欢在虚拟世界中进行交流，我们的学生说道：

"虚拟人物给人们提供了化装舞会般的匿名性，这让许多人表现得更加外向和放松。在某些条件下，这可能是电子学习的一个有利因素，例如教学的对象是那些害羞的孩子。"

我们调查的学生都没有玩过第二人生，一些人认为这与魔兽世界一类的网络游戏世界不能相比，那为什么还要去玩它呢？

四、基于游戏的学习（GBL）中的角色扮演课程：面对面情境和数字化情境

当今社会的很多人，包括许多我们的学生，痴迷于电脑游戏和台式视频游戏。在 2007 年，全世界有超过 3 亿的游戏玩家，游戏收入超过 310 亿欧元，游戏产业超过了音乐和电影产业（NPD Market Research，2008）。游戏从很早时候开始就已经变成人们的文化和交流互动的重要组成部分。例如，从古埃及的壁画中，我们可以看到那些描绘国王和王后玩梭子鱼游戏的画面。Thomas Hyde 于 1695 年所著的书《DeLudis Orientalibus》认为（Gloonnegger，1999），印度人的双骰游戏是欧洲游戏文化的基础，这个游戏及其诸多变体在全世界范围内是传播最广的游戏。人类一直在利用好玩有趣的互动和各种类型的游戏来学习，这些学习包括从早期使用积木进行游戏和互动以获取计算技能、比较能力和排序能力，到使用飞行模拟器来训练更加复杂和专业化的技能。

虽然玩游戏所需要的技能不同于创建一个游戏所需要的技能，但玩家对游戏表现出的痴迷如同一个人追求成功的状态。在任何地方，只需要三个月到三年的时间就能开发出一款电脑游戏。从最初的概念、设计、编码、测试和错误校正，

到艺术、音乐、包装、推广和发布，在整个过程中，开发者必须对这个项目保持专注并为之不懈努力，尽管经常做些乏味的任务，但总是会学到新的、创造性的技术来完成他们的产品。这些人通常都是年轻的创作人，有的人本身就是狂热的游戏玩家，而且他们往往受到即时反馈和成功带来的奖励所驱动。

商业电脑游戏有其优势，它能创造出一种社会环境，并且与玩游戏时的周遭环境、个性品质和玩家的能力切割开来，但是这些也正是情感学习发生的地方。Garris 等人（2002）认为，情感学习包括"自信的感觉、自我效能、态度、偏好和性情"（P457）。图 13 所示模型不仅显示出玩家的能力和经验是如何影响学习内容的挑战性和学习水平（最近发展区），也显示出认知挑战水平是如何与学习者当前的能力相匹配。这个模型表明，将教学设计和游戏特点作为关键要素纳入游戏或角色扮演，以确保取得学习效果，除此之外，还要考虑玩家能力这一因素。基于游戏的学习是一个循环上升的过程，当玩家获得新技能或技能提升时，该玩家就会进入到游戏的下一个级别。教育游戏、商业休闲游戏和角色扮演游戏都是如此。层级性技能水平要求是导致游戏沉迷和渴望去玩的重要原因。如果游戏或角色扮演是以小组形式完成的，那玩家的能力等属性就会成倍提升，从该社会环境中产生的学习效果也会倍增。

为了介绍教育游戏设计相关的主题，并让下一代潜在的游戏设计师意识到这个学科领域，作者专门设计了一个课程。该课程是通过玩一个有关教育游戏设计的游戏来完成的，参与该课程的学生所面临的挑战是为教育游戏发行商提出一个概念提案。根据课程前和课程后的调查，该课程是有效的并能让学生有所收获。我们同时分析学生对教学所用的教育游戏这一领域的看法，以及他们如何看待将这个领域作为一个职业生涯选择的可行性。在课程后的调查中，66% 的学生认为设计教育游戏是一个很有吸引力的主题，并且认为他们现在有足够的能力来完成一个专业的教育游戏概念的文件。他们也同意教育游戏设计可以带来未来的职业机遇，不过只有 35% 的人会考虑将其作为自己的职业选择。大多数学生认为课程是成功的，70% 的学生喜欢这个主题，尽管他们并不把自己看做是游戏玩家。那些真正玩电脑游戏的人之所以玩游戏仅仅是为了娱乐，他们不曾把游戏和任何学校教育活动联系起来。然而在完成该课程后，60% 的学生表示有利用游戏来学习的偏好。

本节将介绍教育游戏设计课程的概念，记录两学期课程的成果。参与课程的是奥地利约阿内应用科学大学的 150 名信息设计系的学生。课程本身就是一个角色扮演游戏，即游戏设计类的游戏。在该课程中，学生们组成团体一起工作，在团队成员的通力协作下完成任务，他们需要创建一个游戏设计公司，并各自在团队中扮演特定的角色和承担相应的职责，例如游戏制作人、游戏开发者、程序员等。工作进展情况以及遇到的问题被记录在公司的博客上（参见示例：http://legalaliengames.blogspot.com/，"the best in show"团队 2006 年的博客，或者 http://clownbox.blogger.de/，"the best in show"团队 2007 年的博客）。

我们期望教学设计达到理想的学习效果，因而让课程涵盖商业游戏设计过程中的主题。当我们想为学习设计游戏时，最初的游戏构想必须考虑到目标受众和学习效果。如此，教师就能很便捷地认识到这种资源的价值，继而决定是否在教学中应用这种游戏。

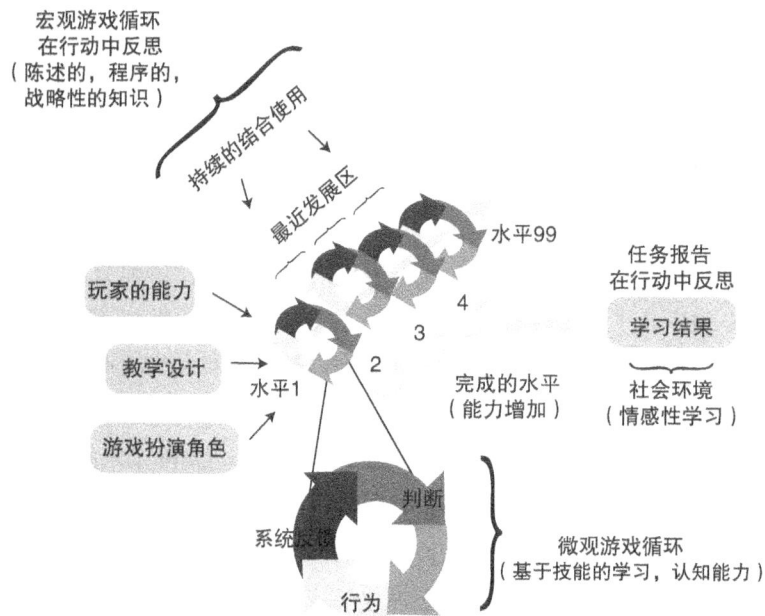

图 13　基于游戏的学习（GBL）的递归循环图

不同游戏构想的优势各不相同，包括技术的创新性利用、主题的选择（如艺术时代、艺术供给、新闻、医学、物理、历史等）以及可能的市场潜力。任天堂新出品的游戏机 Wii 在 2007 年的一些游戏构想中有所体现。Clownbox 所提出的"挑战烹调"是集模拟、角色扮演和策略游戏等诸多元素于一身的游戏设想，玩家通过游戏可以了解营养、作料，并尝试各种各样的食谱，这一尝试使得商业市场中相似的游戏增加了教育方面的关注。Wii 这款游戏机是利用身体运动来玩的游戏，许多迷你游戏尝试发掘这种游戏方式的潜力。"卡珊德拉综合征"是一款手写输入的游戏，与现有的同类游戏的动机成分不同，该游戏是通过与非玩家角色的互动来完成的，游戏中包括重复的字母序列。当解答成功时，反应和指令被翻译成玩家可以理解的语言。这一游戏设想向一批中小学教师推广并收到良好的反馈。教育游戏设计课程每一个学期的最后会举行金菠萝奖的颁奖仪式（Golden Pineapple Award，2006，2007）。2007 年获奖的构想可以在信息设计系的首页上看到（http://ind.fh—joanneum.at/node/493）。

五、角色扮演课程大纲

课程教学（Instruction）主要集中在反复的培训和学习上，而"设计"代表创造力和适当的塑造，即有目的的创造。因此，教学设计可以被视为学习者设计学习经验的过程，也可看做是以一致的、可靠的方式为目标受众开发教育和教学程序的系统过程（Reiser & Dempsy，2001）。

在某些特定教育领域中，单纯的、孤立的学习是没有效果的，只有多学科的、实践导向的学习才能带来好的效果。随着基于游戏的学习课程以角色扮演的形式被设计出来，我们希望电脑游戏产业能提供一个学习环境，在其中能进行以问题为中心的互动，能应用多学科的诸多主题，例如游戏产业、游戏设计、教学设计、编程、以用户为中心的开发、游戏中的可用性、游戏的流程、用户生成内容、协作和同伴学习、市场观念、营销资料等。

整个学期的课程分为 15 个单元，每单元由 45 分钟的课堂讲授和 90 分钟的实践工作所组成。通过电子学习平台给学生提供与本课程相关的幻灯片、工作表、附加信息、样本文件、链接和阅读材料。与面对面实践环节同时进行的是博客评论形式，后者也是学习过程的一部分。在学习过程中，学生以 4 人一组，组成一个游戏开发公司进行实践工作，课程要求他们设计一个教育视频游戏，并在游戏开发博客中呈现游戏概念设计、相关的专业设计文件、整个学期的工作进展和成果的记录。

·课程的学习目标如下：
·教育（和）游戏设计
·教学术语

·必需的专业提案

·数字游戏产业的认识

·对学习过程的自我反思（博客）

·改善书面和会话英语

·对学习团队的评估是根据他们提交作业的创新性、质量和完成情况来进行的。为此，学生必须提供符合专业格式的完整的游戏设计文件，包括课堂授课环节和实践环节涉及到的所有主题。鼓励学生申请一个具有创新性和专业性的设计。游戏开发相关的博客显示整个学期的团体进展情况，并由导师评论，这也是课程作业中的一部分。

本课程是为信息设计系的学生开设的，对这些学生还有其他的要求，以确保他们能更好的完成这一创造性工作。作为布置的作业任务的一部分，学生必须制作一张有关游戏的海报和游戏包装的样品。这些主题应在本课程开始之前的其他课堂内得到解决，在基于游戏的学习课程中会用到这些知识和技能。

角色扮演课程分为五个主要步骤，如下所示。

·定义你的团队：

根据视频游戏产业中的角色，定义你的游戏设计公司，在公司团队内分配角色，规划项目阶段，考虑需要的资源，做好时间安排。

·定义你的游戏：

对现有的商业游戏与休闲和教育类游戏进行调查研究，采用头脑风暴法，为你的游戏概念文件确定名称、类型和平台，明确你的目标受众。

·定义你的构想：

利用游戏设计指南和基于游戏的学习有关的信息，形成能描述你的游戏理念的、抽象的构想，定义游戏的可玩性、游戏元素和学习相关的效果。

·测试你的构想：

在考虑目标受众的前提下，使用反复的开发方法（不是一次成型）和游戏流程分析来验证你的构想，进行游戏原型的可用性测试。

·创建您的演示文稿：

在呈现你的游戏构想时，考虑市场、包装和推广等方面的因素，使之富有创新性、信息性和专业性。

在每个学期末，每组学生有十分钟的时间来演示他们的游戏构想和工作中的其他的成果。许多小组十分上心，他们会为演示制作一小段电影预告片，或利用其他非传统的表现方式以示自己与他人的区分，虽然这超出课程的要求（但这清晰地显示出他们对这项任务的动机和积极的态度）。

六、这是一个有效的学习机会吗

研究表明，即使我们只在社会环境中谈到了它们，游戏也是富有吸引力的（Kearney & Pivec，2007b）。对于课程来说，我们想用游戏的动力和角色扮演的方式来创造更加投入和更有效的学习机会。然而，我们什么时候可以谈谈有效的学习机会呢？下面，我们列举由 Norman（1993）提出的七个标准。后来，Kasvi（2000）也用这些标准来定义有效学习的环境。我们用这些标准来逐一检验基于游戏的学习课程，看它是否符合以及在多大程度上满足这些标准。

（1）提供一个高强度的互动和反馈。

在课程刚开始时和实践过程中有指导，在每一个实践环节之后都会通过博客提供额外的反馈。

（2）有具体的目标和明确的程序。

课程的目标是详细制作一项专业的教育游戏设计文件，同时还包括对商业游戏产业的了解。在课程开始时，通过课程计划表清晰地呈现出循序渐进的工作程序。

（3）激励。

游戏和教育游戏的激励作用和相关主题被放在突出的位置，从而能引发学生的兴趣。此外，通过网络博客而具有的公众动力和竞争机制贯穿整个课程，每年一度的金菠萝奖（Golden Pineapple Award）能激发人们的动机，创造出优秀的游戏构想。

（4）提供持续的、适当的挑战感，不是太难以免令人受挫，也不是太容易以免让人无聊。

这门课程平均分布在整个学期，有节奏的工作环节提供足够的创意空间，同时要求专业性的产出。每个工作环节的重点是达成确定好的子目标，来帮助学生衡量他们的进展情况。

（5）设置的任务会给人以一种直接约定感，让人感觉到自己的投入。

课程就是建立在相关的任务之上，在这些任务中，每个团体成员的输入都很关键。若是没有良好的合作和工作分配，小组不能在预期的时间内保质保量的完成任务。

（6）提供适当的与任务相匹配的工具。

一系列资源，包括阅读材料、文件样本、演讲幻灯片、工作说明和持续的指导，这些对于工作的开展是必不可少的。课程资源是通过学校的电子学习环境获得的。此外，提供的电脑配备有基本的办公和绘图程序，同时还开通局域网，这些对于实践环节来说是必需的。

（7）避免有损主观体验的分心和干扰因素。

学生需要解决共同的问题，需要达成一系列相互关联的、明确的目标，每前进一步都让他们更接近问题的解决方案。学生运用头脑风暴法和小组讨论法以获得整合的、好的结果，并在其中向同伴学习。此外，对他们的工作提供学术和业界两方面的反馈意见。

Kasvi（2000）认为，电脑游戏满足所有这些要求，并且认为它们"比其他大多数学习媒介更好的满足这些标准"（P6）。然而，想要找到适合不同年级水平的学习课程游戏非常困难，找到真正好玩的教育游戏更难。大多数教育游戏是低成本游戏，与休闲游戏相比，它们的画面和感觉都没有竞争力。但是，采用建构主义视角并要求学生设计一款教育游戏，那么将会得到完全不同的回应，我们将在本节近一步探讨该主题。

七、将面对面转变成线上体验

为了将基于游戏学习的面对面角色扮演课程转变成在线学习，我们利用新教室（Training Room）平台，该平台是建立在欧共体（EC）成功赞助 Uni 游戏构想这一经验基础之上的（Dziabenko, Pivec, Bouras, et al., 2003）。"教室"平台给使用者提供在线角色扮演环境，在这个环境里，教师可以定义不同的主题和为具体的专题营造学习情境（Pivec & Pivec, 2008）。在"教室"角色扮演游戏环境中，沟通与协作是基于视频会议的。视频会议搭建起现实和虚拟之间的桥梁，能保证情感和非语言沟通信息的传达和识别，同时，它还为使用者提供其他的沟通方式，例如文字、语音、视频等，通过这些方式以确保游戏目标的实现。

我们在虚拟情境中（虽然与现实生活很像）开始试用该平台，虚拟情境是：

教育部从各学科"征集创新性教育游戏构想"。有不同种类的学习游戏：(1)额外的学习机会；(2)跨学科学习；(3)技术的创新性利用。刚起步的年轻公司在截止日期前将他们的标书提交给相关部门，标书需要具有良好的结构并包含征集要求中的所有主题（游戏构想文件）。为了沟通的需要和回答竞标公司的问题，政府部门开通论坛解答常问的问题（FAQ）。所有附属文件都包含在内容库中，如关于征集通知的更详细的解释资料，与教育游戏和学习资源有关的背景资料等。

面对面式的项目启动会议能够被有注释和附加文件的幻灯片、相关的视频音频剪辑、论坛讨论等形式所替代，教师可以利用新闻博客为学习团体提供驱动力和额外的指导。

为了将其他维度和时间相关的竞争因素引入游戏，刚起步的公司可以在企业孵化器中申请一席之地，孵化器通过督导的方式帮助他们。为了申请的成功，公司需要提供详细的资料，包括徽标、背景、能力、成员的技能等公司的简介，并在某个时间之前陈述他们的游戏的理念。在16个申请当中，有四五个脱颖而出，他们将因其卓越的表现而获得奖励，同时也可能因此而获得教育部的合同。

为了促进团队中所有团队成员的参与热情，每个成员都有其负责的课题，如果团队想要在最后期限之前完成任务的话，这种做法是很有必要的，这与课堂学习中的情况类似。因为每个团队都必须解决构想文件中的所有的主题，所以小组内的每个成员都至少要负责一个和角色紧密相连的主题。例如，承担游戏程序员的角色就必须负责游戏属性和相关的开发工具，这位成员需要提供并上传必需的背景信息到团队的内容库中去，还需要准备一个简短的信息概要和选择的论据，然后在网上发起小组讨论以达成一致的决定。讨论可借助同步工具或非同步工具，这取决于团队的群体动力状态。经讨论所做出的决定将被记录在公司的博客上。

在提交和展示的日期，各个团队递交他们的工作成果，并通过视频会议在所有小组面前展示他们的构想。每个团体有机会回答公众的（来自竞争的团队）三个问题和评委的（教育部代表、教育代表和游戏公司代表）三个问题。根据报告、回答问题以及其他加分点，最后确定并宣布获奖的游戏构想。

为了准备好角色扮演，老师必须创建恰当的框架，例如，确定团队的规模，确保每个团队将拥有4个不同的角色并能组建成一个公司，然后由玩家来扩张；制定初始情境的剧本以设定角色扮演，解释任务的目标；将基本文件上传到公共资料库；开建常见问题论坛；建立企业孵化器，并设置申请要求和期限；接收在线版学习材料，设置适当的会议日程（也可以是事件的形式，这在网络学习环境中更容易设置）和重要的节点。

整个角色扮演的数字化环境提供更多的机会将许多游戏元素引入角色扮演，这对其中的玩家以及学习的效果有积极的影响。虽然这一设想已被证明是可行的，并且学生能从中获得相当的知识，但是最初的用户发现视频会面是游戏的一个重要方面，它是引发情绪，与其他玩家、团队成员、主题发言人成功进行讨论和交流的关键。没有情绪知觉，要想达成决议和维持积极的团队精神将会很困难。当被问及 3D 图画、虚拟人物、虚拟世界等能否提升"教室"平台的效果时，他们回答说不会。相反，这些可能会使平台变得不那么严肃。

我们常常认为电子学习平台对当今的学生没有吸引力，因为这些平台不包括数字一代所期待的图像密集型的环境。这其实是一种误解。Jenkins（2007）认为，大多数的游戏玩家不仅关注现代游戏的视觉效果，他们还会关注那些能够辅助他们顺利完成目标的可供性因素。我们的参与者都融入角色扮演中，我们认为有或没有技术都能达到这种效果。

八、结论：数字化是一个很严肃的运动吗？

Oblinger（2004）将 Prensky 的"数字土著"称为"网络一代"，并列举出他们的特点，包括对群体活动的偏好和对技术的迷恋。Oblinger 认为他们的优势包括合作、目标导向和多任务，并认为电脑游戏所提供的环境能让学生的能力得到充分的发挥。我们也认为电子游戏确实提供了许多机会，大力提倡使用这种技术，但是我们并不认为计算机一代和以往的人或者从没接触过科技的儿童相比学到了不同的东西。

尽管年轻一代中的许多人本身就是游戏玩家，但他们仍然坚持认为游戏不是一个"严肃的活动"，因而不能被用于学习。对真人和 3D 虚拟人物的眼动跟踪研究的结果表明，由于可能存在的误解和缺乏与他人交流时的姿态等信息，正确知觉合成人物的情绪是有困难的，因此使用 3D 虚拟世界来学习存在问题。在数字化环境中避免误解的一种方法是向使用者提供多种沟通模式。

电子游戏产业角色扮演形式的学习已经被证明是一种促进跨学科、建构式学习的成功的方法。创建一个教育游戏，这一教学游戏能够激发学生的学习动机，让他们的创造性得到充分的展现，因此他们所创造的结果将是非常杰出的。学生参与学习过程以获取知识和问题解决技能的积极性非常高。我们还认为，以任何其他产业为原型的角色扮演也会被证明是成功的学习方式。

使用在线角色扮演平台——"教室"对角色扮演课程进行最初测试（2008），测试结果表明，所有学生都喜欢这种体验，喜欢通过公共聊天、私人聊天、多媒体论坛、多用户白板、音频 / 视频会议等方式与处于不同地理位置的玩家进行交流。这一观点获得詹金斯的支持，他认为，年轻人喜欢创造媒体内容并在社交网络内中传播媒体内容，而且他们的社交网络从传统的面对面的朋友圈扩展到更大的世界范围内的虚拟社区（2007，P1）。技术使他们能够做到这一点，但他们不是因为技术而这样做。

像"教室"这样的沉浸式的学习环境是能够营造的，尽管没有良好的视觉效果，也没有通过三维图像技术获得的用户的数字化图像。对于今天的"数字化"一代来说，只要活动设计得当，使之能用于或支持学习，就可以实现期望的学习效果。因此，无论是面对面的还是数字化的学习场所，我们必须通过适当的教学设计来创造有效的学习机会。刚开始的时候，人们想要探个究竟，如何采纳真实课堂中的优秀实践并将其成功迁移到建构主义的数字化体验中去。今天的学生与以往的学生的学习没有什么不同，但是教育发生的环境有很大的不同。

九、未来发展趋势

本章所进行的研究调查还在继续。每个学期，新选修的学生都要完成课程前和课程后的问卷调查，从中我们可以看到他们对技术的态度以及对教学环境的偏好的变化。上面详细介绍的角色扮演课程在不断的完善中，主要是考虑新技术和学生在过去一学期的反馈。目前正在进行的工作是修改"教室"这一在线平台，使之允许单个玩家的情况，而且学生的体验能被记录下来和报告上去。通过欧共体资助的项目——教育领域中基于游戏的学习和成长运动的欧洲网络（ENGAGE）来传播这些结果以及学生偏好的新走向，同时呈现在他们的网站上：http://www.engagelearning.eu。欧洲学校网（EUN）和欧洲互动软件协会（ISFE）两者近期的合作表明，教育工作者与开发者共同努力以期找到更好的解决方式，回答近期发表的"游戏在学校（Games in Schools）"这一报告中涉及的问题（Pivec & Pivec，2008）。

【附录：详细结果】

表 17 显示了 20 个被试的结果，其中男女人数各半，被试平均年龄为 21 岁。

表 17　眼动结果

图片描述	男被试知觉	女被试知觉	合并结果	眼动分析
1.一位微笑但嘴角合着的年轻女性，显示快乐情绪。	快乐100%	快乐80% 不知道20%	快乐90% 不知道10%	所有被试均是从眼睛看起，其中50%只看眼睛，其他的50%还看了嘴巴。没有观看其他特征。
2.张嘴微笑的年轻女性，显示快乐情绪。	快乐100%	快乐100%	快乐100%	所有被试均是从眼睛看起，其中仅仅10%只看眼睛，50%看了的嘴巴。没有观看其他特征。
3.来自波泽软件（poser）皱着眉头的男性，显示伤心情绪。	伤心80% 害怕10% 不知道10%	伤心60% 害怕30% 生气10%	伤心70% 害怕20% 生气5% 不知道5%	40%的被试同时看了眼睛和嘴巴，10%只看了眼睛，剩下的50%也看了其他的特征。
4.一位紧张也许害怕的年轻女性，显示害怕情绪。	害怕80% 不知道20%	害怕70% 伤心10% 不知道20%	害怕75% 伤心5% 不知道20%	所有被试均是从眼睛看起，其中40%只看眼睛，其他的60%还看了嘴巴。没有观看其他特征。
5.一位来自波泽软件看起来生气、露着牙齿的男性，显示生气情绪。	生气70% 害怕30%	生气90% 害怕10%	生气80% 伤心5% 害怕15%	在所用的看了眼睛和嘴巴的被试中，只有25%的被试看了嘴巴，65%的被试也看了其他的特征。

青少年在线社会沟通与行为：网络关系的形成

图片描述	男被试知觉	女被试知觉	合并结果	眼动分析
6.一位来自波泽软件摆出快乐的姿势并且微笑但嘴角合着的女性，显示快乐情绪。	快乐90% 不知道10%	快乐90% 不知道10%	快乐90% 不知道10%	在所用的看了眼睛和嘴巴的被试中，只有20%的被试看了嘴巴，60%的被试也看了其他的特征，其中10%的被试看了手。
7.一位合嘴往下看但看起来伤心几乎生气的年轻女性，显示伤心情绪。	伤心60% 生气30% 不知道10%	伤心60% 生气30% 不知道10%	伤心60% 生气30% 不知道10%	所有被试均是从眼睛看起，其中50%只看眼睛，其他的50%还看了嘴巴。没有观看其他特征。
8.来自波泽软件嘴巴紧皱并用手指着一方的外国人，显示伤心情绪。	不知道60% 生气20% 害怕20%	不知道50% 生气30% 快乐20%	不知道55% 生气25% 快乐10% 害怕10%	在所用的看了眼睛和嘴巴的被试中，只有20%的被试看了嘴巴，80%的被试也看了其他的特征，其中40%的被试看了手。
9.来自第二人生游戏中的看起来庄严、一只眼睛被头发遮住并且嘴里抽着烟的男性，显示伤心情绪。	快乐40% 不知道60%	快乐40% 伤心10% 不知道50%	不知道55% 快乐40% 伤心5%	在所用的看了眼睛和嘴巴的被试中，只有5%的被试看了眼睛，60%的被试也看了其他的特征，其中50%的被试看了香烟。

图片描述	男被试知觉	女被试知觉	合并结果	眼动分析
10.一位看起来伤心但没有用嘴表达出来的女性，显示伤心情绪。	伤心80% 害怕10% 不知道10%	伤心80% 害怕20%	伤心80% 害怕5% 不知道15%	所有被试均是从眼睛看起，其中20%只看眼睛，其他的80%还看了嘴巴。没有观看其他特征。
11.一位微笑但嘴角张着的女性，显示快乐情绪。	快乐100%	快乐100%	快乐100%	所有的被试均是从眼睛看起，其中10%只看眼睛，其他的90%还看了嘴巴。没有观看其他特征。
12.有脸但是有圆眼睛没有嘴巴，用双手摆出快乐的姿势的机器人（波泽），显示快乐情绪。	快乐40% 生气10% 不知道50%	快乐30% 不知道70%	不知道60% 生气5% 快乐35%	所有的被试都看了眼睛和嘴，70%的被试也看了其他特征，其中30%看了手。
13.一位微笑但嘴角合着的年轻女性，显示快乐情绪。	快乐100%	快乐80% 不知道20%	快乐90% 不知道10%	所有的被试均是从眼睛看起，其中50%只看眼睛，其他的50%还看了嘴巴。没有观看其他特征。
14.一位皱着眉毛并露着牙齿的女性，显示生气的情绪。	害怕60% 生气40%	害怕50% 生气50%	害怕55% 生气45%	在所用的看了眼睛和嘴巴的被试中，只有20%的被试看了嘴，60%的被试也看了其他的特征。

图片描述	男被试知觉	女被试知觉	合并结果	眼动分析
15.来自第二人生眼神伤感但嘴角合着并面带珠宝首饰的女性，显示伤感的情绪。	不知道90% 伤心10%	不知道60% 生气20% 快乐10% 伤心10%	不知道75% 生气10% 快乐5% 伤心10%	所有的被试都看了眼睛和嘴，60%的被试也看了其他特征，其中40%也看了面部的饰物。
16.从侧面看有些许伤感并且嘴角合着的年轻女性，显示伤心的情绪。	伤心90% 不知道10%	伤心70% 不知道30%	伤心80% 不知道20%	在所用的看了眼睛和嘴巴的被试中，只有20%的被试看了眼睛，其他的80%还看了嘴巴，没有观看其他特征。
17.一位来自波泽软件的手放在胸前并面带伤感的男性，显示伤心的情绪。	伤心60% 快乐10% 不知道30%	伤心30% 快乐20% 害怕10% 不知道40%	伤心45% 快乐15% 害怕5% 不知道35%	在所用的都看了眼睛和嘴巴的被试中，90%的被试也看了其他的特征，其中55%的被试看了手。
18.一个看起来严肃的嘴角合着的手放在前面的年轻女性，显示伤心情绪。	伤心50% 快乐10% 不知道40%	伤心50% 快乐20% 不知道30%	伤心50% 快乐15% 不知道35%	所有的被试均是从眼睛看起，其中65%看了嘴。没有观看其他特征。被试也没看手。
19.一位嘴角张开露出牙齿并且眉毛紧皱的女性（波泽），显示生气的情绪。	害怕100%	害怕80% 不知道20%	害怕90% 不知道10%	所有的被试都看了眼睛和嘴，50%的被试也看了其他特征。

图片描述	男被试知觉	女被试知觉	合并结果	眼动分析
20.一位望着远处但略带忧伤及嘴角部分张开并且手放在胸前的年轻女性,显示伤心的情绪。	不知道50% 伤心50%	不知道60% 伤心40%	不知道55% 伤心45%	有的被试均是从眼睛看起,其中70%看了嘴。20%的被试看了面部特征但没有看手。

注:Poser 是 Metacreations 公司推出的一款三维动物、人体造型和三维人体动画制作的极品软件。

【参考文献】

American Academy of Neurology.(2000).Often missed facial displays give clues to true emotion,deceit.ScienceDaily .Retrieved December 3,2007,http://www.sciencedaily.com/rele ases/2000/05/000503181624.htm.

CNN.(1999).Parents aren't watching Internet surfing teens.Retrieved November 28,2008,http://edition.cnn.com/US/9905/01/teen.poll/.

Dziabenko,O.,Pivec,M.,Bouras,C.,Igglesis,V.,Kapoulas,V., & Misedakis,I.(2003).A Web-based game for supporting game-based learning.In Proceedings of the 4th Annual European GAMEON Conference(GAME-ON 2003),London(pp.111–118).

Ekman,P.,Friesen,W.V., & Tomkins,S.S.(1971).Facial affect scoring technique:A first validity study.Semiotica,3,37–58.

GA:Longstreet.

Gamedesigncampus.(2008).Retrieved February 29,2008,http://gamedesigncampus.com/ index.html.

Garris,R.,Ahlers,R., & Driskell,J.E.(2002).Games,motivation,and learning:A research and practice model.Simulation & Gaming,33(4),441–467. doi:10.1177/1046878102238607.

Gee,J.(2003).What video games have to teach us about learning and literacy.New York:PalGrave-McMillan.

Gloonnegger,E.(1999).Das spiele-buch.Brettund legespielel aus aller welt.Germany:Drei Magier Verlag.

Green,B.,Reid,J.A., & Bigum,C.(1998).Teaching the Nintendo generation?Children,computer culture and popular technologies.In S.Howard(Ed.),Wired up-

:Young people and the elec-tronic media(pp.19–41).London:Taylor and Francis.

Jenkins,H.(2007).Keynote at game in action conference,Gothenburg,Sweden.

Kasvi,J.(2000).Not just fun and games-Internet games as a training medium.In Co-siga-learning with computerised simulation games(pp.23–34).Retrieved June 27,2003,http://ww w.knowledge. hut.fi/people/jkasvi/NJFAG.PDF.

Kearney,P., & Pivec,M.(2007a).Informal discussion forums:Can we harness the same passion in class?Paper presented at the AACE World Conference on Educational Multimedia,Hypermedia and Telecommunications(ED-MEDIA 2007),Vancou-ver,Canada.

Kearney,P., & Pivec,M.(2007b).Recursive loops of game-based learning.In C.Mont-gomerie & J.Seale(Eds.),Proceedings of the ED-MEDIA' 07,Vancouver BC,Can-ada(pp.2546–2553).

Kearney,P., & Pivec,M.(2007c).Sex,lies and videogames.British Journal of Educational Technology,38(3).

Mitra,S., & Rana,V.(2001).Children and the Internet:Experiments with minimally inva-sive education in India. British Journal of Educational Technology,32(2),221–232. doi:10.1111/1467-8535.00192.

Muller,L.(2004).ICT accelerating change in society and economies.Paper presented to the Pontifica Universidad de Sao Paulo,Sao Paulo,Brazil.

Norman,D.(1993).Things that make us smarter:Defending human attributes in the age of the machine.New York:Addison-Wesley.

NPD market research.(2008).Retrieved September 12,2008,http://www.npd.com.

Oblinger,D.(2004).The next generation of educational engagement.Journal of Interac-tive Media in Education,(8):1–18.

Papert,S.(1996).The connected family:Bridging the digital generation gap.Atlanta.

Pivec,M.(2006).The secret life of virtual you.Invited presentation at the Social Skills and Social Software conference,Salzburg,Austria.

Pivec,M., & Panko,M.(2008).Instructional design-sex driven?T.Kidd & I.Chen(Eds.),Social information technology:Connecting society and cultural is-sues.Hershey,PA:Idea Group Publishing.

Pivec,M., & Pivec,P.(2008).Playing to learn:Guidelines for designing educational games.In Proceedings of World Conference on Educational Multimedia,Hyper-media and telecommunications 2008,Vienna,Austria(pp.3247–3252).

Pivec,P., & Pivec,M.(2008).Games in schools.Commissioned report for Interactive Software Federation of Europe(ISFE)by the European Commission(EC).Retrieved November 30,2008,http://www.isfe.eu/.

Prensky,M.(2001a).Digital natives,digital immigrants.Horizon,9(5),1–10.doi:10.1108/10748120110424816.

Reiser,R., & Dempsy,J.(Eds.).(2001).Trends and issues in instruction design and technology.Englewood Cliffs,NJ:Prentice Hall.

Rushkoff,D.(1996).Playing the future:How kids' culture can teach us to thrive in an age of chaos.New York:HarperCollins.

Shaffer,D.W.(2006).How video games help children learn.New York:Palgrave Macmillan.

Smith,R.,Curtin,P., & Newman,L.(1997).Kids in the kitchen:The educational implications of computer and computer games use by young children.Paper presented at the Australian Association for Research in Education Annual Conference,Brisbane,Australia.

Squire,K.(2003).Video games in education.International Journal of Intelligent Simulations and Gaming,2(1),49–62.

The training room.(2008).Retrieved February 29,2008,http://www.gamed esigncampus.com.

VHIL.(2007).Retrieved December 5,2007,http://vhil.stanford.edu/projects.

第十四章 使用聊天室进行语言学习和社会交往

穆罕穆德德米尔比莱克（Muhammet Demirbilek）

土耳其苏莱曼·德米雷尔大学

伯纳穆特鲁（Berna Mutlu）

美国佛罗里达大学

信息通讯技术已经成为青少年日常生活中不可或缺的一部分。它促进了塑造青少年未来所生活的社会的微观和宏观的变化。作为双向的实时的交流工具，聊天室是青少年日常生活中最受欢迎的信息交流技术之一。青少年通过使用信息交流技术和同龄人以及亲朋好友进行有意义的沟通和社交。以下是通过聊天室进行互动交流的目的：能够随时了解他们所关心的事情、购物、娱乐、建个人网页，以及完成家庭作业。本章的目的就是要通过全面的文献综述来强调作为经常被青少年使用的双向实时交流工具的聊天室对青少年第二外语语言能力发展的影响。

一、引言

使用互联网和网站来进行第二外语学习和教学自 20 世纪 90 年代早期就已经逐渐开始了。不同形式的如网上聊天、远程学习、各种软件包等种类繁多的技术在那时就已经被采用来服务于语言学习（Hamatr,2008）。

今天，互联网是青少年闲暇生活中一个非常重要的部分，它也因此不断成为青少年文化中一个不可或缺的组件。Pacheco（2005）论述到互联网提供了供学生们探索的丰富多彩的信息源。以计算机为媒介的同步交流是发生在实时网络通讯中有效的资源之一。换句话说，聊天人即时接收和发送消息，就如同电话交谈。这个在线的互动交流，可以用文字形式或通过音频和视频进行。这种交流方式也被称为聊天，可以是一对一或多对多的形式，比如网站上的聊天室 (Warschauer, Shetzer, & Meloni, 2002)。考虑到聊天室在网上交流中被广泛应用的事实，了解他们在社会和教育领域所扮演的角色以及对语言发展和更高层次的思维能力的意义是一个非常迫切的需求。因此，本章通过调查与英语作为第二外语/英语作为外语的语言学习相关的聊天室的各种技术功能，重点探讨语言教育领域聊天室的使用情况。

英语作为第二语言/英语作为外语语言发展的不同类型的聊天室

最受青少年们欢迎的信息通讯技术形式就是聊天室。聊天"是一种双向的以计算机为媒介的交流形式，我们用键盘打出或说出我们要表达的内容是两个人或多个人之间的网上交谈。"(Almeida d'Eça, 2002)。下面是使用最为广泛的聊天室形式，英语学习者的老师可以使用它们来设计基于聊天室技术的网上协作活动。

二、语音聊天

Payne 和 Ross(2005) 进行了一项使用语音聊天的实验。参与者包括 24 名志愿者，其中包括 2 名男性，22 名女性，年龄从 18 岁至 26 岁不等。基于这项研究结果，研究者们得出结论，聊天对提高某些类型学习者的第二语言口语水平可能是一个独特的支持形式。Jepson（2005）指出，语音聊天在以意义磋商为目的的交流方面比文字聊天更加具有优势。从建构主义的角度来看，这项研究表明在语言发展方面，语音聊天同基于文字的聊天环境一样有效，由于语音聊天为学习者提供了机会，在语言产出不断增加的情况下，使得他们更有可能和对方讨论各种意义的含义（Jepson，2005）。在这个研究中，相比文字聊天，语音聊天开创了更高意义的相互磋商的例子。这种磋商包括发音纠错，如果说话者的目的是关注发音问题的话。

三、白板

另一种形式的同步交流是网络白板，它允许用户以图形形式在网页上进行实时的沟通并分享彼此的想法。Hampel 和 Hauck (2004) 描述了对这项工具的使用情况，它组成了英国开放大学使用的一个叫做 Lyceum 系统的一部分。15 名志愿者一起在线对其进行了测试。因为这个系统允许用户在网络白板上工作的同时进行语音聊天，所以作者把这个系统称之为"声音 - 图形"会议工具。他们还报道说，使用该系统有助于学习，因为"学生的反馈表明在一个虚拟学习环境中参与和其他学习者热烈的相互交流以及其它协作任务是学习和练习一种语言最激动人心的一个方面。"(P76)

四、多人线上的网络游戏

Warner（2004）提出了一个虽然罕见但非常有趣的同步交流形式，多人线上的网络游戏（MUD）。游戏参与者的年龄在 18 至 25 岁之间，他们同时上一门语言课程。MUD 是一个开放的聊天室，多个用户可以同时相互交流。它刚开始是作为幻想类的角色扮演游戏。在文本或图形的世界中游戏自然涉及到角色人物（用户）间的交互交流。从某种程度上说，MUD 是当前如仙境传说和魔兽世界等大型多人在线角色扮演类游戏（MMORPG）的先驱。Warner（2004）报告说，使用 MUD 表明交流主要是为了'好玩'（非学术），不仅是"简单的学习语言"，也是"在语言情景中学习"；事实上，因为这样的非学术和非正式交流的形式一直被过去的第二语言习得研究所忽视，所以这点是非常重要的。

通过聊天室技术促进英语作为第二语言（ESL）学习者的学术发展

语言学习中利用信息通讯技术 (ICT) 在过去的十年里发展势头迅猛。作为在青少年中使用最多的信息通讯技术工具，聊天室在第二语言学习方面可能会有很大的前景。计算机技术已成为第二语言或其他外语课堂学习中一个不可或缺的组成部分。Warschauer、Shetzer 和 Meloni(2002) 解释了计算机技术帮助 ESL/ EFL 课堂真正活跃起来（通过其特有的真实性、读写技能、互动、活力和赋予学习者更大权利共五个方面）：1、学习者使用的大量的现实生活材料的真实性；2、学生掌握读写技能以使自己在学术和语言上，比如阅读、写作、交流、研究和以学术和职业为目的出版上更加擅长；3、和全世界的英语母语和非母语者者进行有意义的交流互动；4、英语作为第二语言或作为外语的学习者不需要记忆语法规则而更加有动力参与自由、灵活和实时的相互交流；5、学习者的角色转变成如何学习或构建新知识的自主协作的集学习者、老师和教练于一体的角色。

如果通过给学习者布置批判性思维和带有目的的交流任务而让其接触这种技术，这种对计算机辅助语言学习(CALL)和综合性计算机辅助语言学习的新方法只能达到其提供真实交流手段的目标。仅仅让学习者们使用电脑不能使他们达到提高交际能力水平的目标。在任何语言类课程中使用网络流程来学习第二语言或外语应该计划周密，并考虑到许多不同的变量，如学生的学习兴趣、学生的个人风格和学习策略、学生的需求和所缺、学生期望和课程的目标、内容和资源等。同样，随着学生成为"学习如何学习"的自主学习者和教师成为担当"教授如何学习"的教练，学生和教师的角色也要随之而转变。

Berge(2000) 强调了在线学习中教师角色转变的问题：教师的角色由演讲者和教员转变为顾问、指导者、教练和资源提供者；教师变成提问题的专家，而不是答案提供者；教师为学生的学习提供大的框架，并鼓励其自我指导；从教师对教学环境的完全控制转变为与学生一起学习的伙伴而相互分享。简而言之，根据 Berge 所述，教师 - 学生的金字塔式的等级关系被分解。学生有同老师进行协商、说服、明确意义、信息要求、思想交流、讨论和问问题等的机会。

Berge(2000) 还描述了学习者角色的改变：学生从充当被动的接受者转变为知识的自我建构者；自己着手进行解决复杂问题的活动，而不是仅仅靠背诵来获取知识；共同协作的团队成员和网络教室里的团队合作扮演更为重要的角色；向自主、独立、自我激励的自我时间管理者转变；学生转变后的角色强调对知识的使用而不只教师专业教学表现的观察者。然而，通过将同学们完成的评估准则融合在作业里以促进同伴互评的方式，一个基于在线交流任务而精心设计的课程也能帮助学习者变成很好的倾听者和响应者。老师也可以提供讲义，让学生们在上面做笔记。这些内容都将包括在测试里。同学也可以要求同伴对所听到的信息进行综合 (Egbert,2005)。Egbert 还补充说："这些技术在某种程度上和学生学习自主性的状况相关。由于学生在学习中变得越独立，他们就越需要相互交流、咨询，或者与团队里的成员和班级进行协商"（P55)，所有这些相互协作和交流的机会也促进了语言及学术的发展。Egbert (2005) 曾解释说："创造力意味着做一个原创、能改造或改变事物的事情"与他人合作常对创造力有促进作用"(P74)。显然，互联网有许多让语言学习和教学受益的优势。

在涉及到由同学们自己完成的评估准则的作业的帮助下，共享信息也可以帮助同学成为很好的倾听者和响应者。通过这种方式，学生对他们同伴的学习功课进行批判性地评价。通过给学生们提供讲义，教师可以触发学生的批判性思维技能。学生们可以与同伴一起通过协作合成新知识来评论自己的学习并为其制定计划 (Egbert, 2005)。在没有老师在场的情况下，学生可以通过这种方式学习到更多的语言并练习他们的交流技巧，这可以降低对直接指令和指导的依赖性。

此外，通过这些学生的创造力和生产力，也可以达成基于网络学习 (WBL) 的真实性。这样的任务会增强学生使用更高层次思维技巧的能力。此外，把英语作为第二语言的学生可以被激励来获取和使用参与创造性工作所必须的语言。Egbert(2005) 曾解释说："创造力意味着做一个原创、能改造或改变事物的事情"与他人合作常对创造力有促进作用"(P74)。他将其与生产相关联，称 "生产力工具拓展了学生创造产品和集体解决问题的能力并使之最大化；他们也增加了表达的机会，这对于语言学习来说是一个重要原则"(P74)。他进一步解释说，当第二语言学习者能够构建模型、计划、发表、组织和生成材料、收集数据及开发和呈现创造性工作时，生产力和创造性工具就会支持这些二语的学习者。在网络课程上获取创造力的方法可以是让学生创建一个海报，做一个生日贺卡或者邀请函、广告、班级或学校简报、班级公告、卡通、诗歌类或故事类的课堂日记以及更复杂的任务比如交互式网页制作等。Egbert 也提出了通过许多其他类型的任务来提高创造力和生产力，比如像迷宫、目录、用数码相机或摄像机拍摄的学生来源国或其他国家生活场景的数码影像蒙太奇及其他一些真实的任务。由于这些真实材料取自真实世界，没有为要适应各种语言水平而做任何修改，所以学生要登陆网页和进行网络搜索来丰富他们带到教室的信息。

最后，互联网帮助学生与来自其他文化的人相互交流。为了促进有效的第二语言能力的发展，它帮助教师提供英语作为第二语言 (ESL) 的学生得到真实场景交流的途径。学生还可以通过担负起自身的学习责任和获取自身最佳发展的先决条件来发展其自主学习能力。此外，在互联网提供的具备高动力和高自信心学习所需的低焦虑环境下，学习的独立性和灵活性创建了低情感过滤 (Krashen,1985)。此外，基于网络的语言相互交流互动为 ESL/EFL (英语作为第二语言 / 英语作为一门外语) 学习者提供了接触真实语言的机会。例如，当通过每个人都需要参与来完成的合作学习策略来建构基于网络的活动时，学生使用语言来完成一项任务，这也激活了他们解决问题的能力。为了帮助学生达到更高层次的学习以及实现语言能力的提高和交互，教师可以分配学习任务，而学生们可以通过网络和集体协作创建的一个终端产品来分享。

通过聊天室技术促进第二语言 / 外语发展

Lu、Chiou、Day、Ong 和 Hsu (2006) 把聊天认作是一种可以用在一个网络语言教室中同步、实时的交流互动方式。它能够扩展学习过程，远远超出了传统教室的功能，从而使学习过程更加让人着迷、令人兴奋和丰富多彩。研究人员列出了网络聊天以下的特点：

• 通过让学习者对自己的学习负责而增强其自主学习能力；

• 鼓励合作学习和团队学习，帮助发展团队技能；

• 允许学习者进行交谈、访谈、意义协商以提升沟通技巧；

• 提升社会和社交能力及学习适当的礼仪，比如如何问候别人、介绍自己、结束谈话、声明和强调自己的想法、礼貌得体地相互沟通交流、显示对别人的尊重和富于责任心及做出选择、帮助和指导等；

• 促进互动，和说不同语言的来自不同文化背景的人们一起学习并向他们学习；

• 让学生接触到本族语人士使用的语言，使他们能够在一个真实的场景中和那些说本族语的人士互动交流；

• 促进不同类型的交流互动：学生和学生之间，学生和教师之间、学生和专家之间，学生和在线资源之间；

• 在一个真实、有意义的环境中提供了一个培育同龄人之间相互交流的合适的方法；

• 平衡和增加了学生的参与而减少了教师的参与；通过降低学生的情感过滤，降低其焦虑水平，这样可以预防在高度焦虑的环境中语言产出会出现的问题 (Krashen,1985)；

• 为研究使用中的语言，或给一次谈话做进一步分析提供有用的文字记录。

聊天不仅使用了一个学生们通常喜欢的沟通媒介，而且发生在一个具有创新性和令人兴奋的场景中，也就是网络空间或虚拟现实中。因此，网上聊天强调交流和真实的就像面对面的交流的语言，并促使学生在语言技能方面强化练习。由于学生在很大程度上都是独自面对对方，他们必须依靠自己来继续交谈。这让他们有更大的责任感和更大程度的自主权。学生必须互相支持，更多地参与到知识的集体和协作构建中。最后，交流是有关"真实"的世界，与"真实"的人，在"真实"的时间中。网上聊天可以促进学生们在虚拟环境中获得更多真实的相互交流对话的机会和提升其积极性。

Mynard (2002a 和 2002b) 不仅表明了聊天室对语言发展的优势，也介绍了一些技巧，比如采访一个来自另一个国家的客人，收集信息并和朋友的做比较，就最近的新闻事件采访了一对夫妇，或对其将来的计划和样品课程计划进行访谈等。在详细阐述了聊天室可能的应用情况后，她列举出了以下诸多好处。聊天室使学习者在一个真实的语境中和说母语的人士交流互动 (Skinner & Austin, 1999; Carey, 1999)，而不受地理位置的限制 (Wilson & Whitelock, 1998)；它们让交流发生在真实的时间里；它们促进积极的参与 (Bump, 1990; Sullivan & Pratt, 1996; Warshauer et al, 1996b; Carey, 1999)。网上聊天可以促进学生学习的自主性，主要是因为教师所扮演的角色最小化了 (Bump, 1990; Chun, 1994; Sullivan & Pratt, 1996; Warshauer et al, 1996)。网上聊天可以产生出聊天的文字记录，这对学生学习他们自己的语言产出以及分析如何使交谈更流畅是非常有用的 (Carey, 1999)，他们也可以从中发现自己的弱点，这有助于他们监控自己的语言学习及提高自身的互动能力 (Chun,1994)。学生也有机会注意到说母语人士所使用的语言 (Schmidt & Frota, 1986; Schmidt, 1990, Brett, 1998)。因此，学生有机会发展其技能和促进其更多的练习 (Sullivan & Pratt, 1996, Pica & Doughty, 1986, Brett, 1998; Chun, 1994)。

聊天室可以通过帮助英语学习者掌握技能来监控和指导他们自己的语言学习过程来增强其语言自主学习能力。学习者的自主学习能力是指一个学习者重要的自我评价和自我决断的能力，一种掌控自己学习和对自己学习负责任的能力（Schwienhorst,2003)。有三种主要方法和这个问题相关。第一种方法可以被称为个人认知视角。这个模型经常与语言和语言意识相关联。第二个关于学习者自主学习的视角可以被称为社会互动。社会互动组件一直是二语习得中必不可少的元素，对可理解的输入 (Krashen, 1985) 和输出 (Swain,1985) 都非常重要。最后，学习者自主性可以从一个试验 - 参与的角度来看。所有这三种方法都值得思考。通过思考过程，学习者应该变得对语言、语言学习和自己与目标语言的学习过程和身份的关系更加有意识。我们还可以看到，一是在提供可理解的输入中，二是在可理解的产出过程中，尤其是"比较为难的输出"的形式中 (Swain, 1985)，三是以反馈和支撑的形式中，社会互动在语言学习中扮演重要的角色。如果我们想要学习者对他们自己的学习过程承担责任，那么我们必须给他们掌控权使其在一个丰富的、同伴和教师都支持他们的学习环境中掌控自身的语言学习。在这方面，基于文本的同步的交流通讯（聊天室）都可以为语言学习有效使用。

基于对交际法语言教学的研究论点表明，聊天室的另一个功能是社会交往互动，这对于语言学习非常关键 (Hall & Verplaetse, 2000; Long, 1983,1996; Pica,

1994)。意义协商是讲话者为了更好的理解对方而使用的一个语言过程,即增加语言输入的可理解性。此外,意义协商可能会使交流互动得到改进 (Ellis, Tanaka, & Yamazaki, 1994; Pica,1994; Smith, 2004),从表面上优化第二语言习得。Sotillo(2000)发现同步文本聊天的参与者使用了和面对面会话类似的交互性的话语修正方式。大量的研究曾指出,当青少年在网络上或现实生活中面对面的交流环境中进行意义协商时,相比其语法发展,青少年更关注自己的词汇发展 (Blake, 2000)。

尽管在学校课程里语法比词汇更重要,可后者却在一门语言的学习中扮演重要的角色。因为传统的对词汇教学的理解是学生被动地接受老师对词汇意义、定义、发音和拼写的解释,所以词汇教学的重要性被忽视。此外,学生仅仅通过学校课程里的课本获得新的词素 (单词) 知识。例如,他们一旦在文章中遇到新的词汇,就会让他们的老师来解释和阐明这个词。他们中的大多数在使用这些他们已经学过的词汇时都犹豫不决。他们可能在特定的语境中记得这个单词,但这并不意味着他们也能够在新的语境中再次使用这个新的词汇。正如 Taylor (1990) 所指出的那样,接受和产出技能都包括在词汇学习领域内。为了让学生记住这些词汇,我们需要引入更有意义的基于任务的活动。这个交际语言教学方法认定“对学习者们有意义的语言才能支持语言学习的过程”(Richards &Rodgers, 2001, P72)。聊天室可以通过创建对话中使用新单词的需求为在以真实沟通为目的的情景中使用新词汇项提供机会。通过这种方式,学生的词汇知识可以通过以语言应用为互动交流目的的交际语言学习任务而增强。

教师可以给学习者在聊天室布置基于任务的活动,允许学习者为交际目的而使用目标语言,从而让其实现目标,学有所获 (Willis,1996)。为了使学生的词汇学习更具挑战性和内在动力,基于任务的活动是必须的。因为“正是实现目标的这种挑战使基于任务的学习成为一个充满动力的过程”(Willis,1996, P24)。因此,聊天室使增强学生语言学习的目标更容易达到。

五、针对教学使用聊天室的有效建议

博客、聊天室、文本消息和其他形式的信息和通讯技术已经成为青少年日常生活中必不可少的一部分。网络通讯技术使得有意义的交流和社会交往互动成为可能,所以他们在第二语言的发展和学术发展方面有巨大的潜力。在使用同步的以计算机为媒介的交流沟通时，教师可能需要考虑到任务的结构、组群的大小、调节技术，以及增加包含教育价值的综合讨论的可能性等其他变量。仅仅指导学生对一个主题进行讨论有可能演变成简短的没有什么教育价值的肤浅对话。有意义的图形环境和形象化符号支持的好的任务可以是非常有效的。同样，遵循一些简单讨论规则的规模恰当的团队也能够产生很好的结果。

Pacheco (2005) 认为，通过允许学生进行尝试且有犯错的机会，进行反思和个人参与，受网上合作交流任务支持的基于互联网的学习环境可以提高学生的元认知策略。通过学生的质疑、反思、问询和解决问题所需的研究调查，这种类型的指令也给予其更高层次的思维技巧进行探索发现。学习者可以获得解决问题的经验，他们精确观察、寻找并组织相关信息、预测结果、合成信息和使用更高层次的思维技能找寻答案。完成这些层次的学习帮助学习者更好地记忆和理解，正如我们从这个著名的中国谚语中所领会的那样：“百闻不如一见，百见不如一干”。因此，通过探究和问题解决活动，一个聊天扩展课程可以作为促进语言和内容学习的渠道来激活学生的批判性思维技能。通过一起协作学习和完成功课，学生就如何区分事实与观点、评估可信赖的网络资源以及识别无关的信息等相关问题进行讨论。Egbert 列出了设计活动的指导方针，它们可以提高基于聊天形式交流的合作活动的质量，帮助学生达到各种知识水平 (Egbert,2005)：

•学员应该能够制定有意义的问题 (探究问题),定义问题和调查需要研究什么去解决这个问题。

•他们也应该通过研究去做调查；这就是说，学生应该能够组织所收集的信息。

•学生应该通过应用诸如总结和阐释策略来从事新的想法或行动计划的创建。

•参加者应该通过讨论会议来洞悉整个过程并对前面所学的知识和新知识进行比较和分享。

•在整个调查过程中，学生应该达到其应具备的思考水平，仔细考虑采纳的决策和结论，决定他们探究和问题解决的结果是否符合预期或是否还需要做进一步的调查研究。

这些准则对促进支持语言学习的学术学习的成功也非常必要。基于解决集体问题上的真实的交流在设计聊天室技术上的指导方面是最重要的。Vygotsky 的社会文化理论断言人类的认知能力和知识是通过社会里的社交活动所建构的 (Vygotsky,1978)。通过允许语言学习者在内容学习和语言学习间搭起一座桥,将合作性探究和发生在同步网上交流中的问题解决活动结合起来可以帮助所有语言发展水平的学习者，这也正是语言学习在学术上更有意义的所在。

六、结论

网络聊天室对许多青少年来说是令其兴奋和非常有趣的互联网应用。它们在英语语言学习和社会交往方面也有着巨大的潜能。在使用互联网过程中，青少年在他们方便的时候，有机会与来自不同国家的人在真实的语境中交流和练习他们的英语语言技能，而不是在模拟场景中和同伴和老师进行交流。这些同步互动的环境对希望学习一门外语并与来自不同文化的人互动交流的青少年来说是一个非常有益的经验。青少年在网上可以遇见其他的学习者和同龄人，并能够通过文本或语音聊天和他们进行交流。

学生们与他们的同龄人之间有意义地相互交流来完成一个任务，例如一个项目、小组活动、讨论一个主题或是解决一个问题等等。如果这些交谈得到巧妙的规划和指导，它们更可能以聊天中非常独特的的方式来帮助学生提高他们的语言技能。因此，在没有由老师和作业所施加的任何外部动机的情况下，学生在社会环境中有足够的动力使用第二语言进行相互交流。这样一个环境几乎提供了学生学习语言的最佳条件。当他们犯错时，他们会分析并重新进行建构，使有关真实生活话题和生活中实际问题的有意义和有目的的交流成为现实。

【致谢】

我要感谢 Marulcu Ihsan 对本章的第一稿给予的帮助。

【参考文献】

Almeida d'Eça, T. (2002). To chat or not to chat in the EFL classroom, that is the question! Paper presented at the "Language - Communication -Culture" International Conference, Universityof Évora, Portugal. Retrieved from http://www.malhatlantica.pt/teresad eca/papers/evora2002/chat-and-efl.htm

Almeida d'Eça, T. (2003).The use of chat in EFL/ESL.TESL-EJ, 7(1). Retrieved October 23, 2008,from: http://www-writing.berkeley.edu/TESL-EJ/ej25/int.html

Berge, Z. (2000). New roles for learners and teachers in online higher education.In G. Heart(Ed.). Readings & resources in global online education(pp. 3-9). Melbourne, Australia: Whirligig Press.

Blake, R. (2000). Computer-mediated communication: A window on L2 Spanish interlanguage. Language Learning & Technology, 4(1), 120-136.Retrieved November 14, 2004, from http://llt.msu.edu/vol4num1/blake/

Brett, P. (1998). Using multi-media: A descriptive investigation of incidental language learning. Computer Assisted Language Learning, 11(2),179–200. doi:10.1076/call.11.2.179.5684

Bump, J. (1990). Radical changes in classroom discussion using network computers. Computers and the Humanities, 24, 49–65. doi:10.1007/BF00115028

Carey, S. (1999). The use of WebCT for a highly interactive virtual graduate seminar. Computer Assisted Language Learning, 12(4), 371–380. doi:10.1076/call.12.4.371.5701

Chun, D. (1994). Using computer networking to facilitate the acquisition of interactive competence.System, 22(1), 17–31.doi:10.1016/0346- 251X(94)90037-X

Egbert, J. (2005). CALL essentials: Principles and practice in CALL classrooms. Alexandra, VA: TESOL.

Ellis, R., Tanaka, Y., & Yamazaki, A. (1994). Classroom interaction, comprehension, and the acquisition of L2 word meanings. Language Learning,44, 449–491. doi:10.1111/j.14 67-1770.1994. tb01114.x

Hall, J. K., & Verplaetse, L. S. (2000).Second and foreign language learning through classroom interaction. Mahwah, NJ: Erlbaum.

Hamatr, A. (2008). Web technologies for language learning and implications for the design of CMS for language instruction. International Journal of social Sciences, 3(1), 61-65. Retrieved September 18, 2008, from http://www.waset.org/ ijss/v3/v3-1-9.pdf

Hampel, R., & Hauck, M. (2004).Towards an effective use of audio conferencing in distance language courses. Language Learning & Technology,8(1), 66–82.

Jepson, K. (2005). Conversations and negotiated interaction in text and voice chat rooms. Language Learning & Technology, 9(3), 79–98.

Krashen, S. (1985). The input hypothesis: Issues and implications. London: Longman.

Lewis, M. (1997).Implementing the lexical approach: Putting theory into practice.

Hove, UK:Language Teaching Publications.

Long, M. H. (1983). Linguistic and conversational adjustments to non-native speakers. Studies in Second Language Acquisition, 5, 177–193. doi:10.1017/S0272263100004848

Long, M. H. (1996). The role of the linguistic environment in second language acquisition. In W. Ritchie & T. Bhatia (Eds.), Handbook of research on second language acquisition (pp. 413-469).New York: Academic Press.

Lu, C. H., Chiou, G. F., Day, M. Y., Ong, C. S., & Hsu, W. L. (2006).Using instant messaging to provide an intelligent learning environment.In Conference Proceedings of Intelligent Tutoring Systems 8th International, Jhongli, Taiwan. RetrievedJuly 1, 2008, from http://www.iis.sinica.edu.tw/IASL/webpdf/paper-2006-Using_Instant_Messaging_to_Provide_an_Intelligent_Learning_ Environment.pdf

Moras, S. (2001). Computer-assisted language learning (CALL) and the Internet.Cultura Inglesa de Sao Carlos.Retrieved May 12, 2008, from http://www3.telus.net/linguisticsissues/CALL.html

Mynard, J. (2002a). Introducing EFL students to chat rooms. The Internet TESL Journal, 8(2). Retrieved February 17, 2004, from http://iteslj. org/Lessons/Mynard-Chat.html

Mynard, J. (2002b). Making chat activities with native speakers meaningful for EFL learners. The Internet TESL Journal, 8(3). Retrieved February 17, 2004, from http://iteslj.org/Tech niques/Mynard-Chat2/

Pacheco, A. Q. (2005). Web-based learning (WBL): A challenge for foreign language teachers. Revista Electrónica Actualidades Investigativas en Educación 5 (2005) H. 2, S.1-25.Retrieved September 12, 2008, from http://revista.inie.ucr. ac.cr/articulos/2-2005/archivos/web.pdf

Payne, S., & Ross, B. (2005).Synchronous CMC, working memory, and L2 oral proficiency development. Language Learning & Technology,9(3), 35–54.

Pica, T. (1994). Review article -- research on negotiation: What does it reveal about secondlanguage learning conditions, processes, and outcomes? Language Learning, 44, 493–527.doi:10.1111/j.1467-1770.1994.tb01115.x

Pica, T., & Doughty, C. (1986). Making input comprehensible: do interactional modifications help? ILT Review of Applied Linguistics, 72, 1–25.

Quesada Pacheco, A. (2005). Web-based learning (WBL): A challenge for foreign language teachers.Revista Electrónica Actualidades Investigativas en Educación,

5(2), 1-25. Retrieved December 13, 2007, from http://revista.inie.ucr.ac.cr/articu-los/2-2005/archivos/web.pdf

Richards, J., & Rodgers, T. (2001).Approaches and methods in language teaching. New York: Cambridge University Press.

Schmidt, R. (1990). The role of consciousness in second language learning.Applied Linguistics, 11,129–158. doi:10.1093/applin/11.2.129

Schmidt, R., & Frota, S. (1986). Developing basic conversational ability in a second language: A case study of an adult learner of Portuguese. In R. Daly

(Ed.), Talking to learn: Conversation in second language acquisition (pp. 93-107). Rowley, MA:Newbury House.

Schwienhorst, K. (2003). Learner autonomy and tandem learning: Putting principles into practice in synchronous and asynchronous telecommunicationsenvironments. Computer Assisted Language Learning, 16, 427–443. doi:10.1076/call.16.5.427.29484

Skinner, B., & Austin, R. (1999). Computer conferencing - does it motivate EFL students? ELT Journal,53(4), 270–279. doi:10.1093/elt/53.4.270

Smith, B. (2004). Computer-mediated negotiated interaction and lexical acquisition. Studies in Second Language Acquisition, 26, 365–398. doi:10.1017/S027226310426301X

Sotillo, S. (2000). Discourse functions and syntactic complexity in synchronous and asynchronous communication. Language Learning & Technology, 4(1), 82-119. Retrieved November 10, 2001, from http://llt.msu.edu/vol4num1/sotillo/default.html

Sullivan, N., & Pratt, E. (1996). A comparative study of two ESL writing environments: A computer-assisted classroom and a traditional oral classroom. System, 29(4), 491–501. doi:10.1016/S0346-251X(96)00044-9

Swain, M. (1985). Communicative competence: Some roles of comprehensible input and comprehensible output in its development. In S. Gass & C. Madden (Eds.), Input in second language acquisition (pp. 235-256). Rowley, MA: Newbury House.

Taylor, L. (1990). Teaching and learning vocabulary. Upper Saddle River, NJ: Prentice Hall.

Vygotsky, L. (1978). Mind and society: The development of higher psychological processes. Cambridge, MA: Harvard University Press.

Warner, C. N. (2004). It's just a game, right? Types of play in foreign language CMC. Language Learning & Technology, 8(2), 69–87.

Warschauer, M., Meloni, C., & Shetzer, H. (2002).Internet for English teaching. Alexandria, VA:TESOL.

Willett, R., & Sefton-Green, J. (2003). Living and learning in chat rooms (or does informal learning have anything to teach us?). Éducation et Sociétiés,2, 1–18.

Willis, J. (1996). Framework for task based learning. Italy: Longman.

Wilson, T., & Whitelock, D. (1998). What are the perceived benefits of participating in a computermediated communication (CMC) environment for distance learning computer science students? Computers & Education, 30(3/4), 259–269. doi:10.1016/ S0360-1315(97)00069-9

【重要术语和定义】

聊天（Chat）：聊天是一种双向的以计算机为媒介的交流形式，我们用键盘打出或说出我们要表达的内容，是两个人或多个人之间的网上交谈。

聊天室（Chat Room）：聊天室是一个一群人可以聚在一起谈论某一个特定主题或只是闲谈的网络空间。

同步通讯（Synchronous Communication）：同步通讯是一个实时的以计算机为媒介的交流通讯，在各种偏远地区的参与者都同时登录到一个网络，参与者输入的信息被立即传达给其他用户并得到即时回应。最著名的同步通讯是实时聊天和面向多用户对象的环境 (MOOs)。

索引（术语表）

D

E

M

N

O

在线沟通

online communities 18，19，20，24，28，169，170 网络社区

online community 30，43 网络社区

online environments 77，108，114，137，139 线上环境

online experience 110，111，112，113 线上经验

online games 34，44，120，121，124，127，129，131 网络游戏

online influence 156 网络影响

online interaction 39 网络互动

online interactive basis 146 网络互动基础

online journal 15 在线杂志

online relationships 4，16，18，50，51，52，56，57，58，59，64，68 网络关系

online role-playing games 51，60，64 网络角色扮演游戏

online sexual solicitation 154，165 网络性邀约

online social behavior 5，120，124，128，129，130，132 网络社交行为

online social communication 4，6 网络社会交往

Online social formation 19 网络社会形态

online social interaction 39，46 在线社交互动

Online social network sites 121 在线社交网站

online social participation 20 网络社会参与

online use 29，33，45 网络使用

online victimization 152，153，154，157，158，159，160，161，162，163，166 网络受害者

online world 75，76，78 网络世界

opportunity for social networking 69 社交网络化机会

oral speech 87 口头语言

P

participant-observation research 170 参与式观察研究

pathological Internet 32，33，37，38，39，46，48 病理性网络

Pathological Internet Use 29，32，45 病理性网络使用

pathological Internet use（PIU）32，33，37 病理性网络使用（PIU）

pathological Internet use（PIU）scale 33 病理性网络使用（PIU）量表

pedagogical design 211 教学设计

Pedagogical terminology 211 教育学术语

pedophiles 112 恋童癖患者

pedophilia 77 恋童癖

peer-led preventive interventions 160 同伴引导的预防性干预

peer socialization 146 同伴社会化

personal information 153，155，156，158，159 个人信息

personality traits 2，4，7 人格特质

phenomenological approach 140 现象学取向

philanthropy 169 慈善行为

physical problems 183 躯体问题

pituitary gonadotropins 72 垂体分泌的促性腺激素

political action 167，171 政治举动

pop-ups 112 自动弹出式广告

pornographic material online 93 网上色情图片材料

pornography 104，105，106，107，109，113，114，117 色情图片

porn stars 112 色情演员

pre-adolescent experiences 74 前青春期经历

predictors 39 预测因子

prefrontal cortex 73 前额皮层

pre-interactional 122 互动之前的

problematic Internet 31，39，46 问题性网络

problem-based interaction 211 基于问题的互动

problem-solving 230 问题解决

pro-social 136，137，140，142 亲社会的

pro-social behaviors 136 亲社会行为

protest-oriented 178 抗议取向的

psycho-emotional 183 心理—情感的

psychological 1，2，12，13 心理学的

psychological basis 121 心理基础

psychological components 87 心理成分

psychological disorders 37 心理障碍

psychological distress 192 心理困扰

psychological health 63 心理健康

psychological isolation 63，64 心理疏离

psychological withdrawal 39 心理退缩

psychology 85 心理学

psychopathology 37，38 心理病理学

psychosocial abilities 56，63 心理社会能力

psychosocial development 50，52，63 心理社会发展

psychosocial developmental 51 心理社会发展的

psychosocial experimentation 64 心理社会实验

psychosocial issues 154 心理社会议题

psychosocial needs 53 心理社会需求

psychosocial problems 38 心理社会问题

psychosocial theory 51 心理社会理论

psychoticism 4，5，8 精神质

purging 139 催泻

Q

quasi-experimental design 108，109 准实验设计

R

S

T

U

V

victimization 57, 58, 64, 66, 152, 153, 154, 155, 156, 157, 158, 159, 160, 161, 162, 163, 166 牺牲，害人

victimized online 152, 153, 154, 155, 156, 157 害人的网络

video games 139, 151 电子游戏

video on demand（VOD）120 视频点播

virtual environments 77 虚拟环境

virtual interactions 145, 146 虚拟互动

virtual learning environment（VLE）224 虚拟学习环境（VLE）

virtual meeting 36 虚拟会议

virtual non-player 60 虚拟非玩家

virtual reality 228 虚拟现实

virtual sex 70, 77 虚拟性别

virtual social support communities 20 虚拟社会支持社区

virtual social worlds 141 虚拟社交世界

virtual spaces 19 虚拟空间

virtual world 76, 99, 100, 184, 188, 191, 206, 208 虚拟世界

virtual worlds 87, 100 虚拟世界

viruses 111, 112 病毒

visual depictions 103, 105, 106 图形视觉描述

W

Webaholics 30 网络成瘾者

web-based course 226 基于网络的课程

Web-Based Learning（WBL）226 基于网络的学习

web-links 227 页面链接

webnography 170, 178, 180 网络日志学

web page 87, 94, 95, 96 网页

Web resources 183, 192 网络资源

web-searches 227 网页搜索

web-source 230 网页来源

West Virginia State Board of Education v. Barnett 88, 102 西弗吉尼亚州教育委员会诉巴尼特案

workshop learning 113 工作坊学习

Y

Youth Internet Safety Survey（YISS）153 青少年网络安全调查（YISS）